中华文化与生态文明

中华文化学院 编

顾 问：叶小文 邵 鸿

主 编：黄易宇 王本奎

副主编：李道湘 于铭松

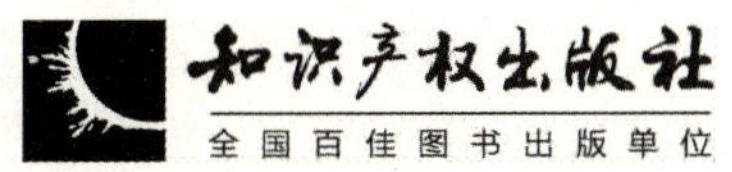

知识产权出版社

全国百佳图书出版单位

图书在版编目（CIP）数据

中华文化与生态文明/中华文化学院编. —北京：知识产权出版社，2015.6

ISBN 978-7-5130-2651-2

Ⅰ. ①中… Ⅱ. ①中… Ⅲ. ①中华文化—关系—生态文明—研究—中国

Ⅳ. ①B824.5

中国版本图书馆CIP数据核字（2014）第051176号

责任编辑:赵　军　　**责任出版**:刘译文　　**封面设计**:邓媛媛

中华文化与生态文明

中华文化学院　编

出版发行:	知识产权出版社有限责任公司	**网　　址**:	http://www.ipph.cn
社　　址:	北京市海淀区马甸南村1号	**邮　　编**:	100088
发行电话:	010-82000860转8101/8102	**发行传真**:	010-82000893/82005070/82000270
责编电话:	010-82000860转8127	**责编邮箱**:	zhaojun@cnipr.com
印　　刷:	北京富生印刷厂	**经　　销**:	各大网上书店、新华书店及相关专业书店
开　　本:	787mm×1092mm　1/16	**印　　张**:	24.5
版　　次:	2015年6月第1版	**印　　次**:	2015年6月第1次印刷
字　　数:	378千字	**定　　价**:	68.00元

ISBN 978-7-5130-2651-2

目　录

代　序

在第九届中华文化学院工作会议暨第六届中华文化论坛上的致辞

叶小文

叶小文：中央社会主义学院党组书记、第一副院长

尊敬的各位嘉宾、各位朋友，大家早上好！

今天，我们齐聚在闻名遐迩的国家历史文化名城沈阳，召开一年一度的中华文化学院工作会议暨中华文化论坛，这是全国中华文化学院的盛会。在此，我代表中央社会主义学院祝贺第九届中华文化学院工作会议暨第六届中华文化论坛隆重开幕，向莅临今天大会的各位嘉宾和会议代表表示衷心感谢！

美丽的沈阳，作为国家历史文化名城，已有2300年的建城历史，素有“一朝发祥地，两代帝王城”之称；自古以来就是民族大融合、文化大发展的地域，具有非常厚重的文化底蕴。建国后，沈阳为我国工业体系的建立和发展，创立了不朽的功勋和奇迹，被誉为“共和国长子”。工业文明曾在这里起步，东北老工业区崛起的典范、生态文明建设也从这里领航，所以，此次会议在沈阳召开具有特殊的意义。

同志们，今天的中华文化学院工作正处在不断创兴、快速发展、蒸蒸日上的新阶段。今年是我们贯彻落实《2010—2020年党外代表人事教育培训改革纲要》的第四个年头，在过去的几年里，中华文化学院充分发挥文化统战的特色和优势，积极开展港澳台海外统战领域的交流和培训，取得了良好的成绩。本次文化学院工作会议的主题是“深入贯彻落实十八大精神，推进中华文化学院正规化建设”，这表明，中华文化学院的正规化

建设已经成为今后一个时期的发展目标。如何推进中华文化学院的正规化建设，我希望大家能抓住学科建设这个龙头，充分认识到它的重要性。

第一，要把握全局，充分认识到中华文化学院的学科建设是社会主义学院工作的重要组成部分。

中华文化学院与中央社院是“一个实体、两个牌子”。当前，我们的中心任务就是要抓好学科建设和基础建设两项工作，继续深入强基固本和锤炼作风，积极发挥社院“三个基地”作用，不断推动学院正规化建设。其中学科建设是重中之重，中央社院已经初步完成了重点学科、基础学科、特色学科的规划和布局，并已进一步落实和实施。在这次会议上，建议大家深入讨论中华文化学院开展学科建设的重要性，认真探索中华文化学院正规化建设的着力点。

第二，要找准基点，充分认识到中华文化学院的学科建设应突出自己的特色。

统一战线有“五大关系”，其中之一是要处理好“海内外同胞关系”。中华文化学院的宗旨就是弘扬中华优秀文化传统和爱国主义精神，促进祖国和平统一，推动中华民族大团结大联合。这就是自己的特色。值得肯定的是，中华文化学院的学科建设已经迈出了重要的一步，提出了以中华传统文化、中国特色社会主义文化、中华文化与统一战线、港澳台海外统战四大领域为核心的学科布局，突出了中华文化学院的特色。这个特色就是以中华文化为纽带和桥梁，凝聚港澳台及海外华侨华人为国家富强、民族振兴、人民幸福而共同奋斗。希望大家能把握好这个方向，真正认识到中华文化学院存在的意义和价值。

第三，要打造平台，充分认识到中华文化学院学科建设必须围绕培训工作。

中华文化学院自成立以来，积极开展面向港澳同胞、台湾同胞和海外侨胞的研修和交流活动，取得了很大的成绩，产生了广泛的影响。希望大家认真讨论，进一步探索学科建设如何为高水平、高质量的培训提供知识支撑，为培训有用的人才提供科学保证，为培训工作打造更多的知识平台。

同志们！中华文化学院正规化建设是一项长期的系统工程，需要全国文化学院的各位领导和同志们不懈努力。我希望本次中华文化学院工作能在深入研讨和认真总结经验的基础上，进一步推动中华文化学院正规化建设，希望一年一度的中华文化学院工作会议为正规化建设发挥积极作用，更希望与此相应的中华文化论坛能起到推动作用。

这次中华文化论坛以"中华传统文化与生态文明建设"为主题具有重要的现实意义。我刚刚参加完在浙江杭州举办的太湖论坛，题为"加强国际合作，建设生态文明"，并在大会上作了主题演讲。我认为，自文艺复兴以来由于对人的本性和能力的无限扩张所造成的生态危机、社会危机、精神危机已经危害到人类自身的生存，呼唤新的文明形态的声音越来越大，越来越响。虽然我国国民经济发展很快，经济总量已经位居世界第二，但生态环境已开始向我们亮起红灯，生态危机已经严重影响到人们的身体健康、生活质量，威胁到经济社会可持续发展。党的十八大报告明确指出"建设生态文明，是关系人民福祉、关乎民族未来的长远大计。面对资源约束趋紧、环境污染严重、生态系统退化的严峻形势，必须树立尊重自然、顺应自然、保护自然的生态文明理念，把生态文明建设放在突出地位，融入经济建设、政治建设、文化建设、社会建设各方面和全过程，努力建设美丽中国，实现中华民族永续发展"。

生态文明对于人类社会的发展、文化的兴衰具有重大的影响。世界诸多古老文明已经衰落或消亡，其中最重要的原因就是没有处理好人与自然的关系，造成了生态危机。中华民族之所以绵延5000年薪火不断，一个重要原因就是中华民族自古以来就重视人与自然关系的和谐。我们应该深入挖掘中华传统文化中生态和谐的思想资源，吸收其合理内核，培育具有中国特色的生态文化，让中华传统文化的光辉照亮今日的特色社会主义生态文明，打造美丽中国，让中国梦不仅成为中国人的梦，也让她成为与世界人民同享的美好的梦。

同志们！开好此次全国中华文化学院工作会议暨中华文化论坛，必将为弘扬中国传统文化、促进生态文明建设、打造文化统战和统战文化提供了良好平台，为进一步丰富统战学内涵，创新统战工作方法提供精神动力。

最后，让我们为中华文化学院美好的明天而努力工作。预祝本次大会圆满成功！

2013年6月3日

中华传统文化与生态文明

“中华传统文化与生态文明”文化论坛探讨的几个问题

黄易宇

黄易宇：中央社会主义学院副院长

由中央社会主义学院主办、辽宁省社会主义学院承办的第九次全国中华文化学院工作会议暨“中华传统文化与生态文明建设”论坛，今天各项议程已圆满完成。会议共收到论文40多篇，与会学者就生态文化的内涵及意义、中国传统文化与生态文明建设、宗教文化与生态文明、民族传统文化的保护和传承与生态文明建设、建设美丽中国等问题进行了热烈、深入的探讨和交流。

一、探讨生态文化的内涵及意义

就生态文化的内涵，有学者指出，广义的生态文化指人类在社会历史发展进程中所创造的反映人与自然关系的物质财富和精神财富的总和。狭义的生态文化指人与自然和谐发展，共存共荣的生态意识、价值取向和社会适应。它包括生态哲学、生态伦理、生态美学、价值观念，以及思维方式、生产方式、生活方式、行为方式、文化载体和生态制度。

有学者指出，生态文化的价值理念就是在科学合理开发、利用自然资源的同时保护好生态环境。

关于如何加强生态文化建设，有学者指出，要唤醒生态文化自觉、树立共同的生态价值理念、加大对生态文化的宣传力度、丰富生态文化产品。

有学者指出，文化是民族的血脉，是人民的精神家园。对于一个民族来说，文化传统一旦形成，便成为这个民族共同体的认同依据、维持血脉和精神家园，久远而深刻地影响着这个民族的凝聚力、创造力、生命力。建设生态文明就要倡导生态文化，其核心任务是：通过各种途径和方法，潜移默化地转变人们的观念，影响人们的精神思想，提高全民的生态文化素养，推进生态文明建设。

二、分析中国传统文化对生态文明建设的影响

有学者指出，儒家生态伦理思想包括："天人合一"的生态地位观、"仁德爱物"的爱护生态观、"取物有时"的尊重生态规律观、"用之不尽"的生态可持续发展观，以及"圣王之制"的生态制度观。

有学者提出，墨子生态伦理的天志、非命观，要求人们做事必须"顺天应人"，这是正确处理人与自然关系的理论源泉；墨子生态伦理的节用观，要求我们要勤俭节约，这是当今社会实现可持续发展的基本要求；墨子生态伦理的非攻观，要求我们要正确处理好国与国之间的矛盾，发展好生产所需的人力财力，这是我们建设人类生态文明的重要保障。

有学者指出，现代西方生态伦理学无法真正摆脱主客二分的思维模式，也就无法真正得出人在自然中的真切感受，更无法真正领悟天人相融的精神体验。在环境保护的实践中也就不能真正内化于心，从而真正建构起环保的内省意识和自觉行动。在这方面，道家、道教重视直觉体悟的"道法自然"的整体观也许恰好能弥补西方哲学思维的偏颇。

有学者指出，老子在处理人类面临的各种危机时，从天之道的角度出发，不仅要考虑到人的因素，还要兼顾天文、地理、环境、文化等诸多因素，形成了中国最早的生态理论的雏形。老子提出的"人法地，地法天，天法道，道法自然"方法论，不仅是中国哲学的思想精髓，也是中国生态理论的基石。它不仅揭示人类认识世界、改造世界的基本行动法则，而且昭示了人类文明的未来走向。

有学者认为，中国传统文化中的和谐生态观脱胎于农业文明，不可避免地带有某些局限性。但只要我们辩证看待，在生态文明的视野下挖掘

其思想精髓，就可以使其在生态文明建设的过程中发挥出独特的价值。我们既要学习利用西方的科学技术，又要继承和发扬中国传统文化中的和谐生态观，取两者之长，才能在实现经济又好又快发展的同时兼顾生态环境的保护。

有学者认为，儒道互补的“天人合一”思想包含着丰富的生态伦理思想，为构建社会主义生态文明提供了以下有益启示：一是人的生存与发展离不开自然界，人应爱护自然；二是人类在自然面前应有所畏惧，在改造自然的生产实践活动中必须遵循自然规律，否则就会遭到自然界的惩罚。

此外，还有学者就“关学”中生态伦理观念进行专门探讨。

三、揭示宗教文化对生态文明建设的重要性

有学者认为，我们应该发掘宗教文化的生态伦理思想，使之为环保做出应有的贡献。落实到实践层面，主要从两个方面来做：一方面加强对宗教教职人员的引导和培训；另一方面支持和鼓励宗教界人士和信教群众投身环保实践。

有学者指出，佛教文化中的众生平等的生态价值观、修行向善以脱六道轮回的人生观、珍惜自然的节俭观、慈悲为怀的伦理价值观、万物一体的统一哲学观等生态伦理思想对生态文明建设有重要的启示。

有学者指出，佛教文化中的三大生态伦理思想对当今生态文明建设有三大启示：其一，“众生平等、无情有性”的生态爱护思想有助于我们在生态文明建设中实现思维方式的根本性转变；其二，关于“业报论，不杀生”的生态实践思想有助于我们在生态文明建设中树立新的珍爱生命的生态道德观；其三，“诸法无我，破执断贪”的生态节约思想有助于我们在生态文明建设中实现爱护资源及生态立法。

有学者提出，以“护生止杀”“人间净土”为特征的佛教生态伦理观留给我们一些重要启示。

有学者认为，我们应对大自然和人类社会担负起共同的责任，从基督教义中的“敬畏上帝”“平等博爱”扩展到处理人类与大自然的关系上。在全世界生态环境日益恶化的情况下，基督教积极入世，介入对生态的关

注，并引起我们的重视，这反映了传统宗教文化仍有巨大的社会影响力。借助这种契机，宗教现代化紧紧依托经济、社会、国家现代化进程，与时俱进，重新审视自己的传统，释经解典，为宗教自身注入了新的活力。

四、探索民族传统文化的保护、传承与生态文明建设的关系

有学者指出，要保护民族传统文化，首先要加强对民族传统文化生态保护的研究，弄清楚有关民族传统文化和有关文化现象的传承特点、演变规律；其次，要将民族传统生态与本地区的自然生物生态相结合予以保护；最后，要在动态交流中实现民族传统文化的保护和传承。

有学者认为，云南少数民族传统生态观可以丰富现代生态伦理的内涵、提升各民族的生态道德意识、完善当前生态保护的法制体系、促进绿色生产生活方式的养成、维持少数民族地区的生态平衡。

有学者指出，维吾尔人的生态文化有效地规范和约束了人们在适应自然、改造自然过程中对生态的态度和行为，克服了一些生态问题和环境问题，从而更好地实现了所在地区各个历史时期的生态平衡。

五、寻求建设美丽中国的路径

有学者指出，建设美丽中国，需要切实树立全面的美丽中国理念、促进经济发展的绿色转型、大力推进生态文明建设、以生态文化塑造美好心灵。

有学者分析了建设美丽中国的实现途径：转变经济发展模式，促进自然生态的维持与再生；优化社会经济结构，平衡生态建设与经济发展的关系；加强人文文化的建设，有效推进社会主义生态文明建设。

有学者认为，要实现“美丽中国”我们必须做到：树立和谐的价值观；树立和谐的生态观；树立和谐的发展观；树立和谐的世界观。

有学者指出，美丽中国需以生态文明铸就体魄之美，以生态文明孕育形象之美，以生态文明凝练气质之美，以生态文明催生行为之美。

有学者指出，美丽中国及其实现是自然美、文化美、人之美和社会美

全面发展的美，它要求建设美丽中国的生态文明必须具有能够全面实现这些美的功能性内容。这决定了生态文明必须是包含物质文明、精神文明、政治文明和社会文明的全面文明，是遵循自然规律、符合人的进化规律和人类社会发展规律的优秀文化。

此外，还有学者从世界文明兴衰的角度来对生态文明建设进行了专门探讨，提出文明衰落和消亡的原因在于人类没有处理好人与自然、人与社会、人与人、人与自身的关系，而这四大关系就是生态文明建设的全部内容。

世界文明兴衰与中华生态文明理念建构

李道湘

李道湘：中央社会主义学院中华文化教研部主任、教授

笔者曾经从创新文化建设的角度研究过世界文明兴衰的问题，从研究中领悟到：世界文明的兴盛总是伴随着文化的创新，一定时空中的文化创新带来了文化的繁盛，拉长时空后发现繁盛的文明却突然衰落，其原因或是战争，或是内乱，或是生态环境的恶化；置于更广阔、更深层的背景下观察，发现这些文明的衰亡都与没有处理好人与自然、人与社会、人与人、人与自身的关系有关。这就是我们今天所说的生态文明问题。通过对世界文明兴衰存亡的发展历程的分析考察，发现生态文明问题关乎世界文明发展的命运，也关乎人类的前途，通过对中华文明的阐释，探析其绵延不绝的生命源泉，梳理其契合当代生态文明建设的理念和原则。

一、世界文明兴衰的历史轨迹

世界文明的兴衰存亡总是不断地引起人们的探寻，每一代人总是希望从中找到启示，以警示当下的人们不要毁掉人类数千年积累起来的文明成果，并希望能一代一代地不断延续下去。在当代，这种愿望越来越强烈。我们看到：英国历史学家阿尔诺德·约瑟夫·汤因比在其12册巨著《历史研究》中探索了人类文明发展所经历的起源、生长、衰落、解体四个阶段；美国历史学家保罗·肯尼迪在《大国兴衰》一书中对大国兴衰历史轨迹和兴衰原因的探寻；美国著名学者伊曼纽尔·沃勒斯坦对“霸权国

家”的兴衰和21世纪前景的预测；美国政治学者塞缪尔·亨廷顿提出未来世界的冲突将是文明的冲突的主张。他们都试图从不同方面寻求文明兴衰的发展轨迹和内在原因，以此警示后人，并力图描绘未来发展道路。本文试图从世界文明兴衰的发展轨迹中探索中华生态文明观的形成和发展。

世界文明的兴衰总是敲击着人们的心灵，使人们高度警觉人类文明会否遭遇危机并威胁着人类的生存和发展。玛雅文明推断人类会在2012年开始一个新的世纪，预言人类将进入与本次文明毫无关系的一个全新的文明，这曾引起许多人的恐慌，是不是世界末日果真到来，引来众多科学家出来说明世界不会毁灭。根据现有的科技水平，在人类可以预见到的将来不用担心地球的毁灭和人类的存亡。但面对现实，人口、资源、污染、战争、贫穷等诸多因素，以及全球范围内频繁出现的自然灾难和生态危机，正严重地威胁着人类的生存和发展，从而使人类对自己所处的地球环境陷入深深的忧虑之中，也使当下的有识之士面对屡屡出现的危机而忧心忡忡。人类发展到今天所积累的文明成果会不会有朝一日毁在我们手里。毫无疑问，古老文明的兴衰见证了人与自然关系发展的历程，也积淀了人与自然相处的经验，记录了生命毁灭的历史教训。

（一）文明和文化

如果继续深入讨论文明问题，也许应该明确什么是文明，它与文化有何异同。谈到文明，人们往往与野蛮相对，可见文明是有进步和落后之分的，所以才有人类进入文明阶段的称谓，与此对应就有了一个野蛮阶段，如茹毛饮血，是指人类曾经历的不会用火的阶段，过着连毛带血生吃禽兽的生活。《易·贲卦·彖传》中有“文明以止，人文也。观乎天文，以察时变，观乎人文，以化成天下。”这段话是说，治国者须观察天文，以明了时序之变化，使天下之人均能遵从文明礼仪，行为止其所当止。这里的“文明”就有先进或进步的意涵在里面。《中国大百科全书》中的条目“文明”就有这个意义，定义为“人类改造世界的物质和精神成果的总和；社会进步和人类开化状态的标志”。文化与文明不同，有了人类的活动就有了文化，它体现的是人类与其他生物和动物的区别。先秦思想家荀子在《王制》篇有对人的见解，他说："水火有气而无生，草木有生而无知，禽兽有知而无义。人有气、有生、有知，亦且有义，故最为天下贵也"。这里可解为，人之所以不同于动植物，就在于人有"义"。我把它解为有"文化"，这里的"文化"就不能置换为"文明"。文化是什么？广义地说，就是指人类创造的一切物质成果和精神成果的总和。狭义地说，就是指精神成果，或说观念形态的成果。"文明"和"文化"都是指人类创造的成果总和，广义上两者的意义是一样的，本文也是在广义上使用文明的概念。

（二）世界文明的兴衰轨迹

学术界有人将世界诸多古文明分为七大文明（古埃及文明、苏美尔文明、米诺斯文明、玛雅文明、安第斯文明、哈拉巴文明、中华文明），这些古文明都曾有过辉煌的历史和成就，但由于种种原因要么衰落，要么消亡了。

古埃及文明是指在尼罗河第一瀑布至三角洲地区，时间段限为公元前5000年的塔萨文化到公元641年阿拉伯人征服埃及的历史。专家们实际探讨古埃及文化的时间范围，是公元前4245年埃及南、北王国的首次联合，到公元332年马其顿王国亚历山大占领埃及，托勒密王朝覆灭，亦即通常所说的历时三千多年的法老王朝。从那以后，延续达3000年左右的埃及文明便衰落了，只给人们留下了金字塔和木乃伊。

苏美尔文化是存在于两河领域最早的文明。苏美尔文明是世界上最早发明文字，最早建立城市国家的，诞生于两大河流幼发拉底河和底格里斯河冲积而成的美索不达米亚平原上的伟大文明。如今苏美尔文明已被埋藏在沙漠下，变成了历史遗迹。虽然苏美尔文明败落的原因是多方面的，但有人认为有两个方面的原因值得注意：一是外部新兴文明如希腊和伊斯兰文明的征服和取代；二是过度的农业开发恶化了先天不足的生态环境，包括不合理的灌溉，对森林的破坏等，加之地中海气候的特点，使河道和灌溉沟渠淤塞，土地"盐化"。最终导致了在古巴比伦晚期（约前1700前），以吉尔苏为代表的大批苏美尔城市被永久放弃，苏美尔文明逐渐消亡。

米诺斯文化是爱琴海地区的古文明，该文明主要集中在古希腊的克里特岛，曾经存在过被称为米诺斯文化的更为古老的文化。约在公元前2000年到公元前1400年间，米诺斯文化进入了最繁荣的时期，当时这个岛上的克诺索斯是欧洲最大的城市，人口达10万之众。然而不久，米诺斯文化突然在历史上销声匿迹了，原因众说纷纭，但是他的存在以及毁灭都是历史事实。

玛雅文化孕育、兴起、发展于今墨西哥的尤卡坦半岛，恰帕斯和塔帕斯科两州和中美洲内的一些地方，它是美洲印第安人文化的摇篮。但玛雅文明突然衰亡的原因至今仍是千古难解之谜。古代玛雅人，在彩陶、壁画、雕刻、建筑、文字以及天文、历法、医学和数学等方面具有很高的水平。曾经有过如此辉煌过去的玛雅文化，在公元10世纪初期突然神秘地衰落了。其原因曾有种种猜测：有人说是因为环境变化；有人说是因为战乱所致；有人认为是内部暴动；有人认为是祭祀杀人过多；也有人提出，玛雅文化缺乏对外交流，它的封闭状态也是其衰亡的一个原因；等等，不一而足。

安第斯文化是南美洲古文明；哈拉巴文化是在印度河领域发展起来的文明，被印度学者称印度文明的“第一道曙光”。但这些古文明在历史的长河中相继衰退或湮灭，引起古今中外的思想家和政治家们的重视，进而怀着一种使命感和责任感努力探索历史文明的兴衰及其原因。在探索这些古老文明兴衰存亡的过程中，唯有中华文明延续五千年而不曾中断，表现出强大的生命力和凝聚力，世界为之好奇和惊叹。

二、世界文明兴衰的原因探析

当人们考察各种文明衰落或消亡的历史过程时，发现摧毁文明成果的力量更多的是来自文明创造者自身，创造者也是毁灭者，或是直接或是间接。

(一)世界文明兴衰原因的历史分析

如果按照一般事物发展规律，任何事物都必须遵循产生、发展、消亡的客观规律，那么，世界各种文明的兴衰存亡也就不足为奇了。德国历史学家斯宾格勒和英国历史学家汤因比都持此观点。斯宾格勒在《西方的没落》一书中认为，人类历史就是各种文化自生自灭的舞台，文化就像人的一生，遵循着生、壮、老、死的周期性规律，每一种文化都经历了春、夏、秋、冬4个发展阶段。斯宾格勒认为，文化的这种有机性和宿命性是生来俱有的，任何一种文化都逃脱不了必然灭亡的命运，即使西方文化也不能例外。他把这些文化划分为8种：埃及文化、印度文化、巴比伦文化、中国文化、古典文化（希腊罗马文化）、伊斯兰文化、墨西哥文化和西方文化，另有一个尚未发展完成的俄罗斯文化，并分析了这些文化形态兴起、发展、衰落或消亡的过程，表现了对世界各种文化发展前景的忧虑，特别是对西方文化必然走向衰落的黯然预判。

与斯宾格勒观点相同的还有汤因比。他认为，每一个人类“文明”都像一个个生物体一样，都必然要依次经历“生老病死的周期”，这个“周期律”似乎成了决定各个文明兴起和衰亡的最终原因。汤因比由此断言，现存的西方文明也必然像古老的埃及、巴比伦和希腊、罗马文明一样，要走向衰亡。汤因比在其历史巨著《历史研究》中讲述了世界上26个主要民族文明的兴起与衰落；在其最后一部著作《人类与大地母亲》中，汤因比论述了世界各个文明形态形成和发展的地理自然环境，指出了人类物质技术力量的进步对大自然的破坏以及造成的恶果，由于人口膨胀、盲目开垦、过度砍伐森林造成了资源的枯竭、环境的恶化，人类与自然环境的关系处于十分紧张的危机状态。

如果说斯宾格勒和汤因比是从宏观的历史视野俯视世界文明的兴衰沉浮，那么美国历史学家保罗·肯尼迪则可以看作从微观实证大国兴盛强大和败落带来的文明的兴衰存亡。

美国耶鲁大学历史学教授保罗·肯尼迪1987年出版了《大国的兴衰》一书，该书从政治、经济、军事、国际关系等多方面阐述了1500年以来世界大国的经济和军事变迁，探寻了大国兴衰的历史轨迹及其兴衰原因。肯尼迪认为，经济和科学技术是影响国家实力的重要因素，它们决定着国家的兴盛和衰落，一个大国必须“为国家利益提供安全、满足公民的经济需求、保持经济持续增长”。[1] 为了说明这一点，肯尼迪分析了西方大国互争雄长和兴衰沉浮的历史轨迹，如从世纪开始的哈布斯堡王朝统治的帝国、1660—1815 年间的法、英、俄、奥和普鲁士五强争雄、19 世纪的英国称雄欧洲和世界、20 世纪初和 30 年代两次世界大战各自形成的两大集团、20 世纪 60 年代美苏两个超级大国争霸世界的冷战格局的形成等，这些大国的兴衰沉浮沿着经济增长—军事强大—战争的路径行走，战争落幕后呈现出的是文明的兴衰存亡。

探求数千年来世界文明兴衰沉浮的历史轨迹及其背后的原因，是要告诉现在和后来的人们要认真总结经验和吸取教训，保护好人类创造和积累的文明成果，不断丰富创新和延续发展人类共同的文明成果。可是，当我们面对现实之际，似乎人们并没有从世界文明兴衰循环的历史怪圈中走出来，一些与古文明似乎毫无衔接的所谓现代文明仍然怀着唯我独尊和排斥异己的心态醉心于文明的冲突，也许美国著名学者塞缪尔·亨廷顿提出“文明冲突论”可以作为验证。1993 年，亨廷顿在美国《外交》季刊夏季号发表题为《文明冲突?》一文，提出“世界文明冲突论”，在国际上引起一场轩然大波。在文中，他考察了近代以来发生冲突的原因。他认为：在 1793 年以前的国际冲突主要是君主之间争夺领土和势力范围的冲突；1793 年之后至二战时期的国际冲突主要是民族国家之间的利益冲突；二战后至苏联解体期间的国际冲突主要是意识形态的冲突；苏联解体后的国际冲突就变成了世界各大文明之间的冲突。他把世界上的文明类型分为西方文明、儒教文明、日本文明、伊斯兰文明、印度文明、斯拉夫—东正教文明、拉美文明以及可能的非洲文明。这些文明间的差异和矛盾，随着接触和交流的频繁，会产生摩擦，以至冲突。因此，他认为，“全球政治的主要冲突将发生在这些不同文明的国家和集团之间”，“文明的冲突将主宰全球政治”[2]。在这些文明的冲突中，最根本的冲突是两种文明的冲突，即西方文明和非西方文明的冲突。以美国为首的西方文明，有共同的利益，形成了共同的价值观，发生冲突的可能性越来越小。非西方文明

[1] [美]保罗·肯尼迪：《大国的兴衰》，陈景彪，等，译，香港：国际文化出版社 2006 年版，第 431 页。

[2] [美]塞缪尔·亨廷顿：《文明的冲突》，载《现代外国哲学社会科学文摘》1994 年第 8 期。

以中国的儒教文明为代表，而且有可能与伊斯兰文明结成联盟。亨廷顿认为，西方国家与儒教—伊斯兰国家之间存在着几乎所有方面的冲突。“在最核心的层面上，西方的概念和其他文明中通行的概念完全不同。像个人主义、自由主义、宪法、人权、平等、自由、法治、民主、自由市场、政教分离等西方观念，在伊斯兰、儒教、日本、印度、佛教或东正教文化中一般都没有能与之相对应的概念。”亨廷顿由此断言，在西方极力在全世界推行和宣传这些观念的时候，必然会遭到非西方文明的抵制。西方会利用一切手段来实现这一目的，非西方文明国家为了维护自身的利益决不会轻易接受，也会利用一切手段与之对抗，最终必然导致冲突。从这里可以看出，文明的冲突实际上就是价值观的冲突。

文明的冲突并没有因为世界文明兴衰沉浮的经验和教训而停止，这是文明发展的内在的逻辑本质所导致，还是文明创造主体人类的本性所必然，这需要人们认真探讨。人类虽然看到了文明兴衰沉浮的历史轨迹，从根本愿望看，是要延续文明的生命力，并努力保持文明形态的整体性。但是，又总受一种原始的本能的冲动将它破坏掉，毁灭掉，当代人也没有摆脱这一人类的宿命。人们非常珍惜一代一代传承下来的文明成果，但又在自觉不自觉地践踏它，无法控制地一点一点地摧毁它，人类似乎始终处于这种痛苦的挣扎中。从世界文明发展历史进程看，前人面对的问题和难题与我们现在所处的境遇是一样的，他们解决问题的前提或基础与我们是处于同样的智力水平，他们解决问题的方法和路径也是和我们一样的。我们应该清醒地认识到当代人并不比前人或古人更聪明更有智慧，每一代人要解决的是每一代人的问题，真正聪明的那一代人是解决了当时就预见到的问题。今天，我们之所以要努力探寻世界文明兴衰沉浮的历史轨迹，是要看看哪些文明在兴盛，哪些文明在衰落，哪些文明在延续，哪些文明在消失，背后的原因是什么，有没有规律可循。

（二）世界文明兴衰原因的时空分析

世界文明作为一个整体是由一个个的“文明单位”构成的，作为一个绵延不绝的文明体也是一个个“文明单位”前赴后继连接起来的。这一个个“文明单位”就是发生在一定时空中的文明形态，这些文明形态的兴衰取决于时空中的各种要素，这些时空要素在其现实性上表现为人、自然、社会三个基本要素，这三个基本要素及其相互关系构成了人类生存发展的环境，人类在处理人与自然、社会的关系中积累起来的经验和教训就是人类的文明成果，依次为原始文明、农业文明、工业文明，现在人们又提出生态文明的概念，认为它是继工业文明之后的新的形态的文明。生态文明的理念是：尊重自然、顺应自然、保护自然。生态文明的基本宗旨是：实现人与自然、人与社会、人与人的和谐共生、良性循环、全面发展。生态文明的核心价值是：人与自然的和谐。生态文明的内容是：人与自然的和谐、人与社会的和谐、人与人的和谐、人与自身的和谐。

根据生态文明的理念反观世界文明兴衰的历史进程，不难看出：那些衰落或毁灭了的文明形态大都没有处理好人与自然、人与社会、人与人、人与自身的关系，从而发生连绵不绝的战争，导致不断恶化的生态环境，内乱和暴动时有发生，人们总是陷于无节制地追求财富、无度地索取之中，最终导致天怒、地吼、人乱的结局，文明发展进程被终结。世界诸多古文明的衰落或消失无疑是最好的例证。

文明的兴衰与战争有关系。考察世界各种古老文明的衰落都伴随着战争。玛雅文明是世界著名的古文明之一，它是美洲印第安人文化的摇篮，对后来的托尔特克文化和阿兹特克文化具有深远的影响。公元 3—16 世纪是玛雅文化的繁盛期，但从公元 10 世纪到 15 世纪发现美洲大陆，约 600 年时间，在中美洲曾发生长期的战争。16 世纪西班牙征服玛雅人的国家。希腊文明在相继的外力征服中失去传承：公元前 338 年，马其顿国王征服了整个希腊；公元前 2 世纪，后起的罗马又把它兼并了；从此，希腊罗马文明在欧洲中断千年之久。发源于“两河流域”的苏美尔—巴比伦文明，自约公元前 4500 年出现定居村落文明始，就屡遭外族入侵和征服；至公元前 538 年，巴比伦遭波斯帝国侵占，从此结束了苏美尔—古巴比伦文明的独立存在。

不难看出，文明的兴衰与战争存在着直接的关系，战争摧毁了一种文明，但也没有让征服者的文明发扬光大，往往是同样消失在历史的长河中。

文明的兴衰与生态危机有关系。也许与战争相关，人类往往对自然无节制地索取，而且是采取一种傲慢和独裁的方式强加于自然界，由此造成生态危机。如玛雅文明的衰落，其中一个很重要的原因就是由于地力的耗竭。研究表明，玛雅人为了满足人口的粮食需要，无限度地开辟耕地，大量砍伐或烧毁森林，从而使水土流失日益严重，耕地生产能力严重耗损，玛雅文明因此失去了赖以生存的农业基础而走向衰落。苏美尔—巴比伦文明的衰落也与生态危机有关。过度的农业开发恶化了先天不足的生态环境，造成了森林的破坏、沟渠的淤塞、土地的“盐化”，最终导致了苏美尔—巴比伦文明的逐渐消亡。

（三）中华文明的兴衰与绵延

中华文明历经5000年的发展历程，至今仍有强大的生命力和凝聚力，与诸多古文明相比，中华文明从未中断过，是世界文明发展史上的奇迹。中华文明这种生命力主要表现为同化力、融合力、延续力、凝聚力，中华文明的绵延表现为核心价值和民族精神的绵延。纵观中华文明5000年的历史发展进程，我们清楚地看到，它与世界其他古老的文明一样，有其兴衰发展的逻辑轨迹，但不同的是这种逻辑进程没有因内外因素的破坏而中断。如中华文明也遭受过战争和生态危机，只是它没有因频繁的战争掠夺和生态灾难的多发而造成文明的毁灭，尽管也造成一时的衰落，却最终带来中华文明的融合和兴盛。中华文明因此而铸成了特有的品格：善于同化各种文明于一体；自觉的文明传承意识；兼收并蓄的融合力；厚德亲和的凝聚力。这些品格熔铸为中华文明的生命力。因此，“中华文化能够绵延五千年，是有其大哲学、大学问、大道理的，特别是社会历史的垂续与绵延，不仅前有夏朝400年、商朝600年、周朝800年的盛治，而且后有汉朝400年、唐朝300年、宋朝200年的接续。中国历史上持续200年以上的王朝就有8个。中国历史上的强盛和稳定，造就了中国辉煌成就和悠久历史”。[1]这些“大哲学、大学问、大道理”是什么呢？就是几千年凝聚起来的中华文明的精神：爱国主义、中华一统、忧患意识、自强不息、

---

[1] 司马云杰：《绵延论——关于中国文化绵延之理的研究》，西安：陕西人民出版社2003年版，第8页。

天人合一、民惟邦本、重义轻利、贵和执中、舍生取义、崇礼重德等；就是始终不渝地追求人与自然、人与社会、人与人、人与自身和谐相处，共生共赢的价值观念，它们深深地影响着中华民族的思维方式、行为方式。从中华文明的基本精神和基本价值取向上可以看出，中华文明之所以5000年不曾中断，这与它坚持人与自然和谐、人与社会和谐、人与人和谐、人与自身和谐的生态文明理念有密切的关系，并在实践中正确地解决了这些关系。

三、文明兴衰的启示与中华传统文明生态观的建构

一种文明对世界的贡献，不仅表现为这种文明自身的延续和生命力，而且更重要的是为世界文明的发展和兴盛提供启示和范式。中华文明绵延不绝的生命力无疑为世界文明的发展提供了方向和路径，它提出和遵循的人与自然和社会的和谐共生理念不仅是生态文明的核心思想，更是整个世界和谐发展、共处共生的人类法则。

世界文明兴衰沉浮的探寻，让我们看到了人类创造的文明曾是如此的辉煌和耀眼，如玛雅文明、埃及文明、希腊文明、巴比伦文明等，但它们却因为种种原因或是衰落或是消亡，从衰落或消亡中我们寻找到了其中的原因，或是掠夺和战争，或是内乱和暴动，或是生态恶化，或是人类的无度索取，这给我们建设生态文明提出了警示。中华文明绵延不绝的历史奇迹又给我们建设生态文明留下成功的范式和精神财富。

（一）文明的兴衰与人类生存问题

放在整个历史进程中，一种文明的兴衰只是经历了它的兴起、发展、兴盛、衰落的逻辑过程，最后湮灭在历史的长河中。置于一定的时空中，一种文明的兴衰是多种因素综合作用的结果，人们要关注的是，这些文明是如何在这一定的时空中兴盛，又如何在这一定的时空中衰落？哪些因素带来了文明的发展和强盛？哪些因素造成了文明的衰落或消亡？在这个一定的时空中，人、自然、社会是其根本的要素，有了人，自然才有了意义和价值，有了意义和价值也才有了文明的说法。所以，从这个意义上说，文明不过是人类在一定时空中处理与自然和社会关系的活动记录罢

了，这些记录积累起来就成了文明的成果。从整个历史长河中来看，一些文明的兴衰不过是短短的一瞬间，不过是整个世界文明发展链条中小小的一环，其存其亡都不足以大惊小怪。但从生活在一定时空的人类来看，文明的兴衰关乎人类自身的存亡，人类具有天生的死亡恐惧，就像今天的人类一样，关心世界文明的兴衰实质上就是在关心自身的生死存亡。我们今天聚集在这里研讨生态文明的问题，目的何在？实质上就是为了自身不至于在一定的时空中衰落或毁灭，探究中华文明绵延不绝的奥秘，寻求人与自然、人与社会和谐相处之道，从世界文明的兴衰存亡中探索当代生态文明建设的路径和道路。值得重视的是，中华民族在实践中总结出的人与自然、人与社会、人与人、人与自身的经验和教训，已经升华为中华文明的基本精神，并积淀为中华民族的自觉意识，成为指导人们思想和行为的准则，它对于当今生态文明建设具有重要的借鉴意义。

（二）忧患意识与生态文明的危机意识

中华文明中具有强烈的忧患意识，它表现为对自然、社会和人生的忧虑，它是人们面临自然、社会与人生所遭遇的患难而产生的忧虑和思索。既有对社会急剧变化动荡的不安和恐惧，也有对每个人生存和生命的担忧。忧患意识贯穿在整个中华文化发展中。徐复观先生认为，忧患意识是中国文化的精髓。

忧患意识是中华民族人生哲学和生存智慧的体现。正因为有浓厚的忧患意识，才使中华民族虽屡经磨难，仍绵延数千年未曾中断，为人类文明的发展和进步作出了巨大贡献。《周易》是中国文化中忧患意识的源头之一。《周易》的卦爻辞中包含着深沉的忧患意识，处处提醒人们在身处顺境时要居安思危、防微杜渐，防患于未然；在身处逆境时要谨慎戒惧、自强不息，通过自身的努力摆脱困境，化险为夷。正是这种意识，使中华民族时刻处于警觉之中，这种警觉已经积淀为中华民族的自觉意识，升华为一种悲天悯人的天下情怀和高度的历史使命感与社会责任感；这种警觉使人们时时如履薄冰地处理人与自然、人与社会、人与人、人与自身的关系，并把这四种关系的和谐作为追求的目标，这也是今天我们提倡生态文明建设必须重视的理念。

（三）天人合一与人和自然的和谐理念

人与自然的关系，是中国传统文化的一个基本问题，"天人合一"是其核心思想。这一思想强调人与自然的统一，实现人与自然的和谐发展，也是当今生态文明建设的重要理念。

在中国传统文化中，"天"的含义有三种：一是意志之天，二是义理之天，三是自然之天。因此，在天人合一的理解上，古代思想家的主张有所不同，以孟子为代表，主张天人合一即天人相通。以老、庄为代表主张天人相混不分，人是属于自然的一部分，是自然界的一种存在形式。以《易传》为代表，主张天人合德。以董仲舒为代表，主张天人相类，将人类社会与天地宇宙视为一个整体；以荀子、刘禹锡为代表，主张人定胜天。[1] 这些主张尽管有些不同，但在最根本的意义上是一致的，即追求人与自然的和谐。在这些观念中，体现了人与自然的平等理念，倡导人与自然的和睦相处，提出了人与自然的相互依赖，人与自然必须共生共处，和谐共赢，良性发展，才能为人类自由全面发展提供基本的物质基础和自然环境。世界诸多古文明相继衰落或消亡，无不与没有处理好人与自然的关系有关，毫无疑问，中华文明之所以绵延不绝一定与中华民族十分注重处理好人与自然的关系密切相关。人与自然的关系也是今天生态文明建设的核心问题。

（四）中华统一意识与人和社会的和谐理念

人与社会的和谐是生态文明建设的重要理念。没有人与社会的和谐，就不可能实现生态文明建设的目标。人与社会的和谐首先表现为国家的统一、民族的团结、社会的稳定，这是人类开始物质生产和精神生产的物质前提和基础，也是人类得以生存和发展的社会基础。中华民族之所以延续5000年至今仍充满着强大的生命力，这与中国社会保持长期的稳定和发展是分不开的，其中中华统一意识作为一种精神力量发挥了巨大的作用。

---

[1] 吴雪玲："'天人合一'思想探源"，载《光明日报》2007年11月5日。

中华统一意识铸就了中华儿女维护国家统一、民族团结的价值取向。大一统观念扎根于中华民族的深层意识中，成为引导人们自觉维护国家统一、民族团结的核心理念。作为一种价值观念和思想体系，中华统一意识已经成为中华民族向心力、凝聚力的源泉，维护国家统一和社会稳定成为每一个人的自觉意识，同时，也成为社会和个人在处理人与社会关系的准则，从而保证了人与社会的和谐稳定。

（五）和而不同与人与人之间和谐的理念

人与人的关系，最终目标是实现人际和谐，解决人文危机。人与人的和谐关系是保持人与自然和谐、人与社会和谐的前提，没有人与人之间的和谐，就不可能有人与自然的和谐、人与社会的和谐。中华传统文化中十分重视处理好人与人的关系，和而不同的思想就是处理人与人关系的基本准则，也是生态文明建设的重要内容。

中华传统文化十分重视人与人和睦相处，主张与人为善、推己及人，以达到人际关系的和谐。孔子曾提出“和而不同”的著名观点。他说：“君子和而不同，小人同而不和”，这是说君子能听取不同意见，力求公允正确，不盲从；而小人只会求同，没有自己的见解。“和而不同”体现了中华文明的包容厚德、兼容并蓄的博大精神。有了这种精神才会有和谐的人际关系，有了和谐的人际关系才有和谐的人文环境，有了和谐的人文环境才有和谐的社会。和谐的人文环境也是生态文明建设的重要内容。

（六）贵己修身与人我自身和谐的理念

人与自我的关系，讲的是人要知己、贵己、修己，最终目标是实现身心和谐，解决人类的精神危机。中华传统文化重视修身养性，认为这是人生的出发点，修身齐家治国平天下是中国古代知识分子追求的人生理想，也是激励自己奋斗的精神动力，这是儒家的理想。儒家讲入世，但儒家讲修身养性，讲身心健康，讲身心和谐。道家讲忘世，回归自然朴素的婴儿状态。佛教讲出世，倡导“清心寡欲”的朴素生活，强调节制欲望，使人类的要求和欲望得以净化和控制。面对名利，儒道佛各自开出药方，其目的是一样的，使人们的身心得到安顿，使人们的身心和谐。从世界文明的衰落或消亡来看，人类的欲望和贪婪驱使着人们对自然过度索取，生态危机在最终意义上就成为人性的危机。因此，当代生态文明建设就包括处理人与自身的关系问题。

结　语

纵观世界文明的兴衰，给我们最重要的启示是，文明的兴衰就是人类的兴衰，因为文明是人类创造的；文明的兴衰就是世界的兴衰，因为世界的意义和价值就在于有了人类。文明衰落和消亡的原因在于人类没有处理好人与自然、人与社会、人与人、人与自身的关系，而这四大关系就是生态文明建设的全部内容。从这个意义上说，世界文明的兴衰标志着生态文明建设的成败。

中华文明延续5000年不曾中断，不是历史的偶然和世界的例外，而是中华民族在长期历史和实践中正确地处理人与自然、人与社会、人与人、人与自身的关系，并把这种实践升华为理论，凝聚为精神价值理念，并深刻地影响着人们的思维方式和行为方式，成为指导人们实践的原则和规则。因此，它不仅给今天的生态文明建设提供借鉴，而且应该成为生态文明建设的重要内容。

从这个意义上说，世界文明的兴衰与生态文明建设具有历史和现实的关联。

参考文献：

[1]冯琳舒．浅论传统文化中的生态文明观念及对现实的启迪[J]．天府新论，2007(7)．

[2]杜超．生态文明与中国传统文化中的生态智慧[J]．江西社会科学，2008(5)．

[3]贾鹏龙．道家思想与生态文明建设[N]．中国科技创新导报，2008(13)．

[4]陈彩棉．生态文化是生态文明建设的核心和灵魂[J]．中共贵州省委党校学报，2009(4)．

[5]盛辉．中国传统文化生态伦理思想评析[J]．河南科技大学学报(社科版)，2009(6)．

[6]孙伶俐．浅谈生态文明中国传统文化渊源[J]．长沙铁道学院学报(社科版)，2010(4)．

[7]李培超．论生态文明的核心价值及其实现模式[J]．当代世界与社会主义，2011(1)．

儒道互补的"天人合一"思想的当代意义

于铭松

于铭松：中央社会主义学院中华文化教研部副主任、教授

"天人合一"是中华传统文化的精髓。它认为人类社会在大自然中生成并发展，是大自然的一部分。所以，人与自然相通相应，息息相关，是个统一体。由此得出结论，人与自然必须和谐相处。钱穆认为，"天人合一"是中华传统文化对全人类作出的最有意义的贡献。其所展示的人类一宇宙统一的世界观，正是人类所需要的智慧，对人类协调人与自然的关系，形成维护生态平衡、尊重自然、顺应自然的观念起着重要作用，对当前我国转变经济发展方式、推动科学发展有积极作用。

一、儒家、道家"天人合一"思想的相同视域

"天人合一，万物一体"，倡导人与自然和谐相处。中国传统文化对"自然"的看法有一个演变的过程。在殷周，天具有人格神的含义，它具有超自然的价值。周代人们从夏、商的覆灭中感悟到天命不会一劳永逸地保护哪一个朝代永久存在，只有敬德保民，才能"祈天永命"，因为"天亦哀于四方之民"。这样就把"尊天"与"敬德"联系起来，使"天"具有了一定的道德含义。

儒家的"天人合一"思想，是在"究天人之际"问题时，把天与人纳入一个在某种神秘的力量控制下能自觉维护平衡的有机系统中进行思考，认为天人之间存在密不可分的联系。孔子提出"天人合德"的思想："天"所

具有的人格神的含义虽然有所淡化，但对“天”仍然怀有敬畏之情。孔子又经过改造，赋予“天”以必然性之命运的含义，这就是所谓的“命运之天”。孔子对这种意义的“天”并不抱认知的态度，所谓“五十而知天命”的“知”并不是指认知，而是由道德实践而对天产生的一种感悟。这既有宗教的感情，又包含人德（人的道德）与天则（自然秩序、自然法则）的合一。孟子提出“天人相通”的观点：天道与人性是统一的，天的道德属性就包含在人性之中，天的法则根源于人间道德，天德都在人心之中。“尽其心者，知其性也；知其性，则知天矣”[1]“尽心知性知天”“存心养性事天”就是孟子“天人相通”思维模式的反映。董仲舒的“天人相类说”认为天与人相似，“天”作为有意志、有目的、有道德属性的最高主宰，既是“百神之大君”又是“万物之祖”，而人受命于天，天人之间存在着神秘的感应关系。天人之间是靠“王者”用“道”联结起来，王者依照天意行事，“天”就会直接地降下“符瑞”以资奖励；反之，王者逆天行事，不施德政，天就会降下灾异进行“谴告”。“天瑞”“天谴”，是天人之间的感应作用，起着调节天人关系并维持其动态平衡的功能。儒家“天人合一”的自然价值观，虽然仍保持着对天的敬畏之情，但天的含义已由原始宗教时代的人格神的意义转化为道德的意义。他们强调天地自然有至善至美的道德价值，而人的善性是由天地自然的至善至美的道德价值所给予和规定的，因此人与自然应和谐相处，才能“上下与天地同流”“参天地之化育”。

道家的“天人合一”思想，在老子那里是以天人同源、师法自然为核心，认为人应该遵循道的自然法则。《老子》云：“有物混成，先天地生。寂兮寥兮，独立而不改，周行而不殆，可以为天地母。……故道大，天大，地大，人亦大。域中有四大，而人居其一焉。人法地，地法天，天法道，道法自然。”[2]庄子则追求精神自由，向往回归自然，认为人与天地自然地合一，是最高的生存理想和生存境界。“人与天，一也”“有人，天也；有天，亦天也”。[3] 人作为大自然的一部分，与天地自然同属一个生命场，人与自

---

[1] 《孟子·尽心上》

[2] 《老子·二十五章》

[3] 《庄子·山木》

然之间应该相互依存、和谐相处，人的行为要“独与天地精神往来”[1]“与麋鹿共处”。[2] 但由于人制定了各种典章制度、道德规范，使人丧失了原来的自然本性，变得与自然不协调。人类行为的目的，便是“绝圣弃智”，打碎这些加于人身的藩篱，将人性解放出来，重新复归于自然，达到一种“天地与我并生，而万物与我为一”[3]的精神境界。

朱熹、王夫之等人则以儒解道，将儒道合一。朱熹说：“天地以生物为心者也，而人、物之生，又各得夫天地之心以为心者也。”[4]王夫之进一步说明天、人、物本来就是一体的。他在《庄子解》中说：“天，人也，人即天也；天，物也，物即天也。”“以知人知物知天，以知天知物知人。”天人相通，万物同根，生命同源，在这里，儒家与道家的“天人合一”思想得到了相同的视域。

沿着这一思路，中华传统文化讲“顺应天时”，这正是“天人合一”的突出表现。在中国封建时代，主要是农业经济，那时农业基本上“靠天吃饭”，所以事事处处必须“顺应天时”。中国长期通用“农历”（阴历），现在已不通用；但“农业”所遵循的“二十四节气”，仍为农业生产者所重视。孟子说过一段名言：“不违农时，谷不可胜食也；数罟不入洿池，鱼鳖不可胜食也；斧斤以时入山林，材木不可胜用也。”[5]这是从农业“顺应天时”进而涉及正确利用自然资源、保护生态平衡等问题。

二、儒道互补的“天人合一”思想的当代意义

21 世纪，生态危机已成为人类社会面临的一大挑战：环境污染日益严重、自然资源日趋耗尽，生态危机日显突出，吸收与借鉴“天人合一”思想的合理内核，对人类协调人与自然的关系，形成维护生态平衡、尊重自然、顺应自然的观念起着重要作用，对当前我国转变经济发展方式，推动科学发展有积极作用。

---

1 《庄子·天下》
2 《庄子·盗跖》
3 《庄子·齐物论》
4 《朱文公文集卷六七·仁说》
5 《孟子·梁惠王上》

儒道互补的“天人合一”思想包含着丰富的生态伦理思想，对于当今环境污染日益严重、自然资源日趋耗尽，生态危机日显突出的地球来说，是至关重要的；对人类协调人与自然的关系，形成维护生态平衡、尊重自然、顺应自然的观念起着重要作用。在当前，“天人合一”思想的合理内核，为构建社会主义生态文明可提供以下有益启示：一是人的生存与发展离不开自然界，人应爱护自然；二是人类在自然面前应有所畏惧，在改造自然的生产实践活动中必须遵循自然规律，否则就会遭到自然界的惩罚。

儒道互补的“天人合一”思想对当前我国转变经济发展方式，推动科学发展有积极作用。

从全球的视角看，现有发展模式是不可持续的，表现在以下三个方面。一是需求模式的不可持续：需求过度依赖于具有刚性制约的资源体系供给模式。现有模式下需求的增长越快，资源的刚性约束越大，可见的成型技术无法突破这种刚性约束。目前，面临全球通胀的压力，恰恰是资源刚性约束的价格体现，且长期价格反映，这种约束会越来越大。二是供给模式的不可持续：现有能源体系下，我们的核心供给，资源、物质储备基本以总量一定的储量开发式为主，但这种资源储备是有总量限制的，属于不可再生、不可循环的利用模式；能源构成体系单一，构成我们生活需求的资源、能源体系过于单一，石油、天然气、煤炭占据了世界能源供应量的80%以上；能源供给的刚性瓶颈，按照现有的利用模式，占全球能源供给1/2强的石油将于40年内开采殆尽，天然气将于50年内，而煤矿将在120年内被用完。三是增长模式的不可持续：全球在极其危险的分工平衡下增长，中国及东亚国家以廉价劳动力、土地成本换取生产性美元，中东、俄罗斯等能源国家出售日渐枯竭的能源与资源换取石油和美元，以美国为代表的发达国家，依靠金融的虚拟、杠杆和泡沫换取消费性美元。上述问题的解决之道是实现经济发展模式的转型。

未来的解决之道——创新全球经济增长模式。人类还要进步，全球经济还要发展，GDP还要增长，依然需要旺盛的需求和丰沛的供给形成繁荣的经济活动，需要对现有的供给与需求模式同时创新。一是供给上突破物质发展的限制。立足原材料、能源等刚性约束条件，以科技进步带动供给方式的创新，突破供给瓶颈，满足持续增长的需求；需求上摆脱以物质为核心的束缚，立足于摆脱以实物创造为核心的需求模式，追求以内容、文化、感受、体验等更加接近于人类实质需求——幸福感为核心的需求创新。二是供给上的创新与突破。过去很长一段历史的大量的技术进步都是基于供给的进步。整个工业文明的主要贡献就是对供给的贡献，供给更多的产品。这种依赖科技创新突破资源瓶颈将成为下一阶段供给创新的主题。这种供给的创新需要较长的时间和更高的成本，这种供给面对必然创新的需求中还有很多偶然性，在这种过渡时间内，需要对增长模式引起变化的重要变量，对需求进行创新。三是需求的创新。满足人类真正的核心向往——幸福感、新鲜感、体验感等各种内心深处真正产生的满足感……减少一系列不可持续的支出和消费、转向可持续的、可循环的需求上；从现有经济发展模式下以物质和资源为基础的“硬消费”，转向更多的以文化和感受为核心的“软消费”；从刚性的资源与能源储备，向柔性储备和循环增长转型；从后工业时代的物质消费，向新体验时代的内容消费升级。

从我国现有发展模式看，这种发展难以为继。突出地表现在：高能耗、高污染、低效益，在现有模式下世界无法承担的中国的高速发展。从内部看，国内资源的日益稀缺使得资源的对外依赖度过高。我国经济长期的高速增长已经造成了对国内资源和环境的过度消耗；中国成为石油、铁矿石等不可再生性自然资源的进口大国，导致资源的对外依存度急剧上升，在加剧国内经济波动风险的同时，也成为国际经济争端和经济危机的诱发地；分工制造环节，以工业制成品出口为导向的投资对资源的消耗严重。面向未来，从规模当量看，适用于中国今后发展的现成的理论和模式缺失！中国人口规模庞大，经济当量在未来无法用 GDP 衡量：可以预见 13 亿人的人均 GDP 从 2000 美元跃升到 4000、8000 美元，但无法想象到达 2 万、3 万……的时候——地球无法承载中国？西方经济理论是建立在人口相对较少、经济增长相对稳定（需求和效率平稳提升）的基础上的。市场经济高度发达的美国和欧盟的发展轨迹对发展中的中国来说只能局部借鉴而无法整体套用。欧美模式无从参考，同样，东亚模式也无从参考：四小龙地小人少，依靠出口拉动。如今中国出口量已成功占据发达国家相当市场份额，再也难以大幅度持续提高。另外，像印度与中国的起始战略就不同……人口基数大、平均水平低的经济大国如何实现进一步增长？从全球看，必须面对前所未有的激烈竞争和严峻挑战。发展初期，经济起步水平过低，对发达国家不构成威胁，反而成为其产业转移和产品输出的目标市场。发展至今，中国任何政治、经济上的举措已经足以构成对全球经济的影响，形成了与各主要经济体的竞合关系：反倾销、铁矿石谈判、纺织品……竞争日趋激烈，全球经济一体化有逐渐向区域经济一体化演变的趋势，形成足以影响世界经济的单一的产能规模优势，但过于依赖国际需求而国内需求一直不旺。

在目前的科技水平下，我们还没有做好准备大面积替代现有的能源与资源。中国还要进步，经济还要发展，GDP 还要增长，解决之道是在依赖科技创新突破资源瓶颈的同时，改变炫耀式消费习惯，在满足物质需求的同时，追求幸福感、体验感等各种内心深处真正产生的满足。

过去很长一段历史，人类的进步主要依赖于技术进步，而大量的技术进步都是基于供给的进步，整个工业文明的主要贡献就是供给更多的产品，满足人类日益增长的需求。目前，全球能源供给模式难以为继：在现有能源体系下，核心供给、资源、物质储备基本以总量一定的储量开发式为主，但这种资源储备（石油、铁矿石、天然气……）是有总量限制的，属于不可再生、不可循环的利用模式，可见的成型技术无法突破这种刚性约束。人类还要进步，全球经济还要发展，GDP 还要增长，依然需要旺盛的需求和丰沛的供给形成繁荣的经济活动，需要对现有的发展模式创新。这就是要在全球范围内倡导可持续发展、科学发展，而儒道互补的“天人合一”思想可为之提供有益的内价值支撑。

古文化之生态观的当代哲学启示

刘晓楠

刘晓楠：福建省社会主义学院教研室副教授

古文化中的各种形态，尤其是春秋战国时期的各流派，如，儒、法、墨、道，尽管各有其独立的体系和不同的政治主张，但是，它们都有一个共同点，那就是生态观方面所具有的内容的丰富性和所指与能指的一致性。人们大多只是注意到古哲人们关于“天人合一”“天道、地道、人道、神道合一”等生态观点的阐释，而未充分认识到古代各流派的思想家们在自然生态观、政治生态观、经济生态观等方面的观点和论述，可为后世进行应有的发掘，对建构当下的社会主义和谐社会是一笔重要的理论财富。

一、政治生态观的启示

尽管古哲人在政治生态观方面多为素朴性的论述，不很精致；但是，其生态观的立意和运用是极为明确的。首先，古哲人们已经将其生态观作为一种理论视角，用于衡量社会许多事物，政治方面也是如此。《黄帝内经》就一再告诫人们不要陷入主观片面的认识泥淖，而要努力去认识和掌握客观事物的普遍规律。例如，《黄老帛书・经法・道法》中提出：“天地有恒常，万民有恒事，贵贱有恒立，畜臣有恒道，使民有恒度。天地之恒常，四时、晦明、生杀、柔刚。万民之恒事，男农、女工。贵贱之恒位，贤不宵不相放。畜臣之恒道，任能毋过其所长。使民之恒度，去私而立公。”[1]

[1] 《黄老帛书・经法・道法》

我们曾经纠缠于古人的学说是否有迷信色彩，是否有机械成分，而缺乏对其“恒”之类范畴的深入探讨。现在我们不难发现“恒”的范畴即生态观的范畴。“恒常”“恒事”“恒位”“恒道”“恒度”，正是一个从客观的生态规律到人的主体生态性的思维—行为的链条。我们不妨将其视为一种主观与客观相统一的理论上的，包括政治生态链在内的社会生态链。“恒”显然是自然生态的恒一性和人类社会中似自然的恒一性，是客观规律性的体现。过去，我们只是认识到主体与客体的统一要有知行统一，要在实践中进行统一，这些诚然不可或缺；但是，我们所一贯忽视的生态性统一是到了须纳入应有的理论视域中的时候了。这是古人给我们的深刻启示。如果我们只是就古人的某些理论进行孤立的探讨，而没有进行生态性的认识和联系，就无法抓住古哲人们理论中的生态观这根红线。以民本思想为例，在一个长时期内，关于古哲人的“民本”思想的探讨，只是停留于“民”—“水”（例如，水能载舟，亦能覆舟）的喻指层面，而未能深入腠理，其因就是未认识其中的生态观的意蕴。民本思想是我国数千年传统文化的积淀，是我国古代典型的政治思维，是国家与政治哲学的基本形式。而从生态学的视角看，文明就是某一地域文化对环境的社会生态适应全过程。所以，因应环境问题解决的殷切渴求，在人类社会迈入生态文明之际，民本思想必然发展出其崭新的内涵，成为探寻解决环境问题取之不竭的理论资源。❶

其次，古哲人们的生态观已经赋予其理论上的大视野。现在中国改革已经进入深水期，不仅面临经济的转型，更面临着政治与社会的转型。在经济持续高速增长后，政治与社会转型更加迫切。只有改革官僚体系、重塑政治生态，才会助力经济二次飞跃和社会转型成功。❷ 要使社会体制改革有大作为，这需要我们对古文化作深入的探讨，获取其中蕴藏的生态观圭臬并指导我们的进一步研究，这种哲理性发现和取用的创新，有赖于大视野的形成。

孔子之所以成为名垂千古的思想家，与其视野在某些方面的开阔不

---

❶ 欧阳恩钱：“生态文明视域下民本思想的层次展开”，载《江汉论坛》2010 年第 12 期。

❷ 黄松海：《十八大开启观察中国未来政治生态的窗口》，载“中国改革论坛网”，http://www.chinareform.org.cn/gov/system/Practice/201210/t20121015_152364.htm。

无关系。而这视野的开阔，一刻也离不开生态观的贯彻。且看《礼记·中庸》所言："仲尼祖述尧舜，宪章文武，上律天时，下袭水土。辟如天地之无不持载，无不覆帱；辟如四时之错行，如日月之代明。万物并育而不相害，道并行而不相悖。小德川流，大德敦化。此天地所以为大也！"这是赞美孔子与天地比肩，与日月同辉。这里的生态之所指当然已经不是或不仅仅是自然生态，其所提到的自然界的一切生态因素，已经"化"为了政治生态范畴。人与自然的关系是中国哲学中的一个根本问题。孔子在论及"天"的时候，既不同于老子的"小国寡民"，庄子的"弃圣绝智"，即人完全屈服于天、对天的消极态度；又不同于所谓强调"征服自然"，要天完全屈服于人，就像今人采取无限度的征服，号召"与天斗""人定胜天"，对自然进行改造和掠夺，结果导致生态灾难。孔子认为要"与天地参"，[1]就是要求人类参与天地创造生命的活动，发展自我创造力，创造价值，实现生命的内在完美。

另外，孔子能应用辨证的观点来处理问题。他认为在天地人三才中，天地是基本的，人是从属的。君主统治天下要做三件重大的事情，这就是"仪礼、制度、考文"。做好了就会减少他的过失，并且有"上焉者""下焉者""本诸身"[2]的基本层次。"上焉者"即指：遵循规律顺天道；"下焉者"即指：体察庶民，取信之；而"本诸身"则是指：征诸庶民的领导者须"善""尊""信""征"四者兼具，且互相联系。其中，"征" 即证据、验证，其意就是将"善""尊""信"三者予以充分体现和实现。《礼记·中庸》在论述此意时，总结道："是故君子动而世为天下道，行而世为天下法，言而世为天下则。远之则有望，近之则不厌。"这是要求当政者身体力行，不仅要有好的德行修养，而且要有行为实践的验证，才能取信于民，使人听从。这是主客观的结合，理论与实践的统一。《吕氏春秋·本生》中也写道："故圣人之制万物也，以全其天也。天全，则神和矣，目明矣，耳聪矣，鼻臭矣，口敏矣，三百六十节皆通利矣。若此人者，不言而信，不谋而当，不虑而得；精通乎天地，神覆乎宇宙。其于物无不受也，无不裹也，若天地然。上为天

[1] 《礼记·经解》
[2] 《礼记·中庸》

子而不骄，下为匹夫而不惛。此之谓全德之人。”[1]除了这其中以人治为基点的局限不可取之外，其生态观的“全其天”即必须遵循自然规律，遵循与之相似之社会规律的思想，在二者中都是至为明确的；而且更可贵的是，后者将自然生态的观念覆盖到全社会，而不独指统治者。

从自然生态脱化而来的政治生态，涉及政治制度、礼仪规范、政治行为、从政者形象、政治道德等。古哲人串起一切政治因素的红线，确实是其政治生态观之体现，即是其自然生态观向政治方面运用而转化的政治生态观。虽然这种转化因为其素朴而不无生硬之处，但是，对现今的生态文明建设、政治文明建设，须遵循客观规律，须正视政治生态，须取信和普惠全社会等方面，更是不无启迪之处。事实上，古人的生态政治观与和谐社会理论的内涵逻辑与外延伸展是相通的。它将生态问题与政治问题结合起来考虑，力求政治、社会与自然的有机统一，尊重自然、遵循自然规律，强调人与自然、社会的参与性、共有性。“生态文明视阈中的和谐社会就是人与自然、人与社会以及人与人之间和谐相处、良性互动与协调发展的实现以生态文化占主导地位的理想社会形式。”[2]

二、经济生态观的启示

古代由于生产力水平低下，各种自然灾害频发，人们从生产实践里明白只有人与自然和谐相处，开发利用与资源保护相结合，才能使资源永续利用、经济持续发展、人民安居乐业。古人的自然生态观在经济方面的运用而形成的经济生态观，不仅在当时具有实际意义，放在当下也极具现实价值。《韩非子·六章》：“举事慎阴阳之和，种树节四时之适，无早晚之失、寒温之灾，则入多。不以小功妨大务，不以私欲害人事，丈夫尽于耕农，妇人力于织纴，则入多。务于畜养之理，察于土地之宜，六畜遂，五谷殖，则入多。明于权计，审于地形、舟车、机械之利，用力少，致功大，则入多。”紧接着此段论述，韩非子同样将其生态观落实于人，以及人对客观规律的顺应：“若天事风雨时，寒暑适，土地不加大，而有丰年之功，则入多。

---

[1] 《吕氏春秋·本生》

[2] 王浩斌：“生态文明视阈中的和谐社会建构”，载《新疆社会科学》2006年第2期。

人事、天功二物者皆入多，非山林、泽谷之利也。夫无山林、泽谷之利，入多，因谓之窕货者，无术之害也。”[1]“无术之害”的说法对现今那些没有实际生产的支撑，没有物质基础的虚假繁荣和资本主义的寅吃卯粮，提前消费的恶习犹如作者在当下的抨击。可以说所有的经济危机和泡沫，归根结底都是违背经济生态规律使然。“人事”与“天功”的统一或结合，是人不能违背自然规律之意，也是人自身须具有顺“天”之功的意思，人自身也有生态，既是社会生态，也是经济生态。

古哲人的经济生态观如实地将经济作为一切政治的基础。《申子·佚名》：“昔七十九代之君，法制不一，号令不同，然而俱王天下，何也？必国富而粟多也。四海之内，六合之间，曰：贵土。土，食之本也。”[2]古人并不停留于经济与政治的关系的线性考察而得出功利性结论，如果是那样，就没有生态观可言了。古哲人们将自然生态乃至社会生态视为一个所有元素都须各有其位的世界。《公孙龙子·名实论》：“天地与其所产焉，物也。物以物其所物而不过焉，实也。实以其所实而不旷焉，位也。出其所位，非位，位其所位焉，正也。”[3]这就是说，天、地以及其中的一切东西都是物，而且不多不少，就叫做“实”。实必定在时、空中占一定的位置，把它充实起来，就叫做“位”。从生态观的角度看，自然生态在于所有因素的“位”都不是外在的力量恩赐或可任意剥夺的。从这个意义说，“位”是“非位”，只是一种天然状态；而一切经济因素的“所位焉”，即合规律地得其所哉，才是生态的“正”理。战国时期，各诸侯国相互争霸，但对维持生态平衡、保护生态环境却是有共识的。赵国的政治家荀况在赵国率先制定法律，禁止乱砍滥伐。他认为，只有合理地处理资源保护和开发利用的关系，保持生态平衡，持续发展才能民富国强；要不然，过度开发、竭泽而渔则会导致“川渊枯则鱼龙去之；山林险则鸟兽去之”。[4]《淮南子》是一部集体著述，他们强调“草木未落，斤斧不入山林”。书里许多地方都强调资源的利用与保护，以及建立良性的生态环境对经济持续发展和富民强国

---

[1] 《韩非子·六章》
[2] 《申子·佚名》
[3] 《公孙龙子·名实论》
[4] 《致士篇第十四》

的重要性。[1] 古人的经济生态观对我们今天"建设海洋强国"也具有重要的启示意义。我国实施"蓝海战略",不能"过度捕捞""过度养殖",对海洋资源要开发、利用,还要保护,不能变成狂热开发,要"陆海统筹"。

管子的治国之道中,民本思想占有相当重要的地位。他在《管子·重令第十五》中总结性地写道:"朝有经臣,国有经俗,民有经产。……何谓民之经产?畜长树艺,务时殖谷,力农垦草,禁止末事者,民之经产也。"[2]他以生态观贯彻于叙述之中,在经济上要养民,即"制民经产",让人民拥有自己的产业,人民如果没有自己的产业,国家的财用就会不足。在面对全球性的经济危机的今天,我们看到,管仲所处的年代正是一个深重危机的时代。他在危机中受命,推行一系列的政治、经济、社会、文化改革,变危为机,让齐国由弱变强,实现了"九合诸侯,一匡天下"的春秋霸业,为后人留下了宝贵经验。他的经济、政治智慧,就是处理危机之道,为人类应对和处理危机留下了丰富的宝贵遗产。

三、生态是非观的启示

以生态的是非为是非,是古代哲人的理论基点。具体而言,即是:符合自然生态和社会生态的平衡和发展的事物、观点和行为为是,否则为非。并以此出发来规范人的关系、行为等。《吕氏春秋·应同》:"类固相召,气同则合,声比则应。鼓宫而宫动,鼓角而角动。平地注水,水流湿;均薪施火,火就燥。山云草莽,水云鱼鳞,旱云烟火,雨云水波,无不皆类其所生以示人。"[3]是非问题及其答案,在自然中,在社会现实中,在人们的实践中,而许多人却在书斋里,在口舌之辩中进行寻觅。正是在这一点上,古人已经通过生态观的探讨间接地得出"不争论"的结论。推开窗户,或走出去,看这个大千世界,每时每刻都在以其生动的、多彩的、雄辩的事实展示在人们面前,"无不皆类其所生以示人"。这是现实的教材和镜子。现象形态总是包含着背后的规律性的因素,人们即使在未探得其规律时,

---

[1] 王济宪:"古人的生态文明观",载《中国绿色时报》2013 年 4 月 10 日。

[2] 《管子·重令第十五》

[3] 《吕氏春秋·应同》

客观外界的现象形态也已经预示了规律的存在，“召唤”人们去关注和探索。老子自称“希言自然”，[1]而他是最具生态观的伟大哲人，他直接将自然人格化。《道德经·二十三章》：“飘风不终朝，骤雨不终日。孰为此者？天地。天地尚不能久，而况于人乎？故从事于道者，同于道；德者，同于德；失者，同于失。同于道者，道亦乐得之；同于德者，德亦乐得之；同于失者，失亦乐得之。”由自然延伸而来的道德观、是非观，隐含着自然价值观，其丰富性是自然赋予的，是从无穷无尽的自然生态中悟出来的。老子的生态命题之一“道法自然”的精义就在于此。我国伟大的古哲人并没有像现代人这样，等到自然生态被严重破坏之后，才来进行事后诸葛式的议论，而是早有洞见，早有仪轨，早有深悟，早有结论。只是我们这些后人未及时予以学而用之，发展之，这些都值得深思！

战国时期著名思想家、政治家墨子提出“乐”会严重影响人民耕织等日常工作，《墨子·非乐上》写道：“……今惟毋在乎农夫说乐而听之，即必不能早出而暮入，耕嫁树艺，多聚叔粟，是故叔粟不足。今惟毋在乎妇人说乐而听之，即不必能夙兴夜寐，纺绩织纴，多治麻葛緆布参，是故布参不兴。曰：孰为大人之听治而废国家之从事？曰：乐也。是故子墨子曰：‘为乐非也！’”对“乐”的否定，全基于生态的角度，也就是以生态是非为是非，认为“乐”具有干扰社会生态之特点，因此，“乐”不可为是，相反，“乐”只能属于非，在其生态观下，是非之辩，极为明确。笔者认为，墨子对“乐”的批判，正体现了他主张人人平等的思想。我们还可以引申出，墨子批判的也不单限于“乐”，而是要批判诸侯不为民众疾苦考虑，只知享乐，这是应该值得肯定的。其现实意义在于，墨子反对一切享受作乐，唯有深刻理解“非乐”的精髓思想，才能够准确地把握“非乐”的当代价值所在。“独乐乐，不如众乐乐”，[2]无论如何，“乐”的根本是要建立在人民能够承受的物质基础之上，又要如墨子所提倡的实用主义为本，才能够给民众带来真实的“乐”。

---

[1] 《道德经·二十三章》

[2] 《孟子·梁惠王下》

四、生态策略观的启示

古哲人基于生态理念论策略，构成生态策略观。《韩非子·用人》："夫人主不塞隙穴，而劳力于赭垩，暴雨疾风必坏。不去眉睫之祸，而慕傧、育之死；不谨萧蔷之患，而固金城于远境；不用近贤之谋，而外结万乘之交于千里；飘风一旦起，则傧、育不及救而外交不及至，祸莫大于此。"这是从生态的角度对策略问题进行的极为精彩的论述。生态的平衡决定了生态之境的近与远的平衡、内与外的平衡、急与缓的平衡等。

古代军事家若同时亦为哲学家，则其军事策略思想必有生态观渗透其中而为生态军事策略观。《孙膑兵法·地葆》："孙子曰：凡地之道，阳为表，阴为里，直者为纲，术者为纪。纪纲则得，阵乃不惑。直者毛产，术者半死。凡战地也，日其精也，八风将来，必勿忘也。绝水、迎陵、逆流、居杀地、迎众树者，钧举也，五者皆不胜。"地形对于用兵作战的重要性可说尽人皆知，但更重要的是如何巧妙发挥地利。作者对各种地形在用兵作战中的利弊作了详细的论述，特别详细地指出了"死地""杀地"的种种地形，告诫统兵将领勿入"死地"，勿陷"杀地"。《孙膑兵法·月战》也说："天时、地利、人和，三者不得，虽胜有殃。"以上即指作战时的自然气候条件、地理环境和人心的向背，三者缺一不可。这显然是继承了兵圣孙武的思想，孙武早就在《孙子·计篇》中写道："故经之以五事，校之以计，而索其情：一曰道，二曰天，三曰地，四曰将，五曰法。道者，令民与上同意也，故可以与之死，可以与之生，而不畏危。天者，阴阳、寒暑、时制也。地者，远近、险易、广狭、死生也。将者，智、信、仁、勇、严也。法者，曲制、官道、主用也。凡此五者，将莫不闻，知之者胜，不知者不胜。故校之以计，而索其情。"说的是，应该以五个方面的形势为纲，通过比较双方的基本条件来探讨战争胜负的情形：一是政治，二是天时，三是地势，四是将领，五是制度。这表明任何军事策略都离不开自然生态的发展规律。可见，两位姓孙的军事家的策略思想与老子的"辅万物之自然"的思想具有异曲同工之妙。或曰：前者是后者的具体发挥和运用；后者是前者的理论基础。

由古哲人的理论可知：一切科学的策略都是基于生态理念的策略。

在改革开放的大潮中，全国各地都十分注重发挥地区优势，引进外资和先进技术，但实际成效却各不一样，这和当事人是否运用天时、地利、人和等实际情况，并且善于运作关系极大。毛泽东的运动战法则是“打得赢就打，打不赢就跑”。军事专家分析说，这句话看似简单，但包含了其军事思想复杂的战略战术，知己知彼、百战百胜的战略原则。每一个战士面临实际战况的时候，都要根据天时、地利、人和等实际情况，分析敌我双方的军事实力，并运用各种战略战术和自身的有利条件，才能打得赢。我们回顾并理解古人的思想，可以更深刻地理解伟人的策略思想。

五、生态知行观的启示

古哲人的知与行，都离不开其生态观的指导或映射。他们大多构成生态知性和理性，进而贯彻于“行”之中。《易传·系辞》：“显诸仁，藏诸用，鼓万物而不与圣人同忧。盛德大业，至矣哉！富有之谓大业，日新之谓盛德。生生之谓易，成象之谓乾，效法之谓坤。”这里，古哲人对生生不息的自然生态的认识无疑已经深入转用于知行的各个方面：善意仁心、知识积累、力行实践、立德立身、立业成功等。知与行的统一，在古哲人看来，一般统一于生态性的实践。以天为乾，以地为坤，进而喻指并研究和阐述各种人格及人性的特点和行为特点，是古代知行观的必有之义。但是，知性是建立于感性和情性之上的，无知性，即无自觉的行。对于生态，古哲人不论是属于儒家，还是法家，抑或是道家、阴阳家、兵家、农家、杂家等，无一不是对自然生态乃至社会生态怀有或至少自我强调是热爱的。墨家之兼爱非攻，自不必说，即如道家的庄子，也是如此。《庄子·天下第三十三》：“我知天之中央，燕之北、越之南是也。泛爱万物，天地一体也。”生态知行观不仅安顿人自身的认知指向，而且安顿人自身的情感指向，安顿人的行为指向，而这三个基本指向的合一，则是我国古代文化之各家的一致之处。古人的爱，作为指向是有节制的，不是也不可能将外界的事物占为己有。古哲人往往强调客观事物的独立性与人的独立性俱存，甚至强调人不可凌驾于外物质上。“农精于田而不可以为田师，贾精于市而不可以为市师，工精于器而不可以为器师。”[1]这就把主客观的位子摆正了，按这种较为科学的生态观点对待自然，就不会搞“安排山水”，改造自然，令其为人类所左右、所驾驭的“建设规划”，只会尊重自然，与其友好相处。对于自然万物，古哲人如实地看到其不可穷尽的特点，指出“万物莫形而不见，莫见而不论，莫论而失位”。因此，古人生态观中的自然是“恢恢广广，孰知其极！绎绎广广，孰知其德！涣涣纷纷，孰知其形！明参日月，大满八极，夫是之谓大人。大恶有蔽矣哉！”虽然古代尚无专门的宇宙学，但是，古哲人已经清醒地意识到宇宙洪荒（包括天宇、星体）的广袤、繁多及人的渺小。对生态的认识实际上同时也是对人自身的认识，人只是自然生态的一个小小的部分。这是古哲人的生态观给我们的深刻启示。

在行为上，古人的无为不是无所作为，而是“无”固执地违背客观规律之为。“天地有大美而不言，四时有明法而不议，万物有成理而不说。圣人者，原天地之美而达万物之理。是故至人无为，大圣不作，观于天地之谓也。”[2]也就是说与天地和谐共处，不试图改变生态的平衡与协调的内在关系性规律所决定的一切，不去改变人与自然生态的友好关系，这种“无为”正是大有为的“大圣”的体现。可见古人已经将生态观的重要性提高到神圣的程度。孟子在生态观方面的运用则主要体现于社会治理方面：“易其田畴，薄其税敛，民可使富也。食之以时，用之以礼，财不可胜用也。……圣人治天下，使有叔粟如水火。叔粟如水火，而民焉有不仁者乎？”[3]行，归根结底是民之行；利，归根结底也须是民之利。因为民是生态的主体，是自然生态的一部分，这是古代哲人们清晰地认识到，并从各个角度进行论述的关键质点。

总之，政治生态观、经济生态观、生态是非观、生态策略观和生态知行观只是中国古代生态哲学思想中的一部分，重新审视并借鉴古代生态哲学思想，对于建设人与自然生态和谐的社会有着重要的现实意义。

---

[1] 《荀子·解蔽》
[2] 《庄子·知北游第二十二》
[3] 《孟子·尽心上》

中国传统文化中和谐生态的思想精髓

张桂荣

张桂荣：陕西省社会主义学院党委副书记、副院长

在人类文明并不发达的古代，中国人靠直觉思维方式，建立起自己独特的哲学体系，成为人类文明的瑰宝。中国传统文化中“天人合一”“敬天保民”的思想闪耀着和谐生态的光芒，为当今生态文明建设提供了理论基础，令现代西方学者惊叹不已。取用自然是最环保的经济模式，朴素节俭的生活理念是低碳消费的思想根源，被国际社会普遍崇尚。

一、中国传统的和谐生态哲学

（一）“天人合一”的生物宇宙观

“天人合一”的思想和概念是由我国战国时期伟大的哲学家、思想家、文学家庄子最早阐述，属于道家思想，也得到儒家认同，后被汉代思想家、阴阳家董仲舒发展为完整的哲学思想体系，再一次实现了儒道合流，由此构建了中华传统文化的主体。

《易经》中所谓“三才”之道，既指天之道在于“始万物”，地之道在于“生万物”，人之道在于“成万物”；认为自然界中天、地、人三者各有其道，又是相互对应、相互联系的。《庄子·达生》曰：“天地者，万物之父母也”，阴阳二象说认为“天”为大自然之长，“人”为万物之灵，将“地”一劈为二，一半归自然，一半归万物，天、人二者相应，形成“天人合一”的宇宙观。

“天人合一”有两层意思：一是天人一致，宇宙自然是大天地，人则是

一个小天地。二是天人相应，或天人相通，认为人和自然在本质上是相通的，故一切人事均应顺乎自然规律，达到人与自然的和谐。老子说："人法地，地法天，天法道，道法自然。"

"天人合一"是中国传统哲学的基本论点，是中医的理论基础，最初是讲天与人（万物）的生理状态的合一，原本只是"宇宙生物观"。有些儒家学者把"天人合一"思想引申到社会领域，成为"社会历史观"。这种推理本来是可取的，但却犯了客观唯心主义错误，陷入迷信境地，歪曲了"天人合一"的本质，最终发展成"天命论"。"天命论"认为："天"是可以与人发生感应关系的存在；"天"是赋予人吉凶祸福的存在；"天"是人们敬畏、侍奉的对象；"天"是主宰人、特别是主宰王朝命运的存在（天命之天）；"天"是赋予人仁义礼智本性的存在。

上古之时，祭祀鬼神活动是部落、宗族日常生活中的大事，其落后的一面妨害着人们的正常生活和社会进步。早在公元前1100年，周公首先提出"天不可信"的命题，反对迷信活动。"天命论"却为原始的多神教提供了理论依据，迷信活动更加猖獗，上升到国家政治生活中，成为社会的一大公害。战国末期赵国思想家荀子提出"天人相分论"，肯定自然界的变化有自己的规律，不受人的意志支配，同时天也管不了人事。荀子从理论上把人与神，自然与社会区分开来，是对"天命论"的有力批判，并不是从根本上否定"天人合一论"，而是对"天人合一"思想的完善和补充。

"天人合一"是中国哲学的基本精神，是中国哲学异于西方的最显著的特征。国学大师季羡林先生将"天人合一"解释为：天，就是大自然；人，就是人类；合，就是互相理解，结成友谊。西方人总是企图以高度发展的科学技术征服自然、掠夺自然，而东方先哲却告诫我们：人类只是天地万物中的一个部分，人与自然是息息相通的一体。

（二）"敬天保民"的顺应方法论

人类为什么要敬天畏地？因为天地是大自然的代表，大自然孕育了生命，也孕育了人类。人类是大自然之子，是天地的产物，岂有不敬畏天地之理？其次，人类对大自然的了解是非常有限的，对孕育人类的天地知之甚少，即使在科学技术比较发达的今天，在大自然面前人类的力量仍然非常渺小。地震时地动山摇，海啸时人若草芥，龙卷风摧毁一切阻碍它的建筑。自然力量之伟大，人类力量之弱小，人类岂有不畏惧之理？

中国自唐虞以来，即有敬天畏地的思想，这是直觉思维和类比推理的结论，也是经验和教训的总结。“天人合一”的“宇宙生物观”将天敬为父，把地敬为母，是一种感恩之心，也是古人对大自然的崇拜和未知的表现。敬天畏地的思想也被推广到社会政治领域，《周易·革》：“天地革而四时成，汤武革命，顺乎天而应乎人，革之事大矣哉”。即便是皇帝也只敢称自己为“天子”，而不敢凌驾在老天爷之上。北京有皇帝专门祭天的天坛，还有皇帝祭地的地坛。敬天畏地成为一种民族文化，在中国文明史上占据着极其重要的地位，贯穿在百姓的日常生活中。

敬天畏地思想也曾陷于迷信，导致“以神为本”。春秋时期齐国名相管仲最早提出“以人为本”的社会历史观，反对“以神为本”。《管子》曰：“夫霸王之所始也，以人为本。本理则国固，本乱则国危”。也作“以民为本”，“敬天保民”思想由此而来。《左传》载：“史嚣曰：吾闻之，国将兴，听于民；将亡，听于神。神，聪明正直而壹者也，依人而行”。古人以君为天，以民为地，认为天地和谐，国家才能繁荣，社会才能稳定。

“敬天保民”把“敬天畏地”思想由被动推到主动，由消极走向积极，由片面发展到全面，要求人们办任何事情都要顺天应地，不可违背自然规律。《周易·乾》曰：“天行健，君子以自强不息”“先天而天弗违，后天而奉天时”。

《逸周书·文传》曰：“人强胜天”，《史记·伍子胥列传》有言：“吾闻之，人众者胜天，天定亦能破人”。宋代刘过《龙洲集·襄央歌》中写道：“人定兮胜天，半壁久无胡日月”。“人定胜天”，古代指人心安定，人人都能安守自己的本分，人类体现出的凝聚力和力量能够超越自然界。“人定胜天”的现代意义多指“人类一定能够战胜自然”。

“敬天保民”就是顺应自然，以人为本，人与大自然和平共处，而不是将人与自然根本对立起来，不要讲征服与被征服，人类只能积极地适应自然、适度地改造自然。我们曾经妄谈“征服自然”、为所欲为，教训是深刻的。人类需要保护自己的生存环境，而对天地的敬畏，建立起保护自然的心理屏障，可以遏制人类的狂妄，让人类变得谨慎一些。党的十八大提出:“必须树立尊重自然、顺应自然、保护自然的生态文明理念”。

二、中国传统的和谐生态习俗

(一)取用于天的经济模式

农耕文明是中华文明的主轴,包括种植业、林业、畜牧业和渔业在内的农业都是取用于自然,农业所产生的副产品都很容易被综合利用,进入良性循环。从根本上说,农业是无公害的、最环保的,最有利于生态和谐。农业是第一产业,是中国传统文化产生和发展的经济基础,农耕文明使人类的生活质量大大提高,社会发展普遍加快,农耕文明是工业文明的摇篮。

农耕文明顺天应命、企盼风调雨顺、需要营造和谐的环境,农民终日守望田园、辛勤劳作,致力于掌握争取丰收的农艺和园艺;农家教育后代唯耕唯读,而无需培养侵略和掠夺的战争技艺,也无需培养尔虞我诈的商战技巧,甚至连更多的社会交往都不需要。尽管先秦农业社会并不全是田园牧歌式的太平盛世,也有争斗和战乱,但较之于游牧社会和工业社会的战争,其性质和规模完全不同,对人类生存环境的破坏性也小得多了。

中华民族创造的农耕文明被国际史学界称为“新石器时代的革命”,河姆渡文明和半坡文明告诉世界:中国早在七八千年前就成功地培育了粟、黍、稻、菽等作物。中国人吃的食物都是来源于自然界,“药食同源”,中药也是天然食物。中国第一部农耕专著《齐民要术》里就收集了几百种食物。中华民族的祖先选择了吃植物的种子来维持生命和健康,“得谷者昌,失谷者亡”,这是非常明智的选择。中国传统的饮食结构是最科学的,最有利于健康的,这是中华民族几千年生活经验和教训的结晶。孙中山先生在《建国方略》中认为:中国近代文明事事皆落人之后,唯饮食一道之进步,至今尚为文明各国所不及。

改革开放以来,过度的工业化使人们远离了大自然,生态环境恶化、农产品质量安全、可持续发展问题异常严峻。人们生活越来越富,病症越来越多,饭越吃越贵,病越生越怪,药越吃越新,病越治越难。中华民族繁衍了几千年，没吃出那么多怪病，得益于传统农耕文明和传统饮食文化。我们应该反思，究竟什么是真正的文明？

我国粮食增长主要靠大量化肥和农药的投入，粗放式的经济发展以对资源的掠夺性使用和对生态环境的严重污染为代价，严重威胁着人类的生存。地球是人类美好的家园，破坏环境、浪费资源是对人类的犯罪！

党的十八大要求把生态文明建设放在突出地位，融入经济建设、政治建设、文化建设、社会建设的各方面和全过程。努力建设美丽中国，实现中华民族永续发展，着力推进绿色发展、循环发展、低碳发展，形成节约资源和环境保护的空间格局、产业结构、生产方式、生活方式。我们应该借鉴和吸纳传统农耕文明的精华，遵循自然规律，重视生态环境保护，减少化学品的投入，发展生态高效农业，注重增长速度与环境安全的协调，达到生产、生态、生活的高度和谐。

（二）朴素节俭的生活理念

中国传统文化提倡朴素节俭的生活方式。老子曰："见素抱朴，少私寡欲"。见：现，呈现，推出；素：没有染色的生丝；朴：没有加工的原木，这里比喻品质纯洁、高尚的圣人。现其本真，守其纯朴，不为外物所牵，大公无私，节衣缩食，不得奢侈浪费。早在春秋时期，俭朴就成为明君志士崇尚的公德，被大力倡导。孔子谓"欲而不贪"为五美之一，欲则可以，不可过分贪求。《论语》中就有"夫子温、良、恭、俭、让以得之"，其中"俭"就是节俭。"勤以养体，俭以养德，善以养智"是祖先的遗训。诸葛亮在《诫子书》中说："夫君子之行，静以修身，俭以养德。非淡泊无以明志，非宁静无以致远"。

幸福和快乐都是心理满足的感觉，心理期望越高，越难以满足，心理期望越低，越容易满足。当人类的欲望失去任何约束力的时候，势必走向疯狂，必定导致一系列制约社会发展的负面现象，遭到大自然的惩罚，甚至会招来灭顶之灾，毁灭人类自身。

人类从大自然获取的已经很多很多，我们的欲望应该降低一点。当我们在向自然索取物质时，应该清醒地认识到，地球上的一切资源都是有限的，有限的物质无法满足人类无限的需求。如果我们的欲望无限增长，欲壑难填，世界的末日将为期不远。

做人要心地纯正、生活俭朴，面对现实，知足常乐，才会有快乐和幸福。“上善者若水”“水善利万物而不争”，才是人生的最高境界。疯狂追求物质享受，过分追求功名利禄等身外之物，必然被其所累，甚至误入歧途。

孙中山讲“物尽其用”，毛泽东讲“节约闹革命”“勤俭建国，厉行节约”，周恩来等老一辈革命家克己奉公，彭德怀、习仲勋更是勤俭节约的光辉典范。艰苦朴素是我党、我军的优良传统和作风，是延安精神的主要内容。

党的十八大制定了“坚持节约优先、保护优先、自然恢复为主的方针”，重申“坚持节约资源和保护环境的基本国策”。建设节约型社会，关系到国家长远发展和民族兴衰的战略问题。

中央政治局关于改进工作作风、密切联系群众的八项规定，以及开展群众路线教育活动的要求，表明了新一届党中央厉行勤俭节约、反对铺张浪费的鲜明态度和坚定决心。

近日，习近平总书记在新华社一份《网民呼吁遏制餐饮环节“舌尖上的浪费”》的材料上批示，各种浪费现象的严重存在令人十分痛心，浪费之风务必狠刹！要加大宣传引导力度，大力弘扬中华民族勤俭节约的优秀传统，大力宣传节约光荣、浪费可耻的思想观念，努力使厉行节约、反对浪费在全社会蔚然成风。

铺张浪费绝非小事，它不仅仅是生活问题，也是严重的经济问题，还是严肃的政治问题。“历览前贤国与家，成由勤俭败由奢。”这是有识之士总结家族兴衰、社稷兴亡、朝代更替的经验教训得出的警世名言。

勤俭节约是中华民族的美德，是中华民族生生不息、百折不挠、战胜困难的法宝，显示了中华民族的智慧和力量。曾被誉为“近世以来最伟大的历史学家”的英国学者阿诺德·约瑟夫·汤因比以其独到的历史眼光，高度评价了中国农耕养殖的经济模式、朴素节俭的生活理念，认为这是后工业社会人类最理想的必然选择，是挽救地球生态危机的根本途径。

中华传统文化中的生态文明理念及实践成效

周承铭　白雪峰　刘春宇

周承铭：长春市社会主义学院副院长；

白雪峰：长春市社会主义学院文化交流宣传处处长

刘春宇：长春市社会主义学院副主任科员

“敬天爱人”与“仁民爱物”等观念是中华传统生态文明理念的核心与精华，其主旨与“科学发展观”基本一致，“大同世界”也与“和谐社会”“美丽中国”的基调相契合，都是强调以人为本、充分尊重人的权利，强调人与人的和谐、人与社会的和谐、人与自然环境的和谐。中国传统文化与西方文化的最大不同在于前者是从事物的关联性、同一性、完整性来认识事物。中国传统文化的主要代表“儒”“释”“道”三家在核心理念中都以不同方式表述了对“天人合一”观念的认同和遵循、对自然的敬畏、对资源的节用、对子孙后代的责任感，这些形成了中国传统生态文明观特有的气质。

一、“敬畏天地”与“仁民爱物”是中华文化生态文明理念的核心精神

(1)敬天。所谓“天”是指自然界山川万物及其发展变化规律的整体而言。“敬天”和“祭祖”是中国传统文化的重要特色之一。“天”是人们敬畏、事奉的对象，天地博大悠久，覆育万物，人们满怀感恩之心，“天无私覆，地无私载，日月无私照”。[1] 人们赞叹天地化育之功，天地给予万物一

---

[1] 《礼记·孔子闲居》

切，自身却无任何索取，因此“祭天”就成为中国传统祭祀活动中规格最高的祭祀仪式之一，通常由皇帝直接主持，通过祭天活动来表达人们对于上天养育万物众生的感恩。由“祭天”引发祭祀山川的行为，即“事乎山川鬼神”，乃至于一切自然万物都成为人们尊重的对象，如“埋少牢于泰昭，祭时也；相近于坎坛，祭寒暑也；王宫，祭日也；夜明，祭月也；幽宗，祭星也。雩宗，祭水旱也。四坎坛，祭四方也”。❶中国历朝历代都很重视观察天象，了解掌握“天”的规律，通过精准地掌握这种规律，一方面作为推算历法的根本依据，一方面用来洞悉天象与人世间变化的内在联系，即天人感应的规律。例如在《史记·天官书》等史书中记载了诸多天人互感的例子，通过大量的观察，古人掌握了天人互相影响的因果关系，总结出一系列趋吉避凶的经验和智慧。古人认为“惟天地万物父母”❷，因而“敬天”的自然结果就是“爱人”，“爱人”的直接表现就是对教育的重视。官方明确设置教育职能部门是在距今约4500年，帝舜命令契：“百姓不亲，五品不驯，汝为司徒，而敬敷五教”❸；春秋时代的孔子开创中国私学教育之先河，“孔子年二十二岁，始设教于阙里”❹；汉武帝时期，推行儒学教育，在长安兴办太学；隋唐时期，科举制度的完备推动了教育事业的发展，教育的发达、圣贤君子倍出是中国传统文化得以生生不息、代代相传的根本保证。同时，基于“亲亲而仁民，仁民而爱物”❺的朴素关联理论，一个“敬天爱人”的人自然会爱惜一切物力、爱惜环境，绝不会做出竭泽而渔式的开发行为。说到底，有德才兼备的优秀人才方会有科学的生态文明理念，这也是解决当前今后一切生态问题乃至社会问题的根本。

（2）爱天。这其实就是爱惜物力，取之有节，充分体现了可持续增长的科学发展精神。古人提出“且夫天地之间，物各有主。苟非吾之所有，虽一毫而莫取”❻的理念，绝不把天地自然看作无限攫取的对象，而是当

❶ 《阙里志·年谱》
❷ 《尚书·周书·泰誓》
❸ 《史记·五帝本纪》
❹ 《阙里志·年谱》
❺ 《孟子·尽心上》
❻ ［宋］苏轼《后赤壁赋》

成一个荣辱与共的整体。宋代程颢提出“仁者以天地万物为一体”[1]，即把天地万物看作一个共生体的人才可称为仁爱之人。中国传统生态观中有明显的护生倾向，珍爱包括一切人和动物在内的生命，著名的成语“网开一面”[2]也体现了中国传统生态观“仁民爱物”的基本理念。儒家伟大的创始者孔夫子也极具仁爱万物的生态理念，他“钓而不纲，弋不射宿”[3]，在传统社会生活中要求“诸侯无故不杀牛，大夫无故不杀羊，士无故不杀犬豕”[4]，佛门要求弟子“清净比丘，及诸菩萨，于歧路行，不蹋生草，况以手拔”。[5] 中国传统生态观要求保护自然生态环境，“毋竭川泽，毋漉陂池，毋焚山林”[6]，“树木方盛，乃命虞人入山行木，毋有斩伐，不可以兴土功”。[7]荀子提出“不夭其生，不绝其长”[8]的生态观点，农业生产中必须遵循春耕、夏耘、秋收、冬藏的自然规律，使百姓“有余食”“有余用”。[9] 这些都体现了取物不尽、爱护自然万物的朴素生态道德理念。“爱天”还体现在节用生态资源，因地制宜开发山林川泽上，比如古人对土地资源利用非常慎重，“凡居民，量地以制邑，度地以居民，地邑民居，必参相得也。无旷土，无游民，食节事时，民咸安其居，乐事劝功，尊君亲上，然后兴学”[10]。“爱天”还体现在顺应天时上，历代中国人都将顺应天时作为基本的生存法则，能够做到“先王有服，恪谨天命”[11]，将人与自然看作一个和谐统一体。“与天地合其德，与日月合其明，与四时合其序”[12]，即人与天地自然同一节奏，同一次序。孟子提出使百姓富民安定的重要办法就是顺应时令，做到可持续发展，“不违农时，谷不可胜食也。数罟不入洿

---

[1] 《河南程氏遗书》

[2] 《史记·殷本纪》原文为“汤出，见野张网四面，祝曰：‘自天下四方，皆入吾网，网开一面。汤曰：‘嘻，尽之矣！’乃去其三面。祝曰：‘欲左，左；欲右，右。不用命，乃入吾网。”

[3] 《论语·述而》

[4] 《礼记·王制》

[5] 《首楞严经·卷六》

[6] 《礼记·月令》

[7] 《礼记·月令》

[8] 《荀子·王制》

[9] 《荀子·王制》

[10] 《礼记·王制》

[11] 《尚书·盘庚》

[12] 《周易·文言传》

池，鱼鳖不可胜食也。斧斤以时入山林，材木不可胜用也”。[1]反之如果违背天时，就会出现“水潦盛昌，神农将持功，举大事则有天殃”[2]的局面。中国历史上最重要的文化集大成者周公遵循天时地律制作了礼乐，“大乐与天地同和，大礼与天地同节”。[3] 通过礼乐道德教化使人们生活有所依循而井井有条。

（3）畏天。与现在一般天人观的孤立思维不同的是，中国传统天人观对于大自然的点滴变化都赋予了与人的行为密切相关的内涵，“灾者，天之谴也；异者，天之威也”[4]，面对各种自然灾异时往往将问题归罪于领导人个人品行功业的优劣，并且能藉此加以深刻的施政反思，“其尔万方有罪，在予一人；予一人有罪，无以尔万方”。[5] 例如周成王在面对“周公卒后，秋未获，暴风雷，禾尽偃，大木尽拔[6]”的情况时，自我反省是冤枉了周公摄政时的良苦用心，故“周国大恐”。于是“王出郊”，结果出现了奇迹，“天乃雨，反风，禾则尽起”。虽然这个说法不大符合现代科学，但这是中国传统天人观的一个重要特色，通过观察上天垂象而改进发挥人的能动性。从某种意义上讲，这种天人观有利于政治思维的改善，有利于增进人民的福祉。“畏天”的本质是把天与人看作一个统一体，天只是人和人的社会在自然界的一个映射。此处“天”即是客观规律，是不以人的意志为转移的。一旦违背客观规律，就必然会导致规律的报复。“人定胜天”思维结果往往是未等人们为刚取得的一点点成效而欢呼时，自然界对人们严重的惩罚报复就已如影随形、接踵而至，此即老子所谓“天之道，不争而善胜，不言而善应，不召而自来……天网恢恢，疏而不失”。[7] 中国传统文化强调“畏天”是人类生存的底限，即“乐天者保天下，畏天者保其国”。[8]正因为有这种“畏天”的习惯性思维，加之对文化传承的高度重视，“祖宗

---

[1] 《孟子·梁惠上》
[2] 《礼记·月令》
[3] 《礼记·乐记》
[4] ［汉］董仲舒、《春秋繁露·卷八》
[5] 《尚书·商书·汤诰》
[6] 《史记·鲁周公世家》
[7] 《道德经·第七十三》
[8] 《孟子·梁惠王下》

畏天爱民，子孙皆当取法”[1]，中国传统社会经历五千余年的漫长发展，依旧山川秀丽，人与自然和谐共处。反观近三十年的高速发展过程中，一些地方人为地割裂了人与“天”的有机联系，不再“畏天”，造成了许多难以弥补的恶果。

二、完善的生态环保机构设置是“敬天爱物”理念得以落实的体制依托

中国很多朝代的政府非常重视生态环境保护，设置了专门保护生态环境的机构。早在上古时期，大舜就曾设立管理山林、川泽、草木、鸟兽的官员——虞，以后又逐步丰富完善，在虞之下再设大夫及大司徒等官职。到了周朝，进一步增设和完善了有关生态环境保护的机构和官职，例如在《周礼·夏官司马》中，规定“山师掌山林之名，辨其物与其利害，而颁之于邦国，使致其珍异之物”“川师掌川泽之名，辨其物与其利害而颁之于邦国，使致其珍异之物”“原师掌四方之地名，辨其丘陵、坟衍、原显之名物之可以封邑者”。在《周礼·地官司徒》中，详尽地设置了“羽人”（征收羽毛）、“角人”（征收兽齿、兽角、兽骨）、“矿人”（矿产资源开发及保护）、“迹人”（野生动物保护）、“泽虞”（开发保护湖泽水产资源）、“川衡”（开发保护江河水产资源）、“林衡”（开发保护林业资源）、“山虞”（开发保护山林资源）、“土训”（地理测绘）、“稻人”（泽地种稻）、“草人”（保护及改良土壤）等专司生态保护和农业发展的官员。通过这些官职的设置，达到了解掌握山林川泽开发利用保护的基本规律，监督生态环境的变化，禁止破坏性的开发行为，引导人们合理开发山林川泽资源的目的。以后朝代官职的设置，大体上都依《周礼》进行扩充与改良，秦汉时期掌管山林川泽的事务划归“九卿”之一的少府，设置有掌管苑囿的苑官、掌管林业的林官、掌管湖泽的湖官、掌握船业的陂官等。隋代以后虞部属工部尚书，明代改为虞衡司，专职掌管山林川泽的开发和保护工作。

反观今天，虽然我们的环保机构层级众多，分工更为明确，但依旧出现了山川坏弊、百类不兴的局面，我们与古人的差距不在于机构的丰减，

[1] ［宋］陆游.《上殿札子·之三》

而在于“人心”的厚薄。因此，要改变当前粗放型、破坏型的发展模式，除了调整产业促进升级之外，更需要唤起决策者以至每一个国人心中尘封许久的“敬天法祖”的情怀，真正落实可持续增长的科学发展理念，本着为子孙后代负责的执政态度，彻底摒弃把自然界作为人的对立面的、破坏性的宇宙观和世界观，争取通过两三代人的努力，逐步实现中华民族所固有的“天人观”的回归。当前可从以下五个方面重点着手：一是结合践行科学发展观活动，在各级干部培训计划中引入中华传统文化教育；二是舆论和媒体应当结合当前呈逐年加重之态势的天灾人祸，痛定思痛，重新定位人与自然的关系，引发全民族的集体反思；三是在全社会树立敬畏自然的观念；四是从基层抓起，坚决遏制破坏型的产业模式，借鉴国外的发展经验，引入与自然良性互动的产业模式；五是将环保和生态工作成果真正纳入各级官员考核标准体系之中，不再以单纯的GDP增量作为衡量官员政绩的标准。

三、完备的法律法规体系是“敬天爱物”理念得以落实的制度保证

中华传统文化中一直将人与自然看作共生体，十分重视对自然环境的保护，历朝历代大都制定出了比较完备的保护自然环境的律令法规。有关保护自然环境的法规早在三代时就有文字记载，禹曾下禁令，规定“春三月，山林不登斧斤，以成草木之长；夏三月，川泽不入网罟，以成鱼鳖之长”。[1] 公元前十一世纪的西周也曾颁布过《崇伐令》，要求“毋填井，毋伐树木，毋动六畜。有不如令者，死无赦”[2]，将破坏生态环境与违背天时直接列为最严重的刑事犯罪。春秋时齐相管仲也十分重视环境和生态资源保护，将山林川泽及生物资源视为国家财富实力的重要组成部分，提出了“山泽林薮“是“天财之所出”[3]的论断，只要保护好自然环境和生态资源，就可以做到“山不童而用赡，泽不弊而养足”[4]；他甚至还提出了“为人

---

[1] 《周书·大聚篇》
[2] 《说苑》
[3] 《管子·立政》
[4] 《管子·侈靡》

君不能谨守其山林菹泽草莱，不可以立为天下王”[1]的进步观点，认为一个连自然生态资源都不能保护的君王不够资格成为天下的王者。对于破坏自然生态资源的行为，管仲制定了极为严厉的刑罚措施：“苟山之见荣者，谨封而为禁。有动封山者，罪死而不赦。有犯令者，左足入，左足断；右足入，右足断”。[2] 秦朝《田律》中对生态环保同样有详尽的禁令，比如“春二月，毋敢伐材木山林及雍堤水。不夏月，毋敢夜草为灰，取生荔麛卵谷，毋毒鱼鳖，置井罔，到七月而纵之。唯不幸死而伐棺享者，是不用时。邑之近皂及它禁苑者，麛时毋敢将火以之田”。汉宣帝在看到“五色鸟以万数飞过属县，翱翔而舞，欲集未下”时，心生怜爱而特别下诏令，规定“三辅毋得以春夏擿巢探卵，弹射飞鸟”。[3] 面对当今环境污染、生态资源遭到破坏的严峻形势，制定出各种严厉的法律法规是完全符合道义且顺应人心的，绝不应有一丝一毫的姑息。在这方面，传统文化中有许多相关的做法，例如《唐律·杂律》规定“诸部内，有旱、涝、霜、雹、虫、蝗为害之处，主司应言不言，及妄言者，杖七十”“诸失火，及非时烧田野者笞五十”“诸弃毁官私器物及毁伐树木、庄稼者，准盗论”。清朝曾有300年不变的“封禁东北”的国策，并且禁止砍伐沿海的森林，有效地保护了生态环境。近代冯玉祥将军在驻军徐州时，要求士兵爱护树木，并带领官兵植树造林，还曾以诗的形式规定：“老冯驻徐州，大树绿油油。谁砍我的树，我砍谁的头！”

反观当前我国的生态环境危机，问题依旧不在于法律法规上，仍然是出在“人心”上。“人心”的问题出在教育上，说到根本是贯穿着“敬天爱物”理念的中华传统文化教育的缺失。要完善法律、实现法治，首先要净化人心，醇厚道德。“心者，一身之主，百行之本”[4]。当前要整饬人心，夯实生态环保法制建设的基础，一是必须要从教育特别是启蒙教育入手，向孩子灌输“敬天法祖”“爱物护生”的理念，将诚信、仁爱、环保等基本的道德观念植入每一个孩子的灵魂深处，奠定生态社会、生态民族的基础；二

[1] 《管子·轻重甲》
[2] 《管子·地数》
[3] 《汉书·宣帝纪》
[4] 《周书·苏绰传》

是必须发挥好舆论和媒体的宣传导向作用，对破坏生态环境的不良社会现象给予严厉的抨击，同时通过电视、网络等大众媒体大力弘扬中国传统文化经典，让人民明是非、晓善恶、知美丑，从根本上解决各种生态文明危机；三是逐步在各级领导干部选拔任用及各级公务员招考中引入有效的生态环保评价标准体系，将生态环保指标的考核作为重要的考核条件，奠定实现各级“善政”的思想道德基础和人才基础，真正形成“敬天爱人”的文明风尚和文化氛围。

中国传统文化中的和谐生态观与生态文明建设

张　航

张航：天津市社会主义学院中华文化培训交流处干部

20世纪中后期，特别是进入21世纪以来，环境与生态危机日益严峻，经济快速发展与生态环境日益恶化之间的矛盾，引发了全社会对生态问题的关切和对生态文明的重视。在这种背景下，党的十七大前瞻性地作出了“建设生态文明”的战略部署。党的十八大报告更是首次单篇论述生态文明建设，提出要“把生态文明建设放在突出地位，融入经济建设、政治建设、文化建设、社会建设各方面和全过程，努力建设美丽中国，实现中华民族永续发展。”把生态文明建设提高到总体布局的高度来论述，既体现了我们党对中国特色社会主义总体布局认识的深化和执政能力的提高，也彰显了中华民族负责任的大国精神。在自觉珍爱自然，积极保护生态，努力推进社会主义生态文明建设的过程中，我们特别需要学习和继承中国传统文化中的和谐生态观。中国传统文化中蕴含着丰富的和谐生态思想，这一思想为我们实现生态文明提供了坚实的哲学基础和思想源泉。

一、生态文明是人类文明发展的必然趋势

文明是人类文化发展的成果，是人类在认识世界和改造世界的过程中逐步积累的物质和精神财富的总和（特别是精神财富），是人类社会进步的标志。自人类产生以来，人类文明已经经历了原始文明、农业文明和工业文明三个阶段。原始文明时代，人类生活完全依靠大自然的赐予，采

集、渔猎是人们主要的物质生产方式，人类的活动范围、活动能力十分有限，对自然界的开发利用也十分有限。进入农业文明时代后，生产力水平的提高使人类改造自然的能力有所增强，人类可以创造适当的条件，通过农耕、畜牧等方式使自己所需要的物质资源得以延续，人力资源与自然资源的相互配合是农业文明的主要特征。可以说，在原始文明和农业文明时代，人类对自然界的开发利用都局限在已有的自然条件的范围内。

经济的发展促进文明的转型。资本主义经济的兴起，使人类文明在经历了漫长的原始文明和农业文明之后，以工业革命为标志进入工业文明时代。科学技术的发展极大地提高了社会生产力，人类可以通过科学技术控制、驾驭、征服自然，人类活动基本上摆脱了自然条件的束缚。工业文明创造了丰富的物质财富，然而环境污染、能源枯竭、物种消失、生态破坏等一系列问题也随之凸显，人类的生存发展面临着严峻的考验。正如恩格斯所言："我们不要过分陶醉于我们对自然界的胜利。对于每一次这样的胜利，自然界都报复了我们。"日益严重的生态危机使人们在重新审视工业化进程利弊的基础上，努力探索一条人与自然和谐发展的道路——生态文明。只有实现从工业文明向生态文明的转型，把对生态环境的保护提高到文明的高度，才能找到解决人与自然矛盾的办法，实现经济发展与生态保护的协调统一。因此，生态文明是人类文明发展的必然趋势。

所谓生态文明，就是人类遵循人、自然、社会和谐发展这一客观规律而取得的物质与精神成果的总和；是以人与自然、人与人、人与社会和谐共生、良性循环、全面发展、持续繁荣为基本宗旨的文化伦理形态。广义上的生态文明指的是继原始文明、农业文明、工业文明之后，人类文明发展的一个新阶段。狭义上的生态文明则是人类在处理人与自然关系时所达到的文明程度，是与物质文明、政治文明、精神文明并列的四大文明之一。无论是广义的还是狭义的生态文明，都包含着以下三个基本特点：以生态建设为中心的生态文明观；以生态产业为依托的可持续经济模式；以生态公平公正为追求目标的社会制度。生态文明的这些基本特点与马克思主义和社会主义的根本属性一致，与我们所要构建的社会主义和谐社会的内在要求相符。因此，生态文明与社会主义的结合是对社会主义本质的重大发现，既符合人类社会发展规律和人类文明的进步趋势，更为解决全球性的生态问题开辟了广阔的实践空间。

二、中国传统文化中的和谐生态观

中国传统文化的主流是“儒释道”三家，在三者的共同作用下，中华民族形成了以和谐、包容为主要特点的中华文化体系。中国传统文化中的和谐生态观，也充分体现了和谐一体、顺应自然的观点。

（一）天人合一、万物一体的整体自然观

儒家思想作为中国传统文化的主体，在中国历史上长期处于统治地位。在人与自然关系的问题上，儒家学派主张“天人合一”。“天人合一”观源自儒家六经之首的《周易》。“夫大人者，与天地合其德，与日月合其明，与四时合其序”，这里的“大人”可以理解为“君子、智者、非同寻常的人”。可见，聪明智慧的人在实际活动中应该顺应自然规律，努力实现人与自然的和谐统一。儒家圣贤孔子更是主张顺应天时地利，尊重保护自然。“知者乐水，仁者乐山；知者动，仁者静；知者乐，仁者寿。”[1]体现的就是人与自然和谐相处的辩证处世态度。汉代大儒董仲舒进一步继承发展了“天人合一”思想，明确提出“天地人，万物之本也。天生之，地养之，人成之。”“三者相为手足，合以成体，不可一无也”。[2] 把天、地、人三者看作是一个不可分割的和谐整体，充分体现了人与自然和谐统一的整体自然观。

天人合一、万物一体的整体观念也是道家的一种基本理念。“道”作为道家思想的最高范畴被看作是世间万物的本源。“有物混成，先天地生。寂兮！寥兮！独立不改，周行而不殆，可以为天下母。吾不知其名，字之曰道。”“人法地，地法天，天法道，道法自然。”[3]“道生一，一生二，二

---

[1] 《论语・雍也》
[2] 《春秋繁露・立元神》
[3] 《老子・二十五章》

生三，三生万物。万物负阴而抱阳，冲气以为和。”❶可见，“道”是世间万事万物的总根源、总法则，无论其存在还是发挥作用都是顺乎自然本性的。庄子继承了老子关于天地万物一体的观点，认为“天地与我并生，而万物与我为一”。❷ 可见，道家认为天道与人道是不可分离的，人与自然的关系是统一的而不是对立的。

佛教自东汉时期传入我国以来，一直是中国人民的主要信仰之一，也是中国传统文化的重要组成部分。佛教关于人与自然关系的理论是建立在“缘起论”基础上的。“缘起论”认为，世间万物的存在和发展都是由因缘结合而成的，因缘结合而起，分散则灭。不能把事物看作是孤立的，不与其他事物联系的存在。世间万物都是相互依存、互为条件的，整个世界也是一个相互联系、不可分割的整体。可见，佛教追求对整体、大局的把握，要求人们以“无我”的胸怀应对大千世界。从这种整体观念出发，佛教认为人与自然是不可分割的统一整体，人类应该打破自身的优越感，努力实现人与自然的和谐。

（二）兼爱万物、顺应规律的生态伦理观

“仁”是儒家思想体系的核心。“樊迟问仁。子曰：‘爱人。’”❸孔子的仁爱只限于人，孟子则从性善论出发，把这种“仁爱”推广到世间万物。“君子之于物也，爱之而弗仁；于民也，仁之而弗亲。亲亲而仁民，仁民而爱物。”❹正是这种仁民爱物的价值观使儒家学派认为，天地自古以来就有仁德之心，人作为广袤宇宙间的一个生命体，不仅要尊重自身的价值，也要兼爱世间万物，遵循自然规律。儒家学派中比较强调人的主观能动性的是荀子，“天行有常，不为尧存，不为桀亡。”❺但荀子也强调人应该在“不与天争职”的前提下“制天命而用之”。可见，在儒家看来，兼爱万物、顺应规律，与天地万物和谐共存，才能为人类谋福利。

“道”是道家思想的一个核心概念，“道”作为万事万物生存发展的内

---

❶ 《老子·四十二章》

❷ 《庄子·齐物论》

❸ 《论语·颜渊》

❹ 《孟子·尽心上》

❺ 《荀子·天论》

在规律,也是表征事物和谐状态的一个范畴。以“道”为本、道法自然和天地人一体的思想要求人们在利用自然、改造自然的实践中,重视自然之理,顺应自然规律。“夫物芸芸,各复归其根。归根曰静,是谓复命。复命曰常,知常曰明。不知常,妄作,凶。”[1]这里的“常”指的就是自然万物运动变化的永恒规律。庄子也有类似的论述:“天地固有常矣,日月固有明矣,星辰固有列矣,禽兽固有群矣,树木固有立矣。”[2]可见,宇宙间的万事万物都有自己的规律,人应该以尊重自然规律为最高准则,不能肆无忌惮地破坏自然,应该“顺乎自然之道”,与自然和谐发展。

佛教的生态智慧则是通过爱护万物的慈悲心体现出来的。众生平等是佛教生态思想的核心价值,这种平等不仅仅是人与人之间的平等,更是世间众生的平等。宇宙万物虽然表现形式各不相同,但众生生存、生命的本质是相同的,自然界的一草一木都有其存在的价值。人类不能自诩是世界的主宰而任意伤害他物,而应该以慈悲的心怀普度众生、泛爱万物。因此,从众生平等的观点出发,佛教倡导人们破除人类中心主义,重新思考人在自然界中的地位和作用,以慈悲的心怀看待自然,善待自然界的万事万物,尊重世间万物生存发展的权利。

(三)保护自然、适度发展的理性实践观

儒家向来注重保护自然,倡导“节用而爱人”。“子钓而不纲,弋不射宿。”[3]意思是说,孔子只钓鱼不网鱼,箭不射归巢的鸟。因为如果用渔网捕鱼,大鱼小鱼都会被一网打尽;射杀巢中的鸟会损伤鸟巢,大鸟小鸟都会被打尽。这充分体现了保护自然、适度发展的理性实践观。孟子对这方面的论述更为系统。“不违农时,谷不可胜食也;数罟不入污池,鱼鳖不可胜食也;斧斤以时入山林,材木不可胜用也。”[4]可以说,这是人类历史上最早的以文字形式表述的遵循自然规律、保护自然生态、合理利用自然资源的观点。不难看出,儒家学派倡导“取之有度”“用之有节”的节俭实

---

[1] 《老子·十六章》
[2] 《庄子·天道》
[3] 《论语·述而》
[4] 《孟子·梁惠王上》

践观，注重适度发展，保障资源的可持续利用。

道家天人合一、物我一体的整体观念，反映在处理人与自然关系的实践上，就是要破除人类中心主义，尊重自然界的一切生命，保护我们赖以生存的自然家园，实现人与自然的融洽无间。“罪莫大于可欲，祸莫大于不知足，咎莫大于欲得。故知足之足，常足矣。”[1]即天下最大的罪恶莫过于任情纵欲，最大的祸患莫过于不知足，最大的灾难莫过于贪得无厌。所以只有知道满足的这种满足，才是永久的满足。可见，道家倡导清心寡欲、无为而治，在处理人与自然关系时，要求人们把自己的欲望控制在自然界能够承受的范围之内，根据自然的承受能力有节制地取用自然资源。只有保护自然，适度开发，才能在保证人类生存发展的同时维持自然生态平衡，实现人类社会的可持续发展。

从众生平等的价值观念出发，佛教主张珍爱生命，具体到行为规范上就是要求信众做到“不杀生”“素食”和“放生”。“不杀生”是约束佛教徒的第一大戒律，“素食”和“放生”则是落实“不杀生”戒的重要保证。应该说，戒杀放生、惜福知足的观点是佛教环保理念的重要体现。正是在上述理念的指导下，千百年来，中国佛教先贤们为保护自然生态做了许多不懈努力。有“峨眉天下秀”之誉的峨眉山上，那纵横百里的参天古木，就是千余年来居住在那里的僧人们辛勤劳动的成果。佛教的这些理论和实践充分体现了保护自然、适度发展的理性实践观，对于我们今天建设生态文明有重要的借鉴意义。

三、中国传统文化中的和谐生态观对建设生态文明的启示

生态文明最根本、最迫切的任务就是正确认识和处理人与自然、人与社会、人与人以及人与自身的关系。在这个意义上，中国传统文化中的和谐生态观为我们提供了弥足珍贵的思想源泉，对我们建设生态文明具有深刻的启示意义。

[1] 《老子·四十六章》

（一）正确认识人与自然的关系

人与自然是一对矛盾统一体，人类文明发展史的基础就是处理人与自然的关系。工业文明以前，受生产力水平的限制，采集、畜牧、耕种是人类主要的物质生产方式，因而人类的认识水平十分有限，对自然界的基本态度是崇拜、敬畏。工业革命后，随着生产力和科学技术的发展，人类的认识能力、实践能力不断提高，人类不仅可以通过科学技术控制、改造自然，获取更多的自然资源，而且可以制造出原始自然状态下不可能出现的产品。于是，征服、占有、驾驭成了人类对待自然的基本态度。工业文明在300年的时间里创造了空前的物质财富，却也消耗了亿万年的自然储备，引发了环境污染、生态破坏等一系列生态危机。正是在这种背景下，生态文明呼之欲出，成为人类进一步生存和发展的必然选择。在探索生态文明建设的过程中，我们应该认识到，人与自然的关系既不应该是崇拜、敬畏，也不应该是驾驭、征服，而应该是尊重、顺应、保护的关系。传统文化中"天人合一""取物顺时""道法自然""众生平等"等和谐生态观念恰好为我们实现人与自然和谐统一提供了一种思维方式、一种价值尺度和一种实践方法，对于我们正确认识和协调人与自然的关系有重要的启示意义。尊重自然、顺应自然、保护自然，走人与自然和谐发展的生态文明之路，是我们重新审视人与自然关系后作出的理性抉择。

（二）提高全民族的生态保护意识

建设生态文明，既关系到人民的福祉，又关乎民族未来的长远发展。中国是世界第一人口大国，人民生态保护意识的高低将直接影响到生态文明建设的成败。只有13亿中国人民都自觉投身生态文明建设，中国大地才能承载起中华民族的复兴发展。因此，我们要把握正确的舆论导向，完善生态文明教育和公众参与制度，唤起全民族的节约意识、环保意识，为建设生态文明奠定广泛而坚实的群众基础。俭以养德一直是中国传统文化倡导的主流价值观之一。据《旧唐书》记载，为整饬朝政腐败、生活糜烂，唐玄宗李隆基曾经发出禁令，禁止各级官员穿着用奇鸟异兽的羽毛制成的衣服。在人与自然的关系日趋紧张的今天，传统文化中的这种节俭观念更值得我们借鉴。因此，我们要大力提倡科学合理的消费观念，倡导人们追求更加文明健康的生活方式，不以物质财富占有的多寡作为衡量生活水平高低的标准。要通过宣传教育，普及民众的环保知识和生态消费意识，在全社会营造一种以生态文明为价值追求和评价标准的社会氛围，将合理适度消费、文明健康生活作为生态文明建设的重要内容。

（三）加强生态文明制度建设

生态文明建设是一项复杂的系统工程，其成败不仅取决于全体国民生态保护意识的高低，更取决于是否有合理健全的法律制度作保障。我国古代有很多关于生态保护的规定，如“草木零落，然后入山林”[1]“禹之禁，春三月，山林不登斧”。[2] 但这些相关政令、措施只是一些朴实的思想火花，没有形成系统的法律制度和管理体系。在政治文明高度发展的今天，在建设社会主义法制国家的背景下，加强生态文明制度建设至关重要。首先，加强生态文明考核评价制度建设。要建立科学合理的“绿色GDP”评价指标，把资源消耗、环境损害、生态效益纳入经济社会发展评价体系，建立体现生态文明要求的目标体系、考核办法、奖惩机制。其次，注重生态环境法律制度的建立健全。及时调整、修订一些不适应生态文明建设的经济政策和法律法规，进一步充实完善有关生态环境保护的规章制度，完善最严格的耕地保护制度、水资源管理制度、环境保护制度，使依法治国在生态文明建设领域实现突出进展。最后，健全生态环境保护责任追究制度和环境损害赔偿制度。要加强环境监管，加大执法监督力度，对破坏生态环境的行为进行严厉惩治，充分发挥司法途径在保护生态环境、实现社会公正中的作用。

（四）积极构建社会主义和谐社会

中华文化崇尚和谐，倡导“和为贵”，长期的历史积淀已经使中华民族形成了一种代代相传、富有民族文化特征的和谐思想，生态和谐则是中华

---

[1] 《礼记·王制》

[2] 《逸周书》

文化和谐思想的基本内涵之一。可以说,中国传统文化所蕴含的和谐生态观经历久远、延绵不绝。近代中国沦为半殖民地半封建社会,在取得翻身独立之后,为了尽快缩小与发达国家的差距,长期以来,我们学习借鉴的都是西方工业文明。在经济快速增长、综合国力显著提高的同时,我们同样面临着资源枯竭、物种消失、生态恶化等危机。为实现中华民族永续发展,中国共产党在十六届四中全会上明确提出了构建社会主义和谐社会的任务。"人与自然和谐相处"既是和谐社会的基本特征之一,也是中国传统的和谐生态观的题中之义。可以说,对和谐社会的追求,既是建设生态文明的必然要求,也是对中国传统的和谐生态观的回归。因此,我们必须坚持人与自然和谐统一的辩证思维,对传统文化中的和谐生态观进行现代阐释,把贯彻落实科学发展观、大力构建社会主义和谐社会、实现人与自然和谐发展作为建设生态文明的基础工程和核心任务。

四、结束语

人类文明是在继承与创新中不断向前发展的,我们既要继承传统文化的精髓,又要批判吸收、改造创新,体现出文明的时代特点。中国传统文化中的和谐生态观脱胎于农业文明,不可避免地带有某些局限性,但只要我们辩证看待,在生态文明的视野下挖掘其思想精髓,就可以使其在生态文明建设的过程中发挥出独特的价值。我们既要学习利用西方的科学技术,又要继承和发扬中国传统文化中的和谐生态观,取两者之长,才能在实现经济又好又快发展的同时兼顾生态环境的保护,只有这样,我们的社会才会更加繁荣,文明才能更加灿烂。

参考文献:

[1] 胡锦涛.坚定不移沿着中国特色社会主义道路前进 为全面建成小康社会而奋斗[N].天津日报,2012-11-9.

[2] 孙长来,马倩.传统文化中的生态和谐与当代中国的生态文明[J].世纪桥,2008(6):13-14.

[3] 张文彦.中国传统文化中的和谐生态观与建设生态文明[J].东北农业大学学报(社会科学版),2008(6):97-100.

[4] 牛文浩.中国传统文化视域中的生态文明思想研究[J].创新,2013(1)29:32:53.
[5] 罗顺元.儒家生态思想的特点及价值[J].社会科学家,2009(5)7:11.
[6] 苏会君.从道家思想中探寻人与自然和谐的理论渊源[J].边疆经济与文化,2006(10):91－92.
[7] 鄯爱红.佛教的生态伦理思想与可持续发展[J].齐鲁学刊,2007(3):125－129.

中国传统文化与生态文明建设探究

刘　新　魏丽萍

刘　新：武汉市社会主义学院；

魏丽萍：武汉市社会主义学院

党的十八大提出，要大力推进生态文明建设，"树立尊重自然、顺应自然、保护自然的生态文明理念，把生态文明建设放在突出的地位，融入经济建设、政治建设、文化建设、社会建设各方面和全过程。努力建设美丽中国，实现中华民族永续发展"。建设生态文明不但成为我国经济社会发展的重要指导思想，也成为中国对全球可持续发展的重要贡献。中华民族有着五千年辉煌灿烂的传统文化，我们的祖先凭借着自己的智慧，在中国传统文化中倡导"天人合一""道法自然"的思想，与现今提倡的生态文明、环境保护等观念在一定程度上是一致的。这种人与天地自然和谐的生态观，对于当前面临的生态危机以及今天建设生态文明社会具有积极的现实意义。

一、"天人合一"——人与自然和谐相处的生态观

中华民族历来崇尚"天地人和""阴阳调和"与"天人合一"的观点。无论是儒家还是道家都主张人与自然和谐相处。

中国儒家的生态智慧主张"天人合一"，其本质是主客合一，肯定人与自然界的统一。儒家思想认为，人与自然的关系是天人合一的关系，天以人而合万物，人以万物而得天，天与人不可离，则人与万物亦不可离。所谓"天地变化，圣人效之""与天地相似，故不违"。儒家通过肯定天地万物

的内在价值，主张以仁爱之心对待自然，讲究天道人伦化和人伦天道化，体现了以人为本的价值取向和人文精神。正如《中庸》中所说："能尽人之性，则能尽物之性；能尽物之性，则可以赞天地之化育；可以赞天地之化育，则可以与天地参矣。"儒家的生态观，反映了一种对和谐理想社会的追求。应该说，生态文明倡导的"人与自然相互协调""确立与自然万物共生共存的大生命观"等思想都是对儒家生态智慧的借鉴。

中国道家的生态智慧主张"道法自然"，所谓"人法地、地法天、天法道、道法自然"。道家通过敬畏万物来完善自我生命，强调人要以尊重自然规律为最高准则，以崇尚自然、效法天地作为人生行为的基本思想。强调人必须顺应自然，达到"天地与我并生，而万物与我为一"的境界。"慎无烧山破石，延及草木，折华伤枝，实于市里，金刃加之，茎根俱尽""人亦须草自给，但取枯落不滋者，是为顿常。天地生长，如人欲活，何为自恣，延及后生。有知之人，可无犯禁"(《太平经》)。道家要求人类顺应自然，遵循自然界的和谐秩序，平等地对待万物，以此实现人与社会、人与自然的和谐统一。这种追求超越物欲、肯定物我之间同体相合的生态哲学，与现代提倡的生态文明观相合，对人类保护环境、应对生态危机具有重大意义。

中国传统文化中的"天人合一"思想，归结起来讲，就是指天道与人道、自然与人为相通、相类和统一。孟子认为"人""天"相通。董仲舒认为天人以类相合，"天人之际，合而为一"(《春秋繁露·深察名号》)。这些传统文化中的和谐理念，如果从现代意义上去理解，则都是把人和自然看成一个整体的关系，强调人与人、人与自然、人与社会的和谐。而现今提倡的所谓生态文明，就是人与自然和谐的一种文明形态。从广义上来说，生态文明指人类遵循人、自然、社会和谐发展的客观规律，利用自然、改造社会而取得的物质和精神成果的总和。从狭义上来说，生态文明则是人类文明的一个方面，即人类在处理与自然的关系时所达到的文明程度，其目的是使人类社会与自然界处于一种和谐共生、良性互动的状态。

随着工业文明的发展，人类在科技进步和经济发展中获益，同时也面临着空气污染、物种灭绝、能源危机、人口膨胀等一系列严峻的现实问题。面对这些问题，如何积极寻找解决这些危机的方法和途径，如何将人类社会系统纳入自然生态系统，做到人与自然和谐、人与人和谐。这就需要从祖先的传统文化宝库中汲取养料来指明方向。

二、吸取传统文化精髓，树立新型生态观，大力推进生态文明建设

文化是民族的血脉，是人民的精神家园。对于一个民族来说，文化传统一旦形成，便成为这个民族共同体的认同依据、维持血脉和精神家园，久远而深刻地影响着这个民族的凝聚力、创造力、生命力。建设生态文明就要倡导生态文化，其核心任务是，需要通过各种途径和方法，潜移默化地转变人们的观念，影响人们的精神思想，提高全民的生态文化素养，推进生态文明建设。

（一）转变观念，树立新型的生态文明观

随着科技的飞速发展，人类在科技进步和经济发展中获益，同时也面临资源约束趋紧、环境污染严重、生态系统退化的严峻形势。如果不能及时认识并采取措施加以解决，必将引发严重的后果。十八大报告指出，当今世界，保护资源环境、维护生态平衡已成为不可阻挡的历史潮流。要解决这一危机，人们必须重新审视以往的行为准则和价值标准，在价值观上摆正大自然在人类活动中的位置。在人类与大自然之间建立新型的关系，人类才会从内心尊重和热爱大自然，才会用道德规范约束自己的行为，使整个生态系统良性循环，从而创造高度的生态文明。其实，传统文化中所倡导的“回归自然”“物无贵贱”“天人合一”等生态观强调的就是人要与自然万物同生共运，强调天、地、人之间的自然生态平衡。因此，新型生态文明观应当坚持人不能作为自然生态的主宰，社会经济的发展和人的全面发展必须促进人与自然的和谐共生，在改造自然的同时必须尊重和爱护自然，必须尊重和保持生态环境，使经济社会发展建立在环境可承载和资源可持续的基础上。尽可能地少投入、多产出、再利用、少排放，使人们在经济意识当中增加对自然环境的责任意识，适度发展，使发展与生态文明建设同步。

（二）转变经济发展方式，坚持可持续发展

建设生态文明必须从转变经济发展方式这个源头上抓起。党的十八大报告明确提出，要着力推进绿色发展、循环发展、低碳发展，形成节约资源和保护环境的空间格局、产业结构、生产方式、生活方式，从源头上扭转生态环境恶化趋势。生态环境是一种资源，随着社会的不断发展，它会日益稀缺。转变经济发展方式，就是要走一条能最大限度地节约能源又能获得应有效益、使人与环境友好共存的经济发展道路。因此，除了严格监管企业生产之外，还要依靠企业力量，强化企业生态文明建设，提高企业对生态文明建设的意识，使企业成为生态文明建设的主体，提高效益，节约资源，合理开发，最大限度地保持自然生态平衡。

（三）加强制度建设，保障生态文明建设顺利进行

制度是节约资源和保护环境的基石。决定人们行动的不仅仅是理念和认识，还有利益驱使和外部环境的压力，这就需要一个合理、有效的制度来维护和保障公共利益。在我国古代，一些有远见的政治家和统治者都制定了一系列生态保护的相关律令。比如"殷之法，弃灰尘于公道者，断其手"其中的残酷性需要批判，但却体现了对环境的重视。这启示我们，建设生态文明除了转变观念，改变不可持续的发展方式和消费模式外，还要制定相关法律法规，用制度来约束人们的行为。那么，在建设中国特色社会主义的今天，我们该如何加强制度建设来保障生态文明建设呢？十八大报告中提出了从五个方面加强生态文明的制度建设。一是加强立法，规范人与自然的关系；二是建立健全生态环境保护体制机制；三是建立完善生态环境容量控制制度；四是建立体现生态文明要求的干部考核评价体系；五是大力倡导人与自然和谐发展的文化观。这些相关的制度和政策的制定，必将能切实保障生态文明建设顺利推进。

（四）加强宣传，全民参与，形成共识

民众的生态文明意识是一个国家和民族文明程度高低的重要标志。我国是一个拥有 13 亿人口的大国，虽然人们现在对生态环境保护有了一

定的认识，但大多数人仍然限于对自身利益的追求，而不能从整个社会环境出发来考虑问题，缺乏一种普遍的责任意识。因此，我们要在全社会加强生态文明宣传教育，形成从家庭到学校再到社会的全方位生态文明教育体系，利用各种新闻媒体和各种创新宣传手段广泛宣传有关生态文明建设的科普知识和价值取向，唤起全民的节约意识、环保意识、生态意识和责任意识，切实走出一条符合生态文明建设要求的科学发展道路。

建设生态文明是人类社会发展的必然趋势。在建设生态文明新的历史时期，我们要科学辩证地继承和发扬中华传统文化中人与自然和谐相处，尊重自然、合理利用自然资源的观念，树立新型的生态文明观，动员全社会力量，全民行动，共同走向社会主义生态文明的新时代。

参考文献：

[1] 卢风. 从现代文明到生态文明[M]. 北京：中央编译出版社，2009.

[2] 中国特色社会主义伟大道路学习读本[M]. 北京：新华出版社，2012.

[3] 张文彦. 中国传统文化中的和谐生态观与建设生态文明[J]. 东北农业大学学报，2008(2).

[4] 王弘. 中国传统文化与生态文明建设[J]. 工会论坛，2011(1).

充分估量而不是低估中国传统文化生态观的价值

沈殿中

沈殿中:辽宁省社会主义学院

中国传统文化生态观是中国人在人类思想史上的重要成就,也是对于科学发展史的重要贡献。

充分估量中国传统文化生态观的价值,是中国共产党人尊重历史的重要体现,也是大力推进生态文明建设的重要思路。

进一步探讨中国传统文化生态观与当代中国生态文明建设的内在关系,对于贯彻落实党的十八大报告要求的"必须树立尊重自然、顺应自然、保护自然的生态文明理念,把生态文明建设放在突出地位"具有重要意义,也是努力建设美丽中国,实现中华民族永续发展的必然要求。

一、充分估量中国传统文化生态观的直观性

中国传统文化生态观是一种什么样的生态观,它的性质和形态是什么,这是研究过程中首先需要解决的问题。对此,显然存在不同的意见。一种看法认为,它已经形成生态学的理论体系,即进入了理性认识阶段;另一种看法认为,它没有形成生态学的理论体系,即局限于感性认识阶段,是一种直观性的认识成果。需要明确的是,不论哪一种看法,都可以对中国传统文化生态观的价值予以充分估量,而且都可以充分肯定这种生态观的历史价值和现实意义。当然,两种观点也都可能出现偏失和误差。如果这种生态观没有形成生态学理论体系,硬要说形成了这个理论体系,是有损于它的历史价值和现实意义的;如果这种生态观形成了生态

学理论体系，硬要说没有形成这种理论体系，也有伤于它的历史价值和现实意义。

显而易见的是，生态学不是一门创立于古代的理论体系，也不是一门中国人创立的理论体系，硬要说古代中国就有生态学这门学科，过于牵强。

同样显而易见的是，古代中国人没有创立生态学，不意味着没有对于生态现象的认识，不意味着没有对于生态问题的思考，不意味着没有对于生态意识的探讨。这种认识是有的，只是表现为感性认识；这种思考是有的，只是反映为朴素形态；这种探讨是有的，只是局限于经验阶段。因此，长期以来国内外的研究都把这种思想成果称之为直观性的学说。

其实，直观性不是一个贬义词，而是一个包括丰富内涵的概念。具体看来，其一，直观性是认识世界的重要方式；其二，直观性是认识世界的重要阶段；其三，直观性是认识世界的重要成果；其四，直观性是认识世界的重要起点。对于中国传统文化生态观而言，直观性是古代中国生态观的特征，也是中国人的生态观在古代世界的优势。看不到中国思想史和人类思想史的这种长处和成就，才是真正的历史虚无主义。

当然，全面地看，中华传统文化生态观的直观性意味着：我们这个民族在生态观上有了重大进步和重要成果；同时，我们这个民族的生态观有明显的局限，即局限在直观性的阶段和水平，没有提出生态概念、没有形成生态理论、没有建立生态学说。对于前一个判断，目前没有显著的歧义，反而有较多的论著阐述这个问题。根据初步的检索，20 世纪 90 年代以来，我国的学术界每年都有一批文献研究这个问题。对于后一个判断，由于提出了“中国生态学”和“中国古代生态学思想”，有必要进行深入讨论。

按照有关观点，中国生态学是一个新概念，相当于古人所谓“天人之学”，它的主要理论内容是非常古老的。其主要看法如下：即认为中国古代的生态学思想具有特殊的概念和理论，其描述方法和思想观点与现代科学中的生态学有巨大差异；它有一个自成体系的理论，有悠久的历史和广泛的应用，是现有生态学理论无法兼容的。为了继承和发展中国古代的生态学思想和生态学理论，需要借鉴现代生态学成就，在古代中国文献的基础上，适当采用现代科学方法，系统地整理和完善中国古代的生态学思想和理论，创立“中国生态学”。

问题在于，如果中国古代的生态学思想仅仅“与现代科学中的生态学有巨大差异”，还可能成为生态学的一个分支或者一个学派。但是，当中国古代的生态学思想已经是“现有生态学理论无法兼容的”时候，这个“自成体系的理论”绝不会是生态学了。

所以，直观性恰恰是充分估量中国传统文化生态观价值的合适角度，或者说指出中国传统文化生态观的直观性，恰恰是对于它的价值的充分估量。舍此，尚没有更充分的角度。而那种过分的推崇，不仅缺少说服力，而且可能影响对于其价值的充分估量。

二、充分估量中国传统文化生态观的一贯性

中华传统文化生态观的一贯性是指，在五千年的中华文明历史长河中，始终存在生态观。这种生态观是中华传统文化的重要组成部分，对于中华民族五千年来在开发自然、保护自然中繁衍生息，使中华文明经久不衰发挥了重要作用。问题是，这是一种什么样的生态观，具有什么样的一贯性。如前所述，生态这个概念、乃至这门学说，并不是中国人提出和建立的，因此，五千年的中国传统文化并没有生态概念和生态学理论。但是，中国传统文化中却有对于生态现象的感知和对于生态问题的思考，即使这是一种朴素的、直观的认识，还没有升华为生态理念（包括生态概念和生态学说）。但是，这种认识可以称之为古代的生态观念或者生态意识，简称为生态观也可以。因此，古代中国的生态观必然具有一贯性。只不过需要明确的是，古代中国人的生态观的一贯性，不同于严格意义上生态学理念的一贯性，也不同于今天所讲的生态文明理念的一贯性。但是，两种一贯性即古代生态观的一贯性与现代生态观的一贯性，具有历史的联系，是与时俱进的关系。

三、充分估量中国传统文化生态观的根本性

中国传统文化生态观的根本性包括两个方面的含义：一是生态观在

中国传统文化中的地位；二是这个生态观在应对当代生态危机中的作用。对于前一个问题，可以说这个生态观具有重要的历史地位，但是难以说是根本性的。即使“天人合一”思想在传统文化中具有根本性，也不等于古代生态观具有根本性，因为，古代生态观和“天人合一”思想不能画等号。对于后一个问题，也可以说这个生态观具有重要的现实意义，但是也并没有根本性的作用，因为当代生态危机是不可能从中国传统文化生态观中找到根本出路的。

四、充分估量中国传统文化生态观的超越性

中国传统文化中生态思想资源的超越性，既是指它可以超越传统文化的阶段性局限，又是指它能够超越现代文明的格局性局限。具体分析来看，在传统文化退出历史舞台的时候，古代中国人的生态观依然具有存在的价值；在现代文明遭遇困境的时候，古代中国人的生态观及时提供了重要启示，构成了这些思想资源现代转化的可能性基础。

五、充分估量中国传统文化生态观的普适性

众所周知，目前在普适性或者普世价值问题上存在尖锐歧义。但是，由于一些讨论中国传统文化生态观的人多次提及：我们中华文化有体现全人类普遍价值的内容，其中生态意识就是突出的表现。还进一步提出，中国传统文化中虽然没有专门的生态学，但是其整体具有浓郁的生态文化气息，蕴涵着丰富的生态思想资源。尤其是其独特的“天人合一”的宇宙观与思维方式，能近取譬、中庸适度的生活原则，以“时禁”为典型的制度，天地大美、万物齐一的美学境界追求，都具有深刻的生态意义和普适性价值。基于上述，没有必要回避普适性问题；相反，有必要弄清这个普适性普适到什么程度。从党的十八大报告有关“大力推进生态文明建设”的要求看，我们今天主张的生态文明理念，主要来自于马克思主义中国化的最新成果，来自于中国特色社会主义的实践经验，来自于世界先进文明的优秀成分，同时也来自于中国传统文化的宝贵启示。以上四大来源表

明，中国古代生态观的普适性不是唯一的，也不是第一的，甚至不是主要的，但是是重要的。

六、充分估量中国传统文化生态观的转化性

中国传统文化中生态思想资源的转化意味着，在古代，它可以转化为某种程度的尊重自然、顺应自然、保护自然的朴素意识；在当代，它可以转化为某种程度坚持节约资源和保护环境的思想资源。当然，中国传统文化中生态思想资源的转化不仅仅是从意识到意识的转化，还表现为从意识到行动的转化。但是，这种转化的局限性也是很明显的，因为生态学作为一门学科最终没有在中国形成。这意味着中国传统文化生态观最终止步于前生态文明时期。现在，我们中国人所讲的生态文明，主要是西方的生态学理论与中国的生态文明建设实践相结合的结果。在这个过程中，传统文化发挥了黏合剂和催化剂的作用是毫无疑问的。

七、充分估量中国传统文化生态观的现代性

对于中国传统文化生态观与现代性的关系，目前存在不同看法。第一，二者之间是不是相互贯通的。有的观点认为无法与活生生的实践生活发生关系时，隔膜感、疏离感的产生就在所难免。显然，无法贯通的观点与事实是不相符的，当我们在现实的生态文明建设活动中，浏览和思考古代生态观时，总是能够感受到一种深刻的魅力。第二，二者之间是不是相互促进的。有的观点认为，中国文化是伦理文化、心性文化，它的特点是人伦效法自然，自然又被人伦化，天人合一，主客混融的局面，这种文化显然不利于现代自然科学的发展。其实，这种看法有很大的偏见。试看：中国的大思想家并不拒绝现代科学精神；外国的大科学家也并不拒绝古代的自然哲学思想。第三，二者之间是不是相互转化的。有的观点认为，中国传统文化从根本上说无法直接生产现代化所需的各种现代性要素，在现实社会发展的许多至关重要的问题上缺乏阐释和解决能力。问题在于，转化不是只有直接生产现代化所需的各种现代性要素这样一种解释，

还可以有其他的含义。例如，为生产现代化所需的各种现代性要素提供间接的思想资源。

八、充分估量中国传统文化生态观的本土性

对于“中国传统文化生态观”这一个范畴，其本身就是世界化与本土化相结合产生的结果。由于这种生态观寓于中国传统文化之中，因此它是本土化的；由于这种传统文化出现了生态观，因此它是世界化的。对于这样一个两重性的范畴，目前存在一些偏见：有的观点低估了这个范畴的本土性，认为既然生态观是从西方传播过来的学说，就不可能存在“中国传统文化生态观”。其实，中国传统文化发展史也就是中西文化交流史，其中既有西学中渐的取向，也有中学西渐的取向。因此，西方的生态学移植到中国传统文化的土壤上并非不可行；同样，中国传统文化移植到西学的土壤上也并非不可能。还有的观点认为，由于西方首先进入现代社会并以强力迫使中国也并入现代化轨道，致使我们逐渐丧失了看问题的中国立场和中国视角，动辄以西方思维模式、方法体系来对中国文化进行条理分梳、切割剖析。这种切割破坏了中国传统文化最可贵的有机性、整体性、圆融性，也使其独特的个性魅力丧失殆尽，因此，目前的传统文化转化始终没有摆脱西方立场和西方视角。上述看法具有很大的偏见。一方面，它以偏概全。如果说某些人或者某些学说存在上述偏失是可能的，但是，中国化的马克思主义以及在中国化马克思主义指导下形成的主流思潮，没有上述偏失，包括现在的生态文明建设也没有上述偏失。另一方面，它曲解了历史事实。

九、充分估量中国传统文化生态观的主动性

在中国传统文化生态观的主动性议题上至少涉及四个问题。

(1)我们的生态观文化转化方式是不是始终没有摆脱西方立场和西方视角。应该说，一个民族的传统文化在转化过程中，可以有多个视角，包括东方视角和西方视角(对于这个世界而言，还可以有北方视角和南方

视角)。问题是,说我国传统文化的转化"始终没有摆脱西方立场和西方视角",既不尊重历史,也不尊重传统,更不尊重我们中华民族的文化。其实,现在这个共和国建立伊始采取"一边倒"的大政方针,已经在"摆脱西方立场和西方视角"上有所偏失了,后来毛泽东坚持独立自主的方针表明,我们这个国家和民族彻底"摆脱西方立场和西方视角"了。改革开放以来,中国化马克思主义的又一次飞跃和中国特色社会主义的历史性进步,已经使我们自立于世界民族之林的夙愿完全实现了。

(2)我们的生态观文化转化方式是不是有"民族自卑心理在作祟"问题。应该说,这个问题是有的。一百多年来,民粹主义的一再流行,极端民族主义的一再泛滥,盲目排外思潮的一再作乱,都能看到"民族自卑心理在作祟"问题。但是,同样可以明确的是,民粹主义、极端民族主义以及盲目排外等偏激思潮,并不是我国一百多年来社会发展的主流思潮。当一百多年前中国人走向世界寻找救国救民的真理时,当经过反复比较在欧洲找到这个真理时,当毛泽东宣布指导我们思想的理论基础是马克思主义时,当中国特色社会主义理论体系写进宪法修正案时,表明"民族自卑心理在作祟"这个问题已经从根本上解决了。因此,再一次在"国货"与"外货"的纷争中以"爱国"的名义砸中国的企业、烧中国的商店、打中国的公民,这一类极端行为已经成不了大气候了。

(3)我们的生态观文化转化方式是不是对中国百年落后历史的过激反应。如上所述,过激反应的问题过去有、现在有、今后还可能有。但是,中华民族已经是一个与世界同在、与时代同步、与先进同勉、与改革共荣的成熟民族。不论是谁,让这个民族再一次回到大内战、大动乱、大浩劫、大折腾的"全局性、长期性"的荒谬时期、荒诞年代,都是像让我们这个国家走资本主义道路一样的痴心妄想,因为中国人决不想重吃二遍苦、重遭二茬罪。这是一个基本的共识,也是一个基本的事实。

(4)我们的生态观文化转化方式是不是中华文化被动适应世界大势的自我调整后果之一。在讨论中国传统文化生态观的问题时提出这样一个判断,不无意义。问题在于,一百多年前鸦片战争时期"中华文化被动适应世界大势"的耻辱,已经随着中国人不断走向世界的步伐而得到洗雪和扭转。因此,在鸦片战争一百多年后,面对中国改革开放的大局和大势，完全可以大义凛然、底气十足地讲，我们现在所从事的生态文明建设是：中华民族主动适应世界大势的选择。

十、充分估量中国传统文化生态观的冲突性

任何一种观念都可能存在内外冲突，这是正常的观念发展史。但是，有的观点认为，中国传统文化的“天人合一”命题中弥散着浓厚的反生态伦理的思想要素，二者存在着相冲突的地方。对此，有必要进一步商榷。

在这种观点看来，中国传统文化生态观中的“反生态伦理的思想要素”，主要是儒家重德性、轻自然、斥技艺、贬功利的思想造成的。其原因在于，中国文化史上不断得到加固而成了一个庞大的人文价值传统，这种鄙薄探询自然、技艺的传统使得古代众多从事自然科学研究的人受到了“于国事无补”或“玩物丧志”等诸般嘲弄，并导致长期以来中国的自然科学总是停留在一种直观、经验的水平上。上述看法，不无道理，但是偏颇之处也不容忽视。

重德性不等于反生态伦理。儒家主张“仁”。孟子说：“亲亲而仁民，仁民而爱物。”张载说：“民吾同胞，物吾与也。”(世界上的民众都是我的亲兄弟，天地间的万物都是我的同伴)。程颐说：“人与天地一物也。”又说：“仁者以天地万物为一体”“仁者浑然与万物同体”。朱熹说：“天地万物本吾一体。”这些观念都有利于建立一种和谐的人天关系和人际关系，不能认为是反生态伦理的观念。

轻自然不代表反生态伦理。古代中国人的朴素自然观已经达到很高水平，这是不容忽视的问题。正如金岳霖先生在《中国的哲学》一文中指出：“‘天人合一’这一命题中‘天’的概念所表达的思想要比英语中的‘自然’一词丰富得多”。“如果我们把天了解为‘自然’和‘自然的神’……那就有点抓住这个中国字了。”当然，古代中国人讲过的自然，不是现代自然观意义上的自然，这也是不容混淆的问题。进一步看，古代中国也有人持轻自然的意识，这也是不容否认的问题。然而，有一点是明确的，轻自然不是古代中国人自然观的主流。

斥技艺不直接反生态伦理。比较而言，古代中国对于科学技术的态

度，主要不是斥技艺的问题，而是斥科学的问题。因为，古代中国的主流思潮是推崇技艺的，因此才有“四大发明”；反之，古代中国的主流思潮是缺乏理论思维的，因此才没有产生近代科学。在这种情况下，中国的传统文化主流同反生态伦理思潮没有直接的关系，即使古代社会中存在斥技艺的观念，也不能认为中国传统文化在整体上是反生态伦理的。

贬功利不反映反生态伦理。在中国传统文化的各种思潮中，对于功利的态度是非常矛盾的，以儒家为代表的入世主义思潮总体上是追求功利的，以道家为代表的出世主义思潮总体上是偏离功利的。但是，不论哪一种思潮，都不能简单地说成是反生态伦理思潮。

综上所述，中国传统文化在发展中存在内在冲突，但主要不是坚持生态伦理与反对生态伦理的冲突，而是旧生态观与新生态观的冲突，后来则是直观性生态观与科学性生态观的冲突。冲突的结果是，有力地推进了中国传统文化生态观的发展和创新，推动了传统生态观向现代生态观的转型和跨越。

中华传统文化中的“天人合一”思想与当代生态文明建设

——基于东西方传统文化差异比较研究的视角

闫 祯

闫 祯:山东省社会主义学院编辑

中华传统文化中的“天人合一”思想主要思考的是人与自然之间的道德关系,以崇尚自然为基本精神,不仅蕴涵着深刻的自然生态观,同时也体现出以关注自然界的生态伦理精神。这种智慧指导着中华民族几千年来不断繁衍生息,使中华文明在历史的长河中经久不衰。当前,面对全球气候变化以及生态危机的严峻挑战,探讨如何继承和发扬我国传统文化的精华,丰富建设社会主义生态文明的思想,具有重要的理论价值和现实意义。

一、西方传统文化造就的生态文明观面临现实困境

从文化的视角研究生态文明,可以发现生态文明作为一种思想和理念,在人类文明的历史发展进程中早就受到重视和关注。然而,东西方传统文化的巨大差异却也造就了不同的生态文明观。

西方文化的发展是由神学到哲学,最后到科学。当代大多数学者认为,西方神学与东方神学的不同在于前者并不排斥物质。而西方哲学文化的产生,则是西方物质文化产生的前奏和思想准备。它通过对物质是第一性的,还是精神是第一性的大辩论,最终把西方文化从神学的混沌思维中解脱出来,并最终引领工业文明走向鼎盛。18 世纪 60 年代以来,西方以机械化大生产为主要特征的工业文明兴起,极大地促进了社会生产

力发展，为人类创造了巨大财富。在短短几百年的时间内，创造了远远高于过去数千年所创造的生产力，从食品、纺织服装、家电到手机、电脑、住房、汽车等，应有尽有，人们的吃、穿、住、行、乐等多方面得到了极大改善。然而，工业文明在促进人类社会发展的同时，随之附带产生了严重的资源危机、环境危机，使人类在品尝社会进步的甜头之后不得不面对自己种下的苦果。从文化源头上究其原因，是由于西方工业文明的基础是人类中心主义，即将人视为自然万物的主宰和中心，将自然视为不断满足人类无限欲望的对象。西方工业文明在300年间创造了空前的物质文明和社会财富，几乎等于传统社会所创造财富的总和，但也消耗了亿万年的自然储备，带来了不可克服的经济危机和全球生态危机。

中华传统文化无论是从思维方式还是从道德伦理方面，与西方文明有着本质的区别。“西方在不断地切分，越分越细；中华文化则不断地求合，越合越强。西方有机械主义自然观，中华文化则有中和有机自然观；西方有人文主义伦理观，中华文化则有和谐生态伦理观；西方有二元对立进化论，中华文化则有天道人道融通论。”[1]面对西方工业文明所显示出来的内在困境，越来越多的有识之士将目光转向东方、转向中国。世界上不少的文明古国都曾有兴盛一时的文明，但终因破坏了自然，文明也就走到了尽头。我们的文化理念蕴含着更加深刻的生态智慧，我们的伦理、制度与生活方式实践着这种深刻的生态智慧，我们的历史传统不断延续着这种深刻的生态智慧。

二、中华传统文化“天人合一”的自然观具有重大的生态价值

中华传统文化的主流是儒释道三家，在它们的共同作用下，中华民族形成了自己独特的文化体系。这套文化体系不仅有伦理准则，更有一系列政治制度与生活实践。这套文化体系所形成的价值观在现实制度和生活中具体落实为一个“度”字——“度”就是分寸、就是节制、就是礼数、就

---

[1] 潘岳：“中华传统文化蕴含着深厚的生态文明”，载《人民论坛》，2009年第1期，第21～22页。

是平衡、就是和谐。以此精神为基础，中国传统的哲学、宗教、文学艺术、医学养生、棋艺茶道等无不展现着人与自然的亲合关系，表现着深刻睿智的生态文明观。

中国哲学的思想内核是“天人合一”。中国传统文化认为，应该把环境、资源、人类视为自然界构成中密切相连的生命共同体。中国哲学中虽然也有“制天命而用之”“天人交相胜”的思想，但并不占主导地位；占主导地位的是“天人合一”“民胞物与”“性天相通”“辅相参赞”等观念，表现出人与自然不是一种疏离以致对立的关系，而是息息相关、相互依存、内在统一与不可分离的。

中华传统文化倡导善待自然、关爱自然，珍视自然存在的价值，遵循自然发展的规律，与大自然平等相处、和谐共处，这与西方不断改造、征服自然的态度形成了鲜明对照。如中华文化典籍《易经》就提出“乾，天也，故称乎父；坤，地也，故称乎母”“有天地，然后有万物；有万物，然后有男女”，认为人与万物一样，都是天地自然而然的产物，人类社会也是自然发展的结果。人的生活和生产要遵守不以人的意志为转移的客观规律，人对自然的这种依赖关系使人必定要与自然和谐共处；《老子》也提出“人法地，地法天，天法道，道法自然”(《老子·第二十五章》)；管子主张“得天之道，其事若自然；失天之道，虽立不安。”(《管子·形势第二》)；庄子在《庄子·外篇·秋水第十七》指出：“以道观之，物无贵贱。以物观之，自贵而相贱。以俗观之，贵贱不在己。”孔子在《论语·雍也第六》指出：“知者乐水，仁者乐山。知者动，仁者静。知者乐，仁者寿。”孟子继承孔子“泛爱众而亲仁”(《论语·学而第一》)的仁爱伦理思想，提出“亲亲而仁民，仁民而爱物”(《孟子·尽心上》)的观点；荀子主张“天行有常，不为尧存，不为桀亡。应之以治则吉，应之以乱则凶。”(《荀子·天论》)甚至还包括佛家的“众生平等”观念，墨家的“兼爱”“非攻”等思想主张，都体现着中华传统文化中人与自然和谐相处的思想，在当代社会中越来越显示出重要的生态价值。

三、“天人合一”思想对当代生态文明建设的启示

生态文明建设的崛起是一场涉及生产方式、生活方式和价值观念的世

界性革命，是不可逆转的世界潮流，是人类社会继农业文明、工业文明后进行的一次新选择。"'天人合一'所倡导的人与自然和谐的思想与生态文明所要求的动态平衡与协调发展不谋而合，在文化价值观、生产方式、生活方式、社会结构上都体现出一种人与自然关系的崭新视角。"[1]

一是建立符合科学发展观的生态伦理观。建设生态文明，首先要改变以人为主的伦理价值观。西方传统哲学认为，只有人是主体，生命和自然界是人的对象；因而只有人有价值，其他生命和自然界没有价值；因此只能对人讲道德，无须对其他生命和自然界讲道德。而科学的生态伦理观则应该是，不仅人是主体，自然也是主体；不仅人有价值，自然也有价值；不仅人有主动性，自然也有主动性；不仅人依靠自然，所有生命都依靠自然。因而人类要尊重生命和自然界，与其他生命共享一个地球。

二是形成良性互动的和谐运转机制。生态文明建设是一盘大棋，在建设生态文明的过程中，要防止过度地画地为牢，以局部的环境和生态的改善为核心，而不去考察对其他地域的影响。对于我们国家而言，应积极参与国际生态保护的行动，参与各项有利于改善地球环境的国际公约，引进先进的技术和理念，承担一定的责任和义务。在各项投资建设项目中，也应充分考察生态系统之间的相互联系，充分估计和科学评价目前和以后的影响。树立能促进可持续发展的宏观目标，从而使生态文明和物质文明、精神文明紧密结合，把不利的影响降到最低，形成良性互动的和谐运转机制。

三是大力宣传中华传统文化，提高中华文化在国际范围内的实力与影响力。建设生态文明，还要大力宣传我们自己的优秀传统文化。中国道家的自然法则以及"道法自然""道常无为""无为而治""治大国若烹小鲜"等论点，在西方国家已受到大力追捧，其影响超出了许多当今中国人的想像，已经开始融入西方人的生活和思想之中。面对此情此景，作为一个中国人，我们理应有所作为，面对目前全球生态环境问题日益严重的形势，大力宣传中华传统文化中"天人合一"的整体自然观与生态价值观，不断提高中华民族的文化实力与影响力。

---

[1] 陈文："'天人合一'思想与当代生态文明建设"，载《前沿》，2008年第11期，第16～18页。

传统文化中的“和谐”思想与美丽中国

杨　显

杨显：中共海南省委党校教师

“和”在中国传统文化中占据着重要位置，几乎渗透于各个层面，政治、经济、文化、社会、生活等方面都能体会到“和”的存在。今天，我们倡导“中国梦”，建设“美丽中国”。什么是“中国梦”？什么是“美丽中国”？笔者以为，这两者的核心要义就是人民幸福，社会和谐。因此在实现“中国梦”和“美丽中国”的过程中，重新认识和研究中国传统文化的“和谐”思想具有重要意义：既能使中国传统文化得到继承和发扬，又能在新时期，为“和谐”思想增添新的内涵和特征，使之大放异彩。

一、“和谐”的基本内涵

“和”与“谐”最早是分开使用的，但基本语义是相同的。例如：《尚书·舜典》：“诗言志，歌咏言，声依水，律和声。八音克谐，无相夺伦，神人以和。”[1]这里“和”和“谐”都是指声音相应，和谐地唱或伴奏之意。只是，在古代人们更习惯用“和”来表达意思。“和”的含义十分丰富，渗透在生活的各个层面：天地自然、国家社会、人类活动以及个人精神等方方面面。归纳起来，“和”主要有以下三个方面的基本内涵。

(1)“和”即统一：对多样性的融合和统一。在《尚书·舜典》里可以看出“和”与“谐”最早产生于礼乐文化，本义指声音相应，和谐地唱或伴奏。

---

[1] 《尚书·舜典》

《国语·郑语》:“夫和实生物,同则不继。以他平他谓之和,故能丰长而物生之,若以同裨同,尽弃矣。故先王以土与金、木、水、火杂以成百物。”❶对此,国学大师张岱年先生有很好的解释:“不同事物聚和而得其平衡,故能产生新事物,故云‘和实生物’,如果只是相同事物重复相加,那就还是原来事物,不可能产生新事物,故云,‘同则不继’。”❷《说文》也有对“和”的解释:“和,相譬也,又和调也。”即“和”指冲突、多样性的融合、统一和协调。

(2)“和”即适度:对“度”的把握。“和”的本义来自礼乐,指音乐、声音或演奏的和谐,怎样才能达成“和谐”呢?其一,音乐本身的和谐必须很好地把握“五音”的运用、创作和融合,只有很好地拿捏“五音”才能创作出和谐、优美的音乐;其二,演奏音乐的和谐必须建立在各种乐器相互配合、融合的基础上。怎样才能很好地融合?这就要求在演奏各种乐器时对“度”的把握。哪一种乐器在演奏时需要深沉?哪一种需要轻柔?这些都需要很好地考量,只有这样才能创作或演奏出一曲绝妙的音乐。《说文解字》有对“中”的解释:“中,和也”。即中就是和,和就是中。不偏不倚,兼容两端。“中庸”与“中道”与“和”有着密切联系。什么是中庸呢?就是一种度,一种合乎世俗、准则和规范的表现。

(3)“和”即平衡:对关系、利益、状态的平衡。其一,“和”表现为一种人与自然关系的平衡,人与人之间关系的平衡。在古代,“天人合一”是人们认识人类自身和大自然、宇宙之间关系最精辟、最深刻的阐述。古代圣贤们也十分推崇“天人合一”的宇宙观和世界观。这种世界观明确指出人是自然界的一部分,人的生命与万物的生命一起构成自然界生命的全部内容,人与天地万物和谐交融。这是人与自然关系的描述和阐释,在传统文化中也有对人与人之间理想关系憧憬和期待,例如,《尚书·多方》记载:“自作不知,尔惟和哉,尔室不睦,尔惟和哉。”❸讲述的就是家庭、社会的和谐。其二,“和”表现为一种人与社会、国家之间利益的平衡,具体表

❶ 《国语·郑语》

❷ 张岱年:《中国古典哲学概念范畴要论》,中国社会科学出版社1989年版,第127~128页。

❸ 《尚书·多方》

现为“仁政”和“德政”的治国方略。《尚书》基本内容就是关于治理国家、行德政，平衡人民与国家之间利益的话题。传说帝尧敬事爱民，能重用有才德的人，以此来团结各个邦族，进而实现整个国家、社会的团结、稳定与和睦。先贤的这些思想与践行，其实质是一种“王道”“德政”的治民要术，即通过实行“王道”“德政”来寻求、达到国家、君王利益与人民、百姓利益之间的平衡。其三，“和”表现为人自身精神、心理状态的平衡，关乎自我的精神世界。人有许多情感与情绪，过度的冷漠与不关心叫“不及”，过分的热情与冲动叫“过”，“过”与“不及”实质上是一个人内心世界、情感世界不健全的表现。而追求一种内在于心的心平气和、和颜悦色、临危不乱、处事不惊，是我们每一个人都希望达到的一种精神境界和内心状态。这种状态就是一种“和”的状态。因此，对“和”的肯定和追求，实际上是在建构自我的健全精神世界、避免精神世界的失衡，达到一种自我精神状态或心理状态的平衡。

二、传统文化中“和谐”思想的基本内容

中国传统文化的和谐思想，具体包含四个层面：其一，人与自然的和谐，即“天人合一”；其二，人与社会的和谐；其三，人与人的和谐，例如“以和为贵”“和而不同”、儒家“忠恕”和墨家的“兼爱”；其四，人与自身的和谐，例如儒家强调的通过修身养性达到内心的平静与和谐。

（一）人与自然的和谐

传统文化的人与自然的和谐思想包括：“道法自然”“天人合一”“天人感应”三层内容。

1.“道法自然”

《周易·序卦》曰：“有天地，然后万物生焉。”“有天地然后有万物，有万物然后有男女，有男女然后有夫妇，有夫妇然后有父子，有父子然后有

君臣，有君臣然后有上下，有上下然后礼仪有所错。”[1]这是对人的自然生存状态的陈述。天、地、万物而后才是人，这是人在自然界的位序。人类只有遵循这种自然伦序的规则和法则，才能与天地融合，达成和谐。

道家十分提倡“道法自然”，认为遵从自然，顺应自然是人类面对万物需要遵循的最高准则。老子的“道生一，一生二，二生三，三生万物。”[2]阐释了“道”是一切万物之源。道是什么？道是世界万物的本源，道是自然万物的规律，只有遵循道，遵循规律，才能与天地万物融为一体，达到“天地与我并生，万物与我为一”的境界。庄子所说的“独与天地精神往来”，也是在追求以自己的虚静之心来契合自然的虚静之心，达到“万物与我为一”的境界。古代圣贤们所提倡的生态和谐，即人与自然、人与环境之间的相容共生，循循相依的和谐。

2.“天人合一”

在中国传统文化中，“天”有多重含义：首先是自然的“天”，可以指宇宙万物、万物本源等，它是一种客观存在的物质化的天；其次是人格化的“天”，这种天被人格化了、精神化了、气质化了，具有一种无形的主宰和权威性，它是一种虚幻的意识化的天。

在古人眼里，天、地、人、物、我之间是可以相互感知和通融的。例如，巫术、占卜以及风水等是古人用来与天地万物通融的手段和媒介。道家顺应自然，形成了道家“天人合一”的生态观。道家追求一种“大美”的境界。什么是“大美”，即天地自然与人的和谐相生。或者说“天如何，人亦如何。”在老庄眼里，人就是自然界的一分子，在大自然怀抱中，感受生命的循环往复，生生不息。

3.“天人感应”

天人感应思想是儒家思想代表董仲舒哲学思想的核心。在他看来

---

[1] 《周易·序卦》

[2] 《老子·第四十二章》

"天"不仅有意志、有感情、而且全知全能，有主宰一切自然变化和人世祸福凶吉的权威和能力。董仲舒认为天和人相互感应的基础是"天人相副""天人同类"，并认为天和人是同类。曰："莫精于气，莫富于地，莫神于天，天地之精所以生万物者，莫贵于人"，即是说人的道德品质和形体是与天同类的，但人的生死寿夭，富贵贫贱，不是"天命"决定的。董仲舒在形式上虽然沿袭了孔子的天命论，但实际上摒弃孔子"生死有命，富贵在天"的命定论，认为人只要按照天意办事，就可以获得最好的结果。形式上好像是天意决定的，但实质上是人的行为通过"感应"来决定的，这就把天的力量大大缩小了，而把人的"感应"，人的主观能动性提高了。所以在董仲舒的"天人感应"中，我们更多看到了对人的力量、作用、地位的重视和强调，是对人的"参天"的智慧的极大认可。

人与自然的和谐，这种生态观对后世的影响是巨大的，他让后人知道重视生态和谐的重要性。人与天地自然的和谐相融与共生才是一种真正和谐的生存状态。

（二）人与社会的和谐

在中国的传统文化中，追求人与社会的和谐，引起了无数先贤圣人的思考和探索。

例如，儒家的大同社会思想："大道之行也，天下为公，选贤与能，讲信修睦。故人不独亲其亲，不独子其子；使老有所终，壮有所用，幼有所长，矜、寡、孤、独、废疾者皆有所养；男有分，女有归。货，恶其弃于地也，不必藏于己；力，恶其不出于身也，不必为己；是故谋闭而不兴，盗窃乱贼而不作，故外户而不闭。是谓大同。"[1]

道教《太平经》提出的"万年太平"社会理想。对道教的"万年太平"社会理想，沈善洪先生有精辟的阐述："《太平经》所憧憬的'神仙世界'，是一个没有剥削压迫、人人各尽其力、互助互爱的理想社会。"[2]

古人不仅为追求社会和谐提出思考，而且对于实现人与社会的和谐

[1] 《礼记·礼远》

[2] 沈善洪，王凤贤：《中国伦理思想史（上）》，人民出版社2005年版，第488页。

的途径与方法也做了勇敢的探索：

其一，定历法重时节，历法是根据自然界规律纪年的记时制度，我国最早的历法是“夏历”，后来商代在此基础上改进，采用天干地支纪日法。历法和当时当地的社会生产联系、结合在一起，使人们的生产生活有章可循，大大提高了生产力的水平。重时节即科学归纳自然和生命的节律，记下不同的时节气象，并以此来指导和安排农事和民生。例如：“时弛”就是提醒和指导百姓利用季节时令务农业，种稼穑。“时禁”就是提醒人们不要做有害于自然界万物生长的行为。其目的是保护自然界的万物和谐、健康成长。

其二，倡稼耕养家禽

人是自然界的一部分，同样处于自然界的生态链中。如何把握人类与其他生命的关系，如何在这自然界的生态链中很好的生存和繁衍下来，是古人十分关心的命题。值得欣慰的是，我们的祖先以无比的智慧，选择了在尊重它类生命的前提下，进行耕稼、农作、育畜、养禽，以保佑人类的存续、发达和兴旺。春耕、夏耘、秋收、冬藏就成为了先人们主要的生产、方式。这样，人类在“万物有序”之下的劳动就具有更广泛的意义。进而产生的分工、私有化，人类的生产、生活就更加具有了幸福感和尊严感，也更加和谐。

其三，重人伦

“仓廪实而知荣辱，衣食足而知礼节”[1]。当人的基本生存条件满足之后，私有化的产生，由此产生利益的争夺。怎样才能最大限度避免冲突，达成社会的和谐？中华传统文化强调“教以人伦”。人伦即人际伦序，即：“父子、君臣、夫妇、长幼、朋友”。“父子有亲，君臣有义，夫妇有别，长幼有序，朋友有信”[2]遵循三纲五常，这就是中国人的生态生存之道。当人类有了这五种尊卑伦序的规则，有了三纲五常，就有了相处和交往的理性和法则，有了法则和理性，人类的交往才不会像动物一样的混乱、冲动和野性。

---

❶ 《管子·牧民》

❷ 杨伯峻，杨逢彬注释：《孟子》，岳麓书社《国学基本丛书》2000年版，第104页。

（三）人与人的和谐：人际和谐

人与人的和谐是社会和谐的前提和基础，怎样才能达成人与人的和谐？

传统儒家思想十分注重“人和”，提出实现“人和” 的途径就是“忠恕”，并把“忠恕”作为处理人际关系的核心原则和基本原则。什么是“忠恕”，即忠诚和宽容。对待君王要忠诚，要遵循三纲五常的人伦秩序；对待他人要真诚，以诚相待，对待君王、朋友和他人的过失和错误要以一颗宽容之心接纳和原谅。由此可以看出，儒家希望以“忠恕”的原则来实现君与臣的和谐，朋友与朋友的和谐，从而达到人与人的和谐。而且儒家的“和”，“不是无差别的和，而是一种差异性和多样性的和谐。”❶

传统道家思想认为，最能破坏人际关系的是物质、名利。因此只有在内心建立起道家“恬淡为上”以及墨家的“兼爱”价值观念才能不被物质所诱，名利所惑，打破贵、贱、富、贫、强、弱的界限，不分远近、亲疏，来实现人际和谐。

人际关系的紧张，在一定程度上阻碍了人自身的发展，同时也会导致社会的不和谐。中国传统文化中儒家提出的“忠恕”之道、墨家提出的“兼爱”思想，为提升和改善人际关系开了一剂良方。对于我们处理好现代社会的各种人际关系，形成良性互动的和谐人际环境、创造良好的社会氛围非常有用。

（四）人与自身的和谐：人格和谐

什么是人格和谐？即人的身心和谐。先贤古人十分看重自身人格的和谐，千方百计通过“修心养性”来达到人格和谐。吴来苏曾说过这样一段话：“注重修身在中国的传统伦理思想中居于重要的地位，且是中国传统伦理思想中最具特色的部分。”❷

儒家十分提倡通过“修己”来培养“仁且智”的理想人格。但是儒家针

---

❶ 朱贻庭：《中国传统伦理思想史》，华东师范大学出版社 2003 年版，第 535 页。

❷ 吴来苏，安云凤：《中国传统伦理思想评介》，首都师范大学出版社 2002 年版，第 305 页。

对怎样“修己”又有两种：一种是注重内心修养，以孟子为代表；另一种注重外形、行为修养，以荀子为代表。

道家思想也重视身心的和谐发展。老子通过“致虚极，守静笃”的修养方法，达到身心和谐。庄子提出“坐忘”来实现身心和谐。

传统文化中，佛教思想对身心和谐发展也有着深刻的论述。佛教的修心养性要求“八正道”：即正见、正思维、正语、正业、正命、正精进、正念、正定。

中国传统文化强调通过“修身”“养性”来提高人的道德修养和促进人格和谐完善的思想，对于我们在现代社会条件下保持身心健康发展和人格和谐完善有重要的借鉴意义。

三、“和谐”思想对建设“美丽中国”的启示

中华民族有着五千年的文明史，作为一种民族文化，经过几千年的积淀，已经扎根于中华民族心理意识之中，渗透于中华民族的血脉之中，这种具有深厚民族心理基础的和谐思想，对于我们今天建设和实现“美丽中国”有积极的现实意义。

“建设美丽中国”的提出是十八大报告里最突出的亮点。之所以这样说是因为：其一，“建设美丽中国”反映了全国人民对于美好幸福生活的新期待，体现了从总体上提升人民福祉的新境界；其二，“建设美丽中国”体现了党对建设中国特色社会主义总体布局的新构想，反映了党的执政理念的新发展。怎样才是“美丽”的，怎样才算“美丽”的。笔者以为，它至少有三个层面的内涵：风景美、制度美和人文美。

首先，风景美，中国的国土生态是美丽的。中国幅员辽阔，本身山川秀丽、风光旖旎、环境优美，如果将环境污染进一步治理和控制，就真正实现了“天蓝、地绿、水净”自然生态系统得以协同进化，生态平衡得以实现。

第二，制度美，中国共产党领导的多党合作和政治协商制度是对“美丽中国”制度方面最好的诠释。

第三，人文美，什么是人文美？中国的人民是美丽的。除了形象、健康的美丽外，还包括：公民文明素质和社会文明程度的明显提高；社会公

德、职业道德、家庭美德、个人品德的不断提升;法定义务、社会责任、家庭责任得以自觉履行;自尊自信、理性平和、积极向上成为社会主流心态;知荣辱、讲正气、作奉献、促和谐。

回顾这三层美丽的含义,我们很自然联想到这三层含义的最本质的要求就是实现生态和谐、社会和谐和人类和谐。因此要实现“美丽中国”我们必须做到:

(一)树立和谐的价值观

中国传统文化中的“以和为贵”,实际上是一种和谐价值观,它代表的是一种热爱和平的中华民族精神。“贵和”理念渗透、表现于传统社会的诸多方面,例如“政通人和”讲的是政治治理的和谐,“家和万事兴”讲的是家庭关系的和谐,“和而不同”讲的是为人处世的和谐,“协和万邦”讲的是国家之间关系的和谐,“和气生财”讲的是经济商贸关系的和谐等。

党的十八大报告第一次明确提出了“建设美丽中国”的战略任务。党的十八大报告从三个层次明确提出倡导富强、民主、文明、和谐等价值观,“和谐”作为第一层次核心价值观而提出,其实是继承、吸收了中华传统文化中的“中和”“仁爱”“民本”等精华,反映了我们的文化自觉和文化自信。同时,这也说明我国传统文化中“和谐”等理念和思想精华,完全可以为今天实现民族复兴、国家富强、社会安定、人民幸福发挥积极作用。

因此,继承与弘扬传统文化中的“贵和”理念,树立和谐的价值观,是建设美丽中国的必然要求,也是建设美丽中国应有之义。

(二)树立和谐的生态观

生态系统是基础,人类社会不能脱离生态系统而存在,这是目前的主流生态观。这种生态观认为,人类社会的经济发展必须遵从生态发展规律,不能以破坏生态环境来换取经济发展。

传统文化“天人合一”思想充分体现了天道与人道、自然规律与社会规律、自然与人的和谐统一。今天在面临各种自然灾害,例如,地震、雪灾、洪涝等自然灾害的时候,我们更加有必要重新审视和思考“天人合一”的思想实质。如今,我们面临各种生态危机:生物物种急剧减少,环境质量下降，全球变暖的趋势严重等。生态危机最终落脚在人类的生存危机，其中最基本的是人与自然的关系危机。因此，如果人与自然的关系紧张，人类不仅会失去自然界的支撑和补给，而且严重的话，人类将会面临着人类历史终结的威胁。

党的十八大报告首次提出要建设“美丽中国”目标。所谓“美丽中国”是指人类在遵循人、自然、社会和谐发展这一客观规律前提下，人们生活幸福安康，社会和谐。人只有与宇宙共生、与自然生命沟通，才能达到物质与精神的平衡，这是人与自然和谐相处、共生进化的崇高目标和理想境界。

（三）树立和谐的发展观

“和实生物，同则不继”是指自然界万物因为其多样性和差异性相互融合，才能产生新的事物。“同”是指事物简单的叠加和同一事物量的积累，不能产生新的事物。而“和”是不同的多种因素的并存与互补，是一种有差别的统一和融合，因而能够和实生物。

“科学发展观”的基本内容为“坚持以人为本，树立全面、协调、可持续的发展观，促进经济社会和人的全面发展”。科学发展观的提出是我们党和中华民族具有“和谐发展观”的具体体现，实质是把人的生存、社会的文明进步作为价值中心。大量事实证明，人与自然之间关系的恶化，不能简单归咎于人与自然关系的不和。而事实上，人与自然关系的恶化，首先是从人与人之间的关系恶化开始的。科学发展观应当坚持的观点是人不能作为自然生态的主宰，既不能过分强调尊重自然保护环境而无所作为；也不能抱着“人定胜天”的思想随心所欲，盲目蛮干，为所欲为。

（四）树立和谐的世界观

中国传统文化和谐思想中的一个重要内容就是“协和万邦”。在民族与民族、国家与国家的关系上，中国传统文化历来主张和谐共处，协和万邦；强调以文德感化外帮，反对轻率地诉诸武力。

今天，人类逐渐认识到和平对世界发展的重要意义。中国传统文化的“协和万邦”的思想成为我们处理国与国之间关系的一个重要指导思想。罗素在他的著作《中国问题》中这样评价中国："中华民族是全世界最富忍耐力的，当其他的民族只顾及到数十年的近忧之时，中国则已想到几个世纪之后的远虑……中国人能自由地追求符合人道的目标，而不是追求白种民族都迷恋的战争、掠夺和毁灭……中国人摸索出的生活方式已沿袭数千年，若能被全世界采纳，地球上肯定会比现在有更多的欢乐祥和。"❶

中国在国内构建和谐社会，在国际社会致力于推动建立和谐地区、和谐世界，寻求不同文明、不同社会制度和不同发展模式间的和而不同、共存发展。和谐世界理念的宣示，让国际社会进一步理解中国始终不渝地走和平发展道路的决心，进一步看到中国力量给世界和平与发展带来的希望。

在维护世界和平与促进共同发展的历史进程中，我们越发感觉到国与国之间相互尊重、兼爱宽容、互利共赢的重要意义。然而，需要指出的是，任何一种思想文化的形成与存在，都离不开当时的政治、经济发展水平，都要受到其一定的制约和局限。因此，我们对中华传统文化中的和谐思想应该持有一种批判的精神和眼光，去其糟粕，取其精华，并且在新的历史时期积极联系实际，赋予"和谐思想"新的内涵和特征。这才是我们构建和实现"美丽中国"过程中，应该持有的态度和精神。

参考文献：

[1] 蔡元培. 中国伦理学史[M]. 北京：北京东方出版社，1996.

[2] 林娅. 环境哲学概论[M]. 北京：中国政法大学出版社，2000.

[3] 佘正荣. 生态智慧论[M]. 北京：中国社会科学出版社，1996.

[4] 马恒君，全文注释本. 周易[M]. 北京：华夏出版社，2001.

[5] 杨伯峻，杨逢彬注释. 孟子[M]. 长沙：岳麓书社，《国学基本丛书》，2000.

[6] 陈来. 古代宗教与伦理[M]. 北京：生活・读书・新知三联书店，1996.

[7] 张岱年. 中国古典哲学概念范畴要论[M]. 北京：中国社会产学出版社，1989.

[8] 陈望衡. 论和而不同[J]. 新华文摘，2003(7).

[9] 邓小平. 邓小平文选[M]. 北京：人民出版社，1994.

---

❶ [英]罗素：《中国问题》，上海：学林出版社 1996 年版，第 6～7 页。

[10] 吴来苏，安云凤.中国传统伦理思想评介[M].北京：首都师范大学出版社，2002.

[11] 朱贻庭.中国传统伦理思想史[M].上海：华东师范大学出版社，2003.

[12] 沈善洪，王凤贤.中国伦理思想史(上)[M].北京：人民出版社，2005.

[13] 张岱年.中国伦理思想研究[M].上海：上海人民出版社，1989.

[14] [英]罗素.中国问题[M].上海：学林出版社，1996.

[15] 马克思恩格斯选集[M].北京：人民出版社，1995.

[16] 列宁全集[M].北京：人民出版社，1959.

《易经》生态和谐观初探

刘芳彬

刘芳彬：中央社会主义学院教师

《易经》是中国历史上最重要的一部经典名著，“人更三圣、世历三古”而成书，被誉为“群经之首，大道之源”，“其大无外，其小无内”[1]，广大精微，无所不包，是中华文化的总源头，诸子百家的开始。其所反映的天、地、人三才之道，一方面强调人要尊天、敬天、顺天，同时也提醒人们“世事无绝对”，作为“万物之灵”的人还拥有主动抉择的能力与责任，要充分发挥“用天”的能动性，蕴含着丰富的人与自然和谐共生的生态伦理智慧，对今天的生态文明建设具有重大的启迪作用。

天人合一：人与自然和谐并生的基础和前提

“天”在传统文化中具有双重含义：一是指天子或上帝；二是指大自然。人就是人类。“天人合一就是人与大自然的合一”[2]，主要揭示的是人与自然之间的和谐关系或状态，是《易经》处理人与自然关系的核心思想。

《周易·序卦》曰：“有天地，然后有万物；有万物，然后有男女人；有男女，然后有夫妇，然后有父子……”由此道出“万物同源”的价值判断原则，为建立人与自然和谐并生的生态平等观提供了理论依据。《易经》认为，天地是万物之源，人类和万物一样，是天地自然的产物，是大自然的一部

---

[1] 《吕氏春秋》。

[2] 季羡林：《“天人合一”方能拯救人类》，载《东方》1993年创刊号。

分，人与自然相通相类，地位平等，本质上无贵贱、高下之分。因此，人既不是大自然的主宰，也不是大自然的奴隶，应该与大自然做朋友，和谐相处。

天人和谐是《易经》的精华。《易经》认为，天地是一个整体，人在天地间，应与天地同呼吸共命运，与天地万物为一体，即“天人合一”。《易传·文言》曰：“夫大人者，与天地合其德，与日月合其明，与四时合其序，与鬼神合其吉凶，先天而天弗违，后天而奉天时。天且弗违，而况于人乎？况于鬼神乎？”《易经·系辞上传》曰：“与天地相似，故不违；知周乎万物而道济天下，故不过。”《易经》首次提出了天、地、人三才统一的整体观，主张人道应该法天，顺天而行，这是人与自然和谐相处的出发点，也是中国古典哲学思想的主要基调，是建设社会主义生态文明深厚的文化源泉。

《易经》认为，天有天道，地有地道，人有人道。《易经·系辞下传》曰：“《易》之为书也，广大悉备，有天道焉，有人道焉，有地道焉。”“立天地之道曰阴与阳，立地之道曰柔与刚，立人之道曰人与义。”对天、地、人三才之道的论述和研究是《周易》的本义及其价值，揭示了天、地、人处于生生不息的永恒变化发展之中，要求人们要尊天、顺天，与天地合德并进。从生态学角度来看，“三才之道”要求人们对自然要持有极其虔诚的敬爱之心，顺应自然：“数罟不入洿池，鱼鳖不可胜食也，斧斤以时入山林，材木不可胜用也”❶。据文献记载，早在周时，中国人就注意了保护生态，如什么时候可以伐木，什么时候进山不能带斧头，什么季节不能打猎等都有规定。因为他们把宇宙看作一个整体，人类过多地开采，则“地藏空虚”，必会后患无穷。从经济学角度看，“三才之道”要求人们在发展经济时，应重视自然对生产的作用，尊重自然规律，生产活动都要顺应天时：“顺天时，量地利，则用力少而成功多。”❷“其功顺天者天助也，其功逆天者天违之。天之所助，虽小必大；天之所违，虽成必败。”❸因此，尊天法地，遵循大自然的规律，是人与自然和谐相处的基础和前提。

当下，自然已经被人类大规模改造、破坏，与此同时，人类也破坏了自

---

❶ 《孟子·梁惠王上》

❷ 贾思勰《齐民要术》

❸ 《管子·形势》

己安身立命的自然基础。因此,党的十八大提出:“建设生态文明,是关系人民福祉、关乎民族未来的长远大计。”今天,建设社会主义生态文明,首先要对传统文化进行自觉、反省,把“崇效天、卑法地”提到一个更高的高度,迁善改过,改变过去仅仅将自然视为人类满足自我的工具的观念,重新认识“天人合一”精神,恢复天人和谐,才能够逐渐改善人与自然之间的紧张关系,实现中华民族永续发展。

厚德载物:人与自然和谐相处的基本原则

“厚德载物”一语出自《易经》,有两层含义:一是指大自然以深厚的德泽育人利物;二是指道德高尚者能承担重大任务。《易经·坤卦·象》曰:“地势坤,君子应厚德载物。”《坤卦》是讲地道的,即:德似地厚,至顺至柔,可海涵万物。《坤卦·象》曰:“至哉坤元,万物资生,乃顺承天。坤厚载物,德合无疆。含弘光大,品物咸亨。……君子攸行。”坤德是中华民族的基本美德之一,它告诉人们:广阔无垠的大地,载育万物,功德无穷,君子应当效法这种品德而行动,宽物、容人,厚德载物,这是《易经》处理人与自然和谐相处的基本原则。

厚德载物的价值判断原则,一方面要求我们尊重、顺应自然,即“人法地,地法天,天法道,道法自然”[1],不能违背这一自然规律;另一方面要求我们要将人的“仁爱”品德赋予自然万物,把人类关爱自身的道德关怀延伸至包括土壤、山川、河流、动物和植物所组成的自然共同体,并竭尽全力维护自然共同体生态系统的平衡和稳定,“为天地立心”[2],厚德载物,建立一种人与自然和谐友好的关系。《逸周书·文传解》:“山林非时不升斤斧,以成草木之长;川泽非时不入网罟,以成鱼鳖之长;不麛不卵,以成鸟兽之长。”孔子将“仁爱”施以自然,提出“钓而不网,弋不射宿。”[3]《孟子·尽心上》说:“亲亲而仁民,仁民而爱物。”《吕氏春秋》根据《易经》的阴阳之道更是提出爱护自然万物的“四时之禁”,即“山不敢伐材下木,泽不敢灰

---

[1] 《老子》

[2] 《宋史·张载传》

[3] 《论语·述而》

僇，罝网苴罦不敢出乎门，罛罟不敢入乎渊，泽非舟虞不敢缘，为害其时也”。“命祀山林川泽，牺牲无用牝。禁止伐木，毋覆巢，毋杀孩虫胎夭飞鸟，毋麛毋卵”，保护自然。否则，将会造成生态失衡，威胁人类自身的生存和发展。

《易经》为“群经之始”，是自然的产物，完全取自自然，《周易·系辞下》曰：“仰则观象于天，俯则观法于地，观鸟兽之文与地之宜，近取诸身，远取诸物，于是始作八卦，以通神明之德，以类万物之情，作结绳而为网罟，以佃以渔”，其卦爻辞记录了周人的多样化生态环境活动，提出很多根据季节和林木生长规律进行合理采伐的思想，旨在告诉我们，整个宇宙就是一个阴阳综合体，世间万事万物都是很自然的阴阳变化，即“一阴一阳之谓道。继之者善也，成之者性也”，是一笔宝贵的生态文明遗产。

和利用天：人与自然永续发展的目的和归宿

“和利”，和乐安利，出自《国语·周语下》“阴阳序次，风雨时至，嘉生繁祉，人民龢利。”用天，利用自然，改造自然。和利用天，是人与自然和谐并生、永续发展的目标和归宿。《易经·乾卦·象》曰：“天行健，君子以自强不息。”“天”即万物之源，其本性是刚健不息、永恒运动，这是中华民族先祖对自然的最早认识，反映了中华先民敢为天下先，对于开天辟地的艰难事业，勇往直前的精神和道德风尚，是《易经》鼓励人们孜孜不倦、日新其德的原动力。

《易经》认为，世间万事万物皆有阴阳两种属性，阴阳合一是宇宙生生不息、永续发展的自然规律。《黄帝内经》曰：“阴阳者，天地之道，万物之纲纪，变化之父母，生杀之本始，神明之府也。”但是阴阳是相对的、是可以变动的，作为“万物之灵”的人，可以助阳推阴，参与自然的变化，从而实现人的目的。也就是说，人作为自然的一部分，要敬天、顺天，遵循自然法则，与天地万物和谐相处；同时，人又不等同于自然万物，具有自主性和创造力，必须与威胁到人类自身生存和发展的各种“天敌”作斗争，控制、改造自然使其为人类的目的服务。《易经》强调“天生神物，圣人则之；天地变化，圣人效之。”但这种效法不是被动的，而是要自强不息、有所作为，

“裁成天地之道，辅相天地之宜，以左右民。”这就是说人对待自然的正确态度应该是：一方面要去适应自然；另一方面又要根据自然规律，充分发挥主观能动性，对自然加以辅助、节制或调整，适当开发、引导，使自然更符合人类的要求。正所谓“范围天地之化而不过，曲成万物而不遗”。[1]

天地有好生之德，“天地之大德曰生”，并以“生”为天地之本，普及万物，使整个宇宙充满了生机、活力，成为生生不息、日新月异的大化流行过程，生命始终流畅不滞，盎然不竭。而“天地设位，圣人成能”[2]，即天地之德，要靠人去成就。《荀子》曰：“天有其时，地有其财，人有其治，夫是之谓能参。舍其所以参，而愿其所参，则或矣。”“天地者生之始也，礼义者治之始也，君子者礼义之始也，为之、贯之、积重之、致好之者，君子之始也。故天地生君子，君子理天地；君子者天地之参也……”，充分肯定了人在大自然中的地位和价值。但是，人要“赞天地之化育”，首先要充分认识自然，在遵循自然规律的基础上而“有其治”。正如恩格斯所说：“每走一步都要记住：我们统治自然界，决不像征服者统治异族人那样，决不是像站在自然界之外的人似的，——相反的，我们连同我们的肉、血和头脑都是属于自然界和存在于自然之中的；我们对自然界的全部统治力量，就在于我们比其他一切生物强，能够认识和正确运用自然规律。”[3]

一方面要合理利用自然，取之有道，用之有节，《易经·象》曰：“天地节而四时成；节以制度，不伤财不害民”；另一方面要优胜劣汰的改造自然，利于自然的循环再生、永续发展。对于后者，由于当时生产力水平较低，科技不发达，人们利用自然的范围、程度、规模等极低，不存在生态危机的影响，因此，《易经》对如何在有利于自然的情况下改造自然的认识、论述不足，值得我们进一步探讨、思考。

结　语

事实证明，正确处理人与自然的关系是人类生存与发展的最根本、最

---

❶ 《周易·系辞上》

❷ 《周易·系辞上》

❸ 《马克思恩格斯选集》第 4 卷，人民出版社 1995 年版，第 383～384 页。

基础的关系，对于人类社会的发展、文化的兴衰具有重大的影响。英国著名历史学家汤因比先生在其代表作《历史研究》中曾写道：古往今来，世界共有 26 个文明，其中 5 个发育不全，7 个明显衰弱，13 个已经消亡：比如玛雅文明、苏美尔文明和复活节岛上的文明等，他们衰落、消亡的原因都直接或间接地和人与自然关系的不协调、生态文明遭到破坏有关；中华民族作为唯一一个以国家形态同根同种同文数千年薪火不断、一脉相承延续至今，一个重要原因就是中华民族自古以来就重视人与自然关系的和谐。中国传统文化智慧宝典《易经》关于天人关系的阐述，不仅对于解决当代中国由于工业化和无限制地征服自然而带来的环境污染、生态失衡等问题具有重要的现实意义，而且对于当今人类由于异化和无限制的膨胀欲望而带来的道德污染、心态失衡等问题也具有重要的启迪意义。新世纪新时期，我们要大力弘扬"顺自然生态规律者兴，逆自然生态规律者亡"的生态道德，通过对《易经》生态和谐观的自觉、反省，深入挖掘传统文化中固有的生态和谐的思想资源，可以使我们追本溯源，找寻人与自然关系的本来面目，重塑中国特色的生态文化，改变在长时期无限度发展过程中的错误观念，探索社会主义生态文明建设的最佳路径。

“关学”传统中的生态伦理意蕴与关中地区质朴节用之文化风尚

王雪婴

王雪婴：中共西安市委党校文化学部主任、教授

十七大以来，中央提出生态文明建设，十八大之后，党中央高度关注舌尖上的浪费。这些时代问题的症结其实是生活方式和人生追求的问题。中国传统文化在人与自然、人与社会、人与人自身关系问题上，有一整套的文明准则与精神自觉，其中张载“民胞物与”的社会伦理思想与“横渠四句”（为天地立心、为生民立命、为往圣继绝学、为万世开太平）的崇高使命和远大志向尤为典型。北宋中期，张载讲学关中，他的学术思想被称为“关学”，与周敦颐的“濂学”、二程的“洛学”、朱熹的“闽学”称为宋代的四大学派，颇负盛名。关中地区自唐代后衰落，至宋代早已不是中国的政治经济中心，但张载开创的“关学”传统坚守儒家精神，道德实践上“学古力行，笃志好礼”，深刻影响了关中后学的精神风貌和关中地区的民风民俗，对于我们今天的生态文明与精神文明建设都有启迪意义。

一、张载“关学”思想的生态伦理意蕴

1.“天人合一”的思想基础

中国传统文化的基本精神之一，是在人与自然的关系上主张“天人合一”，强调人与自然和谐统一，认为天与人、天道与人道、天性与人性是相类相通的。“天人合一”的世界观是中西方文化最基本的差异。中国传统

文化在价值观上又是以人为本的，肯定在天、地、人之间，以人为中心；在人与神之间，以人为中心。人为万物之灵，天地之间人为贵，这是中国传统文化的基调。所以，传统的“天人合一”思想是要求“天道”合乎“人事”。这一思想先秦时期就有，但明确提出这一概念的是北宋的张载。

近年在探讨人与自然的和谐问题时，“天人合一”口号最为学者所喜用。张载在先秦思孟学说的基础上，第一次把“天人合一”作为一个重大命题明确地提了出来。他说：“儒者则因明致诚，因诚致明，故天人合一，致学可以成圣，得天而未始遗人。”[1]这里所谓“天人合一”，指儒者坚信经由为学的努力便能够实现“成圣”理想，而为学的方法则是“穷理”（“明”）与“尽性”（“诚”）这两个重要方面互为依据、交互为用。总体上这种关系是以政治、伦理和精神境界为本位的，因为在张载的思考脉络中，“天”既是自然万物生成的终极根源，又存在于自然万物之中，“天之道”作为宇宙万物的创生力量和自然秩序的基础，其本身是一个自然过程。所以“天人合一”命题既具有伦理境界意义，同时也具有自然生态意义。传统社会在实际运用当中自然生态意义往往不如人伦道德意义强，则主要限于时代的要求，中国古代面对自然生态问题不像当时社会伦理问题来得更加迫切。

张载“天人合一”思想对人类提出了很高的要求。这可以从“知”（知识）和“用”（实践）两个层面加以诠释。一是如何在“知”的层面上实现“天人合一”。张载提出：“天人异知，不足以尽明。”[2]在张载看来，人们必须“先识造化”[3]，经由“尽明”亦即“穷理”等为学工夫，使人从宇宙秩序中汲取智慧。二是如何在“用”的层面上实现“天人合一”。张载提出：“天人异用，不足以言诚。”[4]在张载看来，人们还必须“本天道为用”，在“与天地参”[5]，亦即参与宇宙自然的创生过程中，经由诚、明互动的工夫，调整人自身的性情，提升人的道德水准，以“尽人道”，顺从而不违逆自然秩序之礼，从而实现人与自然的和谐相处。

---

[1] 《张子正蒙》，上海古籍出版社 2000 年版，第 65 页。

[2] 《张子正蒙》，上海古籍出版社 2000 年版，第 20 页。

[3] 丁原明：《〈横渠易说〉导读》，齐鲁书社 2004 年版，第 206 页。

[4] 《张子正蒙》，上海古籍出版社 2000 年版，第 20 页。

[5] 丁原明：《〈横渠易说〉导读》，齐鲁书社 2004 年版，第 176 页。

2."乾父坤母""民胞物与"的基本态度和实践原则

在张载看来，不仅宇宙的自然秩序本身是和谐的，而且，人与自然、人与人之间的关系也应当是和谐的。张载在其名篇《西铭》中，提出了影响深远的社会伦理原则和自然伦理原则。《西铭》全文如下：

乾称父，坤称母；予兹藐焉，乃混然中处。故天地之塞，吾其体；天地之帅，吾其性。民，吾同胞，物，吾与也。

大君者，吾父母宗子；其大臣，宗子之家相也。尊高年，所以长其长；慈孤弱，所以幼吾幼。圣，其合德，贤，其秀也。凡天下疲癃，残疾、惸独，鳏寡，皆吾兄弟之颠连而无告者也。

于时保之，子之翼也；乐且不忧，纯乎孝者也。违曰悖德，害仁曰贼；济恶者不才，其践形，唯肖者也。

知化则善述其事，穷神则善继其志。不愧屋漏为无忝，存心养性为匪懈。恶旨酒，崇伯子之顾养；育英才，颍封人之锡类。不弛劳而底豫，舜其功也；无所逃而待烹，申生其恭也。体其受而归全者，参乎！勇于从而顺令者，伯奇也。

富贵福泽，将厚吾之生也；贫贱忧戚，庸玉女于成也。存，吾顺事，没，吾宁也。[1]

《西铭》大意是：基于宇宙根源论的社会伦理原则和自然伦理原则。这些伦理原则涉及自然与社会的多重关系结构，既包括人与作为宇宙根源的"乾坤"大父母的关系，也包括人与人之间的伦理关系，还包括人与物之间的伦理关系。《西铭》的主要义理内涵包括："乾坤"大父母的宇宙根源论，以礼和仁、孝为核心的道德价值论，人在宇宙间的自我定位、角色担当和伦理义务论。按照《西铭》的义理内涵及思路脉络，可以把宇宙间一切关系及其结构归纳为两层。所谓两层，一指宇宙间以纵向上下关系为特征的"父子"关系结构，二指宇宙间以横向平行关系为特征的"民胞""物与"关系结构。在第一层次中，又可以分为人"乾坤"大父母的关系，及人与生身父母的关系；在第二层次中，又可以分为人与人之间的同胞关系，

[1] 《张子正蒙》，上海古籍出版社2000年版，第62～63页。

及人与物之间的伙伴关系。这是《西铭》的纲要。

由于乾坤是人类和万物的父母，据此，张载提出了著名的“民胞物与”口号。就是说，人对所有的民众都应当视作自己的同胞，对所有的物类都应当视作人类的伙伴。因此，一切人、物都是这个宇宙大家庭的平等成员。从限于人类谈仁爱，到不限于人类谈仁爱，这是张载对儒家仁爱观的重要发展。这种把宇宙间所有物类视作人类伙伴的观念，可以作为人类平等对待自然的重要行为准则，其实践意义是不言而喻的。

总之，张载把人和万物所生存于其中的宇宙视作一个由纵横关系交织而成的大家庭，一切人或物都是这个大家庭的成员，从这里可以看出张载学说宇宙观、自然观与伦理观交织融合的突出特征。张载“天人合一”“乾父坤母”“民胞物与”等观念，都既是人与自然和谐相处的基本准则，也是社会伦理原则。

二、“关学”传统用“礼”的规范，躬行“天人合一”“民胞物与”的思想

张载在《西铭》中提的理想人生境界，二程之后的理学家，几乎无不推崇备至，认为其“言纯而思备”，“深发圣人之微意”，“真孟子以后所未有也”，并都以此作为理学所追求的价值理想。正由于张载为理学奠定基础，所以深得以后理学家和统治者的推崇，二程把他与孟子、韩愈相比，朱熹称其学为“精义入神”，说“横渠所说，多有孔孟所未说底”。历代统治者也给张载以很高的荣誉，宋理宗封他为眉伯，“从祀孔子庙庭”。元代赵复立周敦颐祠，以张载与程、朱配食。明清两代，张载的著作一直被统治者视为理学经典，作为开科取士的必读书，并先后汇入御纂的《性理大全》和《性理精义》。

在关中地区，关学如果从张载奠基算起止于清末，存在800余年。尽管在关学的流变传承中学者们的学术观点屡有变化，但在学术思想和学风方面却体现出共同的精神特质和一脉相承的精神传统。“关学始终葆其‘躬行礼教’、力排二氏（佛道）的‘崇儒’宗旨。”[1]关学重视躬行实践，发

[1] 陈俊民：《张载哲学思想及关学学派》，人民出版社1986年版，第7页。

扬实学学风，走上了笃实重礼的道路，对“礼”的尊崇与践行始终是关学学者一以贯之的人生追求。早期关学学者们多受张载影响，“不留连于科举”毕生倾心学术研究，以倡明关学为己任，不以猎取功名利禄为务。明清关学学者一生多从事教育、著述，淡泊名利，有的终身隐居山野，倡行了整个关中地区“以礼为教”质朴节用的价值理想和生活方式。

张载“以礼为教”。张载的自然观最重“气”，对社会生活最重“礼”。“礼”是人们社会生活中最为直接具体的规范。关中自古重“礼”，文王、武王、周公更是以“礼”治天下。张载学说的“以礼为教”，就是希望通过恢复传统的礼仪制度来改变当时的社会风气，建立有礼有序的礼制社会。张载的这一“以礼为教”思想，为后代关学学者一直沿袭，成为关学精神的核心，也对关中民风民俗的形成产生了深远影响。对此，二程称赞道：“关中之士，语学而及政，论政而及礼乐兵刑之学，庶几善学者。”张载也自豪地告诉他们：“如其诚然，则志大不为名，亦知学贵于有用也。”

吕氏兄弟《吕氏乡约》。蓝田吕氏兄弟共六人，其中一人早亡，五人中举。而吕大忠、吕大防、吕大钧、吕大临四人很有作为，人称“吕氏四贤”。关学在张载时期盛极一时，张载去世后，其弟子吕氏兄弟投奔于二程门下。但他们仍以关学精神作为自己的学术核心，固守关学之风，一生崇尚气节，躬行礼教，注重实践，是宋代著名的关学大家。吕氏兄弟对关学最大的贡献就在于创作了《吕氏乡约》，它是中国历史上第一部成文的较为完整的乡约。因在蓝田实行，又称《蓝田乡约》。“乡约”是邻里乡人互相劝勉共同遵守，以相互协助救济为目的的一种制度。《吕氏乡约》内容丰富，主要包括：德业相劝；过失相规；礼俗相交；患难相恤。《乡约》不仅是地方自治的制度，也是一种社会理想。《乡约》把封建的道德规范转化为具体的行为规则，使纲常礼教通过礼仪形式发挥其社会作用。

冯从吾(1556—1627)讲学关中书院。北宋之后，关学由于众多门人投于其他学派，笃守关学者甚少，关学日渐衰落。到了明朝，关学的发展有了转机。自吕柟之后，关学开始中兴。至明代万历年间，关中地区又出现了一位关学大儒——冯从吾。他是当时重要的理学大师，人称“关西夫子”。冯从吾万历时中进士，曾官至御史、工部尚书等职。冯从吾性情耿直，为官清正，由于不愿看到朝政日益衰落，上书谏诤，冒犯圣颜；又因一贯与阉党斗争，被迫辞官还乡。

辞官之后，冯从吾"身退里居，掩关九载，精研挈悟"，他闭门谢客，专心致力于理学研究和讲学著述活动，希望通过讲学来宣传自己的政治见解和学术观点。他认为在那个危机的社会，国家应该在各处大兴讲学之风，使当政者能听到学者们的意见，注意到他们的研究内容，为国家兴盛采取适当的措施。于是，冯从吾在朋友萧茂才等人的帮助下，在长安城南门内的宝庆寺里开始讲学。"从者如流，门下士多千余人。一时称关西夫子"。地方官员在冯从吾讲学的感召下，建关中书院，后来冯从吾讲学、主事均于关中书院。因冯从吾发扬务实的教育风格，制定严格的学规校约，使关中书院很快成为全国闻名的四大书院之一。虽然冯从吾和关中书院的渊源只有短短的17年，却为关中地区理学的发展做出了重大的贡献，培养了一批有识之士，也为关中地区勤恳务实的民风做出了表率。

关中三李躬行礼教，崇尚气节。"关中三李"，周至李二曲（李颙）（1627—1705）、眉县李柏（1630—1700）、富平李因笃（1632—1692）"关中三李"的学术思想受张载、冯从吾的关学思想影响很深。李二曲是清初躬行礼教、崇尚气节的楷模。他提倡悔过自新，为学要注重修德，主张培养"真儒"。李因笃由于其父是关学大师冯从吾的私塾弟子，受其父影响继承关学学说，对经学的研究发挥着关学思想。他主张理学应该以经学为本，为人应以"圣人为规矩"。李柏一生淡泊，不结交达官权贵，在太白山长期过着隐逸的生活，号"太白山人"，治学自成一家，一生以求道为最大乐趣，气节高尚，他的学术思想比较接近张载。"二曲理学，天生文学，雪木高隐"，虽然三李各有所重，但在他们的思想主旨中都体现了躬行实践、推崇礼教、重视气节的关学精神。

刘古愚（1843—1903）承古开新学。明清两代在陕西传播关学、培养人才，主要有四大书院：关中书院、宏道书院、味经书院、崇实书院。1901年清朝政府宣布实行新政、废科举、兴学校，通令全国改书院为学堂。咸阳著名学人刘古愚，曾任味经书院山长、崇实书院院长，积极推进教育救国、教育改革的主张，批评"空谈性命"，而不"征诸实物"的虚词之弊乃"今日之大患"，积极引进西方自然科学，推动传统关学向新学转化，为关学做了终结。民国水利科学家李仪祉、大书法家于右任和著名报人、政论家张季鸾都是刘古愚的及门弟子。国学大师吴宓年辈晚，未及亲炙謦咳，但他少年时读书的“宏道学堂”也是刘古愚培植过的。

牛兆濂(1867—1937)《白鹿原》遗风。陈忠实的长篇小说《白鹿原》为我们塑造了白嘉轩和朱先生两个性格鲜明的人物形象，从中我们可以感受到作者对传统关学的厚爱以及试图在当代意识之中重塑传统价值的理想。小说中朱先生的个性原型是清末大儒蓝田人牛兆濂，事迹取材蓝田四吕。牛兆濂由于先后讲学于蓝田芸阁书院、三原清麓书院，被后人尊称为蓝川先生。他平生淡泊名利，无意仕进，以讲学为生，终老一生。他还曾多次抗命拒官不做，家乡大灾时却积极奔走赈灾，临去世前还组织300乡勇，欲抗日赴国。他强调讷于言而敏于行，言行相顿；要旨在于明理淑身，诚心正意、修德，注重意志气节的培养，充满着儒家虔诚的殉道情怀。朱先生是小说主人翁白嘉轩的精神领袖，白嘉轩在作品中是以关学实践者的姿态出现的。

三、关学传统对关中地区文化风尚之影响

“用礼渐成俗”。关中历史上，汉武帝“罢黜百家，独尊儒术”，以儒家礼制统治天下。而到了唐代，儒、释、道三教并立，中西方交流紧密，关中唐人的生活随意松散。在张载及其弟子的“以礼为教”思想的影响下，关中民风民俗初步摆脱了唐代以后的简单随意，逐渐恢复了礼法。《宋史·地理志》中记载天水人“人性质直”，凤州人“质直好义”，阶州人“性多质直”等。从这些可以窥见陕西人民的性格：忠厚直爽。而程颐也曾说过关中人“刚劲敢为”，这些都充分说明恢复礼制的难度很大，只有关中有此魄力而为之。但张载言传身授，使得关学精神深入人心，“关中学者用礼渐成俗”[1]。非礼不履，正是张载关学“以礼为教”，长期浸透的结果。

乡村自治。吕氏兄弟推行乡约是对张载时期形成的改善风俗行为的继续和发展，是对张载改善风俗的行为进一步制度化，是关学对关中民风民俗影响最深的表现。《吕氏乡约》《乡仪》是最早的一部村规民约，它第

[1] 《张子语录·后录上》

一次系统完整地规范了关中农村民俗礼仪，增强了乡人的自主意识。日常生活中，乡人互相关心，互相照顾；对乡里事物的管理，由乡人自主推选管理者；定期聚会，让乡人之间气氛融洽。所有的这些都培养了人们之间相亲相爱、和睦相处的关系。《乡约》把封建的道德规范转化为具体的行为规则，使纲常礼教通过礼仪形式发挥其社会作用。吕氏兄弟躬行礼仪，起草《乡约》，希望将《乡约》从本乡推行到蓝田，再到关中，最后到天下后世。虽然《乡约》的推行范围没有吕氏兄弟想像的那么大，但确实为关中地区民风民俗的改变起了很大作用。在《宋元学案·吕范诸儒学案》中写道："横渠之教，以礼为先，先生条为乡约，关中风俗为之一变。"关中人松散随意的生活，在这一时期有了改变，各项生活有礼可依。张载也称赞道："秦俗之化，和叔有力。"《吕氏乡约》自北宋吕氏兄弟开始推行，一直延续到民国时期，甚至今天，关中农村的婚丧嫁娶、小孩满月、老人过寿、节日庆典及民间聚会等活动中仍然沿用着《乡约》中的礼仪规范。可见《乡约》对关中民风民俗的影响之深。

士人"戒空谈、敦实行"。冯从吾对士人的风气十分重视，同关中学人一起制定了士人交往的规约，以及关中书院的一系列规章制度，包括《士戒》《关中士大夫会约》《关中书院语录》等。这些规章制度大到为人处世，小到日常规范，对士人的言行举止、日常行为、与人交往等都提出了具体的要求。冯从吾等人希望通过士人规范自己的日常行为，"崇俭德以敦素风"，以至关中风俗向善发展，并特意撰写仅 108 字的短文《谕俗》。《谕俗》曰："千讲万讲不过要大家做好人，存好心，行好事，三句尽矣。"，很直接通俗地向人们宣传了儒家讲经论道的真谛。文中还收录其旧作对联一副："做个好人，心正、身安、魂梦稳；行些善事，天知、地鉴、鬼神钦。"冯从吾一心只想做个好人，行些善事，用自己的讲学来影响和改善关中士风，以至改善关中民风。不过他确实做到了"《关中士大夫会约》行之十余年，没有更改"，可见当时士人对其规章条约非常尊崇。也可以看出这些规约，对关中地方文化风尚的改善产生了深远的影响。

实行孝道。李二曲在躬行礼教实行孝道方面堪称楷模。在他很小之时其父战死襄城，其母从小就以忠孝节义教导他。母亲在世时，他对母亲十分孝顺。母亲去世之后，为母亲庐墓三年，之后还徒步两千多里赴襄城为其父立祠。而李柏亦是重视孝道。清代阮元《国史·儒林传》中写他"事母至孝，倍力艰辛，而色养不衰"。母亲去世之后，亦如二曲庐墓三年。李因笃"山居奉母，不褐是甘"，"奉母家居。晨夕不离左右"。这些都可以看出来"关中三李"躬行孝道，重视礼教。而在崇尚气节方面，"三李"虽然有济世之志，但都不愿苟安于世，不愿为权贵而折节。李二曲自誓终身不仕，康熙称其"读书守志，可谓完节"。李因笃"恪守考亭，不参异见"，不为权贵亦不轻易改其初衷。李柏隐居太白山十余年，不问世事，可谓"志洁行芳，皎然绝俗"。

质朴节用的生活方式。从北宋张载的"以礼为教"，吕氏兄弟的《吕氏乡约》，到明代冯从吾的关中书院，最后到清代"关中三李"的躬行孝道、崇尚气节。关学的这些思想发源于关中，流行于关中，而这些北宋到明清的关学代表人物，或教化乡里、或导引士人，有一个共同特征就是"崇高其精神、简单其生活"。冯友兰先生在其《中国哲学史新编》第五册中即说"《西铭》所讲的是一种精神境界，也是一种生活方式"。关学人物大多简朴清贫一生，张载曾实验井田制、李柏亲自开垦土地，力耕太白山麓。这种和着大自然的节律，谨守圣人示训的生活方式和人生追求，本身就是对大自然最好的保护，不仅对关学的发展起了很大作用，而且对关中移风易俗有很大影响，形成了关中人刚毅厚朴、务实重礼、取用有度、躬体力行的文化风尚。

一方水土养一方人，一方文化化一方人。中国现代化事业发展到今天，每一个地方都在发生巨大变化，但关中地方的变化迥异他乡。一方面，省市两级政府，将秦岭北麓治理、恢复历史上"八水绕长安"的自然湿地景观、周秦汉唐大遗址保护作为政府的重大重点工程；另一方面，陕西民间热爱、研究、实践传统文化的人越来越多，"一城文化、半城神仙""之言不虚，对于匡正引导今天人们的生活方式和人生追求，大有裨益。今天我们遇到的诸如环境污染、奢侈浪费、道德滑坡等问题，无不和今人的世界观、人生观、价值观，追求物质主义的生活方式有关，重温传统，将儒家教化由士人推向百姓，介入普通教育和干部教育，对民族的伟大复兴有利，对于人与自然、人与社会、人与人和谐相处有利。

《墨子》生态伦理思想阐微

湖南省社会主义学院

在中国文化轴心时代的战国时期，墨家曾与儒家齐名，并称显学。韩非子曾说："世之显学，儒、墨也。"（《韩非子·显学》）孟子也说："杨朱、墨翟之言盈天下，天下之言，不归杨则归墨。"（《孟子·滕文公下》）墨子倡导"节用、非攻"，反对奢侈浪费，他以"天志、非命"作为其生态伦理思想的哲学基础，以"顺天、利人"作为其基本内容，主张人类在满足自身需要的同时，必须充分尊重自然，正确对待人在自然中的位置，进而实现人与自然的和谐共赢。因此，进一步发掘和研究墨子的生态伦理思想，对当前建设生态文明社会具有重要的现实意义和理论价值。

"天志""非命"：生态伦理思想的哲学基础

（一）"天志"：敬畏自然，尊重规律

"天志"是墨子书中的篇名，也是墨子生态伦理的立论基础。所谓"天志"，即墨子认为，在人伦社会秩序之上，还有一个非人伦层次的高级存有者"天"。它以德性价值为特性、以爱利为本质和方式、以正义为旨归、以"义"为渊源，扮演着主宰人伦、世界秩序的角色，是人类世界最应追寻奉行的对象。墨子认为：

首先，"天"有至高无上的地位。即使是人世间的君主，也必须听从上天的旨意："天子为善，天能赏之。天子为暴，天能罚之。天子有疾病祸祟，必斋戒沐浴，洁为酒醴粢盛，以祭祀天鬼，则天能除去之。然吾未知天

之祈福于天子也，此吾所以知天之贵且知于天子者。”(《墨子·天志中》)天子不能擅意独断地统治百姓，必须由上天来对其督导：“天子未得次已而为政，有天政之”。同样，人类的一切行为，也必须符合上天的要求，否则将“无所以避逃之。”

其次，“天”有好义憎恶的情感。天“好义而恶不义”(《墨子·法仪》)、“欲人之相爱、相利，而不欲人之相恶、相贼也”。“天欲其生而恶其死，欲其富而恶其贫，欲其治而恶其乱。”(《墨子·天志上》)它有着宽广的胸怀，能爱护百姓，抚养百姓，给天下之民提供食物：“且吾所以知天之爱民之厚者有矣，曰：磨为日月星辰，以昭道之；制为四时，春秋冬夏，以纪纲之；雷降雪霜雨露，以长遂五谷麻丝，使民得而财利之；……从事乎五谷麻丝，以为民衣食之财。且吾所以知天爱民之厚者，不只此而足矣，……此吾所以知天之爱民之厚也。”(《墨子·天志中》)

再次，“天”有赏善罚恶的意志。如果人类的行为符合天意的要求，天意也将给予人类善意的回馈：“我为天之所欲，天亦为我所欲”。(《墨子·天志上》)上天的旨意就如同做车轮的人手中的圆规，木匠手中的矩尺，是人们的思想和行为应遵从的规则规范：“我有天志，譬若轮人之有规，匠人之有矩。轮匠执其规矩，以度天下之方圆。”(《墨子·天志上》)通过对历史的考察，他指出：“昔三代圣王，禹、汤、文、武，此顺天意而得赏者也；昔三代之暴王，桀、纣、幽、厉，此反天意而得罚者也。”(《墨子·非命中》)三代圣王因为“其事上尊天，中事鬼神，下爱人”得到了上天的奖励，而三代暴王因为“其事上垢天，中垢鬼，下贼人”而受到了上天的惩罚。

总之，“天志”无处不在，无时不有，全职全能。在天面前，无论是大国小国，无论长幼卑贱，都是天之臣邑：“天下无大小国，皆天之邑也。人无幼长贵贱，皆天之臣也。”人类的一切行为和活动，都必须以上天的意志为旨意。

(二)“非命”：不怠于事，主张人为

“非命”是墨子生态伦理的又一重要观点。其“非命”中的“命”是指“天命”。孙诒让在《墨子间诂》对“命”解释时曾说：“命有三科，有受命以任庆，有遭命以滴暴，有随命以督行，受命谓长寿也，遭命谓行善而遇凶

也，随命谓随其善恶报之。”(《墨子・非命上》)即他认为命有三种，一种是岁数，表现为人之寿夭；一种是劫数，表现为人之吉凶；第三种是无法把握、神秘莫测的命运，类似于因果报应。墨子所要否定的是第三种含义的命。

他认为，“天命”与“天志”同属于“天”的神秘力量，但它们产生的作用却完全相反：“天志”叫人顺天而为，主张敬畏自然，尊重规律；“天命”却让人消极颓废，自甘堕落。因此，持有命观点的人不仁：“执有命者之言曰：‘命富则富，命贫则贫；命众则众，命寡则寡；命治则治，命乱则乱；命寿则寿，命夭则夭……’故执有命者不仁。”(《墨子・非命上》)他们之所以持有命观点，其目的就是“上以说王公大人，下以驵百姓之从事”。持有命观点的人根本就是“暴人之道”：“昔上世之穷民，贪于饮食，惰于从事，是以衣食之财不足，而饥寒冻馁之忧至，不知曰‘我罢不肖，从事不疾’，必曰‘我命固且贫’。若上世暴王，不忍其耳目之淫、心涂之辟，不顺其亲戚，遂以亡失国家，倾覆社稷，不知曰‘我罢不肖，为政不善’，必日‘吾命固失之’。”(《墨子・非命中》)“王公大人，资若信有命而致行之，则必怠乎听狱治政矣，卿大夫必怠乎治官府矣，农夫必怠乎耕稼树艺矣，妇人必怠乎纺绩织维矣。则我以为天下衣食之财，将必不足矣。”(《墨子・非命下》)〕他认为，按照“有命说’，管理国家的人就不会好好治理国家，劳动者也不会尽力从事生产，由此刑政就会混乱，财用就将不足，就会亡国失家。因此，他认为寿与夭、富与贫、贵与贱都不是命运所定，而是可以通过人力来加以变更。他主张“强”“力”，反对“怠倦”。

当然，墨子对“天命”的否定，并不是对“天志”的否定。“天命”与“天志”有着截然的不同。这点前面已有论述。对于天，墨子自始至终是持有敬意的。但是，当人的力量超出了一定的限度，人的欲望无限制膨胀时，他不得不将天抬出来，作为震慑人的力量，从而来加强对人的约束力，使人不敢为所欲为。反之，当天的力量过于强大时，他又鼓励人积极作为。归根结底，他是在自然与人力之间寻求一个最佳平衡点，来达到自然与人之间的和谐共赢。

“顺天”“利人”：生态伦理思想的基本内涵

由“天志”观出发，墨子认为，人类的活动应当“顺天”；由“非命”观出发，墨子认为，人类的活动又应该“利人”。这表现在生态伦理上，即要正确处理好“义”与“利”的关系。墨子向来都不羞于谈利。这与儒家对待名利的态度截然不同。在儒家思想里，义和利基本处于两分的境地：“君子喻于义，小人喻于利”（《论语·里仁》）、“生，亦我所欲也；义，亦我所欲也。二者不可得兼，舍生而取义者也。”（《孟子·告子上》）墨子认为，“义”和“利”不但是相通的，而且都可以实现最大化。“夫人之所以为事者，必兴天下之利，除天下之害。将以为法乎天下，利人乎即为，不利人乎即止。且夫仁者之为天下度也，非为其目之所美，耳之所乐，口之所甘，身体之所安，以此亏夺民衣食之财，仁者弗为也。”（《墨子·非乐上》）他认为，有仁德之人需要做的事情，就是要兴天下之利，除天下之害，凡是有利于人的，就去做；不利于人的，就不去做，主张人们要将利益摆在重要的位置。同时他又指出：“天下莫贵于义”、“义人在上，天下必治，上帝、山川、鬼神必有干主，万民被其大利。”（《墨子·非命上》）他把利看作义的内容、目的和标准，把义看作达到利的手段。

一方面，他肯定了个人利益的重要性。他说：“今之禽兽……因其羽毛，以为衣裘；因其蹄蚤，以为绔屦；因其水草，以为饮食。……今人与此异者也，赖其力者生，不赖其力者不生。”（《墨子·非乐上》）指出人类只有依靠自然界才可以生存，如果不能填饱肚子，没有衣服御寒，劳苦不得休息，人民就会产生最大的担忧。从此点出发，他认为为政者只有勤于政事才能得利：“列德而尚贤。虽在农与工肆之人，有能则举之。高予之爵，重予之禄，任之以事，断予之令。”（《墨子·尚贤上》）平民百姓，也只有通过辛勤劳动才能得利：“今也农夫之所以蚤出暮入，强乎耕稼术艺，……强必饱，不强必饥。故不敢怠倦。今也妇人之所以夙兴夜寐，……曰：彼以为强必富，不强必贫；强必暖，不强必寒。故不敢怠倦。”（《墨子·非命下》）另一方面，他又提出利己须先利人。墨子认为，虽然每个人最关心的是自己的利益，但是，如果没有天下大利作保障，个人利益也就失去了产生的

源泉，并不能长久："夫爱人者，人亦从而爱之；利人者，人亦从而利之。"（《墨子·兼爱中》）

总之，墨子认为，在充分尊重上天、自然意志的同时，个人应通过自己的努力，最大可能地实现他人利益与自身利益、整体利益和个人利益的和谐统一，实现上天意志与个人发展的和谐统一。

"节用""非攻"：生态伦理思想的实现途径

（一）"节用"：节约型社会建设的必由之路

司马谈曾说："强本节用，则人给家足之道也。此墨子之所长，虽百家弗能费也。"（《史记·太史公自序》）节用思想是墨子生态伦理思想的生动体现和实现路径。他在看到社会物质生产与人民需求之间矛盾的基础上，提出"凡足以奉给民用，则止；诸加费不加于民利者，圣王弗为"，（《墨子·节用中》）认为凡事只要能满足百姓基本用度就行了，反对各种奢侈浪费。他告诫当时统治者"节俭则昌，淫逸则亡"，告诫人们在生产中不要过度消耗自然资源，造成不必要的浪费。统治者的奢侈淫逸行为，会上行下效，造成社会奢靡之风，最终亡家亡国。因此，只要基本用度能得到满足，去除无用之物，就是"天下之大利"。具体来说，他从衣、食、住、行、丧葬和礼乐等多个方面，详细阐述了他的节用主张。

他认为衣服只要能"冬以御寒，夏以御暑"即可，而不能像王公贵族们"为锦绣文采靡曼之衣，铸金以为钩，珠玉以为珮"；饮食只要能"充虚继气，强股肱，使耳目聪明"就行，而不能像王公贵族那样追求"美食刍豢蒸炙鱼鳖"；住房只要能"御风寒""别男女之礼"即可，而不能像王公贵族那样动辄"宫室台榭曲直之望，青黄刻镂之饰"。出行方面，只要能"完固轻利，可以任重致远"即可，不必"厚作敛于百姓，饰车以文采，饰舟以刻镂"；丧葬只要"足以朽骨"就行，不必拘泥"棺椁必重，葬埋必厚，衣衾必多，丘垄必巨"和"三年之丧"；音乐更是"亏夺民之衣食之财"的无用之举，对上不符合圣王之事，对下不符合人民的利益，有百害而无一利。（引文见《墨子·辞过》）

在节俭基础上，墨子还强调，人们的消费水平要与生产发展水平同步，积极生产与勤俭节约是一个问题的两个方面："其力时急，而自养俭""其生财密，其用之节"（《墨子·七患》）。因此，他极力要求人们重视生产。农夫要"蚤出暮入，强乎耕稼树艺，多聚叔粟而不敢怠倦"，农妇要"夙兴夜寐，强乎纺绩织纴，多治麻丝葛绪，捆布縿而不敢怠倦"，"凡天下群百工，轮、车、鞼、匏、陶、冶、梓匠，使各从事其所能"（《墨子·非命下》），即车工、皮革工、陶工、冶金工和木工等各种手工业者，都各自发挥所长，制造出更多的器皿供人使用。

（二）"非攻"：生态文明建设的可靠保障

为保障社会能拥有足够的财物及供应生产使用的劳力，墨子在节俭基础上，进一步提出"非攻"概念来反对战争。墨子认为，杀人越货和攻城灭国的不义战争不仅是最野蛮的行径，也是最大的不义。"今有一人，入人园圃，窃其桃李，众闻则非之，上为政者得则罚之。此何也？以亏人自利也。……至入人栏厩，取人马牛者，其不仁义又甚攘人犬豕鸡豚。此何故也？以其亏人愈多。苟亏人愈多，其不仁兹甚，罪益厚。……此何故也？以其亏人愈多。苟亏人愈多，其不仁兹甚矣，罪益厚。"（《墨子·非攻上》）他历数了战争的种种罪恶：

首先，战争耽误农时，妨碍农业生产。对战争国来说，战争短则数月，长则数年，需要耗费大量的人力和物力，动员大量的百姓，使得他们不能正常从事农业生产活动："今师徒唯毋兴起，春则废民耕稼树艺，秋则废民获敛。今唯毋废一时，百姓饥寒冻馁而死者，不可胜数。"（《墨子·非攻中》）

其次，战争浪费人财，造成极大破坏。"今尝计军上，竹箭、羽旄。幄幕、甲盾、拨劫，往而靡弊腑冷不反者，不可胜数。又与其矛、戟、戈、剑、乘车，其列住碎折靡弊而不反者，不可胜数。与其牛马，肥而往，瘠而反，往死亡而不反者，不可胜数。与其途道之修远，粮食辍绝而不继，百姓死者，不可胜数也。与其居处之不安，食饭之不时，饥饱之不节，百姓之道疾病而死者，不可胜数。"（《墨子·非攻中》）

再次，战争残害无辜，百姓不务正业。墨子指出，喜欢战争的大国在攻占小国后，战败国“民之格者则劲杀之，不格者则系操而归。丈夫以为仆御胥靡，妇人以为舂酉”(《墨子·天志下》)。大量的财富、劳力为侵略国所侵并，被侵略国的百姓过着奴隶、牛马般的生活，处境十分悲惨。同时，连年战争，弄得“农夫不暇稼穑，妇人不暇纺绩织紝”(《墨子·非攻下》)，百姓不务本业。

总之，墨子生态伦理的天志、非命观，要求我们做事必须“顺天应人”，这是正确处理人与自然关系的理论源泉；墨子生态伦理的节用观，要求我们要勤俭节约，这是当今社会实现可持续发展的基本要求；墨子生态伦理的非攻观，要求我们要正确处理好国与国之间的矛盾，发展好生产所需的人力财力，这是我们建设人类生态文明的重要保障。随着当前经济社会发展，面对资源约束趋紧、环境污染严重、生态系统退化的严峻形势，重新研究和认识墨子的生态伦理思想，是我们借鉴人类优秀的文化遗产，解决当今的生态危机的有益思路。

参考文献：

[1] 论语·诸子集成[M](一). 团结出版社，1996.

[2] 孙诒让. 墨子间诂[M]. 诸子集成(四). 团结出版社，1996.

[3] 韩非子·诸子集成[M](五). 团结出版社，1996.

[4] 孟子[M]. 中华书局，2006.

[5] 司马迁. 史记·太史公自序[M]. 上海古籍出版社，2011.

儒家文化与生态文明

儒家生态伦理思想述略

邹函奇

邹函奇:浙江省社会主义学院副教授,法学博士

生态伦理又称环境伦理,是围绕人类与环境间的道德而展开的伦理规范,以及驱动这些规范的情感和态度的因素。儒家博大精深的思想体系中,蕴含着丰富的、朴素的生态伦理思想。儒家生态伦理思想建立在古代农业文明的基础之上,提倡天人合一、人与自然的和谐,这与近代工业文明以来天人对抗、征服自然的观点形成鲜明对比。在当今社会,深入挖掘和梳理儒家文化中的生态伦理思想渊源,对重塑人与自然的和谐关系、建设资源节约型和环境友好型社会,具有重要的借鉴和指导意义。

儒家文化中所蕴含的生态伦理思想可以概括为以下五个方面:"天人合一"的生态地位观、"仁德爱物"的爱护生态观、"取物有时"的尊重生态规律观、"用之不尽"的生态可持续发展观和"圣王之制"的生态制度观。

一、"天人合一"的生态地位观

儒家对人与自然("天"或"天地")关系的认识有着深刻的哲学反思和道德内涵。先秦儒学认为人与自然处在同一伦理共同体中,二者是一种根源相通、性能相应的"天人合一"关系,即人与自然相和谐的关系,这一点在先秦儒家典籍中得到了充分的论述。

《易经》中记载:"夫大人者,与天地合其德,与日月合其明,与四时合其序,与鬼神合其吉凶,先天而弗违,后天而奉天时。"(《乾卦·文言》)这里从大人(圣人)的最高理想和最终境界来论述人与天地的合一,强调人

应与天保持一致，人对自然的态度是敬畏与尊重的。

《礼记·中庸》更详尽地发挥了这一观点："惟天地至诚，故能尽其性，能尽其性，则能尽人之性，能尽人之性，则能尽物之性，能尽物之性，则可以赞天地之化育，能赞天地之化育，则可以与天地参矣。"（《礼记·中庸》）儒家"参赞化育"理论是说人若能尽人之性，则能尽物之性；能尽物之性，才能在地位上与"天地"并称，加入"生生不息"的"天地之化育"。人不仅能沟通天地，把自己的内在德性开发出来，而且能协助万物潜能的充分发挥。人之心、物之性、天之道是相通的，人亦能辅助天成。正如孟子所说："尽其心者，知其性也；知其性，则知天矣。"（《孟子·尽心上》）这里的"天"指的就是自然，人能尽其良心，就能知道自己的本性；知道自己的本性，也就知道自然了。人的心性与自然是同一的。

宋代儒学在先秦儒学的基础上有所升华，吸收了诸多佛家和道家的思想观念，形成了更为广阔、深邃的义理境界，其对人与自然关系也有了新的、更深入的诠释。其中有代表性的学说是程颐的"与万物一体"观，即人与宇宙万物存在于一种生命统一体的哲学观点。他说：

学者须先识仁。仁者，浑然与物同体。（《河南程氏遗书》卷二上）

若夫至仁，则天地为一身，而天地之间，品物万形为四肢百体。夫人岂有视四肢百体而不爱哉？（同上书卷四）

人在万物间，与万物同流，天几时分别出是人是物？（同上书卷二上）

天人本无二，不必言合。（同上书卷六）

在程颐的诠释里，"仁"不仅是仁爱的道德之心，也是生命的表现和存在，"仁"的境界就是人与万物处于一种生命的同一体中。在这个同一体中，分不出什么是人，什么是万物，自然也无所谓"天""人"之间去相"合一"了，因本就已是一体。在程颐"与万物一体"的观照和体认中，人珍惜、爱护自然的行为不再是对异己的道德关爱与责任的应然，而是如同珍爱自己"四肢百体"一般的爱己的必然。

张载是宋代另一位主张天人伦理共同体哲学观点的著名理学家，他提出了"民胞物与"的思想。他说："乾称父，坤称母；予兹藐焉，乃混然中处。故天地之塞，吾其体；天地之帅，吾其性。民吾同胞，物吾与也。"（《正蒙·乾称》）此段意为：乾坤是生成宇宙万物的阳阴两种基本能量，是万物生命之源，犹如父母；我处在大化的洪炉之中，其实非常渺小。充塞于天地之间的气，就是我的身体；主宰天地的气化之道，就是我的本性。所以人民都是我的同胞，万物都是我的朋友。这可以说是张载的气本体论观点和儒家传统伦理观点的结合，他认为人与万物都是一气之聚散，人与万物在本质上是相同的，性能上是相通的。

二、“仁德爱物”的爱护生态观

从先秦儒学到宋代理学，儒家人与自然伦理关系的基本内涵是：人与万物共处于一个宇宙共同体中，因此自然万物也应拥有伦理地位、享有伦理关怀，又因人是宇宙中“最灵”“最贵”，因此人应对自然万物负有道德上的责任和义务。这种道德上的责任和义务的最直接体现就是儒家的“爱物”思想。这里的“物”不仅指有血肉灵气的动物，也包括花草树木、山川河流等无情之物，即整个自然界。儒家的基本精神“仁”，是人类的最高德性，而“爱物”思想正是把仁德这一伦理思想从人际之间扩展到人与自然之间，在人与自然之间建立一种道德情感的和谐关系。

儒家自古就有同情动物的思想。《孔子家语·论政》中记载了孔子的弟子宓子为了保护幼小动物，不让人取小鱼，即使到手，也要放回水中，让其长大，孔子赞之曰：“宓子之德至矣”（《孔子家语·论政》）。孔子把人对待动物的行为看作道德问题，反应了其对大自然的博爱之伦理。孟子在与梁惠王对话时说：“君子之于禽兽也，见其生，不忍见其死；闻其声，不忍食其肉。是以君子远庖厨也。”（孟子·梁惠王上）孟子将君子的仁德之心扩展到人以外的物中，对动物有着深切的同情。

此外，儒学经典中也记载了古代儒学家们爱护花草树木的仁心善行。周叔茂窗前草不除去，问之，云：“与自家意思一般。”（《河南程氏遗书》卷三）司马温公时至独乐园，危坐读书堂，尝云：“草妨步则剃之，木碍冠则芟之，其他任其自然，相与同生天地间，亦各欲遂其生耳。”（宋·王应麟：《困学纪闻》卷二十《杂识》）程颐在给年少的哲宗皇帝讲学时，皇帝忽起凭槛，戏折柳枝。程颐进曰：“方春发生，不可无故摧折。”（《河南程氏遗书》附录《伊川先生年谱》）在儒家看来，花草树木都有其本性和存在的价值，只要其不妨碍人的生存，就不应该随意地毁坏他们，让万物“遂其生”“不可无故摧折”。以上三例中，周敦颐不除窗前草，司马光不芟路旁草树，程颐告诫年幼的皇帝不可戏折柳枝，三位儒者的言语行动中反映的正是儒家“仁”心、爱物的道德责任和高尚情操，以及爱护自然的生态伦理观念。

然而，在某些儒学家看来，“爱物”思想并非只是“仁德”之心简单的直接体现，而是存在着一定的次序和等级。孟子曰：“君子之于物也，爱之而弗仁。于民也，仁之而弗亲。亲亲而仁民，仁民而爱物。”(《孟子·尽心上》)孟子基于“仁”的基础，提出君子对待亲人、人民、万物的伦理态度是有差别的、不断扩展的，亲亲——仁民——爱物，即以亲爱亲人之心去仁爱周围的人以至天下的人，以仁爱人之心去爱惜天下万物，这些都是仁心善念使然。又如，曾子曰：“孝有三：小孝用力，中孝用劳，大孝不匮。思慈爱忘劳，可谓用力矣。尊仁安义，可谓用劳矣。博施备物，可谓不匮矣。”(《礼记·祭义》)“孝”是儒家最为推崇的德性之一，这里曾子将“孝”分三等，由小及大，赋予了“孝”更广泛的内涵和意义。小孝的表现是“慈爱忘劳”，这是对亲人而言；中孝的表现是“尊仁安义”，这是对他人而言；而大孝的表现就是“博施备物”，这是对万物而言。孝之德本乎天地，协乎人心，由爱亲之心推广至爱人、爱物之心。

三、“取物有时”的尊重生态规律观

儒家认为的“天”是指具有独立性和运行规律的自然界。儒家创始人孔子说：“天何言哉？四时行焉，万物生焉。”(《论语·阳货》)孔子认识到了四季更替、万物生长的客观规律性。荀子也说过：“天行有常，不为尧存，不为桀亡。”(《荀子·天论》)进一步阐述了自然界自有其运行规律的观点，且这一规律是不受人的主观意志所支配的。因此，儒家主张“应天时”的观点，就是强调人类在利用和改造自然的过程中，必须遵循客观的生态规律，并尊重和保护生物资源。

“仁”是儒家的第一德性，“孝”是儒家的第一德行，先秦儒家甚至以此崇高的标准来要求人们爱护和保护自然，不滥杀、摧残禽兽草木。孔子曰：“不蛰不杀，当天道也；方长不折则恕也，恕当仁也。”(《大戴礼记·卫将军文子》)曾子曰:“树木以时伐焉,禽兽以时杀焉。夫子曰:‘断一树,杀一兽,不以其时,非孝也。’”(《礼记·祭义》)。孔子和曾子将对待动植物的惜生、不随意杀生的取之“以时”与儒家主要道德理念“天道”“恕”“仁”“孝”紧密联系起来,不仅表达了对自然的态度与对人的态度不可分离的观点,同时论证了对自然界的利用要遵循时节规律。

孟子对梁惠王陈述兴邦大计时说:“不违农时,谷不可胜食也。数罟不入罟池,鱼鳖不可胜食也。斧斤以时入山林,材木不可胜用也。谷与鱼鳖不可胜食,材木不可胜用,是使民养生丧死无憾也。养生丧死无憾,王道之始也。”(《孟子·梁惠王上》)孟子认为,不误农时,粮食就会用不尽;禁止用细网入江湖捕鱼,鱼鳖就会吃不完;按节令伐树,木材就会用不完。粮食鱼鳖吃不完,木材用不尽,这就会使人民生活、死葬没有什么不满意的,这就是王道的开始。在他看来,要尊重自然万物的生长规律,爱惜、保护、帮助促进其生长和发展。

荀子在充分认识自然规律客观性的基础上,提出了“时禁”的生态保护思想:“圣王之制也,草木荣华滋硕之时,则斧斤不入山林,不夭其生,不绝其长也;鼋鼍、鱼、鳖、鳅、鳝孕别之时,网罟毒药不入泽,不夭其生,不绝其长也;春耕、夏耘、秋收、冬藏四者不失时,故五谷不绝而百姓有余食也;污池渊沼川泽谨其时禁,故鱼鳖优多而百姓有余用也。斩伐养长不失其时,故山林不童而百姓有余材也。”(《荀子·王制》)荀子不仅建立了一个以“时”保护和利用自然资源的思想体系,而且描绘了一幅农业社会中自然生态良性循环的蓝图。荀子在论王道政治之时,将重视维护生态系统的平衡和生物资源的可再生性列入王道之中,特别强调不在林木生长或动物繁殖的关键期进行砍伐和捕猎,而是有计划、有节制地遵循客观的生态规律对自然加以开发和利用,其中最重要的规律就是时节规律。

四、“用之不尽”的生态可持续发展观

在儒家的生态伦理思想中,与“取物有时”相呼应的观点就是“用之不尽”。孔子取鱼,“钓而不纲,弋不射宿”《论语·述而》,仅用钓竿钓鱼,而不用大网横遮于河上捕鱼;射鸟却不射杀栖巢之鸟。这一观点与“涸泽而

渔”的观点正好相反，表现出孔子已经意识到了此类做法的生态弊端，他试图以自己的行动唤醒人们必须有限制地利用生态资源，追求生态资源的可持续性。

《礼记·王制》是汉代儒学家搜集的春秋时代及之前的社会各项典章制度的记录，其间有这样一段记载：“獭祭鱼，然后虞人入泽梁；豺祭兽，然后田猎；鸠化为鹰，然后设罻罗；草木零落，然后入山林。昆虫未蛰，不以火田。不麛，不卵，不杀胎，不殀夭，不覆巢。”（《礼记·王制》）这段文字是涉及农事生产的具有强制性的法规，规定了可以捕鱼、打猎、捉鸟、伐木、火田的条件，规定了不准许捕获幼兽、探取鸟卵、杀害怀胎母兽和幼兽，不倾覆鸟巢。这些规定显示了古人已经意识到了因掠夺式开发而导致的资源耗竭的生态危机，因而在为了生存而不得不利用自然的同时，重视动植物资源的再生和延续。正如荀子所说：“川渊枯则龙鱼去也，山林险则鸟兽去之。”（《荀子·致士》）同时，《礼记·王制》中的这段话也体现出儒家珍爱、保护自然的德行，并使这一理念得到了法律形态的强化和巩固。

五、“圣王之制”的生态制度观

人的需求与自然的节律是存在差距和矛盾的。人类为了生存，必然成为生态资源的消费者，甚至是破坏者。古人对这种人与自然的矛盾性十分敏感，因此在调节人类生产劳动和生态资源的关系时，在道德教化之外，采用了国家政令的方式来督促或禁止人类生产劳动行为。《礼记·月令》是最早的全面记载这些政令的儒家典籍，其中有关生态的内容，可以说是一年四季的完整的生态规划蓝图：

孟春之月：禁止伐木，毋覆巢，毋杀孩虫、胎、夭、飞鸟，毋麛，毋卵。

仲春之月：毋竭川泽，毋渡陂池，毋焚山林。

季春之月：田猎、置罘、罗网、毕翳、矮兽之药，毋出九门。是月也，命野虞毋伐桑拓。

孟夏之月：是月也，继长增高，毋有坏堕，毋起土功，毋发大众，毋伐大树。……是月也，驱兽毋害五谷，毋大田猎。

仲夏之月：游牝别群，则絷腾驹，班马政。

季夏之月：是月也，树木方盛，命虞人入山行木，毋有斩伐。

孟秋之月：是月也，农乃登谷，天子尝新，先荐寝庙，命百官始收敛，完堤防，谨壅塞，以备水潦。

仲秋之月：乃命有司，趋民收敛，务畜菜，多积聚。乃劝种麦，毋或失时；其有失时，行罪无疑。

季秋之月：乃命冢宰，农事备收，举五谷之要，藏帝借之收于神仓，只敬必饬……是月也，草木黄落，乃伐薪为炭。

孟冬之月：是月也，乃命水虞渔师，收水泉池泽之赋。

仲冬之月：是月也，农有不收藏积聚者，马牛畜兽有放佚者，取之不诘。山林薮泽，有能取蔬食田猎禽兽者，野虞教道之。其有相侵夺者，罪之不赦。

季冬之月：是月也，命渔师始渔。

《礼记·月令》对于生态资源的开发和利用讲求在一年中的时间内合理安排，并适当地予以保护。总的原则是在林木生长或动物繁育的关键时期，避免砍伐和捕猎。孟春禁止砍伐，仲春禁止焚烧山林，季春禁伐桑拓，而到了秋冬季节，植物生长期结束的时候，则没有了这些关于砍伐的禁令。当春萌夏长之际，不仅特别不许破坏鸟兽之巢穴，不许杀取或伤害鸟卵、虫胎、雏鸟、幼兽，也一般地禁止人们各种有害于自然生长的行为。而直到仲秋之月才命官员组织人民收敛、畜菜。捕鱼只有季冬才被提倡。总之，所禁的行为对象范围不仅包括动物、植物，也涉及山川土石。《礼记·月令》反映了儒家重视人类与动植物的共存关系，以及季节与动植物生长的密切关系；为了维持人类最基本的需要，必须制定相关礼制、法规、禁令，这是最早的爱护生态资源的立法思想，这些思想被荀子称为“圣王之制”。

“圣王之制”的思想对后来的历代统治者影响很大。如秦国统一全国后，在对待生态环境问题上，就以法律的形式规范了生态环境方面的基本制度，强制人们遵守。湖北云梦睡虎地出土的秦简《田律》记载：“春天二月，不准到山林中砍伐木材，不准堵塞水道。不到夏季，不准烧草作为肥料，不准采取刚发芽的植物，或捉取幼兽、鸟卵和幼鸟，不准……毒杀鱼鳖，不准设置捕捉鸟兽的陷阱和网罟，到七月解除禁令。只有因死亡而需伐木制造棺椁的不受季节限制。居邑靠近养牛马的厩和其他禁苑的，幼兽繁殖时不准带着狗去狩猎。百姓的狗进入禁苑而没有追兽和捕兽的，不准打死；如追兽和捕兽的，要打死。在专门设置警戒的地区打死的狗，都要完整地上缴官府；其他禁苑打死的，可以吃掉狗肉而上缴狗皮。”上述法律规定反映了当时的统治者及上层有识之士对于生态资源再生能力的周期性有了较为科学的认识，并企图用法律来调节自然资源再生能力与人类向自然界攫取的矛盾。

先秦以后的各朝各代也都延续性地颁布了保护自然环境的法规或诏令。如汉宣帝元康三年，“令三辅毋得以春夏摘巢探卵、弹射飞鸟”。（《汉书》卷八《宣帝纪》）唐代的刑律中规定：“诸失火及非时烧田野者，笞五十”，“诸毁伐树木、稼穑者，准盗论。”（《唐律疏议》卷二十七《杂律》）宋太祖建隆二年令：“禁春夏捕鱼射鸟。”（《宋史》卷一《太祖纪》）宋真宗大中祥符四年诏曰：“火田之禁，著在《礼经》，山林之间，合顺时令。其或昆虫未蛰，草木犹蕃，辄纵燎原，则伤生类。诸州县人……自余焚烧野草，须十月后，方得纵火。”（《宋史》卷一百七十三《食货志·农田》）这些法规和诏令表明了保护生态已经由个人德性、修行的范畴扩展到国家治理的制度、规范的领域。

综上所述，儒家生态伦理思想根植于其形而上的“天人合一”哲学思考，起源于其仁爱之心的悲悯情怀，在对自然的敬畏之中主张遵循自然规律以及追求生态资源的可持续发展，并最终希望这些理论主张可以得到统治者在国家制度方面的贯彻与实施。儒家生态伦理思想为现代生态伦理提供了传统思想上的溯源和借鉴，对当今生态实践的发展和生态危机的拯救具有重要的文化价值。

浅论儒家文化与生态文明

刘　洋

刘　洋：云南省社会主义学院文化交流处副调研员

儒家文化是以儒家思想为指导的文化流派，倡导血亲人伦、现世事功、修身存养、道德理性，其中心思想是孝、悌、忠、信、礼、义、廉、耻，其核心是“仁”。它起源于夏商周奴隶社会时期，到春秋战国时期，经过孔子及其学生的发展，开始形成一套较为完整的理论体系，并且不断完善与发展。而后经由董仲舒的改造，儒家思想成为服务于封建统治阶级的正统思想，得到历代统治者的推崇，对中国文化的发展起了决定性的作用，成为中华传统文化的核心。

生态文明是人类为保护和建设美好生态环境而取得的物质成果、精神成果和制度成果的总和，是贯穿于经济建设、政治建设、文化建设、社会建设全过程和各方面的系统工程，反映了一个社会的文明进步状态。中国共产党十八大报告中提出：“建设生态文明，是关系人民福祉、关乎民族未来的长远大计。面对资源约束趋紧、环境污染严重、生态系统退化的严峻形势，必须树立尊重自然、顺应自然、保护自然的生态文明理念，把生态文明建设放在突出地位，融入经济建设、政治建设、文化建设、社会建设各方面和全过程，努力建设美丽中国，实现中华民族永续发展。”

既然生态文明需要融入文化建设，自然绕不过中华传统文化的核心儒家文化。为此，本文试图追根溯源，努力探寻儒家文化与生态文明之间的相容关系，挖掘儒家文化中的生态文明因素，寻找生态文明与儒家文化的契合点，以便求同存异，相辅相成，为生态文明建设和文化建设的协调发展略尽绵力。

一、生态文明的涵义和特点

生态文明可以从纵向和横向两个角度来理解。

从纵向看，生态文明是继原始文明、农(牧、渔)业文明和工业文明之后，人类文明发展的一个新的阶段，主要是对工业文明的反思和纠正。这个视角稍嫌简单草率，不能准确描述生态文明的历史传承，本文将尽力避免以此角度看待生态文明有关问题。

从横向看，生态文明与精神文明、物质文明、政治文明和社会文明并列，是一种以人与自然、人与人、人与社会和谐共生、良性循环、全面发展、持续繁荣为基本宗旨的文化伦理形态。很显然，生态文明不是最近几十年才降临人间的，它的雏形或因素早已随人类其他文明的诞生而出现，并随之而发展。本文采纳这种观点，并将之作为理论出发点。同时，这种观点也更符合十八大报告的精神。

根据十八大报告，生态文明观念具有尊重自然、顺应自然和保护自然三个基本特征。这也是工业文明出现之前，绝大部分思想流派对自然环境的态度，体现了人类还处于弱小时期之时对自然的敬畏。随着近代自然科学技术的发展，人类对自然的态度渐渐由敬畏走向了轻视，比如九十年代以前，我们经常提到的就是“征服自然”“改造自然”，傲慢之态溢于言表。进入后工业时代以后，我们逐渐看到工业文明的弊病，认识到不尊重自然就必然会遭到自然的惩罚时，尊重自然、顺应自然和保护自然才重新成为我们的议题。这是一个否定之否定的螺旋上升过程，看似回归，其实是经过扬弃之后的升华。

二、儒家文化与生态文明的相容关系

儒家文化是两千多年前春秋末期农业文明的产物，而生态文明思想则是最近几十年对工业文明进行反思和批判的产物，两者之间并无传承关系。古人再睿智，也不可能预料到现代社会出现的弊病。我们不可凭借片言只语，就牵强附会地提出生态文明思想源于古代的某种思想理论——无论是儒家、道家、法家还是墨家，都没有对生态文明思想做出过太多贡献。

儒家文化以研究人与人之间关系为主，很少涉足人与物之间的关系，这也是中国古代缺乏科学传统的一个原因。而生态文明思想主要研究人与自然环境的关系，与其矛盾冲突比较明显的思想理论是科学主义。儒家文化与生态文明思想各自有分工，意味着它们在很大程度上是互补关系。对我们来说，这是一件十分幸运的事情。

人类历史上，如果新旧两种理论的主要研究对象相同，两者之间又没有明显的继承关系，则往往造成激烈的思想冲突，甚至将战线延续到现实中。如哥白尼的“日心说”就受到托勒密的“地心说”支持者的强烈抵制，布鲁诺因此还被烧死在鲜花广场。甚至，有继承关系的也会酿成激烈的冲突，如16世纪由宗教改革运动引发的席卷整个德国的德意志农民战争。

虽然从西汉武帝时代起，统治者就开始罢黜百家、独尊儒术，但是历代统治者也仅是将儒家的公开地位提到最高，将其他思想流派贬低，并没有消灭百家。相对来说，儒家文化只重现世的社会秩序和教化，为其他思想流派留出了发展的空间：将终极关怀留给了佛教和道教，两者一个修来世，一个修长生；将宫廷阴谋留给了法家，使其发展为“帝王心术”；将面对挫折时的心理调试工作留给了道家，让人们以难得糊涂来自慰；而一些无法接受教育的下层民众，或者不安定分子，则受到墨家思想的影响，以“义气”相号召。可见，儒家文化是十分宽容的。

19世纪中叶，帝国主义者用坚船利炮打开中国大门之后，中国朝野上下对西方先进的科学技术尤其是军事技术并无太大的抵触，因为它与儒家文化分属不同的领域。如太平天国战争的交战双方都重视洋枪洋炮，对外国人也不排斥，太平军中有“洋兄弟”，清军中则有以外籍雇佣兵为骨干的“洋枪队”，清军统帅、一代大儒曾国藩还带头兴办洋务。到甲午战争之前的30年里，洋务运动兴办得如火如荼。主要的思想文化冲突则发生在后来资产阶级文化思想与儒家思想之间，因为两者涉及的领域相同。但是，儒家文化中的民本主义思想随即与资产阶级文化相结合，产生了立宪派，在清末民初的政治舞台上叱咤风云。可见，儒家文化除了具有很强的包容性外，还有很强的与时俱进性，生态文明在儒家文化的土壤上枝繁叶茂是毫无问题的。

三、儒家文化中的生态文明因素

由于生产力和科学技术水平的局限性，儒家文化不可能对自然环境产生科学、理性的认识。但是，先哲们将生产和社会管理活动中有关生态环境的经验汇集起来，加以整理和转化，形成了朴素的生态文明观念，融入到政治、思想观念中。虽然其论证过程似是而非乃至牵强附会，结论却大致与生态文明的规律相符合。这些成果一代代流传下来，为中华文明的延续和发展做出了特殊的贡献。

（一）尊重自然

与同时代其他流派一样，儒家文化对自然是敬畏的。如孔子说过“君子三畏，畏天命，畏大人，畏圣人之言”（《论语·季氏》）。这里的天命，就是天，指大自然（天地）客观存在的一种规律。而同时，儒家又强调“天行健，君子以自强不息”（《周易·乾卦》）的积极人生态度。因此，儒家对自然的态度是敬畏而不盲从，这与我们现在强调的尊重客观规律、同时发挥主观能动性的哲学思想极为相似。

儒家文化对自然的尊重，还体现在“天人合一”的观念上。“天人合一”是儒家世界观的根本观点，最早起源于春秋战国时期，经过董仲舒等学者的阐述，由宋明理学总结并明确提出。“天”就是“自然”的代表。“天人合一”有两层意思：一是天人一致。宇宙自然是大天地，人则是一个小天地。二是天人相应，或天人相通，是说人和自然在本质上是相通的，故一切人事均应顺乎自然规律，达到人与自然和谐。《礼记·中庸》说：“诚者天之道也，诚之者，人之道也。”认为人只要发扬“诚”的德性，即可与天一致。汉儒董仲舒则明确提出：“天人之际，合而为一。”（《春秋繁露·深察名号》）成为二千年来儒家思想的一个重要观点。一些学者对“天人合一”予以了极高的评价。钱穆说：“我曾说天人合一论，是中国文化对人类最大的贡献。”[1]季羡林补充说：“‘天人合一’就是人与大自然要合一，要和平共处，不要讲征服与被征服。”[2]

（二）顺应自然

人和自然不仅有统一的一面，也有对立的一面。在生产力不发达的农业文明时代，顺应自然是逻辑的必然。

1. 强调自然规律的存在

儒家深刻地洞悉到万物之间存在着内在的、必然的本质联系，有其自身秩序和自身规律。孔子说：“天何言哉？四时行焉，百物生焉”（《论语·阳货》），认识到了四季更替、万物生长的客观规律性。荀子指出：“天有行常，不为尧存，不为桀亡。应之以治则吉，应之以乱则凶。”（《荀子·天论》）他不仅肯定了自然万物运行规律的客观性，而且强调人们只有认识规律，严格按客观规律办事才能避“凶”趋“吉”，由“乱”至“治”。

2. 鼓励遵守自然规律

“顺应天常”是儒家生态伦理思想的根本要求，认为人应当遵守自然规律，合理开发利用自然资源。《周易·文言》提出：“夫大人者，与天地合其道，与日月合其明，与四时合其序，与鬼神合其吉凶。先天而天弗违，后天而奉天时。”孔子则在《论语·泰伯》中提出：“大哉！尧之为君也。巍巍乎，唯天为大，唯尧则之。”以尧为榜样，鼓励遵守自然规律。

孟子进一步阐述了遵守自然规律获得的巨大经济、政治效益。他向魏惠王建议称：“不违农时，谷不可胜食也。数罟不入洿池，鱼鳖不可胜食也。斧斤以时入山林，材木不可胜用也。谷与鱼鳖不可胜食，材木不可胜用，是使民养生丧死无憾也。养生丧死无憾，王道之始也。五亩之宅，树之以桑，五十者可以衣帛矣。鸡豚狗彘之畜，无失其时，七十者可以食肉也。百亩之田，勿夺其时，数口之家，可以无饥矣；谨庠序之教，申之以孝悌之义，颁白者不负戴于道路矣。七十者衣帛食肉，黎民不饥不寒，然而不王者，未之有也。”（《孟子·梁惠王上》）不违农时，不涸泽而渔，不滥砍

[1] 《钱穆先生论天人合一》，见香港中文大学新亚书院学思楼左侧“合一亭”碑文。

[2] 《关于人的素质的几点思考》，见《季羡林谈人生》，当代中国出版社2006年版。

滥伐，孟子的话都说到这个份上了，无奈后人却当作了耳边风。当我们痛心黄土高原的水土流失，担心黄河的泛滥，揪心与邻国的渔业纠纷时，有没有忏悔当初未听圣人之言？

3. 有节制地利用自然

儒家崇尚中庸，要求凡事都要有节制，不可做过头。对待自然资源，则崇尚节制。如中唐政治家陆贽提出："地力之生物有大数，人力之成物有大限。取之有度，用之有节，则常足；取之无度，用之不节，则常不足。"(《资治通鉴·唐纪五十》)取之有度，用之以节，成为了中国重要的传统道德规范，在儒家传统生态伦理思想上则体现为一种对物质享受的节制和对自然资源的珍惜与爱护。

在儒家经典著作中，有节制地利用自然的篇章也屡见不鲜。"国君春田不围泽，大夫不掩群，士不取麛卵。"(《礼记·曲礼下》)"天子不合围，诸侯不掩群。""草木零落，然后入山林。昆虫未蛰，不以火田，不麑，不卵，不杀胎，不殀夭，不覆巢。"(《礼记·王制》)孔子反对竭泽而渔、覆巢毁卵的行为，认为对生物的获取要有度，"钓而不网，弋不射宿"。

(三)保护自然

平心而论，儒家文化区域位于温带、亚热带季风带，气候比较湿润，原本没有生态薄弱地区。如今满目荒凉的陕北地区，在夏商周时期却是最好的良田——"田上上"。因此，儒家文化对自然环境保护，没有形成法律文字来强制约束人们执行，而往往以礼乐制度和善恶标准来规范人们的行为。

1. 将保护自然的行为提到道德的层面

"断一树，杀一兽，不以其时，非孝也。"(《礼记·祭义》)树木开花结果时、母兽孕育产仔时，砍伐和捕猎将会损害其下一代发展，破坏可持续发展。孔孟先哲自然认识到了这个问题，又唯恐世人不予重视，于是，孔子把人们对待生物的态度当作儒家道德规范之一——孝道来看待。上文所引用的《礼记·曲礼下》和《礼记·王制》，孔子把对待动物的态度看作是道德问题，利用礼乐制度的方式，对上到天子，下到庶民都进行了约束，初步实现了由家庭伦理、社会伦理向生态伦理的拓展。

孟子继承和发展了孔子“仁爱万物”的思想，提出了“亲亲而仁民，仁民而爱物”的宝贵思想，第一次明确提出并初步回答了生态道德与人际道德的关系问题。孟子要求世人对人对物都应该持有一份“不忍之心”。他说：“君子之于禽兽也，见其生，不忍见其死；闻其声，不忍食其肉。是以君子远庖厨也。”（《孟子·梁惠王上》）与如今的动物权利保护人士颇有相同之处。

董仲舒则直接把爱护鸟兽昆虫等当作仁的基本内容。他说：“质于爱民，以下至鸟兽昆虫莫不爱。不爱，奚足以谓仁?”（《春秋繁露·仁义法》）张载认为人类应该兼爱万物。他说：“性者万物之一源，非我之得私也。惟大人为能尽其道，是故立必俱立，知必周知，爱必兼爱，成不独成。”（《正蒙·诚明》）在这个认识的基础上，张载提出了“民胞物与”的著名命题：“天地之塞，吾其体；天地之帅，吾其性。民，吾同胞，物，吾与也。”（《正蒙·西铭》）他们都主张人类要仁爱自然万物，对自然实行“人道主义”。

2. 将保护自然作为行为程序

《礼记·月令》把世界描绘为一个多层次的结构。在作者看来，人，包括帝王在内，不能是绝对自由的。人的自由不仅表现在利用自然，而首先表现在遵循自然。政令应以生产规律为依据，应有益于生产的发展和正常的进行，不能站在对立面破坏它。虽然《礼记·月令》的世界观描述显得十分牵强附会，难以自圆其说，但是其对生产活动的要求是符合客观实际的，得到了各朝代的重视。其中最著名的莫非匡衡等排挤陷害陈汤事件。汉元帝时，名将陈汤、甘延寿于西域斩杀匈奴郅支单于，将其首级送回长安，两人在报告中提出要将郅支单于的首级“宜悬头槁于蛮夷邸间，以示万里，明犯强汉者，虽远必诛!”两人立此不世奇功，将宿敌之首悬挂于“使馆区”以警示各国，确实是个好主意，西汉政府没有理由不采纳。谁知，丞相匡衡、御史大夫繁延寿却提出：“郅支及名王首更历诸国，蛮夷莫不闻知。《月令》春‘掩骼埋胔’之时，宜勿县。”根据现在的医学知识，春天是疫病高发之时，悬挂腐烂的尸首的确有导致瘟疫的风险，《月令》提出春天‘掩骼埋胔’有一定合理之处。当然，匡衡等人夸大风险来贬低甚至陷害功臣的行为是十分令人不齿的。不过，我们从中可以看出古人保护自然的意识也很强。

四、现实意义

从上面的论述中，我们可以看到，儒家文化与生态文明思想是互相包容、相辅相成的。

（一）大力建设生态文明，对儒家文化来说，是一种帕累托优化

帕累托优化是指一种变化在没有使任何人境况变坏的前提下，至少使得一个人变得更好。生态文明的最大对手是GDP主义，即为了片面追求短期的、局部的经济增长，而不惜牺牲生态环境甚至子孙后代可持续发展的机会。GDP主义是工业社会的必然发展过程，是人类社会破蛹成蝶必须经历的阵痛。我们能做的，就是尽量缩短这个过程。同样，GDP主义也与儒家文化仁政思想相抵触。我们大力建设生态文明，克服了GDP主义，并不会损害儒家文化的发展。

（二）生态文明和儒家文化可以携手并进

儒家文化是中华优秀文化中的精华，是社会主义核心价值观的重要来源。生态文明思想是一种新生事物，是对人类社会工业文明的偏差、弊病的纠正。儒家文化和生态文明都具有良好的互补性，建设美丽中国，实现中华民族永续发展是它们的共同目标。因此，生态文明建设和儒家文化的复兴与发展是能够也应该结合起来的，携手并进，共同进步。

论儒家文化在生态环境保护中的作用

么新鹤

么新鹤：山东省社会主义学院教师

伴随着中国经济的高速发展，生态退化，包括水土、土地荒漠化，草地退化、消化和碱化等生态环境问题也日益突出。为此，十八大报告提出了"美丽中国"概念，这是对生态文明建设执政理念的新发展。环境保护作为建设生态文明的驱动力，必然要与时俱进地适应执政理念的发展。在加强生态环境保护，建设"美丽中国"的过程中，占据传统文化的主流地位的儒家文化具有十分丰富的内容，有着不容忽视的作用。

一、"美丽中国"对生态环境建设的新要求

从对"美丽中国"的字面解读不难看出"美丽"二字的特殊意义。"美丽"的表述体现了对环境价值的追求，将环境保护、自然恢复置于突出地位，体现了我们党对人类社会发展规律和社会主义建设规律的深刻把握，体现了执政理念的不断完善。通过从价值层面对"美丽中国"的解读不难看出，这是对生态文明建设提出的更高的价值追求。

我们看到，儒家文化与现代生态文明观存在着很多同构的方面，是可以相互融通的。儒家文化中的"亲亲而仁民，仁民爱物"的道德扩展论与现代生态文明观中强调社会伦理和生态伦理的联系和贯通的思路相一致，儒家重人道轻天道、贵人贱物，在道德关怀的对象上由人类自身逐步扩大到人以外的自然物，强调人的至善品格的塑造和主体能动性的发挥，这些本身正契合了"美丽中国"对于生态环境提出的要求与方向，也是特定历史条件下

求得人类发展的现实选择。

二、当下生态环境保护制约因素分析

近年来，围绕全面建设小康社会的目标，保护生态环境的思想日渐深入人心并在实践中得到深化，为建设“美丽中国”奠定了前提基础。但是生态环境保护领域仍然面临着许多深层次的问题，将生态环境保护融入社会主义文明建设全过程还面临许多多年积累的问题和制约因素。

第一，巨大人口压力的制约

人口数量是决定一定历史时期人与自然关系的基础性要素。新中国成立后，由于受传统文化影响，加之认识不足，我国人口在一个时期内急剧膨胀，虽然实行了计划生育政策，但过大的人口基数非短时可以消除。大量人口的生存发展需求导致本已不足的自然资源更加捉襟见肘，人口压力加重了对自然环境资源的开发压力，破坏性地利用自然资源损害了生态自我恢复能力，对生态环境造成严重影响，也消耗了大量的经济发展成果。

第二，粗放型经济发展模式的制约

我国经济的高速增长在某种程度上是以资源环境的不可持续换来的，属于高投入、高消耗和高污染的粗放型经济发展，这加剧了环境污染，生态损害，制约着社会主义经济的生态转型，对环境保护造成严重制约。当代国人在追求自身经济利益实现的过程中削弱了对未来的关注，随着改革开放后社会生产力水平的快速提高，人们获取经济利益的速度远远超过了自然界的自我更新速度，在获得经济利益满足的同时，却对整个民族的生存环境造成了前所未有的破坏，从这个意义上说，当代国人所拥有的许多经济利益是以牺牲我们的长远利益、牺牲下一代人的经济利益为代价的。

第三，制度建设不完善的制约

制度建设的不完善及其导致的公共监督缺失一直是我国环境保护的重要问题之一。由于长久以来发展主要以 GDP 指标来衡量各级政府工作，地方政府的财政收入许多源自高污染、高消耗企业的纳税，在保护环境与经济增长数字、地方税收矛盾的情况下，出现了以牺牲资源、环境来换取 GDP 增长的现象。由于缺乏有效的社会监督，部分地区在环境执法过程中出现有法不依、执法不严的问题。同时，一些地方环保部门由于执法经费不足，需要靠收取环保费用运转的情况，造成环保执法部门与污染企业形成共生依赖关系。

由于以上各种制约因素的影响，目前，我国自然生态环境恶化的趋势在许多方面还没有得到遏制，主要表现在：水土流失日趋严重，我国水土流失面积 367 万平方千米，平均每年新增水土流失面积 1 万平方千米，荒漠化土地面积不断扩大，全国荒漠化土地面积已达 262 万平方千米，并且每年还以 2460 平方千米的速度扩展；大面积的森林被砍伐，天然植被遭到破坏，毁林开垦、陡坡种植、围湖造田等加重了自然灾害造成的损失；草地“三化”，草地面积 1.35 亿公顷，且正以每年 200 万公顷的速度增加。

三、借鉴儒家文化生态智慧，加强生态环境保护

面对由巨大的人口压力、粗放的发展模式和不完善的环保制度造成的生态环境日益失衡、人与自然关系日趋紧张的问题，对儒家文化进行分析并从中发现解决现实问题的手段，为实现人与自然的和解、重建生态平衡寻找有效出路，是谋求当代人类社会走向持续发展的重要途径之一。

第一，以儒家文化整体观推动生态修复

儒家文化认为，人类源于自然，人是自然之子，人与自然同存于相互联系的整体格局中。《周易》的“观其会通”，就是主张要整体地看待万事万物。此后的儒家先哲们，以此出发，提出了“天之与人，有以相通也”“天人一也”“万物余一体”[1]等思想，乃至“天人合一”[2]观中指出人类活动与自然万象之间本身就是一个天人沟通、心物交流的不可分割的有机整体的观念。人是自然界的一部分，意味着人应该摆正自己在自然中的位置，与自然和平共处，人类应该尊重自然，师法自然，遵循人与自然协调发展的原则，维护生态平衡。

面对着当代社会由于巨大的人口压力及相应的崇尚改造和征服自然，

---

[1] 董仲舒：《春秋繁露》

[2] 张载：《正蒙·大和篇》

强调人类主体优位所造成的物质资源被大量消耗，环境污染层出不穷的不平衡的状态，需要我们运用儒家的整体协调发展观，积极实施生态修复，做好受到人类活动破坏的自然生态系统的恢复与重建工作，恢复生态系统原本的面貌，为维持生态平衡，实现人类社会的可持续发展铺平道路。

第二，以儒家文化利益观促进发展模式转变

儒家文化认可人们的正当利益，在儒家先贤看来，对物质利益的追求，是“人之性情”，但儒家强调在“言利”的同时还要“利他”。在人与自然的关系上，儒家文化强调人和自然在根本利益上的一致性，要求人们始终以利他的、仁义的胸怀来对待自然。面对发展中与自然的关系问题，孟子在“观物比德”中指出，“数罟不入洿池，鱼鳖不可胜食也；斤以时入山林，材木不可胜用也。”[1]这种非功利的利益观，不啻为我们转变发展模式指明了方向。

自然是人类的衣食父母。目前看来，我们下一代人的生存和发展环境将为我们今天的经济增长付出高昂的代价，中国社会的可持续发展已经面临着严峻挑战。要努力建设“美丽中国”，实现中华民族永续发展，在儒家文化利益观的指导下加快转变经济发展方式，以非功利的，强调利己与利他相协调的利益观，促进依靠过度消耗资源、过度污染环境、过度破坏生态的粗放型经济发展方式的转变。首先要逐步转变地方领导干部传统的政绩观，把资源消耗、环境损害、生态效益纳入到地方政府官员的政绩考评和地方经济社会发展评价指标体系中去，建立体现生态文明要求的目标体系、考核办法、奖惩机制。同时，还需要深化资源性产品价格和税费改革，建立反映市场供求和资源稀缺程度、体现生态价值和代际补偿的资源有偿使用制度和生态补偿制度。通过改革和制度建设，彰显生态价值，提高资源使用效率，形成合理消费的社会风尚，营造爱护生态环境的良好风气。

第三，以儒家文化和谐观完善制度建设

儒家文化认为，人与自然的协调统一，还体现在人与自然的和谐共处上。荀子在《天论》《王制》等篇目中阐述人的功能在于人与天地相配合，为王者的使命之一就是保护自然资源，在人与物之间建立起良好的和谐秩序，使万物皆得其宜。

---

[1] 《孟子·梁惠王上》

生态环境保护不仅要我们树立生态意识，还要将儒家文化中的和谐观融入保护生态环境的制度制定过程中去，为政府和权力机关制定相关法律法规提供给养，全面推进生态环境的保护和治理。在推动制度完善的过程中，需要我们进一步明晰产权明晰责任，尽快完善资源配置机制和利益分配机制。通过建立严格的惩罚制度、奖励制度，加强对生产生活废水废气的生态处理、天然林保护和沿海防护林等生态工程建设，制订和修改环境资源保护法律法规，适时出台相关政策，用宏观调控手段引导生态建设的积极性，加大执法检查的力度，努力做到有法必依，执法必严，违法必究，切实提高破坏环境的成本。以此重建人与自然之间的和谐关系，达到"与天地合其德，与日月合其明，与四时合其序"，使人类活动"不害天地之常运"，最终实现天人协调统一。

参考文献：

[1] 胡锦涛.坚定不移沿着中国特色社会主义道路前进 为全面建成小康社会而奋斗——在中国共产党第十八次全国代表大会上的报告[R].北京：人民出版社，2012.

[2] 国家环境保护总局.2005中国环境状况公报[N].中国环境报，2006－6－15.

[3] 人民对美好生活的向往就是我们的奋斗目标[N].人民日报，2012－11－16.

[4] 许瑛."美丽中国"的内涵、制约因素及实现途径[J].理论界，2013.1.

[5] 刘佳奇."美丽中国"的价值解读与环境保护新审视[J].学习与实践，2013.12.

[6] 任秀芹.儒家文化中的生态观对当代生态环境问题的启示[J].昆明大学学报，2002，3.

道家文化与生态文明

道家生态和谐观与生态文明理念之探析

彭 慧　吉 强

彭慧：江苏省江苏社会主义学院副巡视员

吉强：江苏省江苏社会主义学院文化联络处干部

改革开放以来，随着经济建设的深入推进，我国综合国力迅速提升，人民生活水平日益改善；但同时我们也遭遇了西方发达国家工业化发展阶段所出现的各种生态问题，资源约束趋紧、环境污染严重、生态系统退化的形势已十分严峻。对此，党的十八大进一步明确，把生态文明建设作为发展中国特色社会主义的重要战略任务，努力建设美丽中国，实现中华民族永续发展。

生态文明建设内容丰富，其中一个重要内容也是首先要解决的问题，就是在全社会牢固树立科学的生态文明理念。十八大报告明确提出要树立"尊重自然、顺应自然、保护自然"的生态文明理念，这为我国生态文明建设提供了坚实的思想基础和正确的价值导向。在这一理念中，尊重自然是顺应自然、保护自然的前提与基础；顺应自然是尊重自然的必然延伸，也是保护自然的有效途径和重要内容；保护自然则是尊重自然、顺应自然的必然要求。只有尊重自然，正确认识和对待自然，才能真正做到顺应自然；只有顺应自然，才能有效保护自然；而保护自然的最终目的是实现人类社会的可持续发展。三者相互关联、有机统一，其核心是人与自然和谐相处。

生态文明理念所涉及的人与自然和谐相处的思想与我国传统文化的道家生态和谐观具有相通之处。道家的生态和谐观是立足于"道"而展开的。以老子和庄子为代表的道家把"道"作为观察、了解万物，以及处理人与自然关系的起点和归宿。“道家一方面以‘道’为‘先天地生’的根源性原理，因此‘道’自有其超越性、独立性与绝对性；而另一方面，‘道’又内在于天地万物，而成为天地万物的生成原理与实现原理。”[1]“道”既是绝对而独立的万物本原，又是万物生成发展的内生动力，因此，世间万物外源于“道”且内存有“道”，成为不可分割的统一体，这是道家生态和谐观的基础。在这基础上形成了“物无贵贱”而万物平等的生态和谐观，并由此逻辑地延伸出“道法自然”而“无为”的另一层生态和谐观。顺“道”而“无为”又进一步推出不“妄作”“知足”等生态和谐观。这些观念不同程度地与“尊重自然、顺应自然、保护自然”的生态文明理念相契合。

一、道家生态和谐观与“尊重自然”理念相契合

在如何看待人与自然的关系上，早期人类受制于低下的生产力水平，对自然抱有神秘感，心存敬畏，甚至认为只能听命于天。随着认知和实践能力的大幅提高，人类对自然的态度逐步由被支配、被控制转变为去支配、去控制，形成了“人类中心主义”的价值观。这一观念认为人类的利益，即人自身生存与发展的需求，是处理人与自然关系的核心。它在发挥人的主观能动性，促进人类社会全面发展方面起到了积极作用。但随着工业文明的深度发展，“人类中心主义”日益趋向极端，它把人与自然割裂为两个完全独立的部分，使两者绝对地对立起来，在此基础上片面强调人的地位和价值，而忽视甚至否定自然万物的存在价值，认为人的一切需求都是合理的，都是值得不断满足的，自然万物只有在满足人类自身利益时才具有存在的价值和意义。受这种理念影响，人类在谋求自身发展的过程中往往牺牲了自然的利益，从而带来了愈发严重的生态危机。而生态文明重视人与自然的和谐关系，强调人要尊重自然。“尊重自然”的理念改变了片面强调人与自然对立、人于自然之上的观念，认为人与自然是不可分割的统一整体，认同自然的主体地位，承认自然万物固有的价值和意义。而道家“万物与我为一”的整体观和“物无贵贱”的平等观与生态文明这一理念相契合。

---

[1] 曾春海等:《中国哲学概论》，吉林出版集团有限责任公司 2009 年版，第 238 页。

道家认为“道”生万物且内存于万物，因此“万物与我为一”。何为“道”？老子曰：“有物混成，先天地生。寂兮寥兮，独立而不改，周行而不殆，可以为天下母。吾不知其名，强字之曰道，强为之名曰大。”[1]庄子认为：“夫道，有情有信，无为无形；可传而不可受，可得而不可见；自本自根，未有天地，自古以固存；神鬼神帝，生天生地。”[2]在他们看来，“道”是一种存在，它可感不可言、可悟不可见，是一种无名、无形、无为的存在。它独立存在而不变、循环运行而不止，它先于天地而在，是天下万物之母，造就“鬼”“帝”、产生天地，它自为本、自为根。“道”的这种特性体现在万物生成上就是“道”生万物——“道生一，一生二，二生三，三生万物。万物负阴而抱阳，冲气以为和。”[3]“道”是本原，由“道”而生“一”这个统一整体，由“一”而生阴阳之“二”，再由“二”衍生“三”，从少到多、由简至繁产生万物。万物都是靠阴向阳，由阴阳二气相互作用而形成和谐体。在万物生成过程中，“道”既是外在于万物的共同源头，又是内存于万物的共同动力。由此可见，包括人在内的万物是一个由“道”而生且内存有“道”的整体，人与自然万物是一种“天地与我并生，而万物与我为一”[4]的共生共存的统一体。而这种万物合而为一是一种客观存在，并不受人的主观喜好或各自差异的影响，即所谓“故其好之也一，其弗好之也一。其一也一，其不一也一。”[5]

道家认为在共生共存、统而为一的整体中，“物无贵贱”而万物平等。在道家看来，万物既然是由“道”而生并内含有“道”的共生共存的统一体，那么万物虽然有质、形、功等差别，但就“道”而言，它们在生存权利、生存方式等方面都是平等的。因此，人应从“道”的角度而非“人”的立场去与自然及其万物相处，对其抱以尊重。

老子认为：“故道大，天大，地大，人亦大。域中有四大，而人居其一焉。”[6]这是说，如果客观世界有“四大”，人只是道、天、地、人中的一“大”。而这“四大”并非绝对平等的，其中“道大”是绝对的、唯一的，“天大”“地大”

---

[1] 《老子·第二十五章》
[2] 《庄子·大宗师》
[3] 《老子·第四十二章》
[4] 《庄子·齐物论》
[5] 《庄子·大宗师》
[6] 《老子·第二十五章》

"人大"是从属于"道大"的，因此，人并不位于万物之上。庄子认为，"以道观之，物无贵贱；以物观之，自贵而相贱；以俗观之，贵贱不在己。以差观之，因其所大而大之，则万物莫不大；因其所小而小之，则万物莫不小……以功观之，因其所有而有之，则万物莫不有；因其所无而无之，则万物莫不无……以趣观之，因其所然而然之，则万物莫不然；因其所非而非之，则万物莫不非。"[1]这明确强调了无贵无贱的万物平等。从"道"的角度看，万物本来就是浑然同一的，没有优劣之分、贵贱之别；从万物自身看，各自以"己"为贵而以"他"为贱；从世俗的观点看，贵贱不在于事物本身。人若在万物形之差异、功之有无、趣之是非等方面，仅仅按照自己的标准，有选择地顺着万物的"大"或"小""有"或"无""是"或"非"去认知，就会形成片面地肯定一面而否定另一面的局面。对人而言，万物客观上并无贵贱，之所以有贵贱是因为人以自己的主观标准去判定万物或有或无、或大或小的价值，这是不可行的。

在客观世界中，人的生存发展依赖于空气、水、阳光、动植物等外在他物，这些他物创造、提供了人类生存所需的条件；而人的实践活动又作用于外在他物的存在及变化，这反过来又影响了人的生存发展。这样，人与自然万物便共同存在、相互作用于统一的生态系统中。另一方面，自然万物中，一些种类不为人类所直接利用，即不直接为人类提供生存条件；一些种类还会对人类产生某种威胁，但是它们的产生、发展与消亡都有其客观必然性，它们都是维系生态系统平衡稳定的一个个因素，对维护人类赖以生存的生态环境都有着不可忽视的作用。因此，我们要立足于"万物与我为一"生态和谐观，站在生态系统整体的角度去审视自己与自然的关系，不能以"人"观万物，而要以"道"观万物，做到平等待物、尊重自然。

二、道家生态和谐观与"顺应自然"理念相契合

在相当一段时期内，人类生存发展只能被动地顺从自然，受着自然的控制。但随着认识自然和改造自然能力的提高，人类开始自恃不断发展的科技，极其自信地去谋求驾驭自然、征服自然、主宰自然，积极做自然的主

---

[1] 《庄子·秋水》

人。实际上,人对自然万物固有本性和运行规律的认识还相当有限,对自然的掌控还远未达到随心所欲的程度。例如,人对“风调雨顺”等自然因素的依赖仍旧无法摆脱,对地震、飓风、海啸等自然灾害依然无法有效抵御。“人定胜天”尚言之过早。因此,生态文明建设强调人类的生产生活应注重顺应自然。“顺应自然”的理念,主张要正视自然规律的存在并顺应自然规律,趋利避害地利用自然为自己服务。道家在肯定“道”的客观规律性的基础上提出了“道法自然”和“无为”等生态和谐观,这与“顺应自然”的理念相一致。

道家肯定了“道”的客观规律性。按照道家的思想,“道”的独立性、超越性、绝对性,决定了它不是以人的主观意愿,而是以其自然而然的状态存在着;“道”的内存性,又决定了它是引起并支配万物存在与变化的内在力量。这使得“道”可以被视为一种最根本的大规律。张岱年对此作过详细的阐述。他认为,“所谓道,实即究竟规律或究竟所以……凡物有所动,皆系遵循一规律而不得不动;凡物之生,亦系遵循一规律而不得不生。然各物的规律并不是相离立而不相干的。此等规律实有其统一,为更根本的规律所统一。或者说,一切规律都根据了一个大规律。此大规律是究竟的、总一的规律;乃万物所共,一而不二,常而不易,可以说是普遍的规律。此普遍的规律即所谓道。”[1]

关于“道”的客观规律性,老子有言:“道常无为而无不为。”[2]“道”是一种自己如此的绝对而独立的存在,它不体现出有某种具体目的的作为(“常无为”);“道”又是万物生的内在共同因素,万物无不由它支配(“无不为”)。庄子则在老子思想的基础上进一步丰富了“道”的规律性认知。如:“天道运而无所积,故万物成”[3];“夫春气发而百草生,正得秋而万宝成。夫春与秋,岂无得而然哉?天道已行矣”[4];“天下莫不沉浮,终身不故;阴阳四时运行,各得其序;惛然若亡而存;油然不形而神;万物畜而不知。此之谓本根,可以观于天矣”[5];“死生,命也;其有夜旦之常,天也。人之有所不得与,皆物之

❶ 张岱年:《中国哲学大纲》,江苏教育出版社 2005 年版,第 48 页。

❷ 《老子·第三十七章》

❸ 《庄子·天道》

❹ 《庄子·庚桑楚》

❺ 《庄子·知北游》

情也。”[1]这些表明万物的运行、养育和生死，阴阳变化、四季更迭、日夜轮替等自然现象，最终都是“道”的规律在发挥作用。“道”的规律性作用往往难见形迹、无可名状，但它却又自动、自发地存在，也未有过停留和积滞。“道”这种规律，不是人创造的，也不是人能消灭的，它不受人的主观愿望左右，而是按自己固有的状态支配着万物的生存与发展。因此，人对自然规律应该尊之、顺之，而非违之、逆之。

道家认为对待万物要“道法自然”而“无为”。道家肯定了“道”的客观规律性（即肯定自然规律的存在），以此逻辑地提出人要“法自然”、顺规律，而“法自然”就是让万物按其固有本性自然而然地发展，减少人为干预甚至不干预，这就要“无为”。“无为”提倡的是“人道”要顺应“天道”，体现了顺应自然的思想。

老子曰：“人法地，地法天，天法道，道法自然。”[2]这里的“道法自然”意指“道”无他物可法，效法的只是自己如此的状态（即“自然”）。“人”“地”“天”“道”“自然”之间效法的递进关系表明，人最终要取法于“道”（即“自然”），以“道”的规律为最高活动准则。又如，“辅万物之自然而不敢为”[3]，“侯王若能守之，万物将自化”[4]表明人应帮助万物保持其自己如此的状态，而不能妄为，即要顺应规律而为之。如果能够遵循“道”的规律，万物将能自行演化发展。庄子也有类似的观点。如“天下有常然。常然者，曲者不以钩，直者不以绳，圆者不以规，方者不以矩，附离不以胶漆，约束不以纆索。”[5]以及“夫子若欲使天下无失其牧乎？则天地固有常矣，日月固有明矣，星辰固有列矣，禽兽固有群矣，树木固有立矣。夫子亦放德而行，循道而趋，已至矣！”[6]这些表明，不论曲直圆方、“附离”或“约束”，还是天地、日月、星辰乃至禽兽、树木等，都有其固有的存在常态和规律，人只要依常态行事、顺规律前行，就可以了。依常态、顺规律，便是“无为”。而对于“无为”的结果，庄子指出，“天无为以之清，地无为以之宁，故两无为相合，万物皆化”[7]；

---

[1] 《庄子·大宗师》
[2] 《老子·第二十五章》
[3] 《老子·第六十四章》
[4] 《老子·第三十七章》
[5] 《庄子·骈拇》
[6] 《庄子·天道》
[7] 《庄子·至乐》

"无为也，则用天下而有余"❶。天地"无为"，则万物得以变化生长；帝王"无为"，则利用或治理天下就会绰绰有余。

"道法自然"而"无为"并非表明人要完全听命于天而无所作为，即并非否认人的主观能动性；而是强调人在"法"什么、如何"为"方面，要顺客观规律而为，非依主观意愿而为，要使主观意愿符合客观规律，不刻意去做反自然的事情。

在现实中，人往往出于自身的需要，做出了一些违背自然规律的事情。例如，以围海造田来扩大一定地区的生产生活空间，缓解人口与土地的矛盾，但这一行为改变了自然界长期演化而形成的生态圈，容易引发海啸、洪灾等自然灾害；又如，对家畜、果蔬进行人为催生，在农作物上大量使用转基因技术等，违背了动植物的生长规律，不仅改变了它们固有的自然性状，也会因人的食用而对人带来潜在危害。因此，人需要"顺物自然而无容私"❷地对待自然，促进人与自然的和谐。

三、道家生态和谐观与"保护自然"理念相契合

工业文明之后，人类凭借科技水平的提升，罔顾自然万物长期发展的固有本性，按人的需求对其任意处置；同时，人类对物质享受的过分追求，带来了生产生活消耗的剧增，引起了对自然资源的肆意掠夺。这些行为致使环境承载能力持续下降、生态秩序严重紊乱、生命维持系统日益脆弱，严重破坏了自然界固有的生态平衡，进而对人类自身的生存与发展造成了威胁。因此，生态文明建设尤为重视开发利用自然的同时加强自然的保护。"保护自然"的理念强调对自然万物尽量不要破坏其固有常态，对自然资源要取之有度、合理利用。而道家思想中不"妄作""知足"等生态和谐观与之相合。

道家强调人不能"妄作"。不"妄作"就是不肆意破坏自然生态及其万物的固有本性而维护其常态。"妄作"会导致生态失衡、万物受损，最终招致凶祸。这正如庄子所言："天有六极五常，帝王顺之则治，逆之则凶。"❸

---

❶ 《庄子·天道》

❷ 《庄子·应帝王》

❸ 《庄子·天运》

道家的不“妄作”首先体现在反对智巧上。道家认为智巧的过分运用是自然万物遭受破坏的重要原因。例如，“上诚好知而无道，则天下大乱矣。何以知其然邪？夫弓弩毕弋机变之知多，则鸟乱于上矣；钩饵罔罟罾笱之知多，则鱼乱于水矣；削格罗落罝罘之知多，则兽乱于泽矣……故上悖日月之明，下烁山川之精，中堕四时之施，惴耎之虫，肖翘之物，莫不失其性。”[1]过于依仗智巧去对待鸟、鱼、兽等万物，会给其带来灾祸，智巧的滥用也会导致“日月之明”被遮蔽，“山川之精”遭毁坏，四季运行受损害。这告诫我们要辩证对待科技的作用，不能片面夸大其有利一面，而忽视其不利一面，不能依仗科技的便利去“妄作”。其次，不“妄作”还体现在要保持万物的自然本性，而不人为去刻意改变。庄子有言：“鸟乃眩视忧悲，不敢食一脔，不敢饮一杯，三日而死。此以己养养鸟也，非以鸟养养鸟也”[2]；“‘伯乐善治马，而陶、匠善治埴、木。’此亦治天下者之过也。”[3]在他看来，人以自己的方式去养鸟，伯乐、陶工、木工按照自己的意愿去改变马、土、木的本性，都是对原物进行破坏，是不可取的。

关于“妄作”的后果，庄子曾有明确的描述：“乱天之经，逆物之情，玄天弗成；解兽之群，而鸟皆夜鸣；灾及草木，祸及止虫。”[4]这说明，如果人们扰乱自然常规，违背万物常态，那么自然的功能、作用就会被破坏，必然出现兽群纷离、飞鸟哀鸣、草木受损、昆虫遭祸的灾难性后果。因此，人不应“妄作”，而是要遵循“利而不害”[5]的天道，要做到“以天待之，不以人入天”[6]，“配神明，醇天地，育万物，和天下”[7]。即要立足自然，遵循自然法则，不用人事过分干扰自然，以此抚育万物，调和天下。可见，只有不“妄作”才能实现“圣人处物不伤物。不伤物者，物亦不能伤也”[8]的人与自然和谐共处的境界。

道家提倡人要“知足”。道家的“知足”观是一种反物欲的价值观。道

---

[1] 《庄子・胠箧》
[2] 《庄子・至乐》
[3] 《庄子・马蹄》
[4] 《庄子・在宥》
[5] 《老子・第八十一章》
[6] 《庄子・徐无鬼》
[7] 《庄子・天下》
[8] 《庄子・知北游》

家认为过分的物欲是有害的，强调人们要保全自身则需“知足”。“知足”而“不欲”，万物也可不受破坏地自在而存。

老子明确指出：“五色令人目盲；五音令人耳聋；五味令人口爽；驰骋畋猎，令人心发狂；难得之货，令人行妨。”[1]这是在告诫人们，过分地满足感官的欲求反而会扰乱感官的功能，纵情于狩猎等乐趣会让人心智狂乱，沉溺于珍稀的物品会使人行为不轨。老子又指出：“名与身孰亲？身与货孰多？得与亡孰病？甚爱必大费；多藏必厚亡。故知足不辱，知止不殆，可以长久。”[2]对“名”与“货”的追求往往劳神伤身，得不偿失，“甚爱”必然导致极大的耗费，“多藏”必会带来惨重的损失，要实现自如自在且生存长久就得抛弃物欲，做到“知足”“知止”。“知足”不仅能实现人自身的常乐，更重要的是，“知足”客观上能够减少人对物质的需求，进而可避免对自然的过度索取。

当下，人们对物质的需求已不再仅仅是吃得饱、穿得暖，而是愈发追求更多的物质财富、更高档次的商品、更奢华的生活享受，使得人与自然的物质交换出现了量和质的几何级倍增。其结果是，以满足无限物欲为起点和归宿的社会化大生产直接导致了对自然资源的过度开发甚至毁灭；而大规模的生产与过量的生活消费，又向自然界输出了大量的副产品，如废气废水、固态垃圾等。这就形成了过度的物欲——无限制索取——大量生产——过度消费——大量废弃的生产和生活方式。在这种方式下，资源日趋枯竭，物种开始减少，环境不断污染，生态系统自我平衡与调节的能力逐渐丧失，人类社会的永续发展也因此受到威胁。所以，人们要常以“祸莫大于不知足；咎莫大于欲得”[3]警示自己，对不合理的欲求加以控制，倡导淡泊财富、节制物欲、适度消费的“知足”观，从源头上做到保护自然，以此实现“常足”。

---

[1] 《老子·第十二章》

[2] 《老子·第四十四章》

[3] 《老子·第四十六章》

道家、道教生态伦理的现代价值

丁根宽　屈　珩

丁根宽：男，甘肃省社会主义学院副院长

屈珩：女，甘肃省社会主义学院，统战理论教研部讲师

在当今21世纪开始之际，人类既享受到现代工业革命给我们带来的文明，同时也切身地感受到现代工业革命给我们带来的一系列负面影响。特别是生态的急剧恶化和环境的严重破坏给我们带来的深重灾难，水俣病、癌症、艾滋病、非典、禽流感……都在威胁着我们，给我们的未来和后代带来浓重的生活阴影。因此，改变我们的生存方式，从现代的工业文明迅速过渡到后工业的生态文明，已经成为全世界绝大多数人的共识。而要实现这种文明形态的过渡，最重要的是要改变我们的文化观念，迅速地从工业文明的人类中心主义、唯科技主义、唯工具理性与主客二分的思维模式，转变到有机整体的生态思维观念之上。这样的转变当然应主要立足于当代，并从各国的实际情况出发，但借鉴古代的生态智慧也是十分必要的。

中国传统文化重要组成部分之一的道家、道教思想，虽然没有直接对生态伦理问题进行专门性探讨，但从其理智妥善地处理人与自然的复杂关系所形成的环境潜意识中，人们发现，长期受到忽视的道家、道教思想中却蕴含着极其广博而深刻的生态伦理智慧，与现代生态学理论有许多共通和契合之处。这不仅为丰富和发展当代生态学理论提供了传统资源，更对普遍存在于全球的严重生态环境问题的解决提供了一种新的视角和可能性。

一、“道法自然”——道家、道教思想的生态伦理精神

现代生态伦理学认为，人与自然物都是生态系统中的一部分，作为“万物

之灵”的人类并不比其他万物具有更高、更优胜的地位。这种整体思维方式和整体观在道家、道教典籍中是被反复强调的。《老子》说:“道大,天大,地大,人亦大”,“域中有四大,而人居其一焉”。这就清楚地说明人和万物是平等的,人并不比其他万物具有更高、更优胜的地位。不仅如此,道家还要求“人法地,地法天,天法道,道法自然”。“道法自然”揭示了整个宇宙的特性,以及生生不息的流行规律。“道”又通过“德”的外化作用把天地间这些包罗万象的事物的属性完整地表现出来,这就是说“观天之道,执天之行”,即“法自然”。在道家看来,人和万物共同构成一个有机的整体,《庄子·齐物论》说“天地与我并生,而万物与我为一”,天地万物是个有机关联的整体,自然界有其自身发生、发展的内在规律。人作为大自然的一部分和“道”的化生物,理应效法自然、遵循自然的规律和法则。“自然”是依事物的本性自由伸展的状态,“无为”意味着非逼迫的,自发、自然、自由地行动和发展而不妄加干涉。“自然”“无为”并不一概地排斥人为,所排斥的只是违反自然而随意强加妄为的那种人为。正如“道”那样“生而不有,为而不恃,长而不宰”,生养和辅助万物而不刻意地进行干预,使万物自生自成、自由地彰显自己。道家坚持人类与自然、宇宙整体的统一,把个人作为自然有机体的一部分,把个人置于与他物平等相处的地位的前提下来确认自我、规范自我。

道教继承了道家道生万物、天人同源的思维方式和基本特征。“道无所不能化,故元气守道,乃行其气,乃生天地”,“天、地、人本同一元气”。在道教看来,天地人等宇宙万物不仅是个有机的统一体,而且人与自然万物之间有着共同的本源和法则,所谓“道通为一”。不仅如此,道教认为,人类与万物是相互依存、相互依赖的关系,人类不能离开天地万物而存在,从而形成了一种生态整体意识。道教早期经典《太平经》上说:“夫人命乃在天地。欲安者,乃当先安其天地,然后可得长安也。”在此基础上,道教还强调要认识和把握自然本性和运行规律,所谓“观天之道,执天之行”。若违背自然,则导致“妄作,凶”;若能使自己的行为符合宇宙的规律,则可以“天人合发,万变定基”,达到人与万物的和谐共生之美。在道教看来,“道法自然”是指人与自然的融会贯通,作为主体的人应效法天地之道,既热爱自然,又向自然虚心学习;既能成自然之美,又能体验融和自然之乐。

在具体行为观念上,道教也不同程度地显示了与生态环境思想的紧密联系。道教早在诞生之初，就呼吁应该注意保护人类生命赖以存在的自然环境。其早期重要经典《太平经》把天地四时运行的规律喻为“父教”，把那种破坏自然环境的行为比喻为“逆子”对待父母的行为，认为人如果不遵循四时运行的规律，就违背了“父教”，就是最大的不孝。可见，道教是非常重视人的行为与天地运行规律合拍的。此外，道教法术、禁忌、戒律中同样蕴有丰富的生态伦理规范。对于处理人与自然的关系，道教认为，“野外一切飞禽走兽、鱼鳖虾蟹不与人争饮，不与人争食，并不与人争居。随天地之造化而生。按四时之气化而活，皆有性命存焉。如无故张弓射之，张网捕之，是以无罪处寻罪，无孽处造孽，将来定有奇祸也。戒之，戒之。”为此，道教制定了一系列的具体规划，例如“不得射飞逐走，发蛰惊栖，填穴覆巢，伤胎破卵”等，不胜枚举。

道家道教的整体观和“道法自然”的思维方式，与现代西方生态伦理思潮中的深层生态学、自然价值论等有很大的一致性和相通性。但是我们也应看到，现代生态伦理学是在西方主客二分的思维方式指导下，人类无限制地利用和剥削自然、最终遭受自然环境带来的灾难性恶果的情况下做出的一种反思和矫正。尽管它对人与自然的生态规律做出了比较深刻的阐述，但是“它完全继承了西方近代科学分析的理性精神，人与自然的和谐共生单纯以理性的分析整合为据”。因此，现代西方生态伦理学无法真正摆脱主客二分的思维模式，也就无法真正得出人在自然中的真切感受，更无法真正领悟天人相融的精神体验；当然，在环境保护的实践中也就不能真正内化于心，从而真正建构起环保的内省意识和自觉行动。在这一方面，道家、道教重视直觉体悟的“道法自然”的整体观也许恰好能弥补西方哲学思维的偏颇。我们认为，道家、道教“道法自然”的整体意识作为人们生存实践的经验体悟和哲学以及宗教上的理解，不仅包含着农业文明时代人与自然关系的深刻智慧，而且在今天全球普遍面临严重的生态环境和生态系统失衡问题上依然具有独特而重大的生态伦理价值和现实意义。

二、“德及微命”——道家道教思想的生命关怀精神

道家、道教思想的另一个最大特点或基本向度便是表现在对生命的关爱上，强调要以仁爱之心来善待生命，因为所有的生物都处在相互平等的位置。

无论是老子的三宝“慈”“俭”“不为天下先”，还是庄子的“不以心捐道，不以人助天”，其实质都体现了道家对宇宙万物的深沉的“常因自然”而益生的仁爱之情。诚然，老子讲过“天地不仁，以万物为刍狗；圣人不仁，以百姓为雏狗”，但这里我们应从“常因自然”的角度正确地理解为天地无所偏爱，万物在天地间依循着自然的法则运行着，即便是圣人也应无所偏爱，任凭万物自由发展。这不正体现了道家尊重生命个体和平等的旨趣吗？

天地有生生之仁德，道有载育万物生长的善性。慈悲仁爱、长养万物是道教一以贯之的宗教情怀。道教把自然界看作是一个充满生机的大系统，坚信生命无处不在，所以《感应篇图说》指出：“慈者，万善之根本。人欲积德累功，不独爱人，兼当爱物，物虽至微，亦系生命。”故人类应当效法天地之生德，以与一切生命乐、拔一切生命苦的情怀来爱护万物。道教主张“常行慈心，愍济一切，放生度厄”，对众生怀仁慈之心。葛洪指出：“山水草木，井灶垮池，犹皆有精气，人身体亦有魂魄，况天地万物之至大者，于理当有精神。”自然万物被先验地预设为同人类有着相同的生命。基于这种认识，无论昆虫草木、飞禽鸟兽都进入了人类社会的生命伦理辐射圈，于是道教要求人们爱及昆虫草木鸟兽，爱及山川河流，爱及日月天地，不要无辜伤害任何生命。

“德及微命”的生命关怀不仅表明人类应善待自然的生态理念，而且还要求人们在关心生物时必须考虑生物各自的本性、生活方式、需求和欲望。因为万物都有按照“道”赋予它的本性自然发展的权利，人类不应该随意把人自己的好恶强加于万物，做到既不按照人的利益去要求、虐待万物，也不按照人自身的理解去“厚待”万物，阻碍它们实现自己的价值。在道教看来，“厚待”其实也是一种虐待，因为它不符合“自然”的原则。《庄子·至乐》篇中“以己养养鸟也，非以鸟养养鸟也”的故事对此进行了极生动也极深刻的诠释。从生态学上讲，人要做的只能是任物自然，辅助万物成长，以尽自己参赞化育的责任。

道家、道教的上述主张，与现代生态伦理学要求人类从所有生命物种的共同利益着眼来实现自己合理的利益的观点是一致的。非人类中心主义的生态伦理学认为，人类如果只顾满足自己的利益，就会破坏自然环境的完善与健康，危害生物圈中所有生命物种的整体利益，到头来也会危及自己的生存利益。在道家看来，当代生态平衡失调的问题，实际上就是由于人忘记了自己与自然之母的生身关系，以为可以随意从母亲身上攫取自己需要的东西，而不顾及母亲身体所受的伤害。道家生态伦理智慧主张对万物都施以仁慈的爱心，尊重自然万物的属性，让宇宙万物自足其性，自然得到发展。人和自然万物之间存在因果报应关系，人与宇宙万物是互相感应的，感应的基础是人和万物都有灵性，人与物信息相通。同时人是万物中最有灵性的，他属于自然又区别于自然。人必须依赖自然而生存，故人应在与自然和睦相处的前提下有节制地满足自己的物质要求，以便生态自然环境的恢复与保护。

另一方面，我们看到，个体主义价值信念使个人得以摆脱社会共同体的束缚，他人对于个体来说只有手段的意义，只有在满足个人的需要和利益时，他人才有存在的必要，否则随时可以被抛弃。人们深切地感受到自己与他人之间的和谐关系逐渐疏离，个人与他人之间的亲切感和交流所带来的满足感则荡然无存。对此，道家提倡“贵和尚中”，主张人与人之间的和谐。道家致力于人与人的矛盾冲突的缓解与协调，主张“恬淡为上”“少私寡欲”“见素抱朴”。老子说：“圣人不积，既以为人己愈有，既以与人己愈多。”“圣人为而不恃，功成而不处也。”圣人的伟大就在于他不断帮助别人而不求回报，有所成就而不自居有功，最终达到“夫唯不争，故天下莫能与之争”的超越境界。物质名利在老庄看来是破坏人际关系的“凶器”。庄子认为：“名也者，相轧者也；知也者，争之器也。二者凶器，非所以尽行也。”老子则发问：“名与身孰亲？身与货孰多？得与亡孰病？”他警示人们不要被名利牵着鼻子走，不要被身外之物所役使。有唐末五代道门领袖之称的杜光庭在《道德真经广圣义》卷三十九中说：“夫有道之士，不可以利诱，不可以害加。以其无欲无为，惟清惟静，故利害无由入矣。”金元全真道则把上述理念切实落到现实之修行生活中来，就其行为方式而言，大抵以勤苦自励，脱身于功利驰逐之外。元代学者辛愿在《甘水仙源录》中说：“今谓全真氏，虽为近出，然则涉世制行，殊有可喜者，其逊让似儒.其勤苦似墨，其慈爱似佛，至于块守质朴，澹无莹为，则又类夫修混沌者也。”道家思想的不争、不有、贵柔、守静等价值追求是对生命最深邃的洞察，对于化解现代社会中人与人因过分的物欲追求所带来的冲突，协调日益紧张的人际关系，都是一种十分难得的生活指导。美国研究环境问题的世界观察研究所所长布朗指出：“我们只应当追求维持生活的最低限度的财富，我们的主要目标应当是精神文化的。如果我们把追求物质财富作为我们的最高目标，那就会导致灾难”。我国道家道教思想提供的价值观念真正切中了以西方文化为主体的现代文明异化带来的种种问题与要害，正是医治现代文明病的良方。

道家、道教思想所包含的生态智慧无疑不可避免地存在历史与时代的局限，因而免不了有许多反科学的宗教色彩。我们既不能完全接受，也不能任意拔高。但这一思想之中的许多智慧资源的确是极其宝贵的。特别重要的是，对于我们当前亟须建设的当代生态人文主义，道家、道教生态智慧具有较大的借鉴意义。“道法自然”的思维模式和“德及微命”、珍视平等的价值观，都有助于当代人们思想观念的变化和境界的提升。只有当人们彻底更新了观念，我们面临的环境恶化和生态失衡的现象才能有一个“根本”的改观。因此，道家的生态伦理思想在今天应引起我们的重视与挖掘，理应成为当今生态文明建设和环境保护的重要观念来源之一。它能够为当前世界性的生态建设和环境保护做出自己应有的贡献，其生态伦理思想最有价值的地方，就是给我们提供了可以借鉴与思考的思维模式。

参考文献

[1] 王明. 太平经合校[M]. 北京：中华书局，1960. 21、236、124.

[2] 道德经[M]. 第 16 章、5 章.

[3] 道藏：第 1 册[Z]. 北京：文物出版社，1988. 821.

[4] 佘正荣. 中国生态伦理传统的诠释与重建[M]. 北京人民出版社，2002. 242—243.

[5] 道藏：第 3 册[Z]. 北京文物出版社，1988. 393.

[6] 道藏：第 28 册[Z]. 北京文物出版社，1988. 193.

道家思想与生态文明建设

许家鹏

许家鹏：上海市社会主义学院教师

中共十八大报告明确提出，大力推进生态文明建设，并赋予其与经济、政治、文化、社会建设相并列的空前重要地位。建设生态文明，不仅体现了当今世界主流理念，有序展开了中国特色社会主义战略布局，同时也彰显了道路、制度和理论的自信。生态文明既是当代前沿理念，同时又具有浓厚的中国传统底蕴，因此，生态文明理念的提出又体现了党和国家对中国文化的自信与自觉。在中国传统文化中，对生态文明理念有巨大贡献的主要是道家思想。

一、人类学视域中的生态文明

深入理解和准确把握生态文明的内涵，是推进生态文明建设的重要前提。生态是具有一定生态关系构成的自然界的存在状态，文明是人类社会的进步状态，生态文明则是人类文明中反映人类进步与自然存在和谐程度的状态。生态文明与物质文明、精神文明、政治文明等一样，都是历史范畴，伴随人类文明的发展经历着由低级向高级不断演进的过程。

人类对自然的态度本质上折射了人类的文明程度。人类自诞生以来的绝大部分时间里，由于生产力低下，对自然界经历了从恐惧与崇拜到顺应与合作。在原始社会，大约距今 400 万年左右，人类进入石器时代，劳动工具简陋，只能被动地依赖自然、顺从自然，从自然界获取很少的资源，维持着自身极低水平的生存和繁衍，人口规模和平均寿命都很低。这一阶段，人类主要生产方式就是捕猎和采摘，对自然的利用能力极为低下，其破坏作用也很小，没有也不可能产生生态危机，人与自然维持着以人对自然的完全被动服从为特征的天人混沌一体的共存关系。在农业社会，大约距今八九千年左右，人类进入新石器时代，随着劳动工具的改进，生产力水平有了进步；大约距今 5000 年左右，人类进入青铜器时代，人类主动利用自然、开发资源的能力增强，相应地对自然有所破坏，局部地区甚至还较严重；同时，随着人口规模不断扩大，在当时的生产力水平下，局部地区出现过人口增长超过资源承载能力的状况，乃至引发争夺资源的战争。但从总体上看，人类开发利用自然的能力仍然低下，对自然的破坏也很有限；相对于人口规模和消费水平，资源环境还有较大容量，没有出现全面性的生态危机。这一阶段，人与自然维持着以局部性、阶段性不和谐但整体相对平衡为特征的融洽关系。

从 18 世纪中叶开始，在英国率先发生的工业革命迅速蔓延全球，人们用化石燃料替代了人力与畜力，用机器生产代替了手工生产；随着科学技术的迅猛发展，生产力急剧提高，人口数量不断增加；活动领域迅速扩展，深入到地球的各个角落，还进入了太空；开发利用的自然资源越来越多、越来越广泛，科学家造出了不计其数的人造材料，培育出了新的物种。随着人类改造和利用自然形式的多样化，其强度也越来越大，人力迅速成为地球上除了水和风两大自然力之外的第三种力，深刻地影响着自然界的一切。这时候，人类在自然面前开始忘乎所以，在有意无意之间，原有的伙伴和合作关系烟消云散，而代之以征服者与被征服者的关系。这就是人类中心观的形成过程。人类中心观纯粹从人类利益的角度来判定世间一切事物的价值，认为人类文明的每一种进步都是征服自然的结果，对方付出必需的代价是合情合理的事。人类与自然之间的关系，以征服取代了合作，以对立取代了顺应，以冲突取代了协调。其结果就是资源浪费、水污染、大气污染、土地退化等环境问题的产生。

20 世纪六七年代以来，西方工业化国家环境公害事件频发，以及两次世界石油危机的爆发，引起了人类对传统工业化道路弊端的警醒。民间环保组织纷纷涌现，环保运动此起彼伏。有识之士不断发出呼吁，1962 年出版的《寂静的春天》和 1972 年发表的《增长的极限》就是其重要代表。1992 年联合国环境与发展大会发表《里约宣言》和《21 世纪议程》，提出要走可持续发展道路，保护地球生态系统。与此同时，一些中外学者陆续提出并使用了"生态文明"的概念。可见，"生态文明"的理念是工业社会发展到一定阶段、人与资源环境矛盾日益尖锐的产物，是人们对人与自然的关系特别是传统工业化增长模式导致越来越严重的生态危机进行深刻反思的结果。

因此，21 世纪将是生态文明的世纪，这是人类历史发展的必然趋势。首先，生态文明是人类对工业文明造成生态危机，从而危及人类生存的深刻反思的结果。这是人类社会孕育出生态文明的内在因素和必要条件。其次，生产力的发展，特别是高科技的发展，使人类能够更加充分地发挥主观能动性，为生态文明的实现提供了可能和内在充分条件。第三，随着人类生态文明意识的不断提高和科学技术的不断发展，生态文明必将不断地向纵深发展，成为人类社会文明的主导。

中国共产党历来高度重视生态问题，改革开放以来，在经济发展和政治、文化、社会加快建设的同时，生态文明建设日益提上党和国家的战略日程。上世纪 80 年代中央提出了绝不能走“先污染、后治理”的老路，1983 年中央将环境保护确定为基本国策；1994 年中国政府首次提出把可持续发展战略纳入经济社会发展长远规划；中共十五大报告明确提出实施可持续发展战略。2002 年党的十六大提出“走新型工业化道路”，推动整个社会走上生产发展、生活富裕、生态良好的文明发展道路；2003 年党的十六届三中全会提出科学发展观，强调“统筹人与自然的和谐发展”；2007 年党的十七大把“建设生态文明”作为实现全面建设小康社会的五大目标之一，并首次将人与自然和谐，建设资源节约型、环境友好型社会写入党章；中共十七届五中全会明确提出提高生态文明水平。绿色建筑、绿色施工、绿色经济、绿色矿业、绿色消费模式、政府绿色采购不断得到推广。“绿色发展”被明确写入“十二五”规划并独立成篇，表明我国走绿色发展道路的决心和信心。中共十八大报告首次单篇论述生态文明，首次把“美丽中国”作为未来生态文明建设的宏伟目标，系统阐述了加强生态文明建设的总体要求、重点任务和正确路径。把生态文明建设摆在总体布局的高度来论述，表明我们党对中国特色社会主义规律认识的深化，也彰显出中华民族对子孙、对世界负责的精神。可以说，“生态文明”的概念虽然不是我们党首先提出的，但揭示其本质、丰富其内涵，把它作为执政理念上升为国家战略在全社会加以推行，则是我们党前无古人的创举。

二、生态文明基本内涵

十八大报告明确指出，建设生态文明，是关系人民福祉、关乎民族未来的长远大计。面对资源约束趋紧、环境污染严重、生态系统退化的严峻形势，必须树立尊重自然、顺应自然、保护自然的生态文明理念，把生态文明建设放在突出地位，融入经济建设、政治建设、文化建设、社会建设各方面和全过程，努力建设美丽中国，实现中华民族永续发展。十八大关于生态文明的论述，深刻揭示了生态文明的内涵。

生态文明的核心问题是正确处理人与自然的关系。人与自然的关系是人类社会最基本的关系。一方面，人类与其他生物一样源于自然而产生、依赖于自然而存在和发展，自然界是人类社会产生、存在和发展的基础和前提，因此人类绝不是可以任意支配自然的“主宰”；另一方面，人类与其他生物相比又有不同，人类可以通过社会实践活动有目的地利用自然、改造自然，不断改进人类的生存和发展方式，并创造着人类自身的文明，因此人类也绝不是只能被动适应自然的“奴仆”。

生态文明的本质要求是尊重自然、顺应自然和保护自然。尊重自然，就是要从内心深处老老实实地承认人是自然之子而非自然之主宰，对自然怀有敬畏之心、感恩之情、报恩之意，绝不能有凌驾于自然之上的狂妄错觉。顺应自然，就是要使人类的活动符合而不是违背自然界的客观规律。当然，顺应自然不是任由自然驱使，停止发展甚至重返原始状态，而是在按客观规律办事的前提下，充分发挥人的能动性和创造性，科学合理地开发利用自然。保护自然，就是要求人类在向自然界获取生存和发展之需的同时，要呵护自然、回报自然，把人类活动控制在自然能够承载的限度之内，给自然留下恢复元气、休养生息、资源再生的空间，实现人类对自然获取和给予的平衡，多还旧账，不欠新账，防止出现生态赤字和人为造成的不可逆的生态灾难。

生态文明的特征具有全球性和长期性。在空间维度上，生态文明是全人类的共同课题。人类只有一个地球，生态危机是对全人类的威胁和挑战，生态问题具有世界整体性，任何国家都不可能独善其身，必须从全球范围考虑人与自然的平衡。在时间维度上，生态文明是一个动态的历史过程。人类发展的各个阶段始终面临人与自然关系这一永恒难题，生态文明建设永无止境。

生态文明的产业发展模式是生态产业。生态产业是为促进全球性或区域性生态平衡，充分利用生物资源，以生物学为基础，以生态学为指导形成的产业经济类型。其意义不仅在于能恢复生态循环和减轻环境压力，更在于能确保人类物质支持系统的可持续发展。只有主动地大力发展生态产业，才能最终富民强国。发展生态产业是实施可持续发展战略的需要，是应对加入WTO后绿色贸易壁垒的需要，是未来经济发展的主导模式。

生态文明的指导方针是坚持节约优先、保护优先、自然恢复为主；在实现路径上，着力推进绿色发展、循环发展、低碳发展。我们所追求的生态文明，就是要按照科学发展观的要求，走出一条低投入、低消耗、少排放、高产出、能循环、可持续的新型工业化道路，形成节约资源和保护环境的空间格局、产业结构、生产方式和生活方式；它是人类社会与自然界和谐共处、良性互动、持续发展的一种高级形态的文明境界，其实质是要建设以资源环境承载力为基础、以自然规律为准则、以可持续发展为目标的资源节约型、环境友好型社会。

生态文明既是对传统发展模式的深刻反思和升华，又是对未来持续发展的美好向往和憧憬。生态文明不是不要发展，不搞工业文明，放弃对物质生活追求，回到原生态的生产生活方式，而是在吸收借鉴人类一切文明成果尤其是工业文明成果的基础上，以解决工业文明所固有的环境与发展矛盾为根本目的，致力于在更高层次上实现人与自然、环境与经济、人与社会和谐的新型文明。它为统筹解决经济社会发展与资源环境问题提供了全新的指导理念和实践取向，开辟了无限广阔的发展空间。建设生态文明，先进的生态伦理观念是价值取向，发达的生态经济是物质基础，完善的生态文明制度是激励约束机制，可靠的生态安全是必保底线，良好的生态环境是根本目的。

三、道家思想与生态文明建设

生态文明具有深刻的哲学内涵，这可以从如下几个方面来考察：

生态文明认识论认为，人与自然这一对立统一的矛盾体中，既有斗争性（人类向自然索取），又有同一性（人与自然同步发展），并且是以同一性占主导地位的，人可以充分发挥自己的主观能动性，来达到这个同一的目的。在斗争性与同一性之间，如果以斗争性为主，第一步会取得胜利，但第二步、第三步常常把第一步的胜利都抵消了；如果以同一性为主，则既可以取得第一步胜利，又可以取得第二步、第三步胜利，实现可持续发展。

生态文明价值观认为，人的存在不但要对社会、对他人有用，而且要对自然界的一切生命以及生命赖以生存的环境负责，承担义务和责任。更进一步讲，因为人有主观能动性，所以对他所承担的义务和责任要做得更好些，这样才体现人的价值的全面性。生态文明的价值观还认为，自然界中的一切生命种群对于其他生命以及生命赖以生存的环境都有其不可忽视的存在价值。

生态文明的道德观认为，人们在生存和发展过程中，要把人类的道德认识，从人与人、人与社会的关系，扩延到人与人、人与社会、人与自然的关系，在充分认识自然的存在价值和生存权利的基础上，增强人对自然的责任感和义务感，增强人们对代内关系和代际关系的责任感和义务感，协调人与社会、自然的关系，达到三者共生共荣、共同发展。

生态文明哲学基础所对应的实践目标是改变工业文明对自然施加灾难性的征服和破坏，提高自然环境资源的使用效率，协调好人与自然的关系，实现人与自然协调可持续发展。这与道家崇尚自然、道法自然、效天法地、天人合一等思想不谋而合。因此，道家思想及其主要观点对指导生态文明建设意义重大。

(一)道法自然，确立以自然法则为主导的生态观

建设生态文明，首先要改变人类中心观。西方传统哲学认为，只有人是主体，生命和自然界是人的对象；只有人有价值，其他生命和自然界没有价值；只能对人讲道德，无须对其他生命和自然界讲道德。这是工业文明人统治、征服自然的哲学基础。生态文明认为，不仅人是主体，自然也是主体；不仅人有价值，自然也有价值；不仅人有主动性，自然也有主动性；不仅人依靠自然，所有生命都依靠自然。因而人类要尊重生命和自然界，人与其他生命共享一个地球。

根据老子的道家思想，所谓“天道”，泛指宇宙、天地、自然的起源和法则，而“人道”则是关于人类社会和人自身的道理。在老子哲学中，“天道”受到赞扬，而“人道”则遭到贬损。在他看来，“道”演化为天地万物，没有神力，没有矫

饰，自然而然。“天道”不争、不言、不骄，没有制物之心，像无形的巨网广大无边，虽然稀疏却没有任何遗漏，将一切都囊括于其中。这就是《老子》的名言：“天网恢恢，疏而不失”，这实际是对必然性的形象表述。与此不同，“人道”便显得自私、褊狭、不公。于是问题产生了：如何改造“人道”？老子的回答是：人道应效法天道。

建设生态文明，就是要树立自然法则的伦理价值观。道家提出的“道法自然”理念，将“自然”这个概念提升到空前高度，把自然法则看成是宇宙万物和人类世界的最高法则。所谓“道法自然”，指的是“道”按照自然法则独立运行，而宇宙万物皆有超越人主观意志的运行规律。老子认为，自然法则不可违，人道必须顺应天道，人只能是“效天法地”，要将天之法则转化为人之准则，顺应天理，方能国泰民安。诚所谓“顺天者昌，逆天者亡”。

（二）道常无为，减少强为乱为对自然界的干预和破坏

建设生态文明，就是要转变生产和生活方式，避免工业文明、享乐主义过度地消耗资源环境。这就是要求我们遵循“道常无为”的原则，效法自然，按自然规律进行实践活动，减少强为乱为对自然的干预和破坏。道常无为是告诫人们不妄为、不强为、不乱为，要顺其自然，因势利导地处理好与自然的关系。老子也反对享乐主义，《老子》第35章曰：“五色令人之目盲；五音令人之耳聋；五味令人之口爽；驰骋田猎，令人心发狂；难得之货，令人行妨。”

庄子也崇尚道常无为的理念，反对破坏自然的行为。《庄子·天运》曰：“‘三皇五帝之治天下，名曰治之，而乱莫甚焉！三皇之知，上悖日月之明，下睽山川之精，中堕四时之施。其知憯于蛎虿（蝎类）之尾，鲜规之兽莫得安其性命之情者，而犹自以为圣人，不可耻乎？其无耻也！’子贡蹴蹴然，立不安。”意思是说，三皇五帝治理社会时，名义上说是治理，实际上是祸患无穷。连三皇五帝都敢骂，可见道家对自然崇拜到了极点。

新中国成立以来，由于我们对自然规律认识不足，对自然法则尊重不够，凭着一股不屈的精神，与天斗、与地斗，结果严重地破坏了自然资源和环境，如以粮为纲、全面开荒，引起严重水土流失，破坏了生态环境；以钢为纲、大炼钢铁，严重破坏了森林资源，许多地方留下的后遗症现在还没有恢复过来；全国人民除四害（老鼠、苍蝇、蚊子、蟑螂），不仅效果不好，也破坏了生态平衡；还有

大跃进、人民公社、共产风等，引起严重的饥荒。因此，在建设生态文明的实践中，我们要遵从道家的自然法则，不是与天地斗，而是顺其自然，效天法地，少一点政绩工程、面子工程、人情工程、家乡工程等，多为群众办点实事。

也许有人会问，顺应自然，保护自然，社会生产力就不能再向前发展了？如果持这种观点来看待道家理论，那是错误的。人类从刀耕火种的原始社会发展到今天，本来就是“道”的运化。人类还要向更高级的社会发展，那也将是“道”的法则。《老子》说“独立而不改，周行而不殆，可以为天下母。”讲的就是这个道理，发展本身就是道的组成部分。

（三）无为而治，减少对社会事务的干预，提高资源环境使用效率

建设生态文明，还要改变机制，提高资源的利用率。道家无为而治思想，实际上包含了“看不见手”的市场调节。市场调节是高效的，老百姓手里一元钱恨不得当两元钱用，结果是一元钱办了一元多钱的事，能生产两公斤粮的生产了三公斤，能盖两间房的盖了三间，如果家家户户都这样，村村县县都这样，全国人民都这样，一直这样下去东西就会越来越多，社会产品就越来越丰富，社会生产率就提高了，环境资源的破坏和浪费就减少了。事实证明，改革开放以来哪个行业放开了，那个行业的东西就价廉物美了，以前一万多元钱的彩电现在只要几百元了。如果考虑到物价因素，其实就相当于以前的几十元钱，市场调节的作用真是很大。司马迁在《货殖列传》中，就讲述过这种社会生活自我调整的例子。

黄老道家在2000多年前就意识到市场调节的巨大作用，如西汉丞相曹参以勿扰市场为国策。西汉位居第二的开国功臣曹参本是武将，并不懂治国之道，但在任齐国丞相的九年中，拜谙熟道家无为之术的盖公为师，大事原则上管一下，小事全由下属做主，日子过得很快活，喝着小酒相齐九年，齐国大治，曹参也被称为齐国自管仲以来贤相。汉惠帝二年，汉相萧何去世，曹参接任。曹参临走前叮嘱接班的齐相说，拜托你啦，请不要去干扰集市。后相不理解反问道，齐国这么大，就没有比集市更重要的事吗？“勿扰集市”被认为是道家无为而治的一个榜样，也是重视市场调节的一个实例。齐国晒盐矿铁等工商业发达，曹参把勿扰市场作为治国的重中之重是有道理的。

无为政治思想虽是道家2500多年前提出的，但理论发展却是在西方。

我国曾长期实行计划经济,政府对经济管得太多、管的太死,严重制约了经济发展活力。改革开放以来,部分行业准入放开,这种状态有所改变,但问题仍然不少。当前中国经济中的最大问题是一些行业的垄断,这也是社会不公的最大根源。经济学家林毅夫把脉中国经济提出了三个问题:垄断、分配不公、中小企业萎缩,三个问题其实都是垄断惹的祸。群众对垄断暴利行业的高价质低的服务怨声载道。因此,目前要尽快明确政府职能,加快垄断行业管理体制改革步伐,完善电信、电力、民航等行业改革措施,扩大市场准入范围。这里,西汉黄老政治的做法仍有值得我们学习的地方,如无为而治、宽刑简政、清静守法、轻徭薄赋、与民休息等。

生态文明建设是关系我国全面建成小康社会、实现社会主义现代化和中华民族伟大复兴全方位全过程的一项神圣事业,是缓解资源环境压力、保持我国经济社会持续健康发展的现实需要,是维护代际公平、实现中华民族世世代代永续发展的必然要求,是坚持以人为本,不断满足人民群众日益增长的物质文化需要的内在要求,是中国特色社会主义理论的重大发展。党的十八大对生态文明建设作出了全面部署,明确要求要把生态文明融入经济建设、政治建设、文化建设、社会建设各方面和全过程。因此,在文化建设方面突出传统文化对生态文明的智慧支撑作用是题中应有之义。

建设生态文明,必须要大力宣传我们自己的优秀文化,特别是道家思想。道家的道法自然、无为而治、治大国若烹小鲜等思想历久弥新,颠扑不破。遗憾的是,几千年以来,中国人一直冷落老子,推崇孔子,这在文化上是一种失衡。与国内冷落形成巨大反差的是,老子及其道家思想在西方却大受追捧,其影响之大超出了许多当今中国人的想像。西方人认为老子是“中国哲学之父”,也是“世界哲学之父”。《道德经》在中国文化中的重要性,与《圣经》在西方文化中的重要性旗鼓相当。据联合国教科文组织统计,在世界各国经典名著中,被译成外国文字发行量最多的,除了《圣经》以外就是《道德经》,是海外发行量最大的中国经典。越来越多的名家大师钟爱老子。德国哲学家黑格尔称,《老子》是世界哲学的源头。法国哲学家尼采曾评论《老子》一书说:“像一个永不枯竭的井泉,满载宝藏,放下汲桶,唾手可得。”爱因斯坦办公室的书架上摆放着一本德文版的《老子》。与爱因斯坦齐名的大物理学家玻尔说:“我不是个理论的创立者,我只是个(道家的)得道者”,并把道家的“双鱼图”作为哥本哈根学派的图徽。俄国大文豪托尔斯泰这样说:孔孟对他影响很大,老子对他影响巨大。英国当代哲学家克拉克说:“现代经济自由市场的原理就是源自《老子》的无为而治。”耗散结构理论创始人普里高津、协同论创始人哈肯、突变论创始人托姆等三位自组织理论大师都谦虚地承认,他们的研究成果与老子是相通的。美国的里根总统在1987年《国情咨文》中就引用“治大国若烹小鲜”来阐述治国理念。德国总理施罗德曾在电视上呼吁每个德国家庭买一本中国的《道德经》,以帮助解决人们思想上的困惑。

总之,生态文明建设,既是体现中华文化底蕴的国家战略,同时也是大力弘扬和发展中华文化的良好契机。

道家生态智慧对当代生态文明建设的启示

张鹏立

张鹏立:河南省社会主义学院讲师

人类创造物质文明的同时,过度地开发自然而忽略了生态平衡和环境保护问题,导致我们所依存的生态环境日益遭到破坏,大气水源污染严重,土壤耕地沙漠化、贫瘠化,森林与湿地面积持续减少,生物多样性日益锐减,资源环境瓶颈制约等,这已成为人类普遍面临的生存危机,生态问题已成为人们共同担忧和关注的焦点。随着全球生态环境的不断恶化,我们需要重新审视人与自然的关系,探寻人与自然如何和谐共处、协调发展的对策途径,从而根治生存危机、建设生态文明、实现人与自然的和谐发展。党的十七大报告对建设生态文明提出了明确的要求和部署,十八大报告将其纳入中国特色社会主义事业总体布局,并明确指出要树立尊重自然、顺应自然、保护自然的生态文明建设理念。生态文明建设的核心在于如何正确处理人与自然的关系。作为中国传统文化重要组成部分之一的道家思想,蕴含丰富而深邃的生态智慧,为我们正确处理人与自然的关系提供了启示。挖掘和总结道家思想中具有科学前瞻性的生态智慧并古为今用,对当代生态文明建设不仅能有所启示,而且能为我国生态文明建设提供文化支撑和现实借鉴。

道家是先秦时期诸子百家中最重要的思想学派之一,道家的思想精华主要体现在《道德经》《庄子》等典籍中。据联合国教科文组织的统计,被译成外国文字发行量最大的世界文化名著中,《道德经》排名第二,由此可见道家影响之深远。在漫长的历史长河中,道家丰富而深刻的思想不仅受到中国人的遵循与研习,也深受世界各国学者的重视。英国著名的中国科学技术史专家李约瑟说:“道家是中国文明的根,如果没有道家,中国的科学和文明早就腐烂掉了。”[1]美国环境学家科里考特将道家思想称为“传统的东亚深层生态学”[2]。美国当代科学人文主义物理学家卡普拉说:“在诸伟大传统中,据我看来,道家提供了最深刻而且最完善的生态智慧,它强调在自然的循环过程中,个人和社会的一切现象和潜在两者的基本一致”[3]。“道”不仅是道家思想的核心,而且是其所有理念的出发点。道家追求海纳百川而容藏万有、处于低下而利育万物、知足守道而不争先的境界,其思想涉及到人际和生态关系的所有领域,尤其是其生态文明思想如万物皆一、物无贵贱、知足不辱、知止不殆、节俭寡欲,返璞归真等生态智慧具有很强的现实意义。

一、道家的生态自然观

(一)万物皆一,人与物齐

道家认为“道”是宇宙的本源,是统治宇宙中一切运动的法则,人与万物都是宇宙这个整体的有机组成部分,人源于自然,并统一于自然,而且必须在自然所赋予的条件下才能生存,天地是包括人在内的万物的生存环境,“天地者,万物之父母”[4](《庄子·达生》)。“道”是天地万物的宗祖,人与万物归根到底都是由“道”产生,“道生一,一生二,二生三,三生万物”[5](《道德经》第42章),整个世界和系统遵循着共同的“道”。道家认为天地间有四大,即“道大,天大,地大,人亦大,域中有四大,而人居其一焉”[6](《道德经》第25章)。在这四大中,“道”是本源,生生不灭,不依附于任何东西,独立不改,周性天下,循环运行,无所不在。

庄子也认为人并非是独立于自然界之外的抽象存在物,天地万物是一个整体,“天地与我并生,万物与我为一”(《庄子·齐物论》)。天地与我同生存,

---

[1] 李约瑟.中国科学技术史[M].上海:上海古籍出版社,1990.

[2] Baird Callicott . Insight into the Earth[M]. Berkeley:University of California publisher,1994.

[3] 吕锡琛:《道家与民族性格》,湖南大学出版社1996年版。

[4] 郭庆藩.庄子集释[M].北字:中华书局,1961.

[5] 王弼注.老子道德经注[M].北字:中华书局.1985.

[6] 高正.诸子百家研究[M].北字:中国社会科学出版社,1997.

而万物与我合而为一,人既离不开天地,也离不开万物,人不可能超越自然并使自己游离于自然界之外。天为道所包涵,人是自然的一部分,人应该而且能够“齐物”。如果人在自然面前妄自尊大,肆意掠夺自然,破坏人与自然之间的平衡与和谐,最终必然会毁灭自己。道家从宇宙观的角度对人与自然万物的关系做出了合理论述,形成了一种整体的生态自然观。

(二)道法自然,生生不息

道家认为天地万物是以“道”为统领的有机统一整体,人也是天地万物的一部分。“人法地,地法天,天法道,道法自然”(《道德经》第 25 章),即人类要以地为法则,重视其安身立命的地球,地以天为法则,随整个宇宙的变化而变化;天以道为法则,运动变化都有其自身客观运动规律;道的法则就是自然而然的,完全按实物的本性去发展,任万物自然生长。“道法自然,惟道是从”。即道只有不违背自然才能得其性。庄子说:“万物皆种也,以不同形相禅,始卒若环,莫得其伦,是谓天均。天均者,天倪也”(《庄子·寓言》),即万物都是相互联系和变化的,整个宇宙是一个生生不息的有机整体。道家生态自然观中之所以强调“道法自然”,是因为宇宙万物是一个无限循环的整体,人活在天地大环境中,要自觉服从和运用自然规律,崇尚自然,效法自然,反对妄自尊大,把大自然当成征服对象而掠夺自然的做法,只有以平等意识善待自然万物,才能使生命生生不息。

二、道家的生态道德观

(一)尊道贵德,物无贵贱

“道生之,德蓄之,物形之,势成之,是以万物莫不遵道而贵德,道之尊,德之贵,夫莫之命而常自然。”(《道德经》第 51 章)道家认为自然万物都是道之所生,德之所育。道是万物之根,德是万物之性,以德蓄物,万物都应遵道贵德,大致鲲鹏展翅,小至蝼蚁,虽形体有异,生命各有长短,但都有存在的价值。在道家看来,如何对待自然界是“德”的问题,人与自然界的关系是最基本的关系,是解决处理人与人之间关系的前提,所以人类应该是自然界的看护者,而不是侵占与破坏者。“有物混成，先天地生。寂漠！独立不改，周行不殆，可以为天地母。吾不知其名，字之曰道”（《道德经》第25章）。道家认为世间万物的本源就是“道”，“物有万殊，道归一体”的思想更从物质本源上认定万物处于同源同等的地位。庄子进一步提出：“以道观之，物无贵贱，以物观之，自贵而相贱。”（《庄子·秋水》）即从整个“道”来看，万物都是道的物质展示，彼此相关相同、相互平等，无贵贱之分。庄子不仅认为天人平等，而且天人合为一体。这种尊重万物、包容万物的情怀彰显出道家万物平等的生态理念。

（二）知和曰常，知常曰明

道家提出的“知和曰常，知常曰明”（《道德经》第55章）的观点，是道家生态道德思想的重要原则。“知和曰常”就是要懂得天地万物都含有阴阳两个方面的因素，只有阴阳二气平衡，才能自然和谐，老子把“知和”“知常”统一起来认识这个问题，就是要求人们去正确认识人与自然万物相互联系、相互依存的统一性，把握平衡，和谐相处，这样人与自然万物才有可能得以生存和持续发展。“知常曰明”就是要懂得自然的无为本性和运行规律，道家很早就认识到，人类的贫富与自然资源的充足和匮乏休戚相关，自然物种越多，人就越富足，反之亦然。只有尊重自然，认识自然规律，不违背自然规律去做事情，才是明智的行为。老子的“不知常，妄作，凶”（《道德经》第55章）的观点，黄老学派的“顺天者昌，逆天者亡。毋逆天道，则不失所守”（《黄老帛书·姓争》）等思想，眼界高远，意义深刻，是对人类违反自然规律行为的一种警示。人类因为“不知常”而乱伐山林造成的水土流失，滥用土地所造成的土地贫瘠化、沙漠化，滥采矿藏所造成的资源浪费，都是人类只顾眼前利益，违反自然规律而遭到自然报复，造成生态恶果。当今世界，道家的“知和曰常，知常曰明”这一生态道德思想对人类有重要启示，只有把自然视为与人类生存和发展息息相关的生命共同体，谨慎地对自然加以保护，反对对自然资源的过度开发与利用，保持与周围环境达到平衡与协调，才能从根本上解决生态危机，保证人与自然的可持续发展。

三、道家的生态实践观

(一)知足不辱,知止不殆

道家的生态智慧不仅强调人类应该在“道”的统领下,认识和把握自然规律,维护天、地、人的和谐,而且在自然资源的开发和利用问题上,要求人们知足知止,适度开发,合理利用。《老子》在第44章里向人们提出这样的问题:“名与身孰亲?身与货孰多?得与亡孰病?是故甚爱必大费,多藏必厚亡。故知足不辱,知止不殆,可以长久”。意思就是:名誉与生命,哪一个更亲切?生命与财产,哪一个更贵重?获得名利与失去生命,哪一个更有害?老子自己又回答了这些问题。他说:过分地爱名利就必定要付出更多的代价,过于积敛财富必定会招致更为惨重的损失。所以懂得满足就不会受到屈辱,适可而止就不会遇到危险,这样才可以保持长久平安。

庄子继承和发展了老子的思想,对人类竭泽而渔、杀鸡取卵式的掠夺自然行为予以了警告。他指出:“一受其成形,不亡以待尽。与物相刃相靡,其行尽如驰,而莫之能止,不亦悲乎!终身役役而不见其成功,苶然疲役而不知其所归,可不哀耶!”(《庄子·齐物论》)和谐、协调、平衡是天地万物生存发展的基本法则,也是人类行为应该遵循的准则。因此,人类要认清对自然万物的开发和利用是有限度的,在开发利用自然资源时要“知足”“知止”,适可而止,不要贪得无厌,滥开滥采、竭泽而渔、杀鸡取卵,超出自然界所能承受的限度,不然就会破坏天地万物的和谐与平衡,导致生态危机日益加剧,最终走到人类自我毁灭的境地。

(二)节俭寡欲,返璞归真

老子说:“我有三宝,持而保之,一曰慈,二曰俭,三曰不敢为天下先”(《道德经》第67章)。其中的俭,就是针对奢侈而言,人的生活要节约的意思。他认为,人过一种节俭或者奢侈的生活,并不是由于生活资料缺乏或生活贫困而不得不采取的办法,而是实现一种“道”的境界的要求,关系到人类生存发展的大问题。节俭或奢侈的生活是由人的物质欲望的大小所决定,因此道家主张人类应当限制和减少物质欲望，过一种俭朴的生活。他认为，多欲是违反自然，对于人的生命而言无益却有害，而且能伤害人的自然本性。道家认为人类在处理人与自然的关系时，对待自身欲望必须持有节约俭朴、俭啬为用的原则，即抑制人类的贪欲。人类欲望的膨胀会给自然造成压力，同时也带来人自身的异化，“五色令人目盲，五音令人耳聋，五味令人口爽，驰骋畋猎，令人发狂，……是以圣人为腹不为目，故去彼取此”(《道德经》第12章)。道家认为现实的人背离道德，受感官欲望的驱使，追逐物利，破坏了人淳朴的自然生存状态，造成了对人之生命的严重损害。老子说：“治人、事天，莫若啬。夫唯啬，是谓早服，早服谓之重积德，重积德则无不克”(《道德经》第59章)。就是说，人应当爱惜自然财富和劳动成果，才能积蓄能量，厚藏根基。禁止一切极端的、奢侈的，过度的行为，只有这样，才能治人事天顺利，社会长治久安。

在老子看来，知足寡欲是实现人与自然和谐的重要途径，所以道家提出“见素抱朴，少私寡欲”(《道德经》第12章)，即要求人们从内心观看事物的本真面目，返朴还淳，对身心、外物都随因循理，不生私意，这也是返朴归真的重要方式。道家节俭寡欲、返朴归真的生态理念警示我们，人类的衣食住行都是自然界提供的，而自然资源是有限的，这就涉及可持续利用的问题。可持续利用的本旨是能够满足人类基本需求，但不危及后代的需求。因此，人的行为应取法于“道”，人们应该要有返回到真诚与质朴生活的心态或心境，有节制地取舍自然资源，只有与自然同呼吸共命运，才能够使人与自然长久可持续地发展。

四、道家的生态价值观

(一)自然无为，无为而治

道家认为自然界的万物，包括人的生命，都是自然造化的结果，都是自然而然生成，并无主宰者。道不是主宰者，只是“法自然”而运行。老子在其著作中多次提到“无为”：“是以圣人欲不欲，不患难得之货；学不学，复众人之所过，以辅万物之自然而不敢为”，“是以圣人无为，故无败。(《道德经》第64章)“为无为，则无不治” (《道德经》第3章)，“损之又损，以至于无为，无为而无不为，有为则有所失，故无为乃无所不为也，取天下常以无事”（《道德经》第48章）。道家的“无为”并不是无所作为，也不是消极的不作为，而是一种处事态度和方法。这里所谓的“有为”就是违背自然本性或自然法则的“妄为”“强作”之意。“无为”是不采取反自然的行为，主张人类应遵循自然规律，按照自然的法则去做一切应然而然的事情，故“无为即大为”，这是一种更高层次上的“为”，道家极力提倡顺乎自然，无执无施，把“无为”视为道家的最高价值取向。

（二）物我两忘，绝圣弃智

“道”的最好体现和理想状态就是“物我两忘”，这是万物皆一、人与物齐的表现，是万物平等、事物自身圆满自足的表现，目的就是使人与自然在平等基础上交融合一，使人与自然得以和谐发展。达到“物我两忘”的要求之一是“绝圣弃智”，道家在历史观和道德观上主张“绝圣弃智”，要求人类放弃许多技术和文明，因为道家认为，只有在混沌状态中，在彻底否定和毁灭人类生产力、科学技术和精神文明等成就的基础上，才能达到人与自然的共同的自然属性，实现物我两忘。

庄子说：“绝圣弃智，大盗乃止；擿玉毁珠，小盗不起；焚符破玺，而民朴鄙……毁绝钩绳而弃规矩，攦工倕之指，而天下始人有其巧矣”（《庄子·胠箧》）。否定技术对人与自然和谐的作用，是因为道家认为任何人为技术的应用都会破坏事物的原始状态。“陶、匠善治埴、木”之喻显示，人类用技术改变了泥土和树木的原始状态，从而破坏了它们的完美。而且，任何技术的成功都是以毁灭某些自然资源为代价的，“故纯朴不残，孰为牲尊？白玉不毁，孰为圭璋……夫残朴以为器，工匠之罪也；毁道德以为仁义，圣人之过也”（《庄子·马蹄》）。另一方面，人类很难控制技术的发展，这就难免会造成对自然的损害和破坏，最终将会造成“鸟乱于上”“鱼乱于水”“兽乱于泽”，整个自然界将失去原有的和谐、秩序和完美。所以道家认为，最好的方式就是听任生物的自由发生，按照自然的天性生活，“是故凫胫虽短，续之则忧；鹤颈虽长，断之则悲。故性长非所断，性短非所续，无所去忧也”。（《庄子·骈拇》）人类的技巧是最违背“自然”的东西，只有道法自然，才能实现人与自然的和谐，与自然的永续同生共存。

五、对当代生态文明建设的启示

道家的生态思想是一种朴素的生态智慧，不可避免地存在着一定的历史和时代局限性，我们需要从中挖掘并拨沙拣金，去谬存真，总结道家思想的主旨和真知灼见。特别是在当今生态环境不断恶化的情况下，我们对此应批判地继承，并结合现实社会发展状况，注入时代精神加以现代化，使道家生态智慧成为当前生态文明建设的重要思想资源。

（一）树立正确牢固的生态环境保护观念

道家思想中蕴含的生态智慧，为生态文明建设提供了思路和启示。当前生态环境恶化，大气、水资源严重污染，自然灾害不断，自然资源濒临枯竭，这些都是对人类以往狂妄无知地对大自然过度掠夺性地开发和利用的一种报复。如今生态危机进入恶性循环的状态之中，我们必须以一种尊重自然、爱护自然、保护自然的态度，尊重各种生命形式，认识自然万物的平等，承担对自然整体和谐的责任，树立和谐、平衡、协调的生态文明理念，遵循自然发展规律，反对人类违反自然规律，干预破坏自然。在对大自然合理开发改造的同时，牢固树立起全社会人们的生态环境保护观念。

（二）倡导科学合理的消费观念和文明健康的生活方式

道家的生态文明思想与我们现在倡导的绿色、环保的消费观不谋而合，对于指导当今人们树立一种健康的消费观有重要意义。我们要充分发扬中华传统文化中的优良传统，“知足、知止、节俭、寡欲”，领会道家的生态实践观和价值观，在发展社会的同时，多注意技术进步、全球化交流可能带来的负面影响，时刻保持自然原生态的保护意识，趋利避害，保证社会健康、和谐、平稳发展。倡导人们追求一种“科学低碳、节能减排、绿色环保”的消费观念和生活方式，把人类的欲望限制在有限有度的范围之内，尊重自然的承载力，适可而止。合理利用、珍惜保护自然资源，适度发展，把全社会建设成为环境友好、资源节约的和谐状态。

(三)社会全方位的发展应以适度、可持续的发展为前提

在社会经济方面,我们应该摒弃掠夺式的生产方式,改造传统的物质生产领域,形成新的产业体系,如循环经济、绿色产业,创造生态文化形式,加强环境教育,提高整个社会的环保意识。在人文精神方面,我们要摒弃与自然的对抗,摆正人类在自然界的位置,克服自我中心的偏见,正确发挥人的能动性,建构"天人合一"的生态理念,积极地恢复和重建生态系统的动态平衡。在进行社会建设的过程中,我们要借鉴道家生态智慧,对自然界适度地合理开发,建立人与自然和谐发展的价值观,才能逐步达到与自然界和谐相处的理想状态。在生态文明建设中,这一点尤其重要。在文化制度方面,建设"尊重自然"的文化。在与自然交往过程中,人类道德理念水平的高低决定了生态文明的形成,我们一方面要在全社会牢固树立生态文明的观念,另一方面必须改革和完善社会制度与规范,按照平等公正的原则,建立新的人类社会共同体,从而保证人类赖以生存的环境得到保护,社会走向文明祥和,最终实现人与自然和谐永续发展。

论道家生态思想的当代价值

李　静

李静：山东省社会主义学院教师

科学技术的飞速发展在提高人类生活质量的同时，也导致了严重的生态危机，给人类带来巨大灾难：环境污染、能源紧张、物种灭绝、气候极端……为解决环境与发展这个越来越尖锐的矛盾，人们不得不反思过去人类中心主义的做法，提出建设生态文明的课题，谋求人、自然、社会的和谐发展。当前，推进生态文明建设成为我国全面实现小康社会的迫切要求，党的十八大提出"大力推进生态文明建设"的战略决策，将生态文明建设提高到前所未有的高度。我国传统道家思想蕴含着丰富的生态智慧，与当下建设生态文明的要求具有内在一致性，这一点也得到国外许多学者的认同。澳大利亚生态哲学家西尔万(Richard Sykyvan)和贝内特(David Bennett) 说："道家思想是一种生态学的取向，其中蕴涵着深层的生态意识，它为'顺应自然'的生活方式提供了实践基础。"[1]因此，我们很有必要回归到古老的道家，将其蕴含的生态思想予以挖掘和推广，发挥其战胜当前生态危机的深层次思想力量，推动社会主义生态文明建设。

一、道家生态思想为生态文明建设提供丰富的精神资源

(一)道生万物、物我为一的自然观

"道"是道家思想的核心，老子认为"道"既是万物的本源和母体，又是支

[1] [澳]辛格.所有动物都是平等的[J]，江娅译，哲学论丛.1994(5)。

配制约天地万物的总规律和总法则。老子说:“道”“先天地生”,“为天地母”;“道生一、一生二、二生三、三生万物。”(《道德经》第42章)在老子看来,包括天、地、人在内的自然万物均出自“道”,道是天地万物的本源和基础,不论天地万物的形态怎样变化,都脱离不了其固有的本质。人与天地万物一样,都是以“道”为其最大共性和最初本源的有机统一体,这从根源上把天地万物统一起来。《庄子·齐物论》提出“天地与我并生,而万物与我为一”,也强调天、地、人的整体性和统一性,作为天地万物之宗、运行动力和法则的“道”内在于人和万物之中,使天地万物成为有机统一体。人也是自然界的产物和一部分,生存发展均取决于天地万物的馈赠给予,人类只有遵循自然的法则而行为,才能使自己合乎自然的要求,为自然界接纳和认可。这种朴素的生态整体意识与生态文明建设的要求有着深刻的内在一致性。

(二)物无贵贱、万物平等的伦理观

物无贵贱、万物平等也是道家生态智慧中的基本理念。道家认为宇宙万物同源于“道”,由于万物的产生和人类拥有同等的地位和相同的本源,因此他们都有按自己的自然本性而生存下去的权利。老子明确地指出:“故道大,天大,地大,人亦大。域中有四大,而人居其一焉。”(《道德经》第25章)道、天、地、人为域中四大,人只是万物中的一个存在,与道、天、地并无高下贵贱之分,是平等的关系。庄子也讲,“以道观之,物无贵贱”(《庄子·秋水》),指出万物并没有贵贱之分,也没有差别,只是有不同的功用而已,这就揭示了万物皆有其存在的合理性以及内在价值。道家朴素的万物平等的思想给我们的启示是:要摒弃以人类中心论的出发点来处理人与自然、社会关系的一贯做法,要尊重世界万物存在发展的权利和尊严,与世界万物和谐相处。从当代生态文明建设的角度看,这一思想与生态文明建设要求的生态平等的理念不谋而合,很有现实意义。

(三)天人合一、万物和谐的价值观

老子认为,和谐是天地万物生存与发展的一大法则,也是人类应当遵循的基本准则。他讲“万物负阴而抱阳,冲气以为和道”(《道德经》第42章),是说“道”产生阴阳二气,阴阳二气交互作用形成一种平衡和谐的适匀状态,万物

就在“和”的状态下产生了，这就从本体论角度论证了天人关系的统一性。由于人与自然浑然一体，天人相融、相辅相长，人离不开天地万物，人的生存发展取决于天地万物，所以人与天地万物要和谐相处。《文子》也十分重视自然万物的和谐。《文子·上仁》说：“天地之气，莫大于和。和者，阴阳调，日夜分，故万物春分而生，秋分而成，生与成必得和之精。”是说自然界万事万物的生成，都取决于“和”，取决于自然的和谐；正因为和谐，天地间万事万物能够各得其所，发挥各自的作用。“和”作为道家的一种基本理念，与当代生态文明建设的内在要求不谋而合。美国生态学家毕.德沃尔说：“人既不在自然界之上，也不在自然界之外…… 人关心自然，尊重自然，热爱并生活于自然之中，是地球家庭中的一员，要听任自然的发展，让非人的自然沿着与人不同的进化过程发展吧！”❶

当前，我们需要以道家思想中这些朴素的生态智慧为思想依据，将其理念和精神有机地运用到当代生态文明建设中，使道家生态智慧在新时期发挥其教化、改造和提升人的思想意识的作用，克服“征战自然”的错误思想，以构建全民科学生态文明观。

二、道家生态思想为生态文明建设提供广泛的参与主体

道家思想是中国土生土长的文化观念体系，与中华本土文化深度契合，展现出鲜明的本土特色，在中国传统文化中占有重要地位。道家思想对中华文化的各个层面尤其是中国民间习俗、广大民众的日常生活具有深远影响，深深地烙印在中华普通民众的社会心理、风俗习惯、道德信仰、社会交往等方方面面，成为世世代代中华民众的精神家园。国内外很多学者认为中国人已经把道家思想看作一种宗教信仰来推崇和信奉，直接将道家思想称为“道教”。《现代汉语词典》专门对“道教”这一名词进行了阐释。英国著名科学家李约瑟说：“中国人性格中有许多最吸引人的因素都来源于道教思想。中国如果没有道家思想，就会像是一棵某些深根已经烂掉的大树。”❷鲁迅也总结：“中国

❶ [美]R. T. 诺兰. 伦理学与现实生活[M]. 北字：华夏出版社，1988.

❷ [英]李约瑟. 中国科学技术史(第二卷)[M]. 北字：科学出版社，1990.

根柢全在道教。”[1]“在传统节日中，在柴米油盐的日常生活中，在生老病死的人生驿站中，到处都有道教文化的痕迹。”[2]总之，由于道家思想对广大普通民众日常生活的深入介入，其来自普通民众层面的追随者最多，这是其他传统思想体系所不能比拟的。直到今天，道家思想在民众中的影响力仍十分强大。我们知道，任何战略目标的实现都离不开广大民众的参与，否则只能是空谈。道家思想在民众中的影响力可以为新时代生态文明建设凝聚最广泛的参与主体。考察一种观念或文化的影响力，其参与主体的多少及参与者认同和践行的程度是重要指标。当前，引导社会各阶层民众在思想上建立牢固的生态文明观念，并使他们自觉自愿地践行是进行社会主义生态文明建设的当务之急。我们要充分发挥道家思想在广大民众中的感召力和观念约束力，在最大范围内为社会主义生态文明建设汇聚更多参与者、认同者和践行者。

三、道家生态思想为生态文明建设提供牢固的心理认同基础

由于道家思想深入地渗透至中华民众日常生活的方方面面，追随者甚众，所以作为一种具有全民性影响力的集体无意识观念，它在当代生态文明建设中可以产生稳定持久的思想力量。道家思想所倡导的诸多生态智慧早已根植于广大民众的潜意识，内化为他们自觉自愿秉持的行为准则。意识观念决定自觉行为，这种在历史演进中积淀形成的全民集体无意识观念为构建先进的全民生态文明观，推动生态文明建设的有效实施奠定了牢固的心理认同基础。要实现建设社会主义生态文明的重要目标，我们首先要以道教生态思想为切入点，植入时代性强的生态观念，如低碳环保、节能减排、绿色生活等，将生态文明建设的内涵和准则进行分类、细化，形成一套概括性强、操作性强的全民生态文明建设行为准则。其次要发挥道家思想在民众中的心理认同力量，使道家思想成为推动当代人践行生态文明观的重要载体。要对广大民众进行多方位的当代生态文明的教育和引导，多管齐下地使生态文明理念内化为广大民众的潜意识需求和本能行为，使建设生态文明成为新时代民众的集体无意识行为。

---

[1] 鲁迅. 致许寿裳”//鲁迅书信集（上卷）[M]. 北字：人民文学出版社，1976-91.

[2] 张晓瑞. 道教生态思想下的人居环境构建研究[G]. 西安科技大学，2012-9.

四、道家生态思想为生态文明建设提供有益的实践原则

道家将人与自然的关系看作是一个统一生态系统，强调人与自然要和谐相处，而且就如何处理人与自然的关系提出了“道法自然”的实践原则。道家认为自然界万事万物的存在和发展都遵从一定的法则，有其自身固有的规律性，老子提出：“人法地，地法天，天法道，道法自然”(《道德经》第 25 章)，是说人以地为法则，地以天为法则；天以道为法则；道的法则就是维护世界生长不变的过程和自然本性，维护宇宙整体的和谐与平衡。道家还强调，“天地之性，万物各自有宜。当任其所长，所能为。所不能为者，而不可强也。”(《太平经》卷 54《使能无争讼法》)即要求尊重自然、顺应自然、保护自然。只有这样，万物才能自然发展，生物的多样性才能得到保护，和谐才能维持；相应地人们也才能得到自然的回报。庄子讲“无以人灭天，无以故灭命”(《庄子・秋水》)，人与自然之间的相互和谐，就是要求顺乎自然，强调不要为了追求自己的利益而人为地毁坏自然，损害生命，只有遵循自然的原则，才能把握“道”。《淮南子》对“道法自然”这一原则也有论述：“天下之事，不可为也，因其自然而推之”。(《淮南子・原道训》)老子还对人类不尊重自然规律，妄加干涉自然的做法发出警告：“知常曰明，不知常，妄作，凶。”(《道德经》第 55 章)强调明晓天地自然万物的规律是明智之举，如不按事物固有的规律而轻举妄动，用人道过分地干预天道，必招致凶祸，老子这一警告在今天仍有很重大的现实意义。

五、道家生态思想为生态文明建设提供规范的行为准则

道家思想除具备一套完整而系统的基本生态理念以外，同时对人的现实生活也给予关怀，就如何处理现实中人与自然的关系提出了一系列具体可行的生态道德准则，用于规范人类的行为。老子说：“我有三宝，持而保之，一曰慈，二曰俭，三曰不敢为天下先。”(《道德经 67 章）从规范人的行为习惯和合理消费的角度倡导慈爱利物、俭奢有度、知和不争，要以仁爱之心对待万物，以淡泊之心对待欲望，以克制之心对待需求，禁止一切极端的、奢侈的、过度的行为，反对为了满足自身欲望毫无克制地开发掠夺自然。因此他说：“祸莫大于

不知足，咎莫大于欲得，故知足之足，常足也 。”（《道德经》第46章）“圣人去甚、去奢、去泰。”（《道德经》第29章）文子就如何合理开发和保护自然资源提出了许多具体准则：“不涸泽而渔，不焚林而猎……昆虫未蛰，不得以火田；育孕不杀，卵不探；鱼不长尺不得取。犬豕不期年不得食。是故万物之发生若蒸气出。”（《文子·上礼》）要求按照季节的不同和动物、植物的生长规律，实现自然的和谐，只有这样才能使“万物之发生若蒸气出”。他还特别告诫，如果破坏了自然的和谐，动物、植物就得不到正常的生长，甚至还会因毁坏自然导致阴阳、四时的混乱而出现自然灾害，使自然资源受到更大的损失。生态危机面前，这些规范性的行为准则仍闪烁着实用的光芒，我们应将这些警示和做法应用于人类生存发展和实践活动中，开发利用自然资源要有节制，只有知足知止，才能确保整个生态大环境的科学可持续发展。

六、道家生态思想为生态文明建设提供可行的方法途径

针对尊重自然、顺应自然、保护自然的原则，道家倡导以“自然无为”的方式和途径来处理人与自然、社会的关系。“自然无为”强调人们应该按照客观规律行事，“自然”是依事物的本性自由伸展的状态，“无为”是顺其自然不含人力之强加妄为的意思。当然，道家的“无为” 并不是一种消极的无所作为，而是一种独特的“为”的方式，即要依据事物客观规律因势利导，积极引导事物自然发展，反对违反自然规律而随意妄为的行为，如老子所说：“道常无为而无不为”。（《道德经》第37章）李约瑟对道家的无为十分欣赏，他指出：“就早期原始科学的道家哲学而言，无为的意思就是不违反自然的活动，亦即不固执地要违反事物的本性，不强使物质材料完成它们所不适合的功能。”[1]美国著名的生态伦理学家霍尔姆斯·罗尔斯顿也说：“道教徒的方法是对自然进行最小的干涉：无为，以不为而为之，相信事物会自己照管好自己。如果人类对事物不横加干扰，那么事物就处在自发的自然系统中。”[2]这些评价都十分确切而深刻。道家强调要以尊重、顺应、保护自然的原则“无为”地与自然相处，要

---

[1] [英]李约瑟. 中国科学技术史（第二卷）//科学思想史[M]. 北字：科学出版社，1990.

[2] [美]霍尔姆斯·罗尔斯顿：“科学伦理学与传统伦理学”，中国社会科学院哲学研究所科学技术哲学研究室. 国外自然科学哲学问题（1992—1993）[M]. 北字：中国社会科学出版社，1994.

按照事物的自然状态行事，放弃人在自然规律面前的肆意行为，这在具体实践层面为当代生态文明建设提供了可行性途径和思路。

结　论

党的十八大强调要“把生态文明建设放在突出地位，融入经济建设、政治建设、文化建设、社会建设各方面和全过程”[1]，生态文明建设目标已成为当前实践科学发展观，进而全面建设小康社会的重要组成部分。任何一种战略决策或价值目标的全面实现都离不开极富感召力的观念引领、广泛的参与主体、科学的实施原则、具有规范约束力的行为准则和可行性的实现途径等要素，生态文明建设自不例外。我国传统道家思想拥有一套完整而深刻的生态伦理体系，完全可以在这些方面为我们建设社会主义生态文明提供全方位、多层次、立体性的借鉴。

无独有偶，马克思对人与自然的关系也进行了深刻论述：“人直接地是自然存在物，人作为有生命的存在物，一方面是能动的自然存在物，另一方面人作为感性的、对象性的存在物和动植物一样是受动的、受制约的和受限制的存在物。”[2]马克思论述中体现出的生态观点与中国古老的道家生态思想高度契合，这更彰显了道家生态思想的普世价值。我们进行社会主义生态文明建设，应当重视道家生态思想的当代应用，吸取其在当代仍有借鉴价值的理念、观点、原则、方法和途径，融入经济建设、政治建设、文化建设、社会建设各方面和全过程，并充分发挥其在民众中的感召、教化力量，为实现生态文明建设的伟大胜利作出贡献。

[1] 胡锦涛.坚定不移沿着中国特色社会主义道路前进为全面建成小康社会而奋斗[N].人民日报，2012-11-9日第二版。

[2] [德]马克思.1844年经济学哲学手稿[M].人民出版社，2002.

浅谈老子思想中蕴含的生态文明理念

李颂华

李颂华：中共西安市委党校教师

在历史跨入生态文明和生态危机并存的人类社会后，当人们在翻阅古今中外的文化经典时，不难发现老子是世界上首位系统、全面、深刻地阐述生态文明理论和生态危机的自然哲学家，他在二千五百年前就开创性地运用中国哲人特有的睿智，揭示了宇宙万物亘古不变的运动轨迹，预见了人类将要面临的生态危机和生存压力，并针对异化文明带来的种种弊端，提出了如何实现人与自然共生共存的重大命题，深入探讨了人与自然、人与社会、人与人错综复杂的关系，阐释了中国人历久弥新的生存理念和生态文明主张，天才地预言了未来人类必然要面对生态危机的挑战，生态文明社会终将是人类社会的必然选择，彰显了中华古代文明和科学理论走在人类文明前列的东方风采。

一、老子思想中的生态自然观

当面临环境污染、气候异常、水土流失、人口膨胀、物种濒危、资源枯竭、天崩地裂等种种生态危机时，人们发现老子高瞻远瞩、未卜先知的预言并不是危言耸听、言过其实。老子用他生花妙笔，细致地描绘了触动地球环境安全底线的可怕情景。老子讲："昔之得一者：天得一以清，地得一以宁，神得一以灵，谷得一以盈，万物得一以生，侯王得一以为天下贞。其致之也，天无以清，将恐裂；地无以宁，将恐发；神无以灵，将恐歇；谷无以盈，将恐竭；万物无以生，将恐灭；侯王无以正，将恐蹶。"

天地万物在老子的眼中既神秘莫测又蕴含着巨大的力量。在老子看来，即便是蕴藏着巨大力量的天地，也必须遵循自然的道德规律，人类自然也要如此。只有人类不违背自然规律，做到合道合德，才能和大道大德融为一体，并从中获得无限的益处；与之相反，如果人类违背自然规律，必将受到大自然的惩罚和遗弃，必然会遭遇痛苦和灾祸。人具有主观能动性，正是由这种主观能动性产生的人类沙文主义，决定了人类必将会受到自然的奖惩。很多事例无不证明了这一点，比如人们为了蝇头小利，对森林乱砍滥伐，最终导致泥石流滑坡，死伤惨重。这样的例子还有很多，这里不再一一列举。总之，违背自然规律就等于自我毁灭，顺应自然规律则必然昌盛。

作为一位高明的帝王之师和精明的政治理论家，老子在处理人类面临的各种危机时，从天之道的角度出发，摒弃了传统的人类中心主义态度，强烈抨击了人类可以随意支配自然的想法和做法，自觉提出了保护环境、珍爱生命的历史任务，预言了人类社会回归自然的未来走向。这是一种站在保护人类和自然双重利益的立场，从人类和自然的整体利益和长远利益出发，为保留一个有利于人类可持续发展的自然基础而反对和约束破坏生态环境的生态观，老子不仅要考虑到人的因素，还要兼顾天文、地理、环境、文化等诸多因素，形成了中国最早的生态理论的雏形。老子的视野，不局限于人类生存的那个局部范围，而是整个地球生物圈，甚至放大到浩瀚无垠的寰宇空间。老子认为人类不仅要从人类自身的利益和价值出发，而且应从所有生命物种的利益和价值出发，保护环境，关爱生命。这种从人类一种物种的利益和价值转移到千百万物种的利益和价值的生态生存理论，比起仅仅考虑是否符合有利于各国自我发展的规律，是否符合人类社会发展方向的进程，是否有利于保护人类赖以生存的环境的狭义生态理论，其视野更宏大，其意蕴更深邃。也就是说，老子生态文明观是一种基于生态自然系统客观规律和事实上的架构，而不是人类自由意识在自然界中的简单体现或模拟。老子提出的“人法地，地法天，天法道，道法自然”方法论，不仅是中国哲学的思想精髓，也是中国生态理论的基石。它不仅揭示人类认识世界改造世界的基本行动法则，而且昭示了人类文明未来走向。老子为中华民族和全人类，树立一个历久弥新的自然道德法则和一种颠覆性的文明模式及任重道远的终极目标，并以此来约束激励人类自身。老子的这一理论对当代人抵御现代进程中的西方中心主义、物质消费主义、技术工具主义的侵蚀，弘扬生态文化，构建生态文明，无疑具有理论武装、精神支撑的作用。

老子用“天之道”与“人之道”作对比，主张“人之道”应该效法“天之道”。他认为，自然界保持生态平衡的现象应归之于“损有余而补不足”，因此他要求人类社会也应当改变“损不足以奉有余”的不合理不平等的分配不公现象，效法自然界的“损有余而补不足”，“损有余以奉天下”，这种观点体现了他的社会财富、自然资源共享共荣和万物与人类平等的理念。非常难能可贵的是，老子在两千五百多年前，就提出政府分好蛋糕比做大蛋糕更困难的问题，希望通过合理的配置制度，把蛋糕分好，让全体人民共享社会财富、自然资源，而不是让少数人或国家侵吞独占。这对当今国际社会中，发达国家只想分享文明成果，不愿承担环境恶化、生态式微带来的经济负担，并将这种负担转嫁给发展中国家的行径和作为，无疑具有预警的作用。揣摩老子的思路，生态危机是一种内在危机的外在表现，正像当下全球生态危机深层次问题是全球资源共享和社会公平。环境与发展不是人类与自然，而是人类自己之间的问题，是一种深层次生态意义上的精神危机。他告诫全人类，每一个人面对日益退化的全球生态，都应该检查自己的思想习惯和行为举措是否符合控制环境中各因素健康平衡的原则和规范，政要们通过关注全球环境，研究全球生态，重新细致检验其政治动机和政府政策是否合理。

老子是中国最早的辩证法大家和预言大师，他同时考虑到生态文明、生态危机问题与人类未来的正反合三个方面的复杂关联。老子考虑到这样三个方面，不仅着眼于个体的长远利益，而且是实现整体之自然和谐的必要条件，并将其整合为一个整体。这种思维特点可称之为正反合的三点论。人们讲到老子的回归自然、拥抱自然的生态理念，常常涉及了个体，群体与总体三个层次。老子所强调的整体自然秩序和谐均衡，既是对环境的保护，也是对人类妄为的一种限制。说它是保护环境，因为只有在自然生物圈的生命链条有序健康发展的前提下，人类才有发展的自由和空间；在大自然的强制秩序中，人类的活力虽然会受到很大束缚，但也是必需的。因为要维持自然和谐，就不允许整体中某些个体无限制地膨胀，从而影响其他个体的生存和发展，只有严格规范和约束人类不合理活动，遏制环境恶化的趋势，自觉改善生态系统，才能让自然环境休养生息，恢复活力，造福人类。

二、老子思想中的和谐自然观

老子是和谐世界、和谐社会、和谐人生、生态文明理论的首倡者。人与自然和平共处，人与万物共生共存是老子理想社会的大环境；小国寡民，田园愿景，低碳生活则是理想社会的日常生活场景；清心寡欲，返璞归真、和谐人生，颐养天年则是老子理想社会的构成基石。这三者是老子生态文明社会理想的具体构成。生活世界不是个空洞的概念，更不是物欲横流的世界。任何样式的生活世界都有一个合道不合道，合理不合理的问题。在老子看来，小国寡民，清静无为，才是大道通行的社会，才是生活世界本身，才是做人的根本。老子认为治国之要，关键在于创造一个古朴诚实、内外和谐的社会环境和自然环境，在这个社会环境和自然环境中，生态文明社会的政治、经济、文化的健康运行，理应是无为而治，人民并不过分追求物质生活条件的优越，人们的心思也不花费在私智欲念之事上，人民的物质生活能够丰衣足食，免于匮乏，而精神却非常充实，心旷神怡，因而社会不存在制造骚动纷乱的机缘，从而一个纯朴甜美的社会生活环境就此产生。在老子描绘的没有战争，没有压迫，没有盗贼横行的纯朴自由的公民社会中，国际社会，相安无事，和睦相处，“邻国相望，鸡犬之声相闻，民至老死不相往来”，整个天下一片清净，一片纯朴，这是一个充满了真善美的生态世界，也正是老子理想和信仰的道的显现。

三、老子思想中的绿色生活观

老子极力推崇清心寡欲的生活方式和消费理念，提倡物质生活的低调，精神生活的自我满足。老子倡导“甘其食，美其服，安其居，乐其俗”，主张彻底摈弃战争和文明异化的成果，“使有什伯之器而不用”，“使人复结绳而用之”。显而易见，老子的观点呈现出似乎复古主义的思想倾向，但同时也带有一定的民本主义和人道主义的色彩。他渴望重估文明价值，清算文明的代价。他对文明异化的仇视与排斥、针砭与批评，即使在物欲横流的今日，也能给人们提供一个反思的契机，使那些整日汲汲于争名夺利的人有所清醒和冷静。

值得一提的是：老子的自然哲学包含着深邃的生态智慧，这里没有人类中心主义的思想偏执，相反，老子主张道法自然，尊崇自然，敬畏自然，与自然和谐共处。老子所描绘的宇宙原型是万物和谐、天地共生、充满生机的协调美满的太平景象，这恰是人类正在期盼实现的生态文明社会的美好理想。所以，对老子“小国寡民”的社会理想追求，实质上是对现实生活的一种可能状态的提升，他直接或间接地反映了早期农业社会的最高理想，人们既不能一味肯定，亦不应该全盘否定。老子用理想的笔墨，着力描绘了“小国寡民”的农村社会生活场景，表达了他的未来社会政治理想，全面反映了他对“小国寡民”理想社会生活的向往和追求。老子的这种理想社会设想，在当时历史条件下，当然是一种幻想，是不可能实现的。他试图在现实世界的此岸，营造一个理想化的未来社会的彼岸。老子的救世方案虽然在当时不具备技术上的可行性，却具有道义上的正当性。有意思的是，在生态时代的今天，老子的救世方案不仅具备技术上的可行性，具有道义上的正当性，而且成为不可逆转的时代潮流、历史趋势和人类文明共识。真正的环保主义和生态文化应当是面对整个宇宙，包括万物生灵，不仅仅只有人类，也绝不会厚此薄彼。其反对战争，渴望和平，追求幸福，祈盼安康的美好愿望，也包含地球一切生物繁衍生存，应该得到充分的肯定和赞许。它的实质不应该被认为是期望历史的倒退，而是向人们展示未来生态文明、低碳社会的愿景。老子指出了人类文明转型的总体趋势，希望用一个理想的和谐社会取代战乱的社会，即用一个理想的生态文明社会荡涤异化文明带来的尘埃。两千五百年后的当下世界文明发展大势和人类的共同期盼印证了老子的预言。理解老子生态自然观的深意，一定要跳出具体画面所带来的局限，从意义世界、精神层面去体味和把握。

十八大报告明确提出要大力推进生态文明建设，不仅将生态文明建设纳入社会主义现代化建设总体布局中，并要求把生态文明建设放在突出地位，融入经济建设、政治建设、文化建设、社会建设各个方面和全过程，努力建设美丽中国，实现中华民族永续发展。生态文明是“指人类遵循人、自然、社会和谐发展这一客观规律而取得的物质与精神成果的总和，是指人与自然、人与人、人与社会和谐共生、良性循环、全面发展、持续繁荣为基本宗旨的文化伦理形态。”[1]老子思想中蕴含的科学发展理念毫无疑问对当前大力推进生态文明建

[1] 潘岳. 论社会主义生态文明[J]. 绿叶，2006(10).

设有着极其深远的意义。老子的生态自然观、和谐自然观的实质就在于指出了人与自然如何构建和谐关系。老子认为,天地万物是不可分割的有机整体,在发展过程中有其自身的发展轨迹和规律,人作为自然界的一部分,理应遵循这一轨迹和规律,而不应盲目听从自身的野性召唤而做出违背自然规律的事,人类需要做的就是将自然放在与人平等的位置上予以尊重和保护。在处理人与环境、经济政治发展与生态的关系时,我们要"知足知止",要在把握自然发展规律的基础上适当、适量地开发和利用自然资源,在实现经济社会发展的过程中要克制超越环境承受能力的物欲,选择适应环境承载力的生产方式等。老子的绿色生活观向后人指出在个体进行社会生活的过程中,如何选择既能满足自身生存与发展需要,同时又不损害环境、妨碍后代生存发展的生活方式。可以说,老子这种尊崇自然、万物共存的生态智慧,孕育出以天道为基础,以人道为内涵,以政治为要务的生态哲学理性之光,已经照遍人类思想意识海洋的各个领域,几千年或隐或显成为炎黄子孙实践生态文明的准绳和绿色生活的指南。

参考文献:

[1] 潘岳.论社会主义生态文明[J].绿叶,2006.10.

[2] 严遵著,王德有点校.老子指归[M].北京:中华书局,1994.

[3] 张道陵.老子想尔注[M].上海:上海古籍出版社,1991.

[4] 纪昀.校老子[M].北京:中华书局,1986.

[5] 李俊岭.《老子〉解读[M].北京:高等教育出版社,2012.

[6] 张起钧.智慧的老子[M].北京:新天地书局,2006.

[7] 南怀瑾.老子他说[M].上海:复旦大学出版社,2006.

[7] 吕双波、田洪江.读懂老子[M].呼和浩特:内蒙古出版社,2007.

[8] 张智彦.老子与中国文化[M].贵阳:贵州人民出版社,1996.

宗教文化与生态文明

宗教文化中的生态伦理思想

姜　虹　骆素青

姜　虹：河北省社会主义学院副院长

骆素青：河北省社会主义学院教师

目前全球生态危机日益加剧，而我国的生态环境问题更为严重，解决环境问题已成为中华民族不可推卸的重大责任。我们党充分认识到这一问题的严峻性和迫切性，所以，党的十八大报告指出："必须树立尊重自然、顺应自然、保护自然的生态文明理念，把生态文明建设放在突出地位，融入经济建设、政治建设、文化建设、社会建设各方面和全过程，努力建设美丽中国，实现中华民族永续发展。""生态文明""美丽中国"是党为解决当前生态危机而做出的科学回答，贯彻和落实这一要求，当务之急是制定和完善相关的法律法规和行为规范，但仅靠外在的行为法规是远远不够的，应该建立和倡导相关的生态伦理思想，培育全民的环保意识，摆脱人类中心主义的思想倾向，使之在生态保护方面做出较大贡献。而宗教文化中包含着丰富的生态伦理思想，对人类的生存环境及人与生存环境的关系，有独特的思考和解答，如张建芳所说："各种宗教的生态伦理思想潜移默化地影响着人类的思想和行为，神灵的威慑、宗教信条的规范、宗教风俗以及宗教禁忌已经在一定程度上内化为人类根深蒂固的环境保护意识和生态伦理道德。"[1]所以，我们应该将包括宗教伦理在内的道德伦理纳入生态保护的实践范畴，以强化生态保护的实践效果。

---

[1] 张建芳：《试析宗教生态伦理在自然生态保护中的积极作用》，载《宁夏社会科学》，2007 第 1 期，第 80 页。

一、对生态伦理的理解

生态伦理即人类处理自身与其周围的动物、环境和大自然等生态环境的关系的一系列道德规范，通常是人类在进行与自然生态有关的活动中所形成的伦理关系及其调节原则。

“生态伦理”不仅要求人类将其道德关怀从社会延伸到非人的自然存在物或自然环境，而且呼吁人类把人与自然的关系确立为一种道德关系。根据生态伦理的要求，人类应放弃算计、盘剥和掠夺自然的人类中心主义价值观，转而追求与自然同生共荣、协同进步的可持续发展价值观。它扩展了道德的范围，超越了人与人的关系，给人与自然的关系赋予了道德意义和道德价值。可以说，生态伦理不同于传统意义上的伦理。传统意义上的伦理是自然形成的而不是制定出来的，通常也不写进法律之中，它只存在于人们的常识和信念之中。传统意义上的伦理虽然也主张他律，但核心是自觉和自省，不是强制性的。由于生态保护问题的复杂性和紧迫性，生态伦理不仅要得到鼓励，而且要得到强制执行。

近代以来，人类活动一直围绕着如何向自然索取更多的资源和能源以生产出更多的物质财富、追求更高水准的生活这一主题。工业文明创造出大量的物质财富，也消耗了大量的自然资源和能源，并产生了土壤沙化、生物多样性面临威胁、森林锐减、草场退化、大气污染等严重的生态后果。因此，维护和促进生态系统的完整和稳定是人类应尽的义务，也是生态价值与生态伦理的追求目标。

二、宗教文化中包含着丰富的生态伦理思想

各大宗教初创之时，世界上并没有现在所面临的生态危机，因而各宗教经典中并没有专门论述当代意义上的环境问题，但这并不是说宗教与生态问题无关。相反，各大宗教自古以来就有保护生态的传统，蕴藏着大量而又深刻的生态伦理思想。

(一)佛教

佛教发源于古印度,传入中国已经有两千余年,它在与中国传统文化和宗教习俗的汇通融合中演变成中华民族的宗教之一,成为中华传统文化的重要组成部分,对中国历史文化产生了极为深远的影响。面对目前的生态危机,用生态伦理的视角来审视,佛教也蕴含着丰富的生态伦理思想,比较突出的是佛教的缘起论和平等观。

首先是缘起论。缘起论是佛教对宇宙人生的根本看法和佛教理论的基本观念,指的是一切事物和现象都处在普遍的因果联系之中,都依一定的条件而生起,都不是孤立的存在。佛教缘起论的经典性提法是《杂阿含经》中的表述:"此有故彼有,此生故彼生;此无故彼无,此灭故彼灭。"中国佛教在缘起论的哲学基础上,又发展了"整体论",即认为人与自然是一个和谐的整体,相辅相成,有机统一,人与自然之间是和谐发展、共生共荣的关系,彼此之间都不能独立地存在。从生态学视角来诠释佛教缘起论和整体论思想,我们可以得出这样的启示:生态是一定条件、原因互相依存、互相作用的结果,由此又启示我们:个人、人类和社会都不是独立存在的,而是与自然紧密相连的。损害自然就是损害人类自身;破坏自然就是破坏人类自身的存在。这有利于克服人类中心主义价值观,增进人与自然的和谐。

其次是平等观。佛教把宇宙万物分为有生命的东西和无生命的东西,认为众生虽有不同但都同具佛性,因此众生之间是平等的。从生态伦理的视角来看,众生平等思想至少有两方面的积极作用:一是众生平等思想赋予了人类、动物、山川草木、泥石瓦砾一律平等的内在价值,体现了一种敬畏生命和尊重自然的生态价值取向,对保护生命和自然具有积极的作用。二是众生平等思想构成了戒杀、放生和素食的思想依据,从而确立了中国佛教生态伦理中最主要的实践主张,这三个实践主张以戒杀为中心、放生为手段、素食为保证,三者之间相互联系、互为条件,并依次层层递进。受此影响,中国很多佛教四众弟子都有戒杀的理念、放生的行为和素食的习惯,这对于保护生物的多样性、维护生态平衡起到了积极作用。[1]

---

[1] 高扬,曹文斌:《中国佛教生态伦理的思想基础》,《中国宗教》,2011 年第 11 期,第 57 页。

（二）道教

道教作为产生于中国本土的传统宗教，是继承了先秦诸子百家学说，特别是在道家学说的基础上逐步发展而形成的，是中华民族传统文化的重要组成部分。道教文化中蕴涵着深邃的生态智慧，具有“天人合一”的整体生态观。

首先是和谐统一的自然观。道教认为，人是自然界的一部分，人的生存依赖于自然界，强调人与自然和谐相处，应法天则地，遵循自然规律，如《太平经》说：“泉者，地之血；石者，地之骨也；良土，地之肉也。地者，万物之母也，……妄穿凿其母而往求生，其母病之也。”可见，道教将天地比作父母，反对人们任意大兴土木，凿地建房，认为这是伤害大地母亲的恶劣行为。这就告诫人们过一种与外部环境相适应、与天地万物和谐共存的生活。再如《阴符经》说：“自然之道不可违。”这意味着人和自然万物之间不是征服与被征服关系，而是和谐相处、互相依存的关系。

其次是物种保护观。道教基于对大自然的热爱和对生命万物的尊重，非常重视对物种的保护，道教的各种戒律中作出了禁止杀生和虐待动物的规定，反对破坏花草树木。《太平经》认为，天以万物悉生为富足，天下动植物兴旺生存，一派繁荣景象，是“上皇气出”的太平盛世。物种不足万数者，为“小贫”，物种越来越少，为“大贫”，当万物悉伤时，“无瑞应，善物不生，为极下贫”。这种把动植物种类的多少和存亡作为评判社会贫穷和富足与否的观点，反映了道教思想家对社会发展和物种保护关系的冷静观察和睿智思考，与现在倡导的科学发展观相契合，具有内在的统一性。

（三）伊斯兰教

伊斯兰教不仅是一种宗教，也是一种生活方式和行为方式，还是一种博大的文化体系，其中关于生态环境保护方面的主要思想有真主创世论和和谐观。

首先是真主创世论。伊斯兰教认为，是真主创造了世界，创造了宇宙万物、日月星辰，使整个大自然多姿多彩，有高山，有平原；有沙漠，有绿洲；有陆地，有海洋；有湖泊，有河流；有戈壁，有草原；还有阳光、空气、水和生活在大地上的无数动植物。在人的起源上，伊斯兰教认为真主创造了人，人类是真主在大地上的“代治者”，人类不能超越和违背真主的法度，不能任意破坏真主创造的大自然中的一草一木，不能为满足不合理的私欲而任意妄为。

其次是和谐观。伊斯兰教特别重视整体和谐。《古兰经》说：“你当赞颂你至尊主的大名超绝万物，他创造万物，并使各物匀称。”《古兰经》还多次指出，宇宙间亿万颗星体精确地运行在各自的轨道上；地球上白天、黑夜、春、夏、秋、冬周而复始；伊斯兰教认为大地上阳光雨露、草木丰茂、鸟兽生栖，都能让人感受到真主所造天地万物的和谐。伊斯兰教认为真主的安排使万物各得其所、井然有序，保持着平衡，共同构成了一个完美的生态系统，并且万物都按各自的规律存在发展，世间万物是一个和谐的统一体。另外伊斯兰教教义中还包含着合理利用动植物资源、不能随意浪费或者破坏自然资源的思想。

（四）基督教

基督教（这里所说的是广义上的基督教，包含着天主教和东正教）作为世界上最广为接受和信仰的宗教，本身也蕴含着宝贵的生态伦理思想。

首先，比较具有代表性的是加尔文·B. 德威特归纳的《圣经》描述的四种基本环境伦理原则：(1)“地球保护原则”：如同创造者保护和维持了人类一样，人类也必须保护和维持创造者的创造；(2)“安息日原则”：必须让创造能从人类对它的使用中得到恢复；(3)“成效原则”：创造的丰饶要被享用而不是被毁坏；(4)“实践及有限原则”：人类在创造中的作用是有限的，那些设置的世界必须被尊重。

其次，“托管论”也赋予了基督教重视生态伦理的理念。神学家们认为，在《创世纪》中体现的是“人类作为创造的管家”或“人类作为上帝的伙伴”的观念，而不是“人类作为造物之主”的观念，更不是作为生态学的敌人。神学家认为创造的教义反而是肯定了人类对于环境和自然的责任。在《创世纪》中，人对动物的统治只能是和平的统治，而没有任何“生杀予夺”的权力，人应当充当和平、正义权力的代言人，人类有责任像园丁一样保持和呵护所有的造物。神学家们认为世界为上帝所造，那么世界仍为上帝的财产，人类无权提出要求，自然只能被当作信托财产来保管。人类的这种保管还必须根据神圣的公义标准，不能根据人类的价值观来处理。经过这样的解释，基督徒认为，人类与自然均为上帝所造之物，上帝是自然真正的主人。人类对自然的支配权是上帝所授予的，因而人类没有任意支配自然的权力，更没有任意破坏自然的权利。[1] 这些思想都隐含着深刻的环境保护成分，在主要信仰基督教的西方社会，环保已见成效。

由以上论述可以看出，各种宗教关于协调人与自然关系的思想，有利于克服人类中心主义的狭隘观念，有利于树立人与自然和谐共处的思想意识，这对于建立人与自然界的新型生态关系，维护正常的生态环境具有一定的现实意义。

三、发掘宗教文化的生态伦理思想，强化实践效应，为环保做出应有的贡献

宗教以超越人类本位的立场、追求精神解脱的价值取向和独特的视角，阐发了人与自然的伦理关系，确立了人对自然的道德责任和行为准则，为人类处理与自然的关系提供了另一类型的理念，这对缓解人与自然的紧张关系，增进人与自然的和谐具有一定的启示意义。所以，我们应该发掘宗教文化的生态伦理思想，使之为环保做出应有的贡献。落实到实践层面主要从两个方面来做：

（一）加强对宗教教职人员的引导和培训

宗教文化中既有与环境保护有关的伦理观念，又有相关道德实践，但仍然缺乏这方面的系统总结和相应的梳理，许多文章停留在对某句宗教经典的肤浅引述上，不全面，不深刻，也未能彰显其曾经发挥的有益功效。所以，要加强对宗教教职人员的引导和培训，要支持和鼓励他们对本教的生态伦理思想进行缜密分析，系统地回顾和总结，揭示其合理而有效的因素，运用现代语言结合具体实践作出符合社会发展要求的新阐释，方可显现其在现代社会的生态伦理价值，这也是宗教与社会主义社会相适应的具体体现。

（二）支持和鼓励宗教界人士和信教群众投身环保实践

在历史上，宗教文化中的环保理念，对规范信徒的行为规范、维护生态平

---

[1] 王伟博，殷有敢：《基督教环境伦理及其生态回归》《中国宗教》，2006 年第 1 期，第 34～35 页。

衡、促进人与自然和谐相处发挥了重要作用。我国是多种宗教并行流传的国家，信教群众一亿多人，宗教对社会的影响也在不断加大。这是一支重要的社会力量，也是一支重要的环保力量。所以，应该发挥宗教正能量，支持和鼓励宗教界人士和信教群众投身环保实践，例如在社会上宣传生态和谐理念，保护好宗教场所现有的生态环境，把宗教活动场所建成绿树成荫、环境优美的生态环境示范场所，继续开展植树造林、美化环境活动，对破坏生态环境的行为进行谴责并及时向有关部门反映等，还要和社会其他环保力量相配合，共同建设人与自然和谐相处的生态环境。

最后，值得提出的是，站在唯物主义立场，以上所述宗教文化中的生态伦理思想，神创论的世界观是不符合唯物主义的。我们要对宗教文化辩证分析，发挥宗教积极作用，抑制消极作用，促进宗教与社会主义社会相适应。另外，宗教文化中的生态伦理思想在实践层面有自身的局限性，有的缺乏可操作性，把环保完全寄托于宗教文化是不可取的，还要依靠环保部门、法律法规等其他力量，各种力量相配合才能使环保取得实效。

参考文献：

[1] 方立天.佛教生态哲学与现代生态意识[EB/OL]. http://www.mzb.com.cn/html/Home/report/209737－1.htm，2011－06－05.

[2] 高 扬，曹文斌.中国佛教生态伦理的思想基础[J].中国宗教，2011(11).

[3] 李 璇，冯金朝，杨朝旭.民族宗教信仰与生态保护伦理[J].华北水利水电学院学报，2003(11).

[4] 柏松.对佛教生态环保思想的新思考[J].中国宗教，2011(7).

[5] 马克林.宗教的生态伦理思想及其现代意义[J].新疆社会科学，2003(1).

[6] 张建芳.试析宗教生态伦理在自然生态保护中的积极作用[J].宁夏社会科学，2007(1).

[7] 王春梅.探析伊斯兰教生态伦理思想及其现代启示[J].新西部，2008(20).

[8] 李育红，杨永燕.伊斯兰教生态伦理思想及当代价值[J].贵州民族研究，2008(5).

藏传佛教生态伦理与藏区生态文明建设

陈　玮

陈　玮：青海省社会主义学院副院长

我国藏区主要分布在西藏自治区、青海、四川、甘肃、云南省，面积为200余万平方公里，其中藏族人口约500多万。平均海拔4000米以上，号称“世界屋脊”，生态系统脆弱，环境保护难度大是我国藏区的基本自然特征。保护和建设生态环境是藏区社会经济得以持续健康发展的根本任务，特别是有“中华水塔”之称的三江源地处藏区，而三江源生态保护关乎中华民族的长久发展。党的十八大指出，建设生态文明，是关系人民福祉、关乎民族未来的长远大计。面对资源约束趋紧，环境污染严重、自然生态退化的严峻形势，必须树立尊重自然、顺应自然、保护自然的生态文明理念。提出要把生态文明建设放在突出地位，融入经济建设、政治建设、文化建设、社会建设各个方面的全过程，这是对加强生态文明建设作出的明确要求。我国藏区盛行藏传佛教，藏传佛教生态伦理思想中许多精华完全可以为今天藏区生态文明建设所用。因此，深入研究藏传佛教生态伦理，充分挖掘其思想精华，对于大力促进生态文明建设一定具有借鉴意义。

一、藏传佛教生态伦理的起源

藏传佛教是佛教的一个重要流派，主要传播于广大藏区，它是佛教与藏族传统文化结合的产物，也是在对藏族原始宗教即苯教长期兼收并蓄的过程中形成的。藏传佛教生态伦理主要有三个思想来源。

(一)来自于大自然崇拜中最朴素的生态意识

藏传佛教伦理思想的起源可以追溯到藏族远古神话传说时代,其中关于大自然形成的神话中对自然生态形成的故事,初步反映了藏族人民对大自然的认识,如藏族古代著名的神话传说《斯巴形成歌》《斯巴宰牛歌》中叙述了天、地、山川等大自然物的形成过程及其基本面貌。藏族著名史籍《西藏王统记》等史书也描述西藏原为汪洋大海,后来海水流进"贡吉曲拉山洞中,陆地才逐渐形成。"[1]这些"自然生成说"无疑是藏族原始的自然观和生态意识,这时的人们对生态的认识是模糊的。但是,它表现了一个重要的文化心态,即人们改造自然的欲望和冲动。特别是《斯巴宰牛歌》把斯巴塑造成高大的天神,他用牛头创造了山岳,用牛尾创造了森林,用牛皮创造了大地。全歌表达了人类劳动创造的英勇、无畏气概,也表达了对自己居住地多样性的自然生态环境和山川万物的赞美、眷恋和热爱,同时还表达了对养育本民族的自然万物的感激、敬畏和膜拜。它表达了一种朴素的生态伦理思想,即世界由自然万物构成,没有自然万物的丰富性就没有世界的多样性;自然界是相依相连、整体的统一;人作为自然的一员,应敬畏、善待和关爱自然。十分明显,这种生态文化思想带有鲜明的自然崇拜特征,它反映了在生产力水平极低的情况下,人们对自然资源和生态环境的严重依赖和对自然生态环境的保护和热爱。[2]

(二)来自于图腾崇拜中最原始的生态理念

同许多民族一样,藏族的先民也曾经历过图腾崇拜时期,例如藏族史籍中就记载,最初世界为空寂无垠之体,没有人类的足迹。后来,一只猕猴来到吐蕃泽当地,与岩魔女结合生下了子女,从此繁衍成为藏族的先民。[3] 另外,藏族的先民们还崇拜牦牛,以牦牛为图腾物。[4] 远古部落时期,图腾崇拜的一条重要原则就是禁止捕杀图腾动物。一方面,这一最基

---

[1] 索南坚赞著、刘立千译:《西藏王统记》,民族出版社 2000 年版。

[2] 何峰主编:《藏族生态文化》,中国藏学出版社 2006 年版。

[3] 索南坚赞著、刘立千译:《西藏王统记》,民族出版社 2000 年版。

[4] 丹珠昂奔著:《藏族神灵化》,中国社会科学出版社 1987 年版。

本而又最重要的生活禁忌，使对动物的保护欲望演变成为重要的生活伦理原则。同时，它又是藏族先民生态伦理文化的构成要素之一；另一方面，图腾作为同一民族部落的共同信仰，具有伦理制度的效应。从此，维护生态的伦理思想在藏民族思想中健康成长。[1]

(三)来自于佛教生态伦理

公元七世纪，佛教传入雪域高原之后，几经波折，取代了苯教，确立了其在意识形态领域的统治地位，也因此成为藏区生活的指导原则。佛教建立在替代婆罗门教并打破古印度种姓制的基础上，主张宇宙万物由于因缘合和而生，因缘分散而灭的“缘起性空”，这就是佛教著名的缘起论。笔者认为缘起论包含了两个方面的思想，一是认为万法无常无我，在这个世界上独立不变、自我存在、自我决定的实体是不存在的，任何东西都是相对的、暂时的。由此佛教要求人们破除对事物包括生命的执著，以“无我”的胸怀面对大千世界，打破人类自身的优越感和在世界上的优先性，以求得“解脱”。二是缘起论告诉我们世界万物都是统一和谐的有机体，都有其自身存在的意义和价值，如果组成宇宙的某一部分出现危机就会影响整个宇宙的平衡。因此，人类与其赖以存在的生态环境是一个整体，必须珍爱之。此外，还有佛教教义中众生平等观、和平戒杀观等伦理思想都被作为佛教重要流派的藏传佛教所吸收。

二、藏传佛教生态伦理思想及其实践

(一)藏传佛教生态伦理思想

1.藏传佛教山川江湖崇拜的保护意识

在藏族原始宗教即苯教信仰中，人们相信每一座巍峨的雪山和每一个清澈的湖泊都有各自的神话传说。对神山圣湖神水的崇拜是藏族先民对大自然崇拜中最大规模、最久远和最普遍的崇拜形成，许多崇拜行动延

---

[1] 贾秀兰:《藏族生态伦理道德思想研究》，载《西南民族大学学报》2008年第4期。

续至今。位于西藏阿里地区普兰县著名的岗仁波切雪山，分别被印度教、苯教和藏传佛教视为圣山，神圣地位不可动摇；位于西藏当雄县的念青唐古拉山是西藏最著名的神山，被认为是掌管财富和冰雹的神。位于青海境内的阿尼玛卿雪山和年保玉则山、四川境内的贡嘎雪山、雅拉山和云南境内的梅里雪山等都是十分著名的神山。西藏境内的纳木错、羊卓雍措和玛旁雍措并称为“三大圣湖”，青海湖则是因环湖八族蒙藏部落崇拜的圣湖。[1] 古老的信仰使神山和圣湖成为人们朝圣和膜拜的对象。

对山神和水神的崇拜，使人们形成了对山水资源的保护意识和行动。在神山上禁止采挖药材、狩猎和垦土；在湖泊和泉水附近不能洗头、洗脚，放置秽物。人们对山水顶礼膜拜，绝不敢有一点毁损。所以，在藏区随处可见圣洁的雪山和清冽的湖水，这与古老的山水崇拜的保护作用是密不可分的。在长期的生存活动中，人们深深体会到了对于自然的依赖，对自然界怀有一种美好的伦理情怀，甚至是一种感恩意识，从而形成了慈悲好生的伦理情怀。

2.万物有情的动物保护意识

不杀生是佛教出家僧尼遵守的“四根本戒”和在家信徒所遵守的“五戒”之首。[2] 佛教反对杀害生命，认为杀生有罪，并认为动物作为有情众生的一部分，其生命的价值应该受到尊重，而不能杀害，藏传佛教格鲁派创始人宗喀巴大师所著《菩提道次第广论》明确指出，杀害“大身傍生”（指形体较大的动物）是重罪。佛教反对这样一种认知：“又作是心，畜等乃是世主（指创造世界的神灵）所化为资具故，虽杀无罪。”[3]这里明确告诉我们，动物并非神灵赐给人类的生活用品，或者说不能理解为神灵创造动物是为了赐福于人类，动物更不是任人宰割的对象。在藏传佛教看来，人类并没有主宰或随意杀害动物的权力。在反对杀生的同时，藏传佛教又主张“放生”，主张对动物采取保护，有些藏传佛教寺院每年正月祈愿大法会期间专门举行放生的法事活动。

---

[1] “环湖八族”为清代开始至新中国成立到区划之前环青海湖形成的蒙藏族八个部落。

[2] 四根本戒，即不杀、不盗、不淫、不妄说，为出家僧人的四根本戒，如喊犯此戒，即败坏戒律根本，故名四根本。五戒为不杀生、不偷盗、不邪淫、不妄语和不饮酒。

[3] 宗喀巴著，法尊泽：《菩提道次第广论》，上海佛学书局印行，第123～129页。

藏传佛教不杀生伦理的传播与实践，对于高原野生动物所起到的保护作用和对高原环境的维护作用的确是不可估量的。藏族原始苯族崇尚对鬼神的祭祀，而祭祀中以动物作为祭品，这在吐蕃的简牍资料、新旧《唐书·吐蕃传》、藏文的《益西措嘉传》等史书中均有记载，例如祭品中就有公山羊等；[❶]吐蕃盟誓时，以羊狗、猕猴、马、牛、驴等为牺牲。《益西措嘉传》中载，苯族举行隆重的祭祀时，动辄宰杀数千只的鹿、山羊、绵羊，牦牛等，其数量十分惊人，[❷]佛教传入藏区后，对这种杀生祭祀的传统进行了卓有成效的改造，最终“血祭”在大部分地区被废除。藏传佛教不杀生的伦理为藏区的野生动物带来了福音。藏区以游牧为主，牧民以食肉为生，因生存环境所迫，做到不杀生几乎不可能，但牧民有放生的习俗，而同时很少有打猎的习俗，也不随意伤害和虐待野生动物，而是任其自生自灭。藏传佛教不杀生的伦理，在这环境艰苦的青藏高原更有特殊的意义，不随意猎杀野生动物，是藏文化中的优良传统和精华，在当代更应大力弘扬。

（二）藏传佛教生态伦理实践

藏传佛教不仅有深刻的生态伦理思想，还有极为丰富的生态实践。其实践活动以菩提心为主要理论依据，以佛教戒学为指导，并认为实践得越好，身心的烦恼就越少，智慧也就会相应地增长，进而走向佛的境界。从生态学角度看，这对保护环境有一定的借鉴意义。

1.宗教信仰对生态伦理的实践作用

基于追求极乐清静境界基础上的生态观，藏传佛教认为，名山大川和湖泊河流都在龙王管辖范围之内，一旦被腥气污染，就会惹怒其社祇，人们将会灾祸临头。《陇游日记》中有如此记载：“……村西北有黑池龙王庙一所，甚是修整，住持谓：‘龙神及灵魂，均属于龙神者，不准伐卖，违则山洪为灾云’。”[❸]在此类古老宗教信仰基础上，藏区逐渐形成了消除污秽气的“怒燥”仪式，并流传至今。其中有以“祈祷上空飘来五朵彩云，细细蒙蒙，滋润大地，清除秽气，绿草成茵”为主要内容的长篇巨制祷词。这种宗

---

❶ 王尧、陈践著：《吐蕃简犊综录》，文物出版社1986年版。

❷ 东嘎·洛桑赤列著，唐景福译：《西藏政教合一制度》，甘肃民族出版社1984年版。

❸ 《甘肃闻见记》，甘肃人民出版社1988年版，第129页。

教信仰及其仪式在客观上起着净化周围空气，改善大自然的自净与自救能力的作用，特别是对于保护青海“三江源”地区水之纯净、充沛，为人类提供丰富水资源作出了贡献。

藏民族丧葬习俗以天葬为主，这是一种既环保又节约资源的丧葬形式，当然，也有土葬和水葬，但不普遍。按藏区习俗，生前患麻风、炭疽和天花等传染病的尸体不许天葬或水葬，这是为了防止环境污染。据研究，天葬这种极其独特的丧葬习俗也来源于佛教教义，表达了佛教六波罗蜜多之一“布施”这一利他思想，即死后用自己的遗体为众生作最后一次贡献。

2.宗教律仪对藏传佛教生态伦理的实践作用

恪守清规戒律实则是对佛教教义的一种实践。藏传佛教戒律中有一种独特的仪式，称“住夏”，即每年盛夏三个月中僧众立誓将自己关闭在寺内，勤求闻修而根本不出门的仪式，也称夏令安居。这是一种定期防止践踏野外无数幼苗和昆虫、毁灭其他生命行为的措施，它还要求信教群众在此期间不能到寺院周边、草地和森林去干活或游玩。根据这一仪式，藏族历代高僧大德们常用多种巧妙的方法和途径进行封山禁杀、育林活动。这样做的结果，使原归属于寺院所有的山林和周边地区的动物得到较好的保护，时至今日到处可以看到林影森森、松柏参天、郁郁葱葱的原始风貌和成千上万的野生动物群。笔者今年4月赴青海省海南州兴海县调研时看到，该县赛宗寺附近野生岩羊成群结队，有些甚至跑到寺院觅食，亲身体验了人与自然和谐相处的感受。

3.藏传佛教领袖人物对生态伦理实践的独特作用

藏传佛教高僧大德，特别是领袖人物，在藏区践行藏传佛教生态伦理思想方面起着独特的作用。例如，五世达赖喇嘛在其自传中曾提到：“卫藏地区原有不归我负责的封山禁令（即指禁止入山打猎的法令——引者）和薮泽禁令（即指禁止在河湖捕鱼的法令——引者）。本年（指1663年——引者）又在西藏各地分别发布了我负责的不许杀害众有情的禁令，并增加了无畏施(指救护众生,远离恐怖等——引者)。”[1]这段记载十分重要,说明格鲁派政权建立之前,卫藏地区的地方政权(可能是指帕木竹巴地方政权或之后的藏巴汗地方政权)亦有禁猎的法令,而五世达赖又以自己的名义颁布了禁令。西藏历史上实行政教合一,佛教伦理往往上升为法律规范。禁猎令的基础也是佛教的价值观,由此对野生动物起到了更大的保护作用。至今,藏人对野生动物很少杀害,猎杀藏羚羊等珍惜高原野生动物者,大都是外地人。高原的自然环境本身极为严酷,一切生物均生存不易,高原多有其特有的物种,如果近千年来随意杀戮的话,可能好多高原特有的野生动物早已绝迹。

4.藏区传统习惯法对藏传佛教生态伦理的实践起到了制度保障作用

习惯法在藏区过去部落社会,对人们的行为是有强大的约束功能,在成文成熟的法律制度产生前,习惯法就是藏族部落社会的法律。它的存在足以使人们的思想和言行不偏离健康的伦理需要和伦理心态发展,这些习惯法涵盖了诸如,草原伦牧及迁居法、森林苗木保护法、狩猎采集禁许法、兴修水利和用水规矩、关于失火与防火的规定、资源开采与商品外运限制、草山管理等多方面的习惯法。其中,违反草山管理的处罚规定:引起草山失火者,罚其全部财产的三分之一;失火烧着草场属大案件,罚款很重,按一马步罚 1.5 块银元。《番例》防火条例规定:“纵火熏洞,有人看见者,其人即罚一九牲畜,若延烧致死牲畜,照数赔偿;致死人命,罚三九牲畜。若系无心失火,以致延烧,所见之人,罚失火之人牲畜五件,烧死牲畜,照数赔偿;烧死人命,罚一九牲畜。”又封山禁令规定:“禁止狩猎,如发现随便狩猎者,没收猎物、枪支,然后鞭打,或罚款。”[2]西藏部落土司制度规定:“不能打猎,不准伤害有生命的东西,否则罚款。打死一只公鹿罚藏洋 100 元,母鹿罚 50 元,雪猪(或岩羊)罚 10 元,獐子(或狐狸)罚 30 元,水獭罚 20 元。[3] 川康藏区还规定,任何人不能在神山狩猎,不能挖贝母、虫草等药材,各地在夏秋两季经常不定期搜山,其主要任务是侦察有

[1] 五世达赖喇嘛著,陈庆英等译:《五世达赖喇嘛传》(上),中国生态学出版社 2006 年版,第 396 页。

[2] 张济民主编:《青海藏区部落习惯法资料集》,青海人民出版社 1993 年版,第 20、69 页。

[3] 陈庆英主编:《中国藏族部落制度研究》,青海人民出版社 2001 年版,第 211 页。

无偷猎者、破坏封山令者或盗贼等。

上述习惯法具有普遍性和广泛性，更重要的是它的权威性迫使人们自觉遵守约束，最终使之上升为伦理习惯和伦理行为，从而对藏区生态环境的平衡发展产生了深远的积极影响。

三、藏传佛教生态伦理思想对藏区生态文明建设的启示

藏族生态伦理扎根于本民族传统文化的深厚土壤之中，它是藏族民众的生活方式和风俗习惯，这种生态伦理，固然与现代生态文明具有很大的差异，它也不可能成为今天藏区实现环境保护和可持续发展的一种模式，然而，它很好地适应了高原自然生态环境，在许多方面又有可以吸取的合理价值，至少提供了一种可供参考的价值体系。

(一)在改造自然的同时必须尊重和爱护自然

藏传佛教生态伦理文化认为，大自然有其生命特性，不仅具有生物生命特性，而且具有精神生命特性。大自然有其自己的生命权利与生存功能，作为人类应该尊重自然生命权，顺从自然生存的规律。虽然自然的精神生命与生存意志多以神灵(山神等自然神灵)形式出现，藏族对自然的崇敬也多以崇拜自然神灵来进行，但这种神崇拜的后面，仍然是对整个大自然的崇敬与珍爱。出于对自然的崇敬，因而出现了对自然的禁忌。如前文所述，走遍藏区到处都有神山、神湖、神泉、神河，自然也有神圣的动物、植物。凡神圣的都带有禁忌特性。因此，有神山、神水的地方以及寺院所处的区域，都成为神圣自然保护区，任何人都不能触犯神地及其范围内的生物。无论是僧人还是俗人，都是自然区域中一个普通成员，应该尊重保护区内其他生物的活动，与其共同生存。这样便保护了一些地区的生物多样性，保护区内草木茂盛，动物繁多。人们只有敬爱自然，小心呵护自然才能得以生存。今天人类中心主义依然大行其道，在人们普遍信守“人是万物的尺度”“人是自然界的主人”，把自然界仅仅作为改造和征服的对象的当下，藏族的传统生态伦理思想更加难能可贵，更具有现实意义。

（二）把伦理道德的范畴扩展到自然界一切生物的观念具有重要的生态价值

自然中心主义在肯定人的价值和权利的同时，承认了自然的价值和权利，从而构建了伦理道德的新秩序。分析藏传佛教的生态观，我们可以看出它既不是人类中心论，也非一般意义上的自然中心论的观点。它的尊重自然、关怀自然，把伦理道德的范围扩展到自然界一切生物的思想，与自然中心主义的观点是相一致的。因此，从整体上我们把它可以归类到自然中心论里面。与自然中心主义不同的是，藏传佛教对自然客体赋予了新的内容，它在理解和阐述自然的价值和权利的理由方面，比自然中心主义提供了更为人性化的根据。我们知道，西方动物解放论把苦乐感受的能力作为道德关怀的充分条件；生物平等主义则以“天赋价值”作为条件；生态中心论则离开人的价值单纯强调了自然的和谐和统一。这些观点的意图及客观价值是毋庸置疑的，但是这种理念及思维方式是否适应工业社会中人们的观念和思维特点值得商榷。

（三）生态环境保护的思想和观念要建立在群众情感的基础上，成为容易被群众所接受的观念

藏族的生态思想质朴、浪漫，亲切、自然，容易成为人们普遍的心理和行为准则。我们看到，藏族的原始宗教生态观里没有人物二元平等的思想，藏族先民认为，作为客体的自然高于人类，它决定着人类的命运，在自然面前，人是被动、无能的。当然，这是“万物有灵”观念和人类与自然交往中多次失败的经验相互交织为背景而产生的一种观念，几乎是人类先民的普遍意识。不同的是，藏族在历史发展的长河中比有些民族更多地保留了这种观念。同时，应当创造了人与自然和谐统一的审美境界。藏族身居高寒荒原，但着意化荒凉为优美，使青藏高原带上了神奇而吉祥的色彩。这源于人们对自然的崇高美与生命世界的和谐美的领悟。因为有了对自然与生命的敬畏，雪山成为人间神山；因为有了对自然生命的祝愿，草原变得美丽吉祥；因为有了对自然与生命的虔诚，圣湖涌现人间百象；因为有了对自然与生命的向往，千里朝圣道路每一步都珍贵可吻；

因为感恩于自然与生命的博大宽容，高原万物被视为相亲相爱的生命园地。

（四）应当建立与青藏高原生态环境相一致的生活方式

藏区地处青藏高原腹地，气候高寒干旱，空气稀薄，这里的生态极为脆弱。与别的地区不同，高原的生态状况一开始就对人们的生态理念和实践提出了更高要求，在物质生活与精神生活的关系上，藏族更注重精神生活的追求，于清淡的物质生活环境中创造了丰富的精神文化产品。在对消费生活的选择中，藏族更注重节制消费。节制、勤俭是藏族生活方式的重要特征，简单的食物、简陋的住所、朴素的衣物，是为了满足生理需求与追求精神生活的需要。除此之外，一切过量的生产与消费都是不必要的。限制开发、节制消费、淡化财富占有欲，使藏区世俗社会的基础设施、物质产品、生活方式极为简单朴素，而人们更注重对信仰世界的追求，注重与自然环境的融合，从而保证了藏区绿色植物的生产量永远大于消耗量，野生动物与植物资源保持了多样性。在藏区发展特别是在西部大开发中，人们的生态理念和高原生态的一致性仍然是一个紧迫的现实问题，保护生态环境是藏区经济社会发展的一个重要任务。

论佛教文化中的生态伦理思想及意义

宫　捷　叶华青　杜建中

宫捷：江西省社会主义学院综合教研室教授、学报执行副主编

叶华青：江西省社会主义学院综合教研室副主任、教授

杜建中：江西省社会主义学院综合教研室讲师

一、生态危机及其生态思想的提出

地球本是个自然和谐的星球，然而令人遗憾的是，在历史的长河中，人类一直以自我为中心，对大自然的攫取毫无节制。尤其是近一个多世纪以来，人类物质文明和科学水平的迅速提高更加剧了对自然界的破坏：工农业生产无序发展，有毒物质随意排放，追求穷奢极欲的生活，以及对植物滥砍滥伐，对动物滥捕滥杀，使这个曾经生机盎然的地球生态急剧恶化。

为什么科学的发展，并没有让这个世界变得更加完美，“万能的”科学并非无所不能，“定能胜天的”人类在大自然的规律下依然渺小。20 世纪初，美国著名生态学家和环境保护主义先驱奥尔多·利奥波德教授率先提出“土地共同体”这一概念，揭开了人类对自身与自然关系思考的序幕。之后，西方一些学者相继提出了生态危机理论。20 世纪 70 年代，以挪威生态哲学家阿兰·奈斯(ArneNaess)教授为代表的生态学家又进一步提出“深层生态学”(deep ecocomy)概念。奈斯教授从两个方面阐述了深层生态学的理念。一是从生态的整体性出发，认为每一物种都有其存在价值，人类与宇宙其他物种一样，都是自然的一个部分，都有其存在的重要

意义，即生态中心主义平等原则（ecocentric equilibrium）；二是以个人的生态实践为中心，认为个人有义务保护自然，个人应该尊重生命，杜绝对自然的征服和掠夺欲望，即生态实践原则（ecological realization）。并由此归纳出八项深层生态学基本原则，即：第一，地球生生不息的生命，包含人类及其他生物，都具有自身的价值，这些价值不能以人类实用的观点去衡量；第二，生命的丰富性和多样性，均有其自身存在的意义；第三，人类没有权力抹杀大自然的丰富性和多样性，除非它威胁到人类本身的基本需要；第四，人类生命和文化的繁衍，必须配合人口压力的减少，其他生命的衍生也是如此；第五，目前人类对其他生命干扰过度，而且急遽恶化；第六，政策必须作必要修改，因为旧的政策一直影响目前的经济、科技，及其他的意识形态；第七，意识形态的改变，并非指物质生活水准的提高，而是生活品质的提升；第八，凡是接受上述说法的人，有责任直接或间接促进现状的进步和改善。❶ 奈斯的深层生态思想深深影响了一代又一代生态环保主义者，并成为他们行动的指南。

然而，长期以来，西方学者的环保理念和环保行动并没有引起我们的注意，许多地方、部门一直把做大蛋糕、其他靠后，效率优先、公平次之，先污染、后治理等错误的发展观当作经济发展的指导思想，致使我国的生态环境濒临崩溃。据权威报道：在过去 20 年间，中国因环境污染和生态退化造成的损失占 GDP 的 7%～20%；2005 年，因环境污染引发的冲突达 5.1 万起；2007 年，40%的城市生活污水直接排放，致使 60%的大型湖泊因矿物质和有机物污染而富营养化，在监测的 197 条河流中，半数受到硝酸铵、过锰酸盐和石油的严重污染。❷ 另据国家环境保护部公告，2012 年，全国监测的 960 个地表水国控监测断面中，21 项地表水水质评价指标中 15 项超标；325 个地级及以上城市空气质量达标比例仅为 40.9%；酸雨污染依然较重，全国酸雨城市比例为 30.8%，酸雨频率均值为 20.2%。❸ 而据 2013 年 1 月 14 日亚洲开发银行和清华大学发布的《中华

❶ 雷毅：《生态伦理学》，陕西人民出版社 2000 年版，第 69 页。

❷ 高吉喜：《必须高度警惕生态危机》，《中国科学报》，2008 年 8 月 29 日。

❸ 环境保护部，《2012 年全国环境质量概况》，http://www.zhb.gov.cn/zhxx/hjyw/201304/t20130422_251028.htm。

人民共和国国家环境分析》,世界上污染最严重的10个城市7个在中国,全国500个城市中,空气质量达到世卫组织推荐标准的不足1%。[1] 环境污染造成的经济损失巨大,2012年,仅北京、上海、广州、西安四城市因PM2.5污染造成经济损失就高达68.2亿元。[2] 环境污染了,投入巨资还有修复的可能,但一些致命的生态破坏如消失的物种却不能"死而复生",损失的土壤不能回归原位,干涸的湿地难以再现生机。

面对严峻的现实,我们对照奈斯等学者的生态理论,惊喜地发现,他们的理论与佛教文化竟有诸多契合之处。因此,我们在研究和解决生态问题时,重新梳理佛教文化中的生态伦理思想,对宣传生态文明,克服我们心灵的浮躁,重塑人类基本的生活乐趣、平和的心态、健康的心理,消弭滥觞于人性中的贪婪与无知,增强人们对道德美丑、成功与否的鉴别,倡导人与人、人与自然的和谐相处,有着重要的现实意义。

二、佛教文化中的生态伦理思想

佛教发端于印度。据可靠文献记载,佛教传入中国至少有2000多年的历史。在长期的传播发展过程中,佛教在中国形成了三大系,即汉地佛教(汉语系)、藏传佛教(藏语系)和云南上座部佛教(巴利语系),对中华文明的影响极为深远,形成了独特的、具有中国民族特色的佛教文化。无论是印度佛教还是中国佛教,其蕴涵的生态伦理思想均极为丰富和深刻。

(一)众生平等的生态价值观

无情有性,法体恒遍。佛教文化认为,一切生物皆有存在的合理性和生存的权利,众生皆平等,生命同贵贱。大乘佛教将一切万物当作佛性的显现,万法都有佛性。万法不仅包括有情识的动物,也包括无情识的植物、无机物,即没有情感意识的山川、草木、大地、瓦石等都具有佛性。禅

---

[1] 梁嘉琳:报告称全球10大空气污染城市7个在中国,http://news.qq.com/a/20130115/000007.htm,2013年1月15日。

[2] 王尔德:"2012年四城市因PM2.5污染造成经济损失高达68.2亿元",《21世纪经济报道》,2012-12-19(6)。

宗更是强调“青青翠竹，皆是法身；郁郁黄花，无非般若”，[1]“有情、无情、皆是佛子”，“以依正不二故，众生有佛性，则草木有佛性。……若众生成佛时，一切草木亦得成佛。”[2]不仅肯定有情的众生有佛性，无情的草木也有佛性，大自然的一草一木都是佛性的体现，都有其存在的价值。

佛教从佛的内在性出发承认众生平等，认为“一切众生悉有佛性”“无情有性”，将人类置于与一切生物平等的地位考察相互之间的关系，所有生命都潜藏着佛性，都有可能达到“佛”这一生命的最高境界。故宇宙万物的存在及其差别都是虚无的、不真实的，一切现象都具有共同的本质。因此，“天地同根，万物一体，法界通融”，生命对人类和一切动物及植物都同样宝贵。人类虽然具有发达的思维和意识而成为生物界的“主人”，但并不能因此而伤害他物，小至尘埃，大到整个宇宙。所以，佛教要求戒杀护生。《四分律》规定比丘不得“踏杀生草，断众生命”，即是教导世人小到虫蚁也不忍伤其生命。

在戒杀放生的基础上，佛教进一步提倡素食护生精神，号召信徒素食不肉，以落实不杀生的教义。佛教还关注动物受虐，积极引导世人参与到保护动物的行动中，为苍生谋求福祉，使生态得以平衡。古代一些高僧能够做到“入兽不乱群，入鸟不惊飞”，并以呼野鸟于掌中取食为修行境界的标志。这种对生命的尊重，正是佛教对生态的最大贡献。由于主张不杀生、素食，因此佛教对于生态平衡、野生动物及环境的保护有着重要意义，其效果和感召力也异乎寻常。

（二）修行向善以脱六道轮回的人生观

轮回理论源自古印度婆罗门教。婆罗门教称，凡未解脱的一切众生，都会在天道、人道、阿修罗道、畜生道、恶鬼道、地狱道中循环往复，即六道轮回。决定六道轮回的是因果报应，众生行善则得善报，行恶则得恶报。而得到了善恶果报的众生，又会在新的生命活动中造作新的身、语、意业，招致新的果报。

佛教继承了婆罗门教的六道轮回理论，认为轮回完全是善恶报应。

---

[1] 道元：《景德传灯录（第 28 卷）》，海南出版社 2011 年版。

[2] 《大正新修大藏经（第 45 册）》，河北佛协出版社第 40 页。

心恶、行为恶，是恶道，果报在地狱、饿鬼、畜生这三恶道。心善、行为善，是善道，果报在天、阿修罗、人这三善道。因此，佛教既重现世，也重来世。重现世是为了来世，来世的好坏要靠现世的修行。人如果无智慧、伦理、道德、廉耻、自尊、利义、是非，像畜生禽兽一般，则入畜生道；如果像饿鬼一般贪婪无度、荒诞不经、吃喝玩乐、奢侈浪费、醉生梦死，则只能入饿鬼道；如果在世上犯下滔天大罪，则入地狱道。如果我们现世能做到诸恶不做——不杀生、不偷盗、不邪淫、不妄语，则可来世再为人道；若能安分守己、遵纪守法，诸恶不做、诸善奉行，心存善念、从善如流，道德高尚、操守清廉，牺牲奉献、广施福田，舍生取义、杀身成仁，造福社会、贡献人民，为国为民、立功立业等，则死后可入天道；但是，即使能达到天道的要求，却嫉恶如仇、骄漫高傲、争强好斗、猜疑善妒等，或仅独善其身，唯我独尊，无谦逊、包容的胸襟和德行，则只能入阿修罗道。

六道轮回中的各道虽有好坏之别，却仍摆脱不了生苦、老苦、病苦、死苦、怨憎会苦，爱别离苦、求不得苦。因此，人除了息灭贪瞋痴、积累无边福报与慧资外，还须在佛法、戒律的引导下，在大忍、大善、大舍的修行中，体悟生命“本性”、觉悟“空性”的“金刚不二如意智慧”，从而最终得以“解脱”，跳出六道轮回，修成正果，脱身为佛。

（三）严格自律、珍惜自然的节俭观

佛教珍惜自然的节俭思想与其对待有情众生的态度是紧密相连的，其基本态度是自律和珍惜。佛教并不因为花草树木、山川河流的“无情”而轻视、滥用甚至浪费它们。佛教把我们过去世之业因而感得的有情之身心生命称为“正报”，把国土世间等无情众生称为“依报”，认为外在的环境乃是有情众生“共业”所感之果，即“依报”的好坏取决于有情众生。如果有情众生都心存善念、勤行善业，“依报”就会变得美好。因此，佛教认为，人要不断地内省，迁恶向善，才能由“净心”实现“净土”，从而产生对自然财富珍惜与合理利用之情，即使是日常饮食，也要“食存五观”，观想此食垦植、收获、舂磨、炊煮，所费功夫甚多；受食时，要“计功多少，量彼来处”；要反省自己的德行是不是受得起施主的供养；要把饮食看成是治疗“饥渴疾病”的良药，修成道业的工具，不贪美味，不憎粗粝。

（四）慈悲为怀的伦理价值观

佛教生态智慧的出发点是慈悲的精神。当我们用慈悲的眼与心去对待一切众生的时候，时刻不忘是众生成就了我们，人类应该与其他“有情”和“无情”众生和谐共处。

佛教认为，万物是佛性的统一。《涅盘经》中说：“一切众生悉有佛性，如来常住无有变异。”认为一切生命既是其自身，又包含他物，善待他物即是善待自身。佛教的慈悲观体现在对所有生命和非生命的关怀，从善待万物的立场出发，把“勿杀生”奉为“五戒”之首，“诸恶当中，杀罪最重；诸功德中，不杀第一。”这里的杀生不仅意味着不能伤害人的生命，而且也不能伤害其他生物，不杀和不伤害的戒律规定着人与动植物的关系。为此，佛教要求佛徒素食、放生。

佛教慈悲情怀最为集中的体现是普度众生的思想意识。在佛法上，“与乐”叫做慈，“拔苦”叫做悲。佛教教导人们要对所有生命大慈大悲，大慈与一切众生乐，大悲拔一切众生苦，故地藏菩萨誓言：“众生度尽方证菩提，地狱未空誓不成佛。”

因此可以说，生态伦理是佛教慈悲向善的修炼内容，生态实践是觉悟成佛的具体手段。这种在人与自然关系上表现出来的慈悲为怀的生态伦理精神，客观上为我们提供了通过利他来完善和实现自身价值的通道。

（五）万物一体的统一哲学观

“缘起说”是佛教用以解释人生现象及世间没有任何孤立存在现象，也没有任何永恒不变的现象；一切现象的产生和变化都因一定的条件，叫做“缘起”。

佛教的缘起说从因缘和合的角度，对众生、诸法、自然、心、佛之间的相互依存、相互影响的关系，有比较全面、深入、本质的分析，充分阐述了人、有情众生、自然三者之间相互关联的因缘关系，认为人与所生存的周遭环境、各种生命体有着密切的联系性和相互依存性。“缘起”即“诸法由因缘而起”。简单地说，就是一切事物或一切现象的生起，都是相待（相对）的互存关系和条件，离开关系和条件，就不能生起任何一个事物或现象。因、缘，一般来说，就是关系和条件。佛陀曾给“缘起”下了这样的定义：“若此有则彼有，若此生则彼生；若此无则彼无，若此灭则彼灭。”(《中阿含经》)这清晰地表达了同时的或异时的互存关系。而“一切集法为一切灭法”，也道出了缘起说的意义。

依据缘起的观点，世界是一个由各种条件组合的动态结构，是由众生及身心境三缘和合而成的世界万象。众生的生存须从外在的环境不断摄取空气、阳光、水和食物等，还须有蓝天白云、绿水青树、鸟语花香等适意的色、声、香、味、融来愉悦身心。缘起之间，有重重的关系，无限的差别，这种差别的显象都不是不变的、独立的、实体的存在。一切事物无自性，由此体现平等一如的法性。整个世界在圆融互摄、共生互动的网络中，组成了一个不可分割的有机整体。一切现象的存在，并非孤立地存在，而是由种种条件和合而成，整个世界就是一个大的生命体，世间一切众生相互依存，个体也必须依赖其他生命才能够存在并发挥作用。

三、佛教生态伦理思想对生态文明建设的启示

2012 年 11 月，党的十八大从新的历史起点出发，做出了“大力推进生态文明建设”的战略决策，强调建设生态文明是关系人民福祉、关乎民族未来的长远大计。要求树立尊重自然、顺应自然、保护自然的生态文明理念。佛教的生态伦理思想与我党的生态文明建设思想在内核上是相通的，都是促进人与自然的和谐发展，其关于生态环境的智慧值得我们借鉴，探讨佛教生态伦理思想对我国社会主义生态文明建设具有重要意义。

(一)有助于树立人与自然和谐共生共同发展的生态理念

按照生态系统观点，人和周围生物、非生物环境共同组成生态系统，人是生态系统的组成部分而不是主宰。虽然人处在生物链的顶端，但他依赖于处于生物链低端的生物以及支持生物链存在的非生物环境。人类破坏环境就是挖自己的根基，大规模生物消亡，就会使人类成为无源之水、无本之木。现代生物学和生态学同样证明：人与自然是同质的，人是自然的一部分，人与其他生物一样都是自然进化的产物，人与自然是一个

有机统一的整体。

佛教文化认为，每一种生命形式在生态系统中，都有发挥其正常功能的权利，都有生存和繁殖的权利。生存权是生命体最基本的权利，这种生存权对于万事万物是平等的，而且这种平等要求生物之间彼此尊重。佛教生态的智慧核心是在爱护万物中追求解脱，通过参悟万物的本质启发人们的认知。万物统一于佛性，众生平等，万物皆有生存的权利。一切生命既是其自身，又包含他物，善待他物即是善待自身。生态伦理成为佛家慈悲向善的修炼内容，生态实践成为觉悟成佛的具体手段。这种在人与自然的关系上表现出的慈悲为怀的生态伦理精神，客观上为人们保护自然，发展生态文明，最终实现人与自然界和睦相处提供了理论基础。

（二）有助于人与人之间亲善互助的友好关系的建立

人际关系是指人与人之间通过交往和相互作用而形成的直接的心理关系。这种关系反映了个人或群体寻求满足其社会需要的心理状态，它的变化发展取决于双方社会需要满足的程度。[1] 虽然，随着经济的发展和社会的进步，人与人之间的关系呈现出进步的一面：强调平等，尊重他人隐私；跳出了业缘、亲缘、地缘的人际关系模式，扩大了交往的范围；突破了亲缘、地缘的限制，走向理性。但是，一些人也开始以功利化的眼光看待人际关系，人与人之间越来越难以以诚相待，因此许多人陷入迷茫、失落、紧张、焦虑的情绪之中。

佛教以缘起看世界，认为社会本来就是各种关系的组合。不同的关系，会对个体生命产生不同的影响。以良好的心态面对他人，正是发展健康关系的关键所在。佛教认为，世间一切都是因缘所生，人与人的关系同样如此。缘有善缘和恶缘之别，善缘对我们的生活、学习、工作有正面的帮助，是令我们生命品质得以提升的缘，如听闻佛法的缘，依止善知的缘；恶缘是带给我们痛苦、折磨的缘。然而佛教却认为，缘无绝对的善恶，认为善缘和恶缘是相对的。如果对善缘过于粘著，同样会带来不必要的痛苦，因为任何关系都是无常的，即使能一以贯之地保持下去，死亡也会使

[1] 王晓霞："儒家文化中的人际关系理论"，《道德与文明》，2000 第 5 期。

之发生改变。若是对此过于依赖，一旦出现变化，往往会无法承受，甚至因失去全部精神支柱而崩溃。并且，对这种关系过分在乎而引发强烈的占有欲，将使善缘扭曲。如夫妻关系，应当建立一种无私的、不以占有为目的的爱，只有这样才能在爱的同时彼此自由。如果要建立一种充满占有的爱，则注定不能获得独立和自由，因为这种爱是有粘性的，粘住后就会形影相随，不再独立，一旦分离，便会因粘得太紧而撕裂，就如同两张粘住的纸，揭开时必然破损。所以，我们对善缘要珍惜而不粘著，才能使之长久保持，生生增上。在面对恶缘时，无须排斥，更无须烦恼，而要接纳、包容并感恩。感恩有这样的特殊机会来磨炼心性，接受考验。如果一个人在逆境中都能泰然处之的话，就没什么可以干扰他的心性了。

佛教主张人与人之间应该建立一种平淡的关系，即所谓"君子之交淡如水"。平淡就能发展出平常心，使人客观看待问题，避免感情用事。平淡也能发展出平等心，是成就博爱、慈悲等高尚人格不可或缺的基础。平淡还能使我们内心平静。反之，若有强烈的得失、好恶之心，就易陷入爱恨情仇之中，使内心动荡不安。但是平淡不等于无情，而应对众生的痛苦感同身受，对一切众生关爱和慈悲。

（三）有助于净化人类心灵，培养健康的心态

生态问题系当今世界普遍关注的焦点，也是人类社会所遭遇的十分棘手的难题。人类之所以出现生态问题，是人类过度的贪念造成的。

众所周知，香格里拉有"地球上最后一片净土"之美誉。但是，我们在探求其存在的原因时可以发现，是香格里拉人平和的心态及健康的心理，是那种向自然适度索取的理念——只取上苍赐予的、对我们生活所必需的那部分造就了香格里拉。

过去我们常常认为，佛教主张万法皆空，因此它的人生观是出世的、消极的。其实，佛教的本真面目并非如此，释迦牟尼佛应世说法的目的是要教化世间、净化世间，使这个有缺陷和烦恼的世间变成美满清净的人间净土。近代一些高僧大德提倡"以出世心，做入世事"，就很好地诠释了出世与入世的关系，对我们克服贪欲、净化心灵、培养健康的心态有着重要的作用。佛教认为，心是主导人类行为的关键，如果我们希望拥有清净、

安定和谐的世界，首先就要克服心中的贪、嗔、痴。心既能造业，心亦能转业，心灵的净化，才是一切善行的开始。因此，佛教文化中大量蕴涵“随其心净则佛土净”[1]的思想，要求佛教徒追求“常、乐、我、静”的境界，在佛法、戒律的引导下，以“清心寡欲”的朴素生活方式“修行”，在大忍、大善、大舍的修行中，体悟生命“本性”和“空性”，从而大彻大悟，跳出六道轮回。如佛教强调一切生活当以知足少欲为原则，“不坐卧高广大床”“不非时食”；又如禅宗称晚餐稀饭为“药石（药食）”，意即为了治病、疗饥才用此食物，警示人们要克制取用，要懂得惜福节用，以减少奢侈浪费而达抑贪的目的。佛教更是反对赌博，企图从赌博中获得意外之财，身败名裂是最终下场。佛教的人生观，及在这种人生观指导下的生活实践，能够使人的要求和欲望得到净化和控制，有助于我们树立人与自然和谐发展的生态观念。

[1] 维摩诘所说经·佛国品第一。

佛教中的生态伦理思想及其对当今生态文明建设的启示

岳世平　林玉梅　林永基

岳世平:厦门市社会主义学院副教授、博士;

林玉梅:厦门市社会主义学院副院长、教授;

林永基:厦门市社会主义学院办公室主任、博士

一、佛教文化中的三大生态伦理思想

(一)关于“众生平等、无情有性”的生态爱护思想

佛教将宇宙间的存在物分为两类,一类是有情众生,一类是无情众生。前者指人与动物等类有生命、情感、意识的存在;后者指山石草木等无生命的自然存在。佛教将众生归结为六凡四圣“十法界”:“六凡”依次是鬼、地狱、畜生、阿修罗、人、天;“四圣”依次是声闻、缘觉、菩萨、佛。❶这种说法主张从地狱到佛的所有生命的差别在于:它们都可以依据自己的业力和修为达到不同的层次,表现为不同的状态。他们的共同点是:所有的生命蕴涵着成佛的种子与力量,通过自己的修为和业力所获得的果报提升自己的层次,最终都可以成佛。换言之便是“一切众生都有佛性,即在成佛的原因、根据和可能性上是平等的。”❷所谓“六道轮回”,就是认为“六凡”在未解脱之前的序列可以依据自身业力所获得的果报而得以改

---

❶ 曾春海:《中国哲学概论》,中国吉林出版集团有限公司 2009 年版。

❷ [美]A。莱奥波尔德:“大地伦理学”,叶平,译,载《自然信息》1990 年第 4 期。

变，上升或者下降，而生命就是在业力所获之果报的驱动下，生生不休的流转，汇聚成奔腾的生命河流。佛教认为所有生命都是宝贵和值得尊重的，人类不能剥夺任何生命的存在，阻止其成佛，因而提倡“与乐”—慈、“拔苦”—悲，以慈悲之心对待生命，以人之心体察万物之心，把其他生命的苦难当作自身的苦难，这样感同身受的体验才能真正认识到生命的宝贵，才能产生自觉保护生命的生态实践。可见，佛教承认并提倡保护生命的生存权利，承认生存权利是生命的基本权利，并认为这是其他权利得以实现的基本点。

大乘佛教天台宗“中兴”大师湛然依佛性和世间法相即之理，为泯除佛性与法性隔阂，首先阐发了“无情有性”之说。[1] 他认为“无情”众生，山石草木等非生命存在也有佛性，也具有成佛的基础。这一说法修正了严华宗的“无情无性”之说，扩大了平等与被关爱的范围。湛然说：“随缘不变之说出自大教，木石无心之语生于小宗。”（《大正藏》卷四十六）“随缘不变”指佛性是恒常不变的，伴随缘起在万物之中体现，佛性具有普遍性，小乘佛教“木石无心”之说则是否认了佛性的普遍性。禅宗讲“迷人不知法身无象，应物现形，遂唤青青翠竹，总是法身；郁郁黄华，无非般若”（《景德传灯录·慧海禅师》）更形象地肯定了佛性的普遍性，被称为“泛性论”。“泛性论”将道德关怀的范围扩大到非生命存在，认为众生皆有佛性（包括有情和无情），因此都包含成佛的基础与可能性，它们的存在应该被尊重和保全。这一观点与当代生态伦理学承认自然具有内在价值殊途同归，都将道德关怀的对象指向包括非生命存在的一切存在，认为人类对非生命存在也有保全的责任与义务。大地伦理学反对人类将大地看作“私有财产”，对其只有权利而无义务，它将道德关怀的范围扩展到包括土壤、水、植物、动物以及由它们组成的整体，并将人类在地球中的角色重新定位，认为人类只是大地共同体中的一分子，理应对共同体中的其他成员（包括水、石山等非生命存在）负担起义务，建立一种以道德情感为支撑的生态伦理思想，将维护共同体的完整、稳定和美丽作为最高的善和人类行为的出发点。

---

[1] ［美］纳什：《大自然的权利》，杨通进，译，青岛：青岛出版社 1999 年版。

佛教“众生平等 无情有性”的生态伦理思想从道德情感的角度提倡人类尊重一切非人类存在物，不单单是不伤害，更强调对他物的感怀与帮助，某种程度上带有自我牺牲的精神，做到“与乐”“拔苦”的慈悲情怀。[1]佛教将这些思想写入宗教教义并得以践行，以宗教信仰的形式肯定生命的神圣。这些思想所表现出来的对生命的肯定和尊重，对于消解人与自然的紧张关系具有深刻的借鉴意义。

（二）关于“业报论，不杀生”的生态实践思想

佛教蕴涵丰富的生态伦理实践，其基础是“业报论”。“业”指行动、行为、意志等行为，具体分为“身业”“ 语业”“ 意业”，分别用来指身体活动、语言行为、思维活动，是人作为行为主体的所有活动。“报”指报应，佛教认为人所做之“业”都将受到“业报”，即人之活动带来的后果。佛教还将“业”与“报”分为“共业”和“不共业”两类，分别带来“共报”和“别报”。“共业”指众生一齐创造的业力，带来“共报”，影响群体；“不共业”指行为个体创造的业力，带来“别报”，影响个体。在此基础上又有“依正不二”之说。“依报”即“共报”，是人类赖以存在的自然环境所遭受的果报；“正报”即“别报”，使人类自身承担的果报。佛教认为“依报”与“正报”是密不可分、相互影响的。众生若要求“依报”的幸福美满，就要相互关爱；反之，则会带来恶果，遭致灾难。佛教主张众生应珍爱生命，行善事，创造好的“业”，才能有好的“报”，才能给自己和其他众生带来美满和幸福。

正是基于此，佛教在具体的生态实践中主张素食与不杀生、护生。佛教将“杀生”看作诸罪孽中最重之罪。佛教认为生命同缘一体，彼此平等，情同手足，在实践中不能伤害生命。杀生意味着剥夺生命的生存权利，会带给生命苦痛，而杀生者必将堕落至恶道，遭受恶报。这条戒律体现人对一切生命的关爱，“佛门弟子皈依三宝（佛宝、法宝和僧宝）时就要发誓：‘从今日乃至命终，护生。’”[2]由护生的伦理规范中产生不杀生的行为约束，受到动物解放论的高度赞扬，是一种具有积极意义的生态实践。在尊

---

[1] 严欣：《中国古代生态伦理思想及其当代价值》，西北农林科技大学，2011 年版。

[2] 鄯爱红：《佛教的生态伦理思想与可持续发展》，《齐鲁学刊》2007 年第 3 期。

重生命的基础上，佛教还主张“放生”和“护生”，这是一种更积极的生态实践，对野生动物保护起到积极作用。这种行为直到今天仍然是汉传佛教的佛事活动，是颇被赞扬的善行。这些生态伦理实践，对人们尊重生命、保护生物的多样性和完整性具有启迪意义。

（三）关于“诸法无我 破执断贪”的生态节约思想

佛教主张“人无我”“法无我”，即所有事物都处在刹那流变之中，是短暂而相对的，用去一点就没有一点了，并认为生命只有认识到宇宙的不息流转变化，才能从生死流转的烦恼中解脱。《大正藏》卷Ⅲ说：“诸法因生者，彼法随因灭，因缘灭即道，大师说如是。”这一说法被概括为“诸法无我”，即世间一切“法”永远处在流动变化之中，没有永恒不变的自性，宇宙万物都是由“因缘”的聚散所产生，因此，万物都是“空虚无主，没有独立的自我、不变的自性，即‘无我’的。”[1]“无我”就是“性空”，“缘起”的结果是产生了“有”，但就其本质而言依旧是“无”。“有”与“无”在“缘起”的事物中统一，不能相离，这便是佛教中的“缘起性空”之说。这里“空”并不是绝对的空虚，而是非有非无的双层概念。“空”由“缘”生而来，否定了固定实体、永恒不变的自性，空自身也不是实体。正因为“空”才成就“缘起”，生发出事物和关系。如果事物有自性、有实体，那么就没有“缘起”，也就没有事物与关系。总的说来，无自性、无实体的非存在（空）为“缘起”提供可能性，即“空”成就了“有”。生命存在和非生命存在，包括人类都是在复杂原因、条件之下“缘起”而生的，随着“缘”的聚散而生灭，没有什么东西是永恒和不变的，“这就要求人们破除对生命和事物的执著，以‘无我’的广阔胸怀面对大千世界，破除人类中心主义所产生的征服欲与优越感，树立‘宇宙主义’的生态伦理观”。[2] 基于此，佛教认为人是自然的一部分，人与自然是平等的存在，人要尊重自然，要以高度的自觉肩负起对自然的责任与义务，以高尚的道德行为为生态和谐做贡献。佛教认为“执”与“贪”是谬误之源、万恶之本，“执”在佛教中意为执著实我。佛教认为宇宙众生

---

[1] 方立天：“佛教生态哲学与现代生态意识”，载《文史哲》2007年第4期。

[2] ［日］阿部正雄：《禅与西方思想》，王雷泉，等，译，上海译文出版社1989年版。

均由“因缘”相合而成。伴随“缘”的聚散生灭，整个宇宙是刹那生灭，永恒流转的。佛教主张“人无我”“法无我”，佛教主张“破执断贪”，倡导人们过一种自然的生活，破除对生命和事物的执著，对生命与外物的占有欲，使人从生死流转的烦恼中解脱。从生态伦理学的角度看，人类对生态环境的破坏与污染、物种灭绝、资源几近枯竭等生态危机的产生，都是以欲望为动机。要消解人与自然的紧张，则必须做到“破执断贪”，即主张宇宙与其他生命和自我之间的融合（大乘佛教），并将此当作人生的幸福与追求。拥有这样道德情怀的人则会对贪欲进行自我克制，这有助于人类克服工业革命带来的消费“异化”情形，是值得借鉴的思想。

二、佛教文化中的三大生态伦理思想对当今生态文明建设的三大启示

（一）“众生平等、无情有性”的生态爱护思想有助于我们在生态文明建设中实现思维方式的根本性转变

佛教以“众生平等”为基调，把人看作宇宙自然的组成部分，构成独具特色的生态伦理体系。这种整体性的思维方式把人和宇宙自然视为有机的统一体，展示了人与自然（主体与客体）水乳交融的美满境界。第一，从发生的角度肯定了人与自然万物的同根同源性，由此把人与自然万物的关系平等化，对“人类中心主义”提出了针锋相对的观点。第二，肯定人与自然万物的关系是彼此相依不可分离的，既肯定了存在物的独立性存在，又看到彼此辉映的紧密联系。第三，强调以慈爱的态度对待万物，就此提出值得借鉴的思想，主张对自然万物的不伤害、关爱原则，尤其是提倡生命关怀，可以说整个佛教的教义都是以“慈悲万物”为核心展开的。这种对有价值的万物、资源予以养护利用的思想，为我国生态文明建设提供了宝贵的思想资源。

当代严重的生态危机表明，长期以来利己主义价值观和实践行动已经导致人与自然严重失衡。我们可以汲取佛教生态伦理思想的合理部分，实现思维方式的根本性转变，明确自然的价值与权利，明确人类对自然的责任与义务，反省当代的经济发展方式与消费方式。这些转变将有

助于我们科学地认识人类在自然界中的位置，以理性与道德的方式生活。佛教中的生态伦理思想给出我们这样的答案：人类不是自然的统治者与征服者，而是地球生态系统中的普通一分子，诚然，我们作为地球上唯一具有智慧的生命存在，拥有改变自然的强大能力，但是我们存在的目的不是最大限度地控制自然，滥用我们的力量，而是最大限度地适应自然，并肩负起维护自然生态平衡、地球美丽健康发展的责任。地球是人类栖息的唯一家园，是人与自然万物组成的完整共同体，我们要承认自然万物的内在价值，保证非人类世界的可持续发展，最终保证人类的存在与发展。

（二）关于“业报论，不杀生”的生态实践思想有助于我们在生态文明建设中树立新的珍爱生命的生态道德观

佛教的生态伦理思想告诉我们，人与自然是相互依存的，人与自然万物的关系情同手足，应当协同进化。当今地球生态危机已经严重危及到人类和地球的发展。我们应该反思失当的行为，树立起一种危机意识。这种意识有助于唤醒我们的生态良知，并把它升华为个人的生态道德，转化为自觉的个人行为，全民携手建立良好的生态环境。

佛教把“灭欲修行”看作人类最高尚的道德，将具有此道德的人看作“圣人”，并将此作为人生修为的最高境界，不仅与自然进行物质变换，更重要的是移情于自然、寄情于自然，最终达到人与自然在精神上的自由往来。这或许是人与自然交融的最高境界。然而在我们生活的世界，自然的美学价值已经被忽略，取而代之的是物质享受和感官刺激。打开窗子，多久没见那一抹绿色？城市的上空多久没有飘荡的尘埃？耳边多久没有鸟的欢叫？取而代之的是高耸的建筑、机器的轰鸣、浮躁的心灵。在自然面前，人类是自私无情的，天然的自然已少之又少，人们不得不把自然作为保护区来保护，把某些物种作为濒危物种来保护，保护自然、保护生命，这些本应是自然而然的行为，却被法律、法规所规范与强制，这恰恰说明人类生态道德的缺失。

要建立生态道德，不但要以科学的生态伦理观念为指导，更重要的是在全民中广泛开展生态道德教育，使全民建立科学的生态伦理意识，遵守生态伦理规范，养成良好的生态伦理习惯，自觉实施生态行为。如果我们

把资源环境立法比喻成一只看得见的手,那么生态道德教育则是一只看不见的手,其主要目的是将生态伦理思想转化为内在的道德,从意识观念层面使生态保护成为全民的自觉行动,将“他律”转化为“自律”。这是一段漫长而艰辛的道路。在现阶段,还要依靠“两手”一起作用,即环境道德教育、法律、法规、政策、经济等多种手段综合运用,才能缓解环境问题。

(三)“诸法无我,破执断贪”的生态节约思想有助于我们在生态文明建设中实现爱护资源及立法

佛教的生态伦理思想中蕴涵着诸多爱护资源的思想。中国古代宗师圣贤意识到资源的有限性,主张对自然资源的养护利用,保证自然界的完整性与可持续性。有些朝代甚至将爱护资源上升为法律形式,以便规范和指导人们的生产与生活实践。如佛教中的“诸法无我,破执断贪”产生过深远的影响,就政治层面上来讲,“破执断贪”即是告诫统治者不要急功近利,重视资源的可持续性利用,不能因为一时的发展需要而无限攫取,使百姓生活受到威胁.虽然就其目的而言,在当时的社会背景下主要是为了稳固其统治,但是客观上促成了对资源的保护。就百姓的世俗生活而言,中国古人喜欢在房前屋后种植植物,这不仅出于经济利益的追求,更重要的是满足人们的审美需求,使人与自然产生精神上的交融。“诸法无我,破执断贪”还派生出了民间的节俭道德。佛教将奢侈和欲望看作罪恶之源,认为节俭是保护生态环境和国家长治久安的必要行为。这些对资源养护利用的观念对于改变人们的消费观念具有重大意义,将这些资源爱护观念上升为法律形式,使其更具有约束力,属于保护自然资源的“他律”行为,是建设生态文明重要的思想资源。

论佛教生态思想及其启示

温开照

温开照：广东省社会主义学院教师

一、现代生态伦理思想

广义生态系统观认为，世间万物像人一样，都有天赋的“权利”不可侵犯。人只是广义生态系统中的一个原子，这个原子与生态系统其他原子没有什么本质不同，唯一的区别就是“人”具有意识，能认识自己所在的广义生态系统。自然不仅有工具价值，还有内在价值。自然万物都是生命主体，都有自我更新、自我繁殖和自我调节的生命机制。同时，整个生物圈也是一个有机体，以最有利于自身健康的方式运行，趋向于完美、稳定。自然界的内在价值就要求自身的存在应该受到保护。

现代生态伦理学的建立者史怀泽提出了“敬畏生命”的观点。他认为，不仅要对人，而且对其他一切生物的生命都要保持敬畏的态度，这就充分肯定自然的内在价值。对一切生命负责的理由就是对自己负责，如果没有对所有生命的尊重，人对自己的尊重也是没有保障的。罗马俱乐部的报告亦提出：任何生命都有自己的价值和存在的权利。

要尊重生物的生存权利。生存权是自然权利中最基本的一种权利，如果生存权得不到实现，那么其他权利将无法实现。生存权是生物参与生存竞争、接受自然选择的权利。而且，任何生物在生态系统中会因自然竞争而产生独特的适应环境的方式，这就决定了其占有的“生态位”，它说明了生物生存权的合理性。就此而言，所有生物都是平等的。这种平等要求生物之间彼此尊重，要求我们人类重新思考人在自然界的地位和作用，要求人类作出新的思考，并用整体的理念来审视自然界。现当代的生态学家普遍认为，要克服当前的生态危机，最根本的方式就是转向整体论、关系论的生态观。

二、佛教的生态思想

（一）缘起的佛教生态基础论

佛教认为，万物缘起，即缘起论。“缘起”指现象界的一切存在，都是由种种条件和合形成，不是孤立的存在。“因缘”就是事物产生的原因、条件，万法由条件而生，由条件而灭；因是引生结果的直接、内在原因；缘则是外在的、起辅助作用的间接原因，因缘又被称为“内因外缘”。因缘的聚散导致了事物的生灭，佛教称之为因缘集、缘生、缘灭、缘起。《杂阿含经》说：“有因有缘集世间，有因有缘世间集；有因有缘灭世间，有因有缘世间灭。”（《大正藏》卷2，第12页）

“缘起说”把整个人生和宇宙间的一切现象都看作是因缘和合而成。“此有故彼有，此生故彼生……此无故彼无，此灭故彼灭。”（《杂阿含经》卷一〇，《大正藏》卷2，第67页上。）“此”为因缘，即原因条件，“彼”是果报，即结果报应。也就是说，一切事物都互为条件、互相依存，任何现象都相待而有、互依互存，任何一物的生存皆依赖于其他因素，不能无中生有，具有“依他起”的性质，宇宙就是一个永无止境的动态缘起网。

（二）“万物同一体”的佛教生态整体论

佛教认为，众生身心与其生存环境一体不二，密不可分，即认为人与自然是一个和谐的整体，相辅相成，有机统一，人与自然之间是和谐发展、共生共荣的关系。“天地与我同根，万物与我一体”（《古尊宿语录》卷九）。即从空间角度来看，众生与宇宙自然都是整体，各种事物，一切众生并没有实在自我，众生与宇宙无始无终，无边无际。生命体与环境间的关系是万物一体。“正由业力，感报此身，故名正报；既有能依正身，即有所依之土，故国土亦名报也。”(《三藏法数》)另外，从时间角度看，众生如一条河流，前因后果，紧密相连，环环相扣。佛教的说法就是依正不二。依正就是指依报、正报。所谓正报，是指有情众生的自体，即生命主体；所谓依报，是指众生所依止的国土世界，即生存环境；所谓依正不二，即是生命主体与生存环境作为同一整体，是相辅相成，密不可分的，一切现象都处在相互依赖、相互制约的因果关系中。虽然正报是主要的，但不能独立自存，必须有与之相应的环境作依止；依报依于众生正报而有，是适应众生的生存需要而由其心识变现的，若无正报则依报不存。因此，众生身心决定依报环境，依报的优劣随众生身心的变化而变化，正所谓“依报随着正报转”，依正相应。这可以理解为，众生与物质世界间不断进行物质和能量交换，众生从自然界吸取营养，滋润身心，众生最终又回归自然。

佛教还提出了一种“全息”的理论，认为任一极微都蕴含着宇宙的全部信息，即“芥子容须弥，毛孔收刹海”(极微的芥子、毛孔可以容纳、蕴含广阔的须弥、刹海）。芥子、毛孔虽小，却能涵摄无限之大的宇宙。

(三)众生皆有佛性的佛教生态平等观

佛教认为，众生皆有佛性，都有可能修行成佛。众生依据其生存状态分为两种：有情众生与无情众生。凡是有情识的，如人与动物等，都叫有情众生；没有情识的，如植物乃至宇宙山河大地，都归为无情众生。有情众生与无情众生都具有佛性，生命对于人类与动物等有情众生和植物等无情众生都同样宝贵。小至微尘，大至宇宙旁及一切生灵，都在生命的川流不息之中，处于同一生命流。也就是说，宇宙万物的存在及其差别都是虚幻的、不真实的，一切事物和现象都具有共同的本质和价值，众生在本性和智慧方面是平等的，自性本空。众生都具有能够体悟自他平等的智慧，产生大慈大悲之心，获得彻底的解脱。

(四)戒、定、慧的佛教生态净化观

佛教戒、定、慧三学为人类提供了获得身心平衡从而达到生态平衡的途径。人类通过持戒、禅定进而改善自己的行为，实现开悟和身心的平衡，每一个人身心平衡了，环境就不会被破坏，生态也就平衡了，这就是心

净则国土净。人类因为其大脑发达、思维能力高于动物等众生而成为生命界的“主人”，因此欲望经常膨胀，随意伤害他物，过度消耗资源，从而破坏了生态，剥夺了后代的生存权益。因此，佛佗教导人们通过持戒来避免伤害自己和其他众生，教导人们通过禅定来引导自己的欲望去追求开启智慧，获得身心的幸福与平衡，从而达到整个自然生态的平衡。

三、佛教生态实践及其启示

（一）爱护自然是佛教整体论的必然要求

佛教认为主体与对象之间是互相影响、共同生长的关系，人作为众生之一，与其他众生是互为增上缘的关系。一棵树是种子、土壤、水、日光等增上缘和合相缘，人也需空气、水、植物等的扶持。因此，万事万物于人有恩，人要学会感恩，要扶助万物，要供养父母，崇敬三宝（佛、法、僧），要爱护众生，保护自然界中的一草一木，建造一个和谐自在的环境。

（二）保护生物的多样性是众生平等的应有之义

众生皆有佛性的平等思想赋予每一个有情众生甚至是无情众生平等的内在价值，奠定了一种敬畏生命和尊重自然的生态伦理学，对保护生命有非常积极的作用。佛教在众生平等思想的基础上提出了戒杀、放生和素食的实践主张。另一方面，佛教的众生平等思想还赋予草木山川、大地瓦石等无情众生以佛性，将一切有情众生和无情众生纳入到了平等的价值视野之中，在伦理的高度上确立了一切众生在宇宙中的平等地位，赋予了自然万物以内在价值，奠定了一种尊重自然的生态伦理学。佛教众生平等思想的实践主张以戒杀为中心、放生为手段、素食为保证，三者相互联系、互为条件、相互补充，并依次层层递进。这种主张深入人心，很多普通信众都有戒杀的理念、放生的行为和素食的习惯。这对于保护生物的多样性、维护生态平衡起到了积极作用。

（三）戒、定、慧是爱护生态的有效方式

佛教教义重视净化我们的内心，扫除贪、嗔、痴三毒，使心灵解脱自

在。如何净化？通过无我等教义，更重要的是持戒、禅定，来去除人的占有心态，不执著而达至解脱自在的生命境界。相对于甘于素朴的生活方式，这更有改变生活方式的潜能。生态关怀需具备普遍的同情心，其宗旨将此同情心推广至其他种族、其他物种、祖先及后代子孙的幸福，以确保生态圈的活力与社会的永续存在，而内心净化可以使这一宗旨得到实现。这也符合生态运动的主张：在有限的资源条件下，学会降低物质需求，比起过度的消费物质产品，将提供更多的实现形式来达到降低量，提升质的生活，让心灵与精神得到更多的实现空间。佛教戒、定、慧的生活方式，使人以极小的需求获得最大的满足，这为生态关怀提供了良好的典范。

目前世界生态环境正有日愈恶化之势：全球气候变化使地球面临危机，环境污染的恶性事件层出不穷，严重影响人们的身心健康。这是人类中心主义、人类自私贪婪欲望膨胀导致的后果，是心浊国土浊。要使生态文明得到健康永续的发展，有必要借助佛教生态思想的资源，改善人类的依从，净化身心，心净国土净，只有根除了人心的贪欲痼疾，生态文明才能真正建立。当然，我们不能因为环境保护的需要，强迫全世界的人们都去信仰佛教，要求信众们毫无保留地相信它。但是，佛教生态思想和实践给予了我们很好的启示：生态保护只有成为人类的一种生活方式、一种文化传统，才有可能稳固、持久。佛教关于万物同一体、众生平等、敬畏生命、善待万物的思想不只是一个观念、意识和理念，它同时也是一种社会伦理，一种人类的善恶标尺，更是佛教信众的生活方式和文化传统。换言之，佛教的“众生平等”不只停留在思想、观念的层面，它对生命的尊重、对万物的关注是落实在佛教的修行实践过程中的，体现在素食、放生等具体的生活细节中，规范在不杀生的戒律中。

佛教文化的生态智慧与生态文明建设

诸　芳

诸　芳：云南省社会主义学院学报编审

一、生态文明建设是新时期的重要任务

20世纪，生态问题在经济发达国家空前严重起来，环境污染的范围越来越大，甚至出现了全球性问题，威胁着人类的生存和发展。近年来，许多发展中国家也加入生态危机频发行列。我国当前生态危机肆虐，西南地区连年的干旱、北方的沙尘暴、全国大范围的雾霾，还有此起彼伏的江河海洋污染、土壤污染，食品安全等问题，严重影响社会发展和人民群众的生产和生活。地球资源约束趋紧、环境污染严重、生态系统退化的严峻形势摆在我们的面前。加强生态文明建设是化解生态危机的必然选择，生态文明建设是一项紧要而迫切的任务。2012年11月，十八大做出"大力推进生态文明建设"战略决策，提出要把生态文明建设放在突出地位，融入经济建设、政治建设、文化建设、社会建设各方面和全过程，努力建设美丽中国，实现中华民族永续发展。

生态文明，是指人类遵循人、自然、社会和谐发展这一客观规律而取得的物质与精神成果的总和；是指人与自然、人与人、人与社会以和谐共生、良性循环、全面发展、持续繁荣为基本宗旨的文化伦理形态。它是人类文明的一种形态，它以尊重和维护自然为前提，以人与人、人与自然、人与社会和谐共生为宗旨，以建立可持续的生产方式和消费方式为内涵，以引导人们走上持续、和谐的发展道路为着眼点。它强调人的自觉与自律，

强调人与自然环境的相互依存、相互促进、共处共融，既追求人与生态的和谐，也追求人与人的和谐，而且人与人的和谐是人与自然和谐的前提。

二、人类片面的价值观引发生态危机

人们将地球资源的浪费与生态环境遭受破坏的结果归咎于滥用科技或者是盲目发展的结果，不断致力于以创新技术对症治理环境问题，取得的效果却并不尽如人意。我们悲哀地发现：一是生态问题是一个全局性的而非局部性的问题。生态问题的蝴蝶效应尤为明显，发生在邻邦的核辐射泄露，不可遏制地会影响到周边乃至大洋彼岸的国家。二是如果众多地区生态恶化，包括大规模的人口迁入在内的各种因素，会使得没有生态问题的地区资源迅速枯竭，污染加剧，从而造成生态迅速恶化。大气污染及其后果——温室效应、冰层融化、冰川后退、海平面升高，就是一个全球性问题；又如雨林不断消失、沙漠化扩大、沙尘暴也是人类造成的国际性生态问题。在生态环境问题上，任何国家和地区难以独善其身。也正是基于此类原因，在生态环境领域，国际上开展了广泛的合作。在经历了一次次曲折的实践之后，人们逐渐认识到问题的根本：环境问题的出现与解决，无不是围绕人的生存与发展而展开的，而任何生产生活实践都是受人的思想意识支配展开的，因此，生态恶化的根本原因应该从人类自身上去找寻。正是人类的贪婪和自大，使得生态危机肆虐横行。如果忽视人的观念意识对环境的影响，那么人类无法从根源上有效地克服由人类自己的伦理行为所造成的一切环境生态问题，所取得的治理成绩也只能是支离破碎的局部胜利，无法根本性扭转现状。也就是说人们开始把问题的症结转向“心”的层面。环境的治理与改善，还得先从改造人的心智或者改变片面的价值观着手。佛教极为重视“心”的作用，佛法又称“心法”。佛言“三界唯心，诸法唯识”。一切法依“心”的关系而存在，一切法也依“心”的转变而转变。《华严经》云：“心如工画师，能画诸世间。五蕴悉从生，无法而不造。”《维摩诘所说经》云：“若菩萨欲得净土当净其心，随其心净则佛土净”。佛教作为一种心学和心的智慧，其文化自然地与生态文明这个本属于现代文明范畴的事物产生了关联。换言之，佛教文化的生态价值就凸显出来了。

三、佛教文化促进价值观和思维方式转变

（一）缘起论、依正论与整体生态观

缘起论是佛教独特的世界观，是佛教区别于其他宗教、哲学的根本特征。在佛教传统中，“缘起性空”作为世界的真相，是佛陀“发现”而非佛陀“创造”，无需论证，可堪作一切论证的起点。[❶]《杂阿含经》卷第十：“此有故彼有，此生故彼生。此无故彼无，此灭故彼灭。”说明任何事物都因条件或原因或他物而存在，都因失去条件、原因或他物而消失。在《杂阿含经》卷第二中，“有因有缘集世间，有因有缘世间集；有因有缘灭世间，有因有缘世间灭。”即世间万法皆由因缘聚散。不论是时间维度的生灭，还是空间维度的有无，皆因“缘”。大乘佛教中观学派认为既然万物皆由缘起，因此是没有独立的自性的，也就是本性是空的，所谓“缘起性空”。《华严经》中帝释天的因陀罗网用来比喻万物的彼此关联，该宝网由无数的宝珠连缀而成，每一宝珠都映现出其他宝珠的光影，珠珠相映，影影相含，重重无尽。

根据缘起论的哲思，生态是一定条件、原因互相依赖、互相作用的结果，个人、人类和社会都不是独立存在的，而是与自然紧密相联的关系存在。损害和破坏自然，就是损害和破坏人类自身的存在。因此，人类与环境（自然和社会）无法分离，他们是一损俱损的同盟，是一种相互依存的关系。另外，“缘起性空”强调了事物的条件性、相对性、暂时性，所以生态也不例外，是随因缘条件的改变而不断变化的。人类应当预见这种变化，并尽力防止生态恶化，推动生态良性发展。缘起论也揭示出人类只是整个宇宙自然中的一分子，而决不是中心主体。正由于此，缘起论成为不同于西方人类中心主义和二元价值论的哲学智慧，既可克服人类在环境问题上“自我中心主义”的偏颇，有助于破除人类“万物之王”的优越感，增进人

---

❶ 喻静：“佛教应对现代生态危机的理论与实践空间：从‘缘起’到‘慈悲’”，载《江苏社会科学》2012 年第 5 期，第 32～37 页。

与自然的和谐，又提醒世人必须重视和处理好与环境之间的关系。将佛教众生平等的理念落实到生态学中去，显然具有方向伦理的意义。

依正论是缘起论的应用。依为依报，正为正报。佛教认为众生之前世业因会感召来世之果报，这一果报可分为正报和依报两种。由过去之业而有我心身谓之正报(个体生命存在)，是别业之所感；心身所依一切之山河大地与种种之事物谓之依报(社会环境和自然环境)，为共业之所感。也就是说个人祸福是个人累世业力所致，环境祸福是人类共业所感。因果报应是佛教揭示一切生命流变之真相(本质)的理论，它解释了一切与生命相关的问题。已做不失，未做不得。一切造作，都会聚集起一种能量(业力)。业力有大小，报应有早晚。不管是现世报还是来世报，因果通三世。

长期以来，人类奉行经济主义、消费主义、享乐主义的价值观和人生观。错误的价值观导致了对生态环境严重的破坏，在佛教看来，环境的现状是人类共业的依报。大自然的报复，其实就是人类自己行为不当所招致的果报，其中既有个人的业力，又有集体的共业。所以，人类命运及其环境要想获得改善，不但要提升个人的道德水平，更应落实到社会性、体制机制的设计和执行上去，改变人类过去只注重短期利益忽略长期利益，只注重个人利益忽视公共利益的片面价值观和行为规则，断恶从善。现代社会的思维方式强调分析性思维和线性思维，认为事物的动力来自部分的性质，部分决定整体，并以线性的、非循环的思维指导人类行为。❶佛教文化的整体生态观帮助确立了整体性循环思维。现当代的生态学家普遍认为，要克服生态环境危机，最根本的方式就是转向整体论、关系论的生态世界观。基于这种理解，很多西方生态伦理学者纷纷转向中国佛教，以求得解决方案。他们认为在中国佛教中已经找到了答案。❷

(二)无情有性与生态平等观

“无情有性”是中国大乘佛教一些宗派的主张，天台、禅宗都有僧人主

❶ 余谋昌：“从生态伦理到生态文明”，载《马克思主义与现实》2009年第2期，第113页。

❷ 高扬，曹文斌：“中国佛教生态伦理的思想基础”，载《中国宗教》2011年第11期，第57～58页。

张此说。所谓"无情有性"是指没有情识的山河大地、花草木石等无情物都是清净佛性的体现,无情有性,故而亦可成佛。

"无情有性"的哲理,将一切有情众生和无情众生纳入了平等的价值视野,从而在伦理的高度上确立了一切众生在宇宙中的平等地位,赋予了自然万物的内在价值,奠定了一种尊重自然的生态伦理观,对于保护自然、建设生态文明具有积极的作用。英国历史学家汤因比(1899—1975)发挥了佛教的无情有性说,他指出:"宇宙全体,及其中的万物都有尊严性。"也就是说,自然界的无生物和无机物也都有尊严性。大地、空气、水、岩石、泉、河流、海,这一切都有尊严性。如果人侵犯了它的尊严性,就等于侵犯了我们本身的尊严性。这一切,使得自然在人类生存环境中的地位和作用提高到了一个新的境界,自然并非是我们无限攫取的对象,它应该像我们爱护自身那样去爱护的对象。[1]

四、佛教文化促进生活方式的转变

生态文明的消费价值观要求以适度消费取代过度消费,以简朴生活取代奢侈浪费的生活。简朴是以满足基本生活需要为标准,青睐绿色产品,并满足消费需求多样化、商品和服务种类多样化、质量和数量多样化,以适应消费者的个人兴趣和爱好,消费生活从崇尚物质转向崇尚精神。

而今人类把自然视为认识和改造、征服和占有的对象,利用科学与技术逼迫大自然交出更多的东西,以满足自己日益膨胀的贪欲。高消费的生活方式成为经济发展的动力。高消费其实是一种无限占有的欲望。佛教文化敬畏生命、万物平等的观念以及惜福培福的思想倡导简朴的生活方式。《觉海慈航》中曾这样描述持戒的佛家弟子或在家信众的生活:念佛的人不贪求、不吝啬、深信因果,戒杀素食、生活节俭、亲近自然、少欲知足、心怀慈悲、利乐有情。这与当代消费社会提倡欲望解放,不断满足欲

[1] 觉醒法师:《佛教生态观与心灵环保》,http://www.fjdh.com/wumin/2010/03/06515099658.html。

望需求的消费观截然不同。[1] 这种生活态度和生活方式使人类的要求和欲望变得有节制，使人类不断适应环境和充分利用现有的资源。这正是生态文明所要求的生活方式。

五、佛教的主要生态伦理实践

宗教是人类文化的重要组成部分，是人类文明的结晶。宗教尤其是佛教蕴含的丰富的生态伦理智慧为我们树立生态文明理念，增强全民的节约意识、环保意识、生态意识，形成合理消费的社会风尚，营造爱护生态环境的良好风气，形成节约能源资源和保护生态环境的产业结构、增长方式、消费模式，推进生态文明建设提供了丰富的文化资源。如果说佛教的生态伦理思想是在思想或意识层面推进生态文明建设，那么佛教的生态伦理实践则已经朴素地践行着生态文明建设。

佛教伦理在道德规范层面体现为相关的戒律，直接而具体地规范着佛教徒的身、口、意。佛教的生态伦理实践主要是围绕戒杀生展开的，主要有不杀生、放生、素食。不杀生的理由有二：一是慈悲心；二是避免杀生恶业。[2] 这些实践活动不仅培育了修行者的平等心和慈悲心，而且有利于保持生物多样性。

戒杀生是佛教戒律中的首戒。《大智度论》卷十三说：诸罪当中，杀罪最重；诸功德中，不杀第一。《戒杀文》中说，至少应在七种情况之下不杀生：一是生日不宜杀生；二是生子不宜杀生；三是祭先不宜杀生；四是婚礼不宜杀生；五是宴客不宜杀生；六是祈禳不宜杀生；七是营生不宜杀生。佛教认为万物互依缘生，同为一体，彼此平等；一切众生都有佛性，过去诸佛是已成佛，众生是未成佛，因此对于众生不应轻慢，更不应残杀，应彼此尊重。在无始劫以来的生死轮回中，一切六道众生都可能曾经是我们的亲人、师友，怎么能杀害呢？至于山河大地，乃是我们的生命所依，对我们

[1] 何保林：“论佛教思想对西方生态伦理思想的补充与深化”，载《湖北社会科学》2010年第10期，第112～115页。

[2] 觉醒法师：《佛教生态观与心灵环保》，http://www.fjdh.com/wumin/2010/03/06515099658.html。

有着深深的养育之恩。因此要报众生恩、报国土恩，以恭敬、诚恳的态度，从事一切庄严国土、利乐有情的宗教实践。不杀生，不仅仅指不杀人，也指不杀鸟兽虫蚁、不乱折草木等有情无情众生。不仅自己不能杀生，也不能教唆他人杀生，甚至连起意动念杀生都是犯戒。佛教提倡热爱和平、反对战争亦是不杀生的体现。因为战争不仅直接带来人类的互相残杀，而且也必然带来生态的严重破坏。只有不杀生才能培福德，求得吉庆圆满。

由戒杀生，衍化出佛教“放生”的传统。即用钱买来被捕的鸟禽鱼龟等动物，将其放回山林湖池，使之重获生命自由。这在传统农业社会对于培育人的慈悲心，保持物种平衡具有重要意义。随着现代社会的到来，放生引发了外来物种入侵等环保问题，于是佛教界又提倡“护生”，致力于倡导运用各种有利于野生动物生存的手段、方式，积极保护野生动物。如宣传保护野生动物的意义，向野生动物保护组织捐善款，推进关于维护动物权利的立法，保护了物种的多样性。

由戒杀生，佛教还衍化出素食的传统。南北朝时的梁武帝萧衍，曾专门颁布《断酒肉文》，集众僧于佛前发愿，立誓“永断酒肉”，使得素食成为汉传佛教的一大传统。素食习惯减少了肉食动物的饲养所需土地、饲料和水等自然资源和饲养、疾病防疫等人力资源的消耗，有利于节约和保护资源环境。

六、结　语

中国整个社会主义现代化的哲学基础是马克思主义哲学，建设生态文明的哲学基础无疑也是马克思主义哲学[1]，但是宗教在生态保护方面有着悠久的传统，也发挥着积极的作用。佛教对生态的观点以及解决生态问题的认识有自己独特的视角，佛教文化所蕴涵的生态智慧已经获得了世界的肯定，佛教思想对于维护生态平衡、保护地球环境的意义，已经越来越为社会有识之士所倡导和弘扬。通过合理借鉴佛教文化中的生态伦理智慧，必将使中国生态文明建设取得辉煌的成果。

---

[1] 黄枏森：“生态文明建设的哲学基础”，载《鄱阳湖学刊》2010年第1期，第41～49页。

现代化视野下的基督教生态伦理思想解析

宋天倚

宋天倚：大连市社会主义学院教师

一、人与自然、社会整体和谐的生态伦理思想

全球生态危机归根结底就是人与自然、社会三者间原本和谐的关系被破坏了。基督教认为人是自然的一部分，人的生存依赖于自然，强调人与自然关系的重要意义，各主流教派都努力重新挖掘《圣经》中的生态启示，为我们处理人与自然的关系给予精神指引。

首先，从生态神学角度来看，基督教相信上帝创世之初，一切本都和谐美好，是人类始祖亚当与夏娃犯了罪，破坏了人与自然、人与神的和谐关系。基督教有责任重新修复这些关系。基督教认为人与自然天生就是互相依存的，人类应保护自然，发挥人的主体能动性，维护人与自然的和谐，使其实现可持续发展。

其次，基督教认为人与自然、社会是一个有机整体。地球整个生态系统就是由它们构成。它们内部各个子系统、要素都是相辅相成，互为各自存在的条件。每个系统要素的损害都会对整个生态系统产生严重的连锁效应，一好皆好，一损俱损。人类改造、管理自然必须总揽全局，以整体生态观制约人类自身行为。纵观基督教的生态伦理思想，我们不难得出以下结论：当今社会的现代化发展是破坏自然的主要原因，虽然给人类发展带来了优越性，但要在破坏自然的基础上实现人类发展，这本身是不利于

社会公正的，更不利于人类社会可持续发展的原则，过度的发展甚至比倒退更可怕。科学技术成果的研发不应该只关注人类眼前的利益，更应该注重人与自然、社会整个生态系统的可持续发展。人类社会的发展绝不能以无节制地损害自然环境和透支性消耗资源能源为代价。人类拓展生活、生产空间必须要限制在自然生态可容纳范围之内，实现生态可持续性、经济可持续性和社会可持续性三者的统一。对自然，人类要做到取之以时，用之以度，动之以情，在可持续发展基础上利用自然，真正建立起人与自然、社会的和谐关系。这种基督教整体生态伦理思想无疑对我们今天构建人与自然的和谐关系具有重要的现实指导意义。

二、合理利用、适度消费的生态伦理思想

人类所有的消费品都取之于自然，在现代工业大发展的环境下，人类过度消费的现象愈演愈烈，长此以往，必然会加速地球资源的耗尽及对周围环境的极大破坏，致使我们的子孙后代失去消费生存的空间。基督教《圣经》中的节制思想和“节欲主义”，从生态伦理的层面对于现代人的不良消费观具有很大的警示意义。基督教的生态伦理并不是要求我们禁欲，不要消费了。根据圣经的描述，我们可以得出基督教所提倡的是一种适度消费观，即不支持一味的吝啬，也反对过分追求物质享受和挥霍无度。例如在西欧有浓厚基督教背景的国家，我们很少会看到大消耗、大排量的汽车。并不是人们承担不起这种消费，而是根深蒂固的基督教生态伦理思想驱使人们普遍做出更优化的选择。基督教的消费观认为人类在消费时既要实现消费自身效用的最大化，也要考虑整个社会生态系统的利益和子孙后代的利益。

基督教相信人是按照神的形象创造的，是天地万物的管理者身份。要做到爱护自然，人类就要学会遵循自然规律，在开发自然资源时，不可“竭泽而渔”“杀鸡取卵”。基督教认为不合理的消费对自然和人类自身都会带来极大困扰。一方面，功利性消费破坏了自然本身的调节循环系统，导致灾害频发。另一方面，这种消费观淡化和模糊了人与人之间的亲情、友情、爱情。当这些人类情感沦为一种工具、一种商品，家庭社会问题

自然会层出不穷，社会整体和谐便难以实现。

基督教新约圣经《马太福音》里告诫人们要有智慧地利用物质，要慷慨与众人分享财富带来的快乐，而不是财富本身，故早期的教徒们都过着一种奉献的生活。圣徒保罗也常告诫人们财富会带来罪恶，提倡分享的喜悦。总之，转变消费观和合理利用自然资源对我们在现代化背景下解决生态危机具有重要的作用。从个体来说，我们在消费价值观上应认识到不应偏重享受物质消费来获取自身生活的快乐。从团体而言，不应把眼前利益的增多设为自身首要目标。我们应该积极吸收借鉴基督教生态伦理思想，以保护者、管理者的姿态来守护自然，用高新科技更好地爱护自然，建设生态产业，发展可循环经济。只有心怀天下众生，才能修复人与自然、社会的和谐关系。

三、和平、反战的生态伦理思想

战争作为一种破坏性行为，给人类和自然都会带来巨大伤害和严重破坏。和平是有史以来人类不断追求并为之努力奋斗的目标。和平是万物实现共同利益的基础，是冷战后人类两大主题之一，是历史的潮流所向。反对战争，反对军备竞赛，是现代战争生态伦理的基本原则。

20 世纪 60 年代美国在对越南和印度支那的战争中，大量喷洒的橙色落叶剂，不仅使大片的雨林毁坏，造成生态系统无可估量的损失，而且使 70 万越南人因为毒剂而瘫痪或先天残疾。90 年代的海湾战争，不仅造成大量人员伤亡和数千亿美元财产的直接损失，而且大量的石油倾倒入海洋，给海洋生态造成空前灾难性影响。科索沃战争和阿富汗战争也都造成了巨大的人道主义灾难。从基督教的生态伦理思想来看，全球安全不仅是指人类自身的安全及社会的稳定，还必须包括整个大自然的和谐安定。人类必须要从“人—自然”这个系统出发，从世间万物的角度来权衡安全问题，并以此为前提来制定新的伦理标准，人类应把用于军备竞赛的资源转化用于营造更好的生态环境，阻止世界环境继续恶化，通过这种生态伦理准则来约束人类战争偏激行为。

从古至今，每一次短暂的和平都极其可贵。自二战后，虽局部战争不断，但在人类整个历史中仍是一段难能可贵的时间，为了维持当下和平局面，促进全人类共同发展，我们需要更多的和平思想理论来指导。基督教教义中所包含的万物平等、万物和谐、共生共存的和平思想，从一定意义上来讲为现代社会提供了一种极其宝贵的价值取向，也为当今中国提出“构建和谐社会”具有重要的借鉴意义。

四、结　语

随着全球范围现代化进程的不断深入，人类已经越来越趋向形成一个命运共同体，我们应对大自然和人类社会担负起共同的责任，从基督教义中的“敬畏上帝”“平等博爱”扩展到处理人类与大自然的关系上。这些教义为现代社会自然环境的不断恶化提供了一定的道德约束。在全世界生态环境日益恶化的情况下，基督教积极入世，介入对生态的关注，并引起我们的重视，这反映了传统宗教文化仍有巨大的社会影响力。另一方面，借助这种契机，宗教现代化紧紧依托经济、社会、国家现代化进程，与时俱进，重新审视自己的传统，释经解典，为宗教自身也注入了新的活力。曾是世界宗教名誉主席的丁光训主教认为：“基督教宇宙观的意义非常重要，让我们了解基督的主宰、关怀和爱护普及整个宇宙；其次是基督普及到整个宇宙的主宰以爱为其本质……这种爱是上帝的最高属性，是上帝创造宇宙、推动宇宙的第一因，在爱的光照中，我们得以洞察人世沧桑，它昭示爱是宇宙的第一因素，是创造的第一推动力，一个爱的宇宙正在被创造。爱将充满宇宙。”世人必然会“被这位基督非以役人，乃役于人，为人赎价的博大而无上的爱心所带动，去进入世界，发挥光和盐的作用，以造福人群”。由此我们可以看到宗教文化强大的震撼力和影响力。超国界的世界性宗教对生态问题的关注自然也使世界宗教加强了交流，世界宗教大会举行了很多次，每次各宗教领袖都会郑重声明，在环境保护问题上有同样的呼吁。为了在环境问题上发挥更大的作用，世界宗教大会还表示“必须跨越传统宗教和哲学的界限，展开各宗教间的对话，贡献宗教的力量，建设一个人与自然和谐健康的地球村。

基督宗教文化中蕴含丰富的生态伦理思想，通过对这些思想进行解析，可以为我们面对全球现代化背景下的生态危机指明方向，并提供可行的思维方法，使人类真正能从思想态度上发生质的转变，正确认识人与自然关系和谐，维护生态环境平衡，实现人类社会和平、可持续发展的重要性。只有这样才能切实解决我们所面临的各种生态问题，从而实现我们构建和谐社会、和谐世界的"中国梦"。

参考文献：

[1] 吕大吉．宗教学通论新编[M]．北京：中国社会科学出版社，1998.

[2] 万俊人．20世纪西方伦理学经典[M]．北京：中国人民大学出版社，2005.

[3] 余谋昌．生态哲学[M]．西安：陕西人民教育出版社，2000.

[4] [加]许志伟．基督教神学思想导论[M]．北京：中国社会科学出版社，2001.

[5] 梁工，等．圣经解读[M]．北京：宗教文化出版社，2003.

[6] 王伟博，殷有敢．基督教环境伦理及其生态回归[J]．中国宗教，2006(1).

[7] 黄铭．基督教与环境伦理[J]．浙江学刊，2003(1).

民族多元文化
与生态文明

生态文明建设与广西民族传统文化的保护和传承

——以民族多元文化与生物多样性为视角

金　荣　韦梦琦

金　荣：广西社会主义学院中华文化教研部讲师

韦梦琦：广西社会主义学院中华文化教研部讲师

生态文明是人类为保护和建设美好生态环境而取得的物质成果、精神成果和制度成果的总和，是一种人与自然、人与人、人与社会和谐相处的社会形态，是贯穿于经济建设、政治建设、文化建设、社会建设各方面和全过程的系统工程。从生物属性来看，人类也是大自然中的一个物种，需要从自然界获取生存物质以满足基本生理需要；而从社会属性来看，人类与动物的区别在于他们在获取自然物质的过程中，还赋予了它们物质以外的意义，使其成为独特的传统文化。民族传统文化是各个民族在常年的生产生活中，在对当地环境的适应与协调中形成的非物质化文化遗产。广西壮族自治区民族成分众多，分布广泛，特定的自然环境赐予广西少数民族特定的生活区域，其在生物资源的保护与利用过程中又形成了民族文化的多样性，民族文化的多样性又推动着生物多样性，两者相互促进，辩证统一于生态文明建设中。

一、广西民族文化与生物资源的生态思想

广西壮族自治区境内有 12 个世居民族（指世代居住在广西境内并形

成村庄、街道等居民聚落的民族),分别是壮、汉、瑶、苗、侗、仫佬、毛南、回、京、彝、水、仡佬等民族。广西的民族分布呈现“大分散,小聚集”的特点,一些民族的传统文化因受其他民族的影响,会随着地区差异而与本民族的传统文化有所差别。广西少数民族的许多传统文化是以该民族所居住的生态环境为土壤而滋生的。受不同环境的影响,广西区内各地少数民族同一类型的传统文化会有不同,特别是在生产实践活动中,少数民族有许多地方性知识来维护生态环境。比如广西龙胜地区山岭绵延,坡陡沟深,人们只能在坡地上沿等高线修梯田,用土或石垒成阶梯状的田埂。梯田不仅是人们适应自然环境的选择,同时还能防止水土流失,保护当地的植被面积,这与亚热带山区自然生态系统相吻合。在广西,一些民族传统知识还普遍具有一种敬畏生命的朴素生态伦理观,这在民间信仰活动及民俗节日中最能体现。广西的壮、瑶等民族对村寨前后的树林和山林的保护,实际上与现代的保护林区功能相似,但民族传统知识将山林与村民的生命健康相联系,这让村民对山林心生敬畏。向祖先、地方神灵以及信仰体系中的诸神祈求保佑来年好收成,是许多少数民族民俗节庆中的一项重要内容。少数民族将这些寄居在自然界中的神灵拟人化,并向其献上祭品,一方面是寄托美好的愿望,另一方面也在某种程度上确定了人与自然的关系:人类敬仰、尊重自然,自然界才能保证人类安定的生活。此外,广西具有国际意义的生物多样性区域较多。例如,西南部合浦山口和东兴北仑河口,目前是我国内陆红树林保护最好的区域,是我国海岸和海洋生物多样性的关键地区。广西是全国红树林的主要分布区,据统计,目前境内拥有红树林 8374.9 公顷,占全国红树林总面积的 23.6%。红树林属于国家级重点保护物种,具有天然生态保护作用,特别是在防风固沙护堤、防止沙漠和保护湿地等方面具有不可估量的作用。

生物多样性是人类文化和社会进步发展的物质基础,而从生态环境中衍生出来的民族传统文化内容丰富,体系完整,对生态环境的保护起到积极作用,使生态环境在民族传统文化的维护下得以延续存在。因此,保护生物多样性必须首先保护民族地区的文化多样性,充分挖掘民族传统文化中有益的知识与实践;而对生态环境的维护从某种意义上说即是保护了民族文化生存的土壤,使民族文化多样性得以延续。

二、广西生态文明建设与民族传统文化协调发展

民族传统文化在其保护和传承中充满了群众认识并利用客观规律、适应和改造自然世界的实践。人们在尊重自然规律发展的基础上，结合本地的自然环境特征，创造性地利用自然环境来解决社会发展问题。这不仅体现了人类与自然环境和物种资源的和谐共生，更映射出浓郁的民族多元文化的氛围，是生态文明建设的重要表现方式。

（一）广西民族传统文化中的“以人为本”

广西位于祖国南疆，是一个多民族聚居的地方，也是全国少数民族人口最多的自治区。在漫长的历史进程中，生活在这块土地上的原住民族或分化，或融合，包括与不断迁入的汉、瑶、苗、回等民族融合，形成了今天的多民族聚居的格局。[1] 世居民族的许多实践方式都是为了营造更好的人居环境而设计的。

壮族是广西壮族自治区的主体少数民族，主要聚居在南宁、柳州、百色、河池、来宾、崇左等 6 个市所辖的 58 个县（市、区）。广西壮族的分布面广，基本连成一片，城镇和农村、平原和山区、河谷和山谷都有分布。其中有相当一部分壮族居民与其他民族居民杂居。民间有一句俗话：“汉人住街头，壮人住水头，苗瑶住山头。”这是历史形成的由各民族不同的经济生活所决定的民族分布格局。壮族村落的选址极为严格，大多数村寨都选在地势较高，背靠青山，面临溪河的地方。人们认为在这样的地方建立村寨，便可“聚气”，从而人丁“大发”。在远古时代，人们虽然不知道自己的身体构造，但在长期的生活实践中逐步体会到，人活着就有呼吸，有“气”出入身体；呼吸停止时，无“气”出入身体，人就死亡。所以，古人觉得“气”是一个神奇而重要的东西，“气旺”则生命力强，“气衰”则生命力弱。这种观念与“万物有灵”的观念结合后，便将自然界的山川河流也人格化，将其视作有灵魂、有生命的物体，也要同人一样有“气”出入。所以，建村

[1] 覃乃昌主编:《广西世居民族》，广西民族出版社 2004 年版，第 1～2 页。

立寨，必须讲究“气”。而背靠大山，前有矮山，左、右有两条分支出去的山脉包围着山坝，正是“生气”“聚气”之佳地。这种“寻气”而居的巫术观念的基本出发点或许有些荒诞，但又是人们长期实践经验的结果，含有一定的合理性和科学性。因为村寨背靠大山，北面、东北面、西北面均有山地环抱，缓解和阻挡了冬季西北风的入侵，而朝南的山隘口又可让夏季湿热的东南风吹入，给村寨周围的农田带来充足的降水。同时，村寨四周的山地又对村寨形成一个屏障，使人们在这里饲养家禽、牲畜而又不易丢失。如再在南面的入口修筑防御屏障，便可有效地防御入侵之敌和匪贼的骚扰。当然，壮族先民在用巫术来选择居住地时，还不能清楚地认识到环境与人之间相互影响的科学内容，只能用抽象的“气”来解释这一切，强调人体之气要与大自然之气协调统一，实际上也就在客观上强调了如何处理好人与自然环境之间的关系。壮族村落多选在地势较高，背靠青山，面临溪河的地方。以向阳为佳，坐西向东，或坐北朝南。习俗认为，东方是太阳升起的地方，象征生活蒸蒸日上；向南风和日暖，人畜兴旺。[1] 村落习惯用石头垒一道围墙，墙外种荆棘，不少村落附近还生长着高大的榕树、龙眼树和大竹。[2] 山厚人肥，山清水秀，山驻人宁就成为民居选址的约定标准。又如，瑶族是广西最典型的山居民族之一，世代居住山区，决定了他们只能“靠山吃山”，发展山区经济。[3] 山区种植的绝大部分为旱地作物，常见的有玉米、旱谷、粟、木薯、豆、麻等，由于产量低且不稳定，在很长一段时问里，采集和狩猎在瑶族的食物来源中一直占据十分重要的地位。[4]

（二）广西民族传统文化中的“因地制宜”

丰富的自然资源为广西民族传统文化的发展提供了物质基础，人们在依靠广西地理位置所提供的物质素材的基础上，对自然环境提供的这

---

[1] 广西壮族自治区地方志编纂委员会编：《广西通志·民俗志》，广西人民出版社 1992 年版，第 62 页。

[2] 广西壮族自治区地方志编纂委员会编：《广西通志·民俗志》，广西人民出版社 1992 年版，第 63 页。

[3] 覃乃昌主编：《广西世居民族》，广西民族出版社 2004 年版，第 79 页。

[4] 覃乃昌主编：《广西世居民族》，广西民族出版社 2004 年版，第 81 页。

些原材料予以加工，使其成为受某些历史沉淀影响的文化现象的载体或重要组成部分。广西分布着大面积的喀斯特地貌，裸露碳酸盐岩面积占全区总面积的 40%，是我国喀斯特地貌最典型、分布最集中的区域之一，桂林山水、乐业天坑等岩溶地貌景观闻名中外。广西特殊、优越的自然环境条件，孕育了异常丰富的生物物种及繁杂多彩的生态组合，并成为许多古老物种的“栖身所”或新生类群的发源地。广西动物遗传多样性十分丰富，并具地方特色。[1] 据统计，广西野生陆栖脊椎动物有 4 纲 36 目 916 种（含亚种），约占全国目前已经记录的野生脊椎动物总数的 37.2%。广西生物多样性丰富程度在全国位列第三位，在我国生物多样性构成中地位极为重要。丰富的物种资源，构成了丰富的遗传多样性。在植物方面，花卉、油料、果类等经济作物种类繁多。其中，药用植物 3600 多种，油脂类植物 325 种，果类植物 225 种。花卉植物种类则更多，仅兰科植物就有 100 余种。广西还有许多农作物的野生近缘物种，如水稻就有 8600 多个品种，玉米有 200 多个品种，甘蔗也有 210 多个品种。[2] 又如，广西苗区山高水冷，糯稻耐冷，适合南方山居民族种植。它粒大色亮，香韧可口，营养丰富，热量高于普通稻米，食尤耐饥，苗家尤为喜食。苗族种糯谷、食糯米形成糯谷文化。村祭、族祭、户祭时，糯米食品为主供品。糯米几乎渗透到广西苗家生活的各个方面。广西苗族也大量种植旱地作物，旱稻、玉米、木薯、红薯、洋芋等，以它们为家常食粮和主要饲料。[3]

可见，广西民众充分利用本地山多水清的自然地理特点，发展多种经营，或是对境内的特色资源在进行精细的加工后对外销售，从而形成广西土特产丰富和手工业发达的经济特色。此外，广西少数民族聚居地区有广袤的林业资源，利用这些资源的性能，群众将其用于医药、喂养牲畜、造纸、食物染料等生活功能。可以看出，因势利导、就地取材是广西民族传统文化生态价值的重要方面。

---

[1] 广西壮族自治区环境保护局编：《广西环境年鉴·2006》，广西人民出版社 2007 年版，第 105 页。

[2] 谭伟福：“广西生物多样性评价及保护研究”，载《贵州科学》2005 年 02 期。

[3] 覃乃昌主编：《广西世居民族》，广西民族出版社 2004 年版，第 102 页。

（三）广西民族传统文化中的“人人和谐”

广西有12个世居民族，每个民族都有独特的历史文化，而宗法制度是各民族最重要的基层管理制度。通过宗法制度促进人与人之间的协调、发展。在人与人之间相互影响和制约中，既有正式的宗族制度对个体行为加以规范引导，也有非正式的民间传统、道德、习惯等因素对矛盾加以协调控制。在民族区域自治管理中，体现了一种“熟人社会”的管理模式。比如壮族的“都老制”，即选举村中德高望重的“都老”来管理村中事务。“都老”由村民直接选举产生，也可因村民不信任而被罢免；京族通过长老民主议事制管理族内事务，直到目前仍有哈亭长老管理制度；而汉族聚集的桂北地区采用的是“保甲制度”。[1] 由于民族历史文化具有稳定性和延续性，表现在基层社会管理中也具有十分强烈的民族传统文化风味。由此可见，宗族管理制度在历史上通过血缘纽带关系凝聚族群力量，不仅可以有效解决纠纷，处理村民间的关系，还有利于可持续的发展。

此外，各民族在长期的民俗生活中历来有重视生态环境及绿化带的习俗。在壮族聚居区，村前寨后都保留或种有一片古老的树林或一株古榕树，俗称“神林”或“神树”，这样既能保持水土、避免泥石流等自然灾害对村寨的危害；又能美化环境，调节空气，增加空气中的氧离子，维护了人类的生态平衡，有利于人体健康，益寿延年。榕树和木棉被认为是福祉树，可以保佑村寨的平安。凡村中有社坛的地方必定种有一棵榕树，作为社神寄身之处所。壮族民众崇敬大树，认为它们都有灵性。尤其是大榕树和龙眼树，它们岁月悠久，高大如盖，四季常青，便被视为生命的神树和村屯的保护神树。对于一些长得高大古怪的树，他们也会崇敬，认为有了大树，村屯人畜的生命才有保障，才能保证整个村庄的兴旺与富裕。因此，没有大树的地方一般不会有村落。”[2]在壮族创世史诗《魔兵布洛陀》中，森林被视为与天空、大地、地下并列的单独世界，列为壮族天神中四大

---

[1] 广西壮族自治区地方志编纂委员会编：《广西通志·民俗志》，广西人民出版社1992年版，第63页。

[2] 范宏贵主编：《中国各民族原始宗教资料集成》（壮族卷），中国科学出版社1998年版，第520页。

天神之一，后世称之为三王或四王。这类树林被视作村寨的保护神，每年都要由村中的男子祭祀。[1] 这些民族传统文化因子都在一定程度上协调了各民族和平相处的利益关系，为其生产生活创造了一个长期相对安宁的环境。

三、促进广西民族传统文化在生态文明建设中的保护与传承

作为少数民族地区，广西生态文明建设起步较早。广西“十二五”规划纲要中提出：打造全国生态文明示范区。生态文明建设离不开民族传统文化的保护与传承。民族传统文化的生态环境一旦发生变化，该文化就会发生变异甚至消解。[2] 只有对民族传统文化予以保护与传承，广西的生态文明建设才会具有特色、生机与活力。

要保护民族传统文化，首先要加强对民族传统文化生态保护的研究，弄清楚有关民族传统文化和有关文化现象的传承特点、演变规律，为制定民族传统文化生态和文化资源保护的对策和方法打下坚实的基础。其次，要将保护民族传统生态与保护本地区的自然生物生态相结合。民族传统文化并非是孤立的存在，要与相应的地域自然生态结合才能显示其价值。正如《文化部关于实施西部大开发战略，加强西部文化建设的意见》中所强调的，“在搞好西部再造山川秀美工程的同时，要重视西部文化生态环境建设，做到自然生态环境和文化生态环境并举。”最后，要在动态交流中实现民族传统文化的保护和传承。本民族传统文化与外来文化交流接触中，应具有较强的包容性，使本民族文化获得充足的养料，为其生存和发展提供源源不断的资源和动力。

---

[1] 覃尚文，陈国清：《壮族科学技术史》，广西科学技术出版社，2003 年版，第 49 页。

[2] 段超：“再论民族文化生态的保护和建设”，载《中南民族大学学报（人文社会科学版）》，2005 年第 4 期。

草原民族传统生态文化的现代启示

乌　恩　呼德尔

乌　恩：内蒙古社会主义学院教师

呼德尔：内蒙古社会主义学院教师

美丽中国是实现中国梦的重要组成部分，生态文明建设是十八大提出的五位一体建设的重要构成。如何在实现经济快速发展的同时，保障生态安全，已成为我国目前面临的严峻任务。生态文明建设需要通过两条路径来实现：一是制度的建设，借助法律约束人的行为；二是利用生态文化建设，改变人们的价值取向，使生态保护逐渐成为自觉的意识和行为。人类在观念深处所发生的审美观、道德观和价值观，较之来自于外部的约束力，更具有执行力和持续力。因此，生态文化建设对于美丽中国建设十分重要。

现代生态文化大体可以划分为三部分内容：一是生态制度文化，主要由法律法规构成；二是现代科技知识和伦理道德观；三是传统文化中积淀的生态思想。我国是一个多民族国家，在悠久的历史进程中，每一个民族都围绕着特定的生产生活环境，形成了从形式到内容、多种多样的生态理念和行为手段。这些宝贵的文化因素已经融入各民族文化的深层，对于我们建设现代生态文化具有普遍的借鉴和传承价值。本文着重介绍草原民族的传统生态文化。

一、草原传统生态文化的生成基础和历史

草原文化的形成是人类对环境选择的结果。草原文化是中华文化版

图中的重要区域性文化类型，历史上它所覆盖的区域在包括今天的蒙古高原及其周边区域，部分地区与黄河文化交叉、重叠（有学者认为450毫米降雨线以西、以北地区均属草原文化区）。特定的地理环境促成了草原文化的生成。蒙古高原及其周边区域在远古时代曾经是湿润温暖的区域，一直到新石器时代，先民们在优良的自然环境下过着定居生活，大河套地区、西拉沐仁—老哈河—辽河流域曾经孕育了发达的农业文明，以红山文化为代表的早期文明，是“中华文明曙光升起的地方”[1]，培育了龙文化、玉石文化等诸多代表中华文化典型特征的基因性元素。大约在距今4000年前后，全球气候向干冷方向发展，蒙古高原及其周边地区成为大陆性气候带，冬季漫长而寒冷，夏季炎热而短促，春秋两季短暂，昼夜、季节温差大，如北部地区季节温差在80℃之间，降雨量基本在450毫米以下，平均在120毫米～250毫米之间。主要由典型草原、干旱草原、荒漠草原构成，局部地区形成森林，沙漠面积占该地理单元总面积的30%，主要分布在东部和南部地区，草原是该地域典型的地貌特征。气候和植被条件制约了该地区经济发展的方式，受气候干旱化、寒冷化的影响，发育成熟的种植业逐渐衰退，逐步形成了以畜牧业为主要生产生活方式的区域性文化类型。与农耕为主、定居型的黄河文化、长江文化相比较，地域性特征突出，差异性十分显著。到商周时代，草原民族的文化特征已经十分显著，商周的汉文文献用“戎狄”表述草原民族，秦汉史料准确地用“居无定所，逐水草而进”描述他们的生存方式；而匈奴把自己称作“毡乡”之人，将蒙古包作为游牧民族文化的外在典型特征。在数千年悠久的历史进程中，从匈奴到蒙古，数十个北方草原民族围绕着游牧业生产生活，从起居到服饰、从饮食到娱乐、从礼仪到节庆、从艺术到信仰，从社会组织结构到政治制度、军事制度，创造了完整的、特色鲜明的文化体系。

由采集狩猎转变为定居农业，从定居式畜牧业转变为游牧业，草原民族随着大自然沧海桑田式的巨变，不断调整生存方式，最终在距今3500年前后选择了游动式的畜牧业生产生活—游牧业。

历史证明，游牧业的形成首先是人类对特定自然环境适应的结果，在

[1] 已故著名考古学家苏秉琦语。

自然经济条件下，游牧业是干旱寒冷自然环境下人类最佳的生存方式之一，游动放牧又是对自然资源永续利用的最佳手段之一。

二、草原传统生态文化的基本内容和特点

游牧业自诞生之日起，一直受到农业民族的诟病，在一定语境下，游牧似乎与“蒙昧”“野蛮”等概念是同义词。但是，当人类步入 21 世纪，在面临全球生态危机的背景下，回眸人类文明历史，尤其是总结人与自然的关系史时，我们发现人类有很多曾经引以为荣的辉煌是以生态的破坏为代价的，以至从高山到海洋、从森林到草原、从土地到河流满目疮痍，野生动物在消失，植被在消失，雪山在消失，土地被污染，水源被污染，苍天失去了蓝色。虽然物质实现了空前的丰富，但人类的自负和欲望破坏了自然的和谐，未来也必将为“反哺”大自然而埋单。现实告诫人类必须反思自己的价值观，而近年来人们在反思中惊异地发现，以游牧业为典型特征的草原文化却蕴含着诸多生态思想。

（一）游牧业是自然经济条件下永续利用自然资源的生产方式。游牧业是经历自然环境巨变之后，蒙古高原先民对生存方式的再度选择，是长期实践的结果。从定居农业到定居畜牧业，再转向游牧业，经历了较长的历史阶段，其间必然有一个摸索过程。考古学成果证明，当蒙古高原及其周边区域气候发生变化之后，包括贝加尔湖周边、河套区域、辽河流域的农业逐渐衰退，一些地区（如鄂尔多斯朱开沟文化、赤峰夏家店上层文化、包头阿善五期文化、甘肃马家窑文化时期）居民一度曾从事定居畜牧业，但最终被游牧业所替代。对于游牧业生产方式，由于史料语焉不详，导致人们对其缺乏完整认识，大多数人停留在“居无定所，逐水草而进”的错觉层面，似乎游牧人完全是处在被动状态。对游牧业应当从两个角度客观认识：其一，作为自然经济，游牧业显然存在屈从自然力的一面，自然条件（水草的丰沛度、气候的变化）对经济具有极其重要的影响，有时甚至是决定性的；其二，游牧人在顺应自然的前提下，在长期的实践活动中也积累了大量有关自然界的知识和生产技术，保证生产和再生产的有序进行以及财富的积累。以游牧为典型特征的草原文化是一个生态文化系统，在

绝大多数正常社会情况下，每一个游牧生产单位（古代蒙古族社会称之为“阿寅勒”，通常由父子、甥舅等多个亲属家庭组成）都有自己固定的牧场。牧人们按照草场的植被特点选择“五畜”（马、牛、骆驼、绵羊、山羊）的种类，并确定各类家畜的数量和比例，防止一种家畜对特定植被的过度采食，造成植物链的破坏。牧场必须划分为四个部分——春、夏、秋、冬四季牧场，进行“四季轮牧”。而在每一个季节里，牧人还会根据草场的状况，通常会移营8—10次，灾年会移营20—40次，其目的就是防止过度放牧，对植被造成毁灭性的破坏，从而实现对资源的循环利用。过度放牧的行为会遭到舆论的普遍谴责，对因为懒惰延缓倒场的牧民，家族长者或部族长老会采取强制性的手段。实践证明，“四季轮牧”是有序的、适应草原生态的生产方式，对于蒙古高原自然环境的保护曾做出过巨大的贡献。

（二）民众的生态意识自觉化。将人类作为生物链的一环，最大限度抑制消费需求，以牺牲自我、简约的生活方式保护自然环境，在草原民族中已成为常态。可拆卸、组装的蒙古包是使用材料最少、对环境破坏最少的人类传统居住类型之一，木制的骨架和毡制的覆盖材料仅需一辆牛车就可以运输。搭建蒙古包不需要大面积挖掘、损害地表植被，每次拆卸之后对地表稍作平复，几乎不留痕迹；每次倒场时，牧人们都会自觉地将生活垃圾掩埋处理；牧人的燃料主要是牛羊粪和干枯树枝，为此他们绝不会砍伐树木；野生动物是游牧民族生活资料—肉和皮毛的重要补充，也是自古以来他们与周边民族进行物资交换的主要商品之一，但他们不会为财富欲望所驱使，无限制地捕杀，如在动物繁殖期、动物哺乳期会自觉停止狩猎活动，禁止捕杀动物幼崽，即使是大规模围猎，也要放生每一种动物公母一对，严禁斩尽杀绝的做法；禁止食用野禽蛋、骚扰候鸟。对于蒙古族自觉保护野生动物的行为，明朝官吏萧大亨曾感慨地写道：“若夫射猎，虽夷人（指蒙古人—引者注）之常业哉，然亦颇知惜生长之道，故春不合围，夏不搜群”。[1] 游牧人为了保护草场，很少修筑大体量坟墓，古代蒙古族贵族也采取深埋、不树坟茔的丧葬方式。蒙古人在解释野葬习俗时，最常听到的解释是“人一生都在吃肉，死后应该把肉体还给自然”，朴实的话

---

[1] 见萧大亨：《北虏风俗》，“耕猎”条。

语中既体现着对自然的感恩意识，也反映出他们对生物链的一种理解；水在古代蒙古人的心目中具有宗教意义上的神圣性，认为污染水源就是对神灵的亵渎，所以生活中有许多对水的禁忌习俗，如禁止在井边、河湖中便溺，不许向水中投掷脏物。13世纪“在蒙古人的扎撒和法律中规定：春夏两季人们不可以白昼入水，或者在河流中洗手，或者用金银器皿汲水”。❶ 全真教首领丘处机也注意到：“国人夏不浴于河”❷等。

草原民族对大自然始终保持着深深的感恩情节，认为人类的生存是大自然的恩赐，所以理应敬畏大自然。在游牧人的节庆活动中，礼拜天地、山河都是重要的内容之一，从匈奴、突厥、契丹到蒙古族，毫无例外。蒙古族每年一次的敖包祭祀活动，其核心内容就是对大自然的感恩。草原民族认为人类只是地球诸多生命中的一员，一切生命都有自己生存的权利，古代蒙古人不仅保护野生动物，他们还认为家畜也应给予必要的尊重，不允许歧视残疾家畜，禁止用侮辱性的语言称呼、侮辱残疾家畜；严禁抽打家畜的面部；在宰杀家畜时，必须选择与畜群隔离的地方；时至今日，蒙古人仍然保持着为家畜“过节”的习俗。

生物多样性的和谐共存，被草原人视为是世界最理想的状态，是“大美”。诞生于北魏时期，流传千古的草原民歌《敕勒歌》，为后人勾勒了一幅大尺度的、天地人和谐的草原水墨画，抒发了草原人对美的诉求。蒙古族拥有500多部英雄史诗，代表着古代蒙古人的社会观和自然观。在这些史诗中，英雄的家乡通常被描绘为：“欢乐昌盛的江格尔的故土/微风习习雨露苏苏/没有严冬/盛夏常驻/没有死亡/永远长寿/没有贫穷/永远富庶/没有孤寡/人丁兴旺/没有动乱/万民安康。”❸而魔鬼—蟒古斯的领地则是“青青的草滩/变成枯黄一片/清澈见底的甘泉/变得源竭水干/茂密繁盛的檀树/变得枝枯叶卷/辽阔无边的大海/露出海底沙滩。”❹1251年，蒙哥汗在登基诏书中提出：在喜庆的节日里“不要让各种各样生灵和非生灵遭受苦难。对于骑用或驮用家畜，不许用骑行、重荷、绊脚绳和打

❶ [波斯]志费尼著：《世界征服者史》(上册)，何高济译，内蒙古人民出版社1980年版，第241页。

❷ 《长春真人西游记》，王国维·证本。

❸ 霍尔查译：蒙古族英雄史诗《江格尔》，新疆人民出版社1988年版，第406页。

❹ 霍尔查译：蒙古族英雄史诗《江格尔》，新疆人民出版社，1988年版第736～737页。

猎使他们疲惫不堪……，要让有羽毛的或四条腿的、水里游的或草原上生活的各种禽兽免受猎人的箭和套索的威胁，自由自在地飞翔或遨游，要让大地不为桩子（原文如此—引者注）和马蹄的敲打所骚扰，流水不为肮脏不洁之物所玷污”。❶ 可汗的登基诏书居然关注生态问题，说明在古代蒙古族社会思想中，生态状况已成为衡量理想社会的重要尺度之一。为了生态环境的和谐，草原人认为每个人不仅要享受大自然的恩赐，还要肩负起保护的职责，在一首蒙古族传统民歌中，有这样一段歌词：

牧人爱宇宙，

宇宙赐给我们幸福；

牧人保护宇宙，

苍天交给我们的任务。❷

（三）生态保护法制化。依法保护生态平衡，在草原民族中有悠久的历史。早在习惯法时代，蒙古族社会就有“其国禁草生而劚地者，遗火而焚草者，诛其家”❸的习惯法。17—18 世纪制定的蒙古《卫拉特法典》《喀尔喀法典》均对草原火灾成因及救火者有相应的奖惩条款。有关狩猎，蒙古布里亚特部习惯法中规定：禁止“地面黑时（即降雪前或融雪后—引者）设暗弩或陷阱捕兽”。❹ 13 世纪的意大利人马可波罗在游记中也记载：“……禁止大汗所属各国的所有臣民在每年三月至十月间捕杀野兔、獐、黄鹿、赤鹿之类动物或任何其他大鸟。这种命令的用意在于保护鸟兽的繁殖增长。凡违令者严惩不贷”。❺ 在元代的法典《元典章》《通制条格》中也可以看到相应的法律条文。

三、草原传统生态文化的现代启示

随着科学技术的不断提高，尤其是工业文明的全球化，人与自然的关

---

❶ ［波斯］拉施特主编：《史集》第 2 卷，余大钧、周建奇译，商务印书馆 1985 年版，第 243 页。

❷ 蒙古族民歌《十三匹骏马》。

❸ ［南宋］彭大雅撰，徐霆疏证，王国维·证本《黑鞑事略》。

❹ ［俄］梁赞诺夫斯基编，兴安总署调查科编译：《蒙古民族习惯法》，1939 年日文版，第 243 页。

❺ 《马可波罗游记》，福建科技出版社 1981 年版，第 109 页。

系日趋紧张，物质财富的极大丰富与生存质量下降、科技水平的提高与生存危机的压力已成为亟待协调的矛盾，保护地球、实现可持续发展已成为全球的呼声。反思历史，我们发现在悠久的历史长河中，很多民族文化中都积淀了许多人与自然和谐共存的理念和方法，对于当代生态文明建设依然具有传承和借鉴价值。草原文化作为一种生态型文化，其当代启示意义在于：

生态文明建设是一个系统工程。生态建设必须与人类的生产资料消费方式和生存方式选择相协调，只有改变无节制、超负荷掠夺自然资源的生产方式，只有转变以生态消耗为基础的生活方式，天人和谐的生态体系才能够真正形成。

法制完善是生态文明建设的重要保障。人与自然的关系以及由此而发生的行为方式，同属社会秩序的重要组成部分。制约民众的非理性行为，控制民众对自然的无序化开发，强制化的外力手段依旧是现阶段保护生态安全的有效措施之一。

生态伦理是生态文明的基石。价值取向对生存方式的选择发挥着导向作用，人类在与大自然的关系中持什么样的态度，是否心存感恩敬畏之情？面对永续发展问题，能否具有牺牲局部利益、舍弃短期利益的魄力？均有赖于全民族生态文化素质的全面提升，也就是人类生态和谐观的自觉化，只有生态观融入人们的伦理道德观、审美观和价值观中，融入生活的每一个细节，成为人的自觉行为，人与自然和谐共存才能成为现实。

“美丽中国”的建设需要“美丽心灵”的支撑。

少数民族的传统生态观及其现代意蕴

杨松禄

杨松禄:云南省社会主义学院教师

党的十七大首次将“生态文明”写入到报告中,党的十八大再次将“生态文明”写进报告,并且独立成篇,还首次提出了建设“美丽中国”这个概念,这是我们党对中国特色社会主义理论体系的传承与创新,是面对资源约束趋紧、环境污染严重、生态系统退化的严峻形势做出的科学判断和重大抉择。云南地处祖国西南边陲,矿产资源、水资源、森林资源丰富,生态环境复杂,是具有世界意义的生物多样性关键性地区和重要的模式标本集中产地,生态建设意义重大。党中央、国务院已经明确,要把云南建设成为“巩固生物多样性宝库和西南生态安全屏障”。2008 年,习近平同志视察云南时曾提出,“切实加强生态文明建设,努力使‘七彩云南’放射出更加耀眼的光芒”,“要使云南的天更蓝、地更绿、水更清”,“努力争当全国生态文明建设的排头兵”。建设生态文明,实现永续发展,首先要树立科学的生态观。在云南,除汉族外,世居少数民族有 25 个,各民族在长期的生产生活实践中,通过创造、积累、传承而形成了特色鲜明的、灿烂的民族文化,在这些各具特色的民族传统文化中蕴含不少契合当代生态理念的智慧因子。由于这些传统的生态观内涵在各少数民族的宗教信仰和伦理道德中,具有自发性、分散性和一定的原始性,使得这些观点的价值没能得到充分、完整的呈现。同时,由于少数民族聚居分布的地缘局限性及其自身文化影响力的局限性,这种传统的生态观也就不可能形成一定规模的社会影响力。但正是这种原始的、朴素的生态观在很大程度上却对保护云南的生态环境、维持云南生物多样性和文化多样性做出了实实在在的贡献。因此，在今天我们提出加快推进“美丽云南”建设，争当全国生态文明建设的排头兵的背景下，通过挖掘、整理、分析少数民族的传统生态观，提炼出契合当代生态理念的价值成分，探寻出适用于少数民族地区社会生活实际状况的可持续发展模式，对于建设“美丽中国”具有重要的理论价值和现实意义。

一、云南少数民族传统生态观的表现形式

云南各族人民在长期的生产生活实践中，积累并丰富了一系列利用、保护自然、与自然协调相处的生态观。这些朴素的生态观由于其自身具有的自发性、分散性和一定的原始性，并没有形成系统的文化体系，但它渗透于各民族生产、生活的各个环节，深深地影响着各民族的生存和发展。

（一）宗教信仰中的生态观

宗教作为“影响群众的精神手段中第一个和最重要的手段”，在许多民族的文化和生活中占有重要的位置，深深地影响着各民族的生产、生活方式，并且也折射出各民族特有的价值观。云南是一个宗教传播历史悠久、五大宗教类型齐全、信教群众分布广泛、宗教信仰颇具特色的省份。在云南各民族的宗教信仰中，生态观念和生态行为也体现得比较充分。

本土民间宗教信仰的生态观。在云南，至今还有很多少数民族信仰民间宗教，这些信仰从远古的原始崇拜延续发展而来，有一定的神秘色彩，但这其中又渗透着最朴素的生态观念，这主要表现为“万物有灵”的自然崇拜。自然崇拜反映了各民族对自然感恩和敬畏的态度，是云南少数民族处理人与自然关系的出发点。[1] 云南少数民族的自然崇拜主要体现在对山、林、水、石等自然物的崇拜。如藏族“相信土有土神，水有水神，石

[1] 何燕霞：“论云南少数民族自然崇拜与生态文明建设”，《重庆理工大学学报（社会科学）》，2010 年第 1 期。

有石神，自然界和人类生活中的一切，都有鬼神主宰”。因此，藏族同胞对水、土、森林、山等自然界的很多东西都有着十分敬畏的心理。迪庆境内的梅里雪山更被当地居民奉为神山，任何人不敢越雷池半步。苗族称土地为“田公地母”。泸沽湖畔的摩梭人称大地为“大地母亲”。壮族亦称土地为“地母”。傣族认为，人是自然的产物，“森林是父亲，大地是母亲”。哈尼族对森林和水也有一份特殊的依恋，称森林为“亲亲的阿妈”；将水视为命根子，称为“亲亲的水娘”。正是因为各民族对自然抱有感恩、敬畏的心态，即使为了满足生存需求而开采自然，他们也会怀着一种深深的敬畏和负罪感，为客观上造成的对自然的伤害表示悔过和歉意，虔诚地祈求自然的原谅。

外来宗教影响下的生态观。公元7世纪以后，佛教、道教、基督教、天主教、伊斯兰教等宗教陆续传入云南。这些外来传入的宗教对云南民族生态伦理思想的影响更是显而易见的。佛教传入以后，佛教的行善、惜生、因果轮回等观念，与藏族的原始宗教信仰相结合，形成了以神山崇拜为核心的生态保护文化。这种文化认为：动植物都是有生命的，狩猎、砍树就是杀生行为，要进行严格的控制。全民信仰佛教的傣族及部分阿昌、德昂等族受到佛教的影响，主张人和自然之间是一种共生共荣、相互依存的关系，要求平等对待所有生命及他们的一切权利，崇尚节俭，抑制物欲。受道教文化影响较多的部分白族、彝族和纳西族等则强调“道法自然”，认为天、地、人受自然法则支配，主张节制物欲，避免过度开发。基督教早期传播时以自然“去神圣化”为理论，强调对自然的征服，与少数民族传统的敬畏自然的观念相违背，在民族地区的影响相对较弱。受仰伊斯兰教的影响，回族认为自然万物和人类一样都是真主创造的，并且和人类形成相互依存和制衡的关系，人类应以公正、合作、友善的态度对待天地万物，从而形成了“仁爱万物”的生态观。

（二）伦理思想中的生态观

云南少数民族伦理思想中的生态观主要体现为“人与自然一体”“人与自然同根同源”“人与自然和谐共处”的生态伦理观。

“人与自然一体”的生态伦理观。在云南许多少数民族的观念中，人和自然是一个不可分割的整体，人类只是自然共同体中的普遍一员。人与自然不仅是资源关系，更是根源关系。云南各民族的先民们习惯把人类放在整个生态环境中加以考虑，强调人与自然环境息息相通，浑然一体，由此形成了“人与自然一体”的生态伦理观。在彝族毕摩经籍文献中，视宇宙如同人一般。毕摩在进行占卜时，开头便吟诵道：“在上天为父，在下地为母……”傣族先民认为，人是自然的产物，“森林是父亲，大地是母亲”。森林和大地孕育了傣族人民。所以，“傣族的歌一出世，花草树叶是衣服，星云日月是装饰品，鹿子马鹿和雀鸟是伙伴，所以傣歌永远离不开它们。”[1]直到现在的傣歌中，也总少不了以花草、动物、星月、风云、山水来作比喻。这说明在云南少数民族先民的观念中，人与自然是不可分割的整体，人不能离开自然界而独立生存，人只是自然大家庭中的一员，而不是自然的主宰。

“人与自然同根同源”的生态伦理观。云南少数民族先民很早就有关于人与世界万物起源的思考。如苗族先民在人类与自然万物的起源这一问题上，认为万物的兴起都与枫树相关。“最初最初的时候，最古最古的时候，枫香树干上生出妹榜，枫香树干上生出妹留[2]。”[3]彝族的《梅葛》讲，天地是由天神格滋派他的五子四女创造的，天地间万物是由虎身各部位所化生的。傣族的神话史诗《巴塔嘎捧尚罗》中记载：气为母，风为父，他们生了创世大神叭英，10 万年后叭英变成了巨神，他用身上的泥垢合着鱼吐出的水沫造成大地和万物。哈尼族的《烟本霍本》叙述了宇宙间最早存在的大金鱼娘扇动鳍而生天地，从脖子生出日月，由鳞里生育万物，腰生出人神的故事。阿昌族的神话史诗《遮帕麻和遮米麻》中说，是最大的神遮帕麻和遮米麻夫妇创造了天地、日月和世间万物、人类。布朗族的创世神话说，巨神顾米亚和他的十二子用犀牛造成了天地万物和人类。独龙族创世神话里把万物之源归于日月，说因其交配而生万物。[4] 这些民族的先民，从不同角度，以不同的思维方式证明了人与自然万物同源同生

---

[1] 蒋高哀：《云南民族住屋文化》，云南大学出版社 1997 年版，第 149 页。

[2] “妹榜妹留”即蝴蝶妈妈，苗族民众视蝴蝶妈妈为人之祖。

[3] 肖万源、伍雄武、阿不都秀库尔：《中国少数民族哲学史》，安徽人民出版社 1992 年版，第 374 页。

[4] 赵嘉文、马戎：《民族发展与社会变迁》，民族出版社 2001 年版，第 208 页。

的认识，虽然这些认识还处在朦胧、原始阶段，但却触及了对人与自然万物关系这一问题的思考。

“人与自然和谐共处”的生态伦理观。人与自然和谐共存是云南少数民族传统生态伦理观的基本价值取向，这一价值取向建立在“人与自然同根同源”的认识基础之上。他们认为，人类作为生物物种之一，与其他所有生命都有共同的根源，具有亲缘关系，彼此之间相互依存，彼此平等。如纳西族先民把山川河流、风雨雷电、花草树木、虫鱼鸟兽等人类赖以生存的环境称为“孰”，而“孰”与人是同父异母的兄弟，兄弟友好相处，人与“孰”才能共存共兴。[1] 彝族先民认为：“天为父，地为母，百鸟是友人。”[2] 傣族先民在开发自然获取生存资料的实践中总结出：没有森林就没有水源，没有水源就没有水稻田，没有水稻田就没有鱼米，没有人们赖以生存的鱼和米，人类就不能繁衍生息。[3] 这些朴素的生态观念，生动地说明了人与自然万物是平等的相互依赖的关系，只有和平共处，才能实现人与自然的和谐发展。

（三）习惯法中的生态观

为了尊重和保护自然，云南大部分少数民族都制定了各种禁忌、乡规民约等习惯法来规范人们的行为，这些习惯法世代相承，直到现在还对该民族产生重要影响。禁忌作为一种最原始、最特殊的规范形式，实际上是“人类最古老的法律”，它在很大程度上扮演着法律的角色，发挥着协调社会关系的作用。如傣族土司头人通过《土司对百姓的训条》等规定：“寨子边的树木要保护，不要去砍”；“寨子上和其他地方的龙树不能砍”；“寨子边的水沟、水井不能随意改动，就是不要也不能填”。白族的《六禁碑》中规定：“禁宰耕牛，禁烹家犬；禁卖鳅鳝，禁毒鱼虾；禁打春鸟，禁采树尖”等，这些禁忌，言简意赅，折射出了这些民族对待自然的态度和感情。为管理好山林、水源等自然资源，保护生态环境，很多民族还制定了各种乡

[1] 贵州民族事务委员会，贵州省教育科学研究所：《贵州少数民族民间故事选》，贵州人民出版社1985年版，第140页。

[2] 刘永堤，陈学明：《葫芦的传说》，云南人民出版社1980年版，第158页。

[3] 云南省少数民族古籍整理出版规划办公室：《孟连宣抚司法规》，云南民族出版社1986年版，第65页。

规民约。如在《西南彝志》卷八“祖宗明训”一章里就规定:“树木枯了匠人来培植,树很茂盛不用刀伤害。祖宗有明训,祖宗定下大法,笔之于书,传诸子孙,古如此而今也如此。”《彝汉教育经典》说:“山上长的树,箐中长的林,亦不可滥伐。有树木有水,无树水源枯。”傣族《芒莱·干塔莱法典》的《召片领罚款法规》中有明确规定:偷放鱼塘、水池里的水,罚款一怀零一漫;不准破坏菩提树、垄林。[1] 有的民族还把这些规范刻在石碑上以随时提醒和告诫民众。如大理市旧铺村白族本主庙的《护松碑》、大理市郊区吊草村的《永远护山碑记》、大理洱源铁甲场村的《乡规碑记》等,碑文中蕴含着生态可持续发展的理念,闪烁着人与自然和谐相处的生态伦理思想。

(四)生产生活中的生态观

少数民族的文明史,一定程度上是利用自然、改造自然以适应生存和发展的历史。由于独特的自然地理环境,云南各少数民族都十分重视人对环境的适应,并在长期的生产生活实践中形成了对客观世界发展变化及生态环境保护的认识。

生产实践中的生态观。在生产方式上,虽然云南的瑶、苗、傈僳、彝、纳西、阿昌、景颇、独龙等山地民族都实行过“刀耕火种”,但他们对用于刀耕火种的土地实行有序的轮歇耕种制度,以恢复耕地的生态平衡。所谓“轮歇耕种”,就是各村寨、各氏族都把属于自己的森林规划为若干区域,每年只能集中砍烧耕种一个区域,栽种一季作物之后就立即使土地抛荒休闲,以使森林尽快恢复,翌年又去砍烧耕种一个新的区域。如此适度耕种,用养结合,有序循环,周而复始,便可达到持续利用的目的。这种轮歇耕种对于维持土地肥力、农业生物的多样性具有重要的意义,同时也保证了农耕文明得以延续。在生产模式上,云南许多少数民族根据当地的气候和地势特点,采取了独具特色的生产模式。如傣族及彝、傈僳等民族以观察金沙江水位或观察江岸草木颜色、依次海拔高度、渐次生绿的变化来判定雨水的早迟、多少,创造了原始的自然物候节令,并据此来安排农业

[1] 云南省少数民族古籍整理出版规划办公室:《孟连宣抚司法规》,云南民族出版社 1986 年版,第 65 页。

生产。哈尼族人充分利用当地的森林植被、地理气候和水利资源，加以人工的整合，形成了独具特色的梯田生态系统。独龙族发现水冬瓜树易栽易活，成林时间快，于是养成了大面积种植水冬瓜树的传统，从而大大缩短了土地的休闲期，有效缓解了林地矛盾。

生活实践中的生态观。云南少数民族在日常生活中也养成了与自然和谐相处的生态观。在利用自然资源时，他们形成了适量的消耗动植物、适时利用自然资源，使自然保持自我循环的生态观念。如傣族用竹子作为房屋建筑的材料，但是在砍伐竹子时却有着严格的规定。谚语中有“七月竹，八月木”之说，即竹只能在不易被虫蛀的七月之后才被允许适度采伐。还有“砍竹留根笋会发，砍山留顶山不塌”的生态保护谚语。[1] 纳西族先人认为水是最具代表性的“孰”[2]，与水有着千丝万缕的情结。为了保护直接饮用的河水，每天早上10点前不能到河里洗东西，不准倾倒污物。此外，纳西族人还发明了“三眼水”的用水规定，即最上面的水井是饮用的，中间的水池是淘米洗菜的，最下面的水池则是洗衣物的。另外，在生育、婚恋、丧葬、节日等活动中也不同程度地体现了生态观念。如苗族有生完小孩植树的传统。婚恋嫁娶中，送树、种树也在各个民族中盛行。基诺族、傣族、哈尼族等多个民族都有坟山林，他们认为人死后埋葬山林，灵魂将回归森林，因而坟山林与寨神林、龙树林一样受到保护，严禁砍伐。在云南的很多少数民族中，很多重大节日都会组织植树，还有的民族有祭山节、护山节，节日期间严禁上山砍柴、放牧、狩猎。

二、云南少数民族传统生态观的历史价值及其局限

云南少数民族传统生态观，与人们的生产、生活息息相关，体现在各族人民生产和生活的方方面面，在凝聚民族心理、协调人际关系、维持生态系统平衡、保护生物多样性等方面发挥了积极的作用，但由于受历史条件和生产力水平的制约，还是存在一定的局限性。

---

[1] 西双版纳州民委编：《西双版纳民族谚语集成》，云南人民出版社，1992年版，第56页。

[2] 纳西族先民把山川河流、风雨雷电、花草树木、虫鱼鸟兽等人类赖以生存的环境称为“孰”。

（一）云南少数民族传统生态观的历史价值

云南少数民族在长期的生产生活实践中形成和发展了利用、保护自然的生态观，这种生态观形成以后又反过来对各民族的生产生活产生了重要的影响。

凝聚了民族心理。生态伦理思想作为一种民族文化的认同，是在社会历史进程中形成并不断发展的，其形成与该民族的生产生活、风俗习惯、宗教信仰等息息相关，是凝聚全民族共同心理的思想文化基础。云南少数民族为了适应特定的生存环境，在长期的生产生活实践中形成了平等、和谐的生态伦理观，这种生态观统一了人们在人与自然关系问题上的认识，明确了人类在自然界中的地位和作用，使尊重自然、与自然和谐相处成为人们在生态领域共同的价值取向。同时，在万物有灵的原始崇拜支配下，云南少数民族先民通过向自然神灵的祈祷、赎罪以及祭祀等方式统一了人们对待自然界及自然万物的态度，明确了人与自然之间的内在联系，强化了敬畏自然、感恩自然的生态伦理意识。统一的认识、共同的信仰、神圣的仪式，形成了对自然敬畏、崇拜、关怀、感恩的心理，对团结民族成员、增强安全感，巩固共同心理基础起到了重要的作用。

协调了人际关系。"适度""知足"的伦理观是少数民族生态伦理思想中的重要组成部分。云南少数民族敬畏自然、尊重自然、善待生命、与自然和谐相处的传统生态伦理观，以处理人与自然的关系为核心，以共同的宗教信仰、风俗习惯、乡规民约为载体，规定着人们对待自然的态度，规约着人们认识自然、利用自然和改造自然的行为，使人们自觉地克制自己的行为，并意识到只有克制、知足、行善、奉献才能获得幸福报偿，反之就会得到报应或受到惩罚。正是这种观念，不仅统一了人们与自然相处的方式，而且规约了人们的言行，从而减少了人与人之间的矛盾和摩擦，促进了人与人关系的和谐发展。

传承了民族文化。云南少数民族在与自然长期和谐共处的实践中形成了各具特色的生态文化，如农耕文化、"神林"文化等。农耕文化主要以哈尼族的梯田文化和傣族的稻作文化为代表，其中哈尼族的梯田（稻作）文化被誉为"山区农业的最高典范"。云南的许多少数民族还有一种神林文化，即在村寨后方或附近，有一块被赋予神秘色彩或者被作为宗教崇拜对象的树林。在各个民族中，这种树林有不同的称谓，如“密枝林”“祭龙林”“神林”“垄林”“竜林”“龙树林”等。由于对“神林”的崇拜，这些民族一系列民族节日、祭祀活动和禁忌习惯都与“神林”有关。如云南石林县的彝族撒尼人一年一度的“祭密枝”活动，是撒尼人最为盛大的宗教祭祀活动，也是一个欢乐的民族节日，每年都吸引大量的游客前往，是人们了解彝族撒尼文化的一个重要窗口。另外，云南少数民族生态观很多都是通过传说、诗歌、谚语、乡规民约等进行传承。在这过程中，各民族的传统文化也得到了有效传承。

维持了生态平衡。云南少数民族大都聚居在偏远地区，自然条件恶劣。对他们而言，自然的恩赐比什么都重要。自然形成了他们对生存环境的依附性，所谓“靠山吃山，靠水吃水”就是他们传统生产生活方式的真实反映。这使得他们深深地体会到：人类与自然界是相互依存、相互影响的关系，人类不能离开自然界而存在，只有保护自然、维持人与自然关系的和谐，才能保证人类自身的永续发展。如傣族认为，“有林才有水，有水才有田，有田才有粮，有粮才有人”。由于傣族具有保护森林的良好传统，西双版纳森林覆盖率很高，是中国热带雨林生态系统保存最完整、最典型、面积最大的地区，1995 年被国务院公布为全国第一个自然生态平衡的生态州。梯田稻作文化的代表——哈尼族，深刻理解森林、水源、梯田之间的关系，并形成了完整的保护森林、涵养水土的办法，对保持水土、维持系统稳定具有重要作用。布依族、哈尼族、佤族、纳西族等少数民族的动物崇拜，对野生动物的物种多样性保护也起到了重要的作用。

（二）云南少数民族传统生态观的局限性

受历史条件和生产力水平的制约，云南少数民族传统生态伦理思想也具有一定局限性。主要体现在：

从形成上看，具有一定的自发性，缺乏理性认识。纵观云南少数民族的传统生态伦理思想，尽管有许多积极的东西值得我们肯定与借鉴，但是也应该看到，他们对待自然的态度和行为很大程度上还是在感情和感觉、生活习惯和惯例直观形式上加以概括的。其生态观及维护生态平衡的具体做法多是出于自发的，还没有上升到自觉的理性阶段，有的是出于对本民族传统文化的传承，有的是出于对神灵、对自然的原始崇拜和敬畏，并且自发地用本民族的禁忌和乡规民约作为行为准则来调节和规范自己的行动。可见，云南少数民族以传统的生态伦理观及其载体作为调节生态环境的手段，对之充满深厚的情感依托，与现代社会的环境保护相比，缺乏对自然生态的理性认识。

从内容上看，具有一定的原始性，缺乏科学引导。一方面，云南少数民族所形成的生态观，是一种被动适应自然生态系统的经验形态的思想，具有一定的原始性。尽管在现实生活中这些生态观念能够导致有效地保护自然环境的行为，但那只是一种经验现象的描述，而无法对人与自然的关系作出全面、客观的说明，更不能对自然规律做出科学、理性的概括。另一方面，由于独特的自然地理条件和落后的生产力发展水平，“万物有灵”的思想在云南少数民族生态观中始终占据重要位置。直到今天，祭“神林”、祭“山神”“祭龙王”等祭祀活动还是非常盛行，很多地方为了发展民族文化旅游，鼓励、支持开展类似活动，这在一定程度上滋长了当地的封建迷信活动。

从体系上看，具有一定的分散性，缺乏理论概括。由于云南少数民族的生态观主要来源于各民族先民对自然的朴素认识和直观体验，缺乏理性分析和严密的逻辑论证，很难形成独立的理论体系。而这些流传下来的生态观，主要见于各民族的部分典籍、神话故事、诗歌和有关乡规民约中，具有一定的分散性。另外，这些生态观，除部分是有记载的，如彝族《彝汉教育经典》、傣族的《芒莱·干塔莱法典》、纳西族的《东巴经》等，很多都是通过口耳相传，随着民族语言和文字的逐渐消失，这些生态观也可能慢慢被人淡忘。

从行为上看，具有一定的局限性，缺乏现代思维。行为和行动是思想观念的外显，正是基于对自然敬畏和尊重，这种观念才外显为尊重、保护自然的自觉行为。云南少数民族的这种自觉行为和行动，曾经对自然生态形成了保护，但由于各民族赖以生存、生活的大环境已经在悄然发生变化，而这种观念并没有得到及时的更新，就与现实的情况发生了矛盾。如哈尼族一直有刀耕火种的传统，而随着人口的增长，轮歇周期越来越短，轮歇范围越来越大，最后导致所有轮歇地都成为永久的固定耕地，从而造成森林资源的锐减，许多本来应作为水源林的地方也被开垦种上农作物，使原本协调的梯田生态系统出现了不平衡。

三、云南少数民族传统生态观对于建设“美丽云南”的有益借鉴

云南少数民族传统生态观是各民族在漫长的对自然的适应和改造过程中形成并发展起来的，其间蕴涵着丰富的生态智慧，彰显着理性的光辉，可以为我们建设“美丽云南”提供更多更有益的借鉴。

（一）云南少数民族传统生态观可以丰富现代生态伦理的内涵

现实价值是审视当代生态伦理不可或缺的一个视角，忽视对价值的追求，这样的生态伦理是不科学的，也是没有意义的。云南少数民族在长期的生产生活实践中所创造的极富智慧的生态观，虽然还处于一种自发的、朴素的、分散的状态，但它基本体现了尊重自然、保护生物多样性、实现人与自然和谐相处的基本价值。去掉云南少数民族传统生态观中宗教、神话的色彩，会发现它与现代生态伦理规范和要求有很多相似或相通之处。如现代生物中心主义伦理学的代表施韦兹认为，所有的生物都拥有“生存意识”，人应当像敬畏自己的生命那样敬畏所有的生命。奈斯认为，生态系统的每一构成者都具有内在价值，所有的存在物都拥有生存、免遭人类干扰及追求其幸福的权利，它们的这些权利是内在的、天赋的，与生俱来的。动物权利论者认为，和人一样，动物也是能够评价其生活并进而拥有“内在价值”和“天赋的平等生存权”的创造物，尊重人的天赋权利的理由同样适用于动物。这些现代伦理思想和云南少数民族传统生态观中所蕴含的万物同源、生命平等思想具有一定的共通之处，虽然这两者产生的时代背景和出发点不一样，但二者的价值取向是一致的。因此，站在现代生态文明的高度，以科学的眼光来审视云南少数民族传统生态观，对于丰富我们对现代生态伦理的认识和把握是有积极意义的。

（二）云南少数民族传统生态观可以提升各民族的生态道德意识

随着市场经济的深入，重经济发展、轻环境保护，甚至以牺牲环境为代价换取经济发展的状况，在云南部分地区不同程度地存在，这使本就不堪重负的生态系统变得更加脆弱。生态问题的根本是人类的价值取向问题，若不能正确审视人与自然的关系，就不可能真正解决生态环境持续恶化的问题。这就迫切需要树立一种新的生态道德意识和价值观，建立人与自然可持续发展的新型关系，才能从根本上应对人类面临的生态危机。云南少数民族传统生态观所提倡的敬畏自然、尊重生命、众生平等、人应与自然和谐相处等思想，是各民族认识自然、利用自然、保护自然的道德基础，正是这种道德基础成为维系各民族与自然和谐发展的强大精神力量。我们今天要树立的是可持续的发展观，是尊重自然、顺应自然、保护自然的生态文明观，如果剔除了宗教的、愚昧的因素，云南少数民族传统生态观在某种程度上与这些价值观和是契合的。因此，放大云南少数民族传统生态观中的积极因素，唤醒各民族内化于心的理性自觉和道德良知，对于提升各族民众的生态道德意识，维持民族地区生态平衡意义重大。

（三）云南少数民族传统生态观可以完善当前生态保护的法制体系

作为社会控制的一种选择和途径，国家法律在现代社会的地位越来越重要，生态保护同样也需要通过国家的法律来进行规约。1979 年新中国第一部关于环境保护的法律——《中华人民共和国环境保护法（试行）》颁布实施。云南也相继出台了一系列政策法规，初步构建起完备的环境保护法律制度体系。但对于身处偏远山区特别是边疆地区的少数民族，国家法律对他们的作用是有限的。对这些少数民族而言，沿袭已久的各种禁忌、乡规民约对他们的约束力反而更强。这就需要我们重新审视少数民族习惯法的作用，尽量尊重和承认这些习惯法在这些民族中的效力，把这些习惯法作为当前生态保护的制度体系的重要补充，而不是当成封建垃圾而彻底抛弃。在实践中，云南已经有了比较成功的范例。如在版纳一个叫曼散的村寨，其村规民约第二条规定了不得挖断道路；第三条规定不得偷砍竹子；第九条规定应圈养牲畜；第十条规定不得滥砍滥伐、乱开乱挖，严禁放火烧山，违者按照森林法乃至刑法规定追究责任。这些规定中，有村寨沿的习惯法(第二、三条)；有在生产生活中自发产生的新的环境意识(第九条)；有依据国家法律作出的规定(第十条)。

(四)云南少数民族传统生态观可以促进绿色生产生活方式的养成

生态环境作为宇宙的自然产物，具有自身内在的完整性、规律性和必然性，并且，人类与生态环境是一个非常紧密的有机统一整体，对人类所有不合乎自然规律的不良行为，自然界必将通过内在机制加以表现和反馈。长期以来，人类在对自然资源的认识上存在着一个误区，即认为自然资源是取之不尽、用之不竭的。正是在这种认识的误导下，人类对待自然界和自然资源一直秉承的是传统的物为我用的观念。这种观念导致人类错误地选择了粗放型的生产方式和高消费的生活方式。这种生产生活方式酿成了今天的恶果：一方面，自然资源大量地浪费，另一方面，自然资源急剧地减少或枯竭，“资源危机”随之而至。因此，当代生态文明建设，不仅仅是生态修复与重建、节约资源和环境治理，而是涉及整个社会生产生活方式的彻底变革。对于我国来说，形成绿色生产生活方式是中国特色生态文明建设的价值目标和效益体现，它对于实现人与自然、社会与自然和谐发展，提高人们的生态素养，有着极为重要的意义。云南少数民族生态观里“轮歇耕种”、有序循环的生产方式和节制贪欲、合理消费的生活方式虽然朴素、简单，但却更自然，更符合人类的共同利益。

(五)云南少数民族传统生态观可以维持少数民族地区的生态平衡

历史一再地证明了，在民族生态意识浓厚的地区和时期，生态就能够得到更有效的保护。如西双版纳傣族的“龙山文化”与森林的保护，彝族的图腾与动植物的多样性，傣族、白族对水的崇拜所孕育的水文化和农耕文化，滇西密境内的圣山文化，以及各民族聚居区内各种珍禽异兽的保护，无不是对自然有效保护的样本。反之，民族生态意识淡薄、失效的地区和时期，就会造成生态破坏甚至生态灾难。如在“文革”期间，在“向鬼山开战，向神林要粮”口号下，西双版纳全州的大部分“垄林”遭到了破坏，从而造成水土严重流失，气温升高，农作物病虫害增多，风灾、水灾、冻害频繁，森林覆盖率也一度下降到30％以下。[16]另外，随着少数民族地区人民提高生活水平的愿望日益强烈，传统的生态保护意识开始让位于经济发展的需要，生态环境随之遭受破坏。如在西双版纳地区，自从1948年种植橡胶成功后，全州开始大面积种植橡胶林，其代价就是原生自然森林的破坏。因此，小到一个民族维持生存环境的生态平衡，大到国家探索解决生态危机、共谋人与自然和谐共处的方式，都需要重视少数民族传统生态观的价值和作用。

参考文献：

[1] 建设“美丽云南”争当生态文明建设排头兵[N]. 云南日报，2013－3－6(01).

[2] 者丽艳. 云南少数民族传统文化中的生态伦理观[J]. 云南民族大学学报(哲学社会科学版)，2010(1).

[3]何燕霞. 论云南少数民族自然崇拜与生态文明建设[J]. 重庆理工大学学报(社会科学)，2010(4).

[4] 蒋高宸. 云南民族住屋文化[M]. 昆明：云南大学出版社，1997：149.

[5] 肖万源，伍雄武，阿不都秀库尔. 中国少数民族哲学史[M]. 合肥：安徽人民出版社，1992：374.

[6] 赵嘉文，马戎. 民族发展与社会变迁[M]. 北京：民族出版社，2001：208.

[7] 贵州民族事务委员会，贵州省教育科学研究所. 贵州少数民族民间故事选[M]. 贵阳：贵州人民出版社，1985：140.

[8] 刘永堤，陈学明. 葫芦的传说[M]. 昆明：云南人民出版社，1980：158.

[9] 肖雅馄. 云南少数民族传统生态伦理思想及其现代审视[D]. 河北师范大学，2008.

[10] 王俊，黄红，欧阳安. 云南少数民族法文化演变及成因分析——以生态环境保护为视角[J]. 云南行政学院学报，2011(4).

[11] 云南省少数民族古籍整理出版规划办公室. 孟连宣抚司法规[M]. 昆明：云南民族出版社，1986：65.

[12] 尹绍亭. “我们并不是要刀耕火种万岁”———对基洛族文化生态变迁的思考[J]. 今日民族，2002(6).

[13] 西双版纳州民委编.西双版纳民族谚语集成[Z].昆明:云南人民出版社,1992:56.

[14] 耿洪江.云南少数民族水文化的哲学意义[J].中国水利,2006(5).

[15] 杨通进.动物权利论与生物中心论——西方环境伦理学的两大流派[J].自然辩证法研究,1993(8).

[16] 董皓.云南少数民族传统文化与生态环境的保护[EB/OL].http://www.chinaenvironment.com－2007－5－8.

[17] 陶希东.生态文明建设:生产生活方式的战略变革[N].文汇报,2012－7－30.

[18] 胡靖勇.云南少数民族生态行为对当代生态伦理的启示[J].云南师范大学学报(哲学社会科学版),2007(2).

新疆维吾尔族生态文化探析

周宁宁

周宁宁：新疆社会主义学院讲师

生态环境是人类生存和发展的基本因素，是经济发展和社会进步的基础条件。生态文化是“人们对自然生态系统的本质反映，是人们根据生态系统的需要和可能，最优化地解决人与自然关系问题所反映出来的思想、观念和意识。”[1]新疆地处欧亚腹地，由于三山夹两盆的特殊地形和自然地理条件，新疆的生态系统是一个由高山冰川积雪与冷湿草甸、中山湿润森林与裸岩、低山灌草荒漠、平原绿洲荒漠构成的立体型自然生态系统，由森林、草原、绿洲、荒漠、沙漠、水域及冰川积雪等多个生态单元构成，形成了以绿洲生态为中心、以水资源为主要制约条件的相互依存、相互作用的大系统。伴随着生态环境的日趋恶化和生态危机的不断爆发，生态文化已经引起人们的广泛关注。维吾尔族作为新疆 13 个世居民族之一，在长期的生产生活实践中，形成了本民族特有的朴素的生态文化。这是维吾尔族人与自然和谐相处，关系融洽，信仰系统与行为规范的集合体。它的基本宗旨就是使“人与自然能够和谐相处，和谐发展”。维吾尔人的生态文化有效地规范和约束了人们在适应自然、改造自然过程中对生态的态度和行为，克服了一些生态问题和环境问题，从而更好地实现了所在地区各个历史时期的生态平衡。

[1] 阿布力孜·玉苏甫，古丽苏木·艾买提：“新疆少数民族生态文化与生态移民的关系研究”，载《生态经济》2006 年第 12 期。

一、生态环境对维吾尔族生态文化的影响

任何文化都是在特定的时空条件下生成发展的，生态环境对民族文化的形成产生重大影响。越是在人类发展过程的早期，这个影响越重大。作为新疆的主体民族之一，维吾尔族分布于新疆各地，其中80%以上居住在天山以南的绿洲。根据2010年发布的数据："维吾尔族总人口为839.94万人，与10年前相比，维吾尔族人口增加了119.24万人，增长率为16.54%"。维吾尔族文化在开始的时候，就是为了认识、适应、改造自然生态环境而产生的。

在公元9世纪以前漫长的时间里，维吾尔族先民在漠北草原过着逐水草而居的游牧生活。到了公元9世纪中期鄂尔浑回鹘汗国灭亡，维吾尔族先民大批向西迁移，其中主要一部分越过阿尔泰山到达天山南北，与早已定居在西域的兄弟民族汇合。从此，维吾尔族先民由游牧生活逐步转变到以城乡为中心的定居农业生活。在新疆，维吾尔人为了更好地适应本地区生态环境的变化，更好地保证自己生存和发展的空间，根据生活区域的不同而形成和创造了独特的农耕生态文化。比如塔里木盆地的"沙漠绿洲灌溉农耕生态文化"，由于塔里木盆地具有干旱荒漠的自然生态环境，在此地生活的维吾尔人创造了与其自然生态环境相符的生态文化。

值得一提的是"坎儿井灌溉农耕生态文化"。坎儿井可以说承载和包容了维吾尔先民在适应与改造自身生存环境过程中所创造的人与自然协调共生的所有生态文化智慧，其工程浩大被誉为是"地下的万里长城"。坎儿井的形成也是由于自然生态环境的影响。在吐鲁番盆地，盆地里气候干旱少雨，但盆地北部的天山却蕴藏着丰富的水利资源。一到夏季，温度升高致使山上的雪水融化汇成河流，流入戈壁沙砾地带。由于吐鲁番地区非常炎热，日照时间长，地表温度高，大量的水在烈日下是留不住的，或蒸发或渗入沙砾，到达绿洲的水量很少。维吾尔人为了在这片区域生存下去，发挥其聪明才智创造出了坎儿井，通过暗渠和直井把地下水引出

地面，即减少了地面水分的蒸发，又使地下水得到充分利用[1]。不仅如此，还用坎儿井的水种植出享誉全世界的吐鲁番葡萄。可以这样说，新疆的维吾尔人在新疆各民族中，很早就起到了开拓者以及向导者的作用。

二、维吾尔族文化中生态文化的体现

（一）维吾尔族生活礼俗中的生态文化

维吾尔族敬畏绿色生命的生态文化思想也被融入到了其生产生活方式之中。维吾尔族的住宅，多成院落，房屋呈方形。庭院内多栽种花木、果树和葡萄，前廊雕花、镶嵌图案多以几何图案、植物花纹为内容。所用琉璃砖，多使用绿色，屋内装饰，如门、窗的颜色，壁毯和地毯一般喜欢选用绿色[2]。维吾尔人认为"栽树或种田而被飞禽或人畜所食，被食用部分即为施舍善行"，给花浇水也是行善，每种植物都是有生命的，花草枯死时向植物表明歉意。维吾尔族还将动植物名称广泛运用于人名、地名。如地名中的阔什特热克（双杨树）、阿里米力克（苹果园）等；人名中的阿娜汗（石榴花）、巴哈尔古丽（迎春花）等[3]。维吾尔族的帽子品种繁多、丰富奇丽，不但实用，还有极强的审美感。主要有"奇依曼朵帕""巴旦姆朵帕"和"曼甫朵帕"。这些名称的来源与新疆美丽的风物和花卉果实等形象为依托，以艺术提炼而成。"奇依曼朵帕"颜色和刺绣方法多种多样，花卉图案千变万化，戴在头上就像五彩缤纷的鲜花洒满绿洲大地。"巴旦姆朵帕"是和新鲜的巴旦木联系在一起的。巴丹杏原产于西亚，在干旱的沙漠地区生命力十分旺盛，用在花帽上，意味着涓涓溪流哺育累累硕果。在维吾尔族社区里，无人随便砍伐树木，特别是老树，还崇拜胡杨老树，祝福别人长寿时常说"像胡杨一样长生不老"。维吾尔族女性取自植物界的美容品

---

[1] 刘东英，袁丹丹："维吾尔族传统生态伦理与新疆生态文明建设"，载《北京林业大学学报（社会科学版）》2009 年第 1 期。

[2] 刘东英，袁丹丹："维吾尔族传统生态伦理与新疆生态文明建设"，载《北京林业大学学报（社会科学版）》2009 年第 1 期。

[3] 房若愚："新疆少数民族传统信仰中的生态保护意识"，载《新疆师范大学学报（哲学社会科学版）》2007 年第 1 期。

很多，她们用海娜花涂红指甲，用托特库拉克花作胭脂，用沙枣树油（依里穆）作头油，更喜欢用奥斯曼草染眉生眉。

维吾尔族崇拜水资源。水是生命之源，有水才有绿洲，有绿洲才能繁衍生命。从历史上维吾尔族先民"逐水草而居"的游牧文化到绿洲农耕文化中的傍水而居，维吾尔人对水的情节由来已久。清晨，维吾尔人要用水净身洗礼，在庭院四周洒水。还有"给洗手水"的习俗。在维吾尔民间在礼尚往来的社交活动中，主人亲自或特意安排专人向客人掬起的手掌倒水，让客人洗手。其次，维吾尔人浇水冲洗的洗浴方式，与维吾尔人所处的自然环境为"缺水"的地域特点有关。新疆广袤、少雨，维吾尔人对水有一种特殊的感情。

维吾尔族的礼仪礼俗是穆斯林相互交往的枢纽。维吾尔族和其他各民族的群体一样，为了生存和发展，既要有空气、食物、阳光、水等自然条件，又要有人际交往、群体生活等社会条件，物质需要和精神需要一起建构了美好的文明环境。节日风俗，对日、月、苍天的崇拜。维吾尔族人民的服饰充满了美感，戴帽子和戴面纱的习俗被认为是敬天，认为在室外头部不加任何遮盖，直接把头对着天空是一种亵渎行为。维吾尔人的歌舞麦西莱甫中有阔克麦斯来甫，"阔克"是绿色、青苗之意，是人们庆祝春天到来的歌舞。还有每年的 3 月 21 日春分这一天，是"诺鲁孜"节，意为"春雨日"，在这一天，各家各户相互拜节，还做"诺鲁孜"饭，不宰杀牲畜，而是用往年剩余的粮食和食品并要求做得丰富些，以示年年富足有余。

（二）维吾尔族宗教信仰中的生态文化

历史上，维吾尔族信仰过多种宗教，曾受到各种宗教的生态观念潜移默化的影响。原始信仰中超自然神灵的威慑以及各种宗教信条的规范，久而久之便自然内化为维吾尔民族文化中根深蒂固的环境保护意识和生态伦理道德，成为维吾尔民族传统美德的重要内容之一。在信仰过的宗教中，伊斯兰教对维吾尔民族的影响可谓深远。伊斯兰教是一个入世的宗教，是顺应时代发展、主张两世吉庆的宗教。在《古兰经》和《圣训》中有很多讲述人与自然关系的内容。

伊斯兰教倡导和平，主张仁爱万物，提倡人们要对世间存在的一切自然之物怀抱仁爱之心，禁止人们无缘无故地宰杀未成年牲畜、乱砍乱伐树木。《古兰经》说：“禁止你们吃自死物、血液、猪肉，以及诵非真主之名而宰杀的、勒死的、锤死的、跌死的、野兽吃剩的动物。”[1]告诫穆斯林要珍惜土地和土地上附属的一草一木，努力保护生态平衡，反对没有节制的挥霍浪费。“创造天地，是比再造人类更难的，但世人大半不知道。”“你们应当吃，应当喝，但不要浪费，真主确是不喜欢浪费者的。”[2]正因为造世的艰难，穆斯林更要坚定自己的信仰，合理利用大自然提供的资源，有节制地向大自然索取，享受真主给予的恩典。

在伊斯兰教看来，这个真主创造的世界是井然有序而完美的，是丰富多彩、生机盎然的，从日月星辰到与我们生活密切相关的矿藏、河流、阳光、水分以及大地上的一切生物，这些事物共同构成了和谐有序的生态系统。《圣训》说：“善者必不损一蚂蚁。”“我确已使大地上的一切事物成为大地的装饰品，以便我考验世人，看谁的工作是最优美的。”[3]“天地的创造，昼夜的轮流，利人航海的船舶，真主从云中降下雨水，借它而使已死的大地复生，并在大地上散布各种动物，与风向的改变，天地间受制的云，对于能了解的人看来，此中确有许多迹象。”[4]在这里，真主启发人们探索真主创造的各种自然规律，并告诫人类万物与人类是平等的，借此认识真主的大能。“他创造了牲畜，你们可以其毛和皮御寒，可以其乳和肉充饥，还有许多益处。”[5]人作为这个大家庭的一员，只是真主在世间的“代治者”。《古兰经》教导我们：“我在大地上为你们和你们所不能供养者而创造了许多生活资料。”[6]“你们都只归于他，真主的诺言是真实的。他确已创造了万物，而且必加以再造，以便他秉公地报酬信道而且行善者。”[7]只有认识把握万物生存发展的规律，才能正确处理人与自然的关系，人类不能任意地破坏大自然，必须维护好这种相互依存、相互制约、相互协调的关系。

---

[1] 《古兰经·第五章第三节》
[2] 《古兰经·第七章第三十一节》
[3] 《古兰经·第十八章第七节》
[4] 《古兰经·第二章第一百六十四节》
[5] 《古兰经·第十六章第五节》
[6] 《古兰经·第十五章第二十节》》
[7] 《古兰经·第十章第四节》

在此前提下,伊斯兰教还主张人类应该把握自然规律,通过对自然合理的开发利用,为人类造福。“他制服海洋,以便你们渔取其中的鲜肉,做你们的食品;或采取其中的珠宝,做你们的装饰。”[1]人类绝不能被繁杂的自然生态所迷惑,也不能单纯地崇拜自然生态环境,而是应该把自己置于自然之中、观察自然、探索自然,逐渐把握自然的特点和规律。

伊斯兰教生态观对维吾尔民族的影响是积极的。伊斯兰教倡导“两世吉庆”,既要求穆斯林今世积极耕耘,更要求穆斯林为后世的美好归宿而努力,并确保子孙后代有足够的生存发展空间。希望人类不断追求自我发展与生态环境可持续的平衡点,达到人类和自然的长期共存、和睦相处、共同繁荣发展的崇高境界。

(三)维吾尔族禁忌中的生态文化

在楼兰王国古地出土了在公元三世纪的用当时的国语佉卢文记载的森林法,其中规定“不论是谁都严禁随意砍伐树木。对于砍伐有根的树木者,罚一匹马;森林在生长期禁止砍伐,违者罚一头牛。”[2] 可见早在 1500 年前,西域地区已经有人认识到了保护林木的重要性,维吾尔族谚语中也有关于林木的禁忌。比如“没有树林、果园的农民和富人,不算是真正的农民和富人”“果树不枯死不能砍伐”、“折断幼苗的人会夭折”“砍一栽十”“森林多,风灾旱灾少”等。水是生命之源,在谚语中也有大量关于水的禁忌:“往水里撒尿,嘴脸长脓泡”“不准往水里吐痰”等[3]。还有关于动物的禁忌,如“带给动物的危险和灾难也会落到人的头上”等。

禁忌是带有规范功能的民俗,虽然没有强制处罚手段,但其带来的心理约束力使禁忌能够起到对人的行为的规约作用。忌践踏粮食、盐及各种食物,对任何吃的东西都不许人们用脚踩,食品要放在人们不易踩到的地方,同时,洗碗刷锅水“亚拉克”不能倒在人们走路的地方,而要倒在墙旮旯或人们不易踩到的地方。不能随便到锅灶的前面,不能嗅食物,不能

---

[1] 《古兰经·第十六章第十四节》

[2] “新疆出土了我国最早的森林法”,载《新疆青年(维文)》1982 年第 11 期。

[3] 努力曼·依米提、斯坎得尔:“维吾尔族生态伦理思想与新疆和谐社会建设”,载《河北青年管理干部学院学报》2009 年第 5 期。

随便揭看锅盆。在吃饭时不能随便拨弄盘中的食物，挑来拣去。不能在碗中剩饭，不能将饭粒落地，如不慎把饭屑或馕丢在地上，要拣起来放在近前的餐布上，要把碗中的饭吃干净，否则，据说会遭到报应，日后无果腹之食，变成乞丐。不能朝盐和火吐唾沫。不能坐在装有食物的箱子、麻袋和装有盐的袋子和做饭的用具上，否则会带来厄运，遭到各种磨难。吃饭时，将馕掰成小块放在盘中，不能将整个馕拿到手上吃，吃完饭后不能敲击碗碟。饭前饭后必须洗手，然后用毛巾将手擦干，不能用甩手的方式把手甩干。在“麻扎”和清真寺以及涝坝、水源和伙房等地，禁忌大小便，禁止在这些地方随地吐痰和携带污秽物品。

三、维吾尔族生态文化的生存状态

在古代，除了迁徙之外，自然环境在相当的一段时期内是恒定的。在现代，人类的开发已经使自然环境频频发生巨变。首先是社会制度的变革对传统社会文化的颠覆。传统的农耕经济遭到极大冲击。50 年代以来，在建设社会主义新文化的口号下，一些民族口耳相传的神话、故事、传说、谚语，代代相传的歌舞、娱乐、手工艺也失去了讲述、操演和生存的空间。改革开放后，文化的发展有了较为宽松的生存环境，但时过境迁，很多宝贵的文化遗产已不复存在。

其次，是市场经济浪潮冲击下，民族的行为方式与观念发生变革。过去传统社会大多处在相对封闭、自给自足的生活状态，和外界的贸易往来非常少。市场经济促进人们的物质生活水平迅速提高，大量商品携带着不同的生产方式、贫富差距和竞争风险涌入哪怕最偏远的地区，不可避免地收到来自现代社会不同生活方式和理念的冲击。比如和田玉的市场价值不断攀升，带动和田的经济有了翻天覆地的变化。除了自主挖玉的村民，大型机械严重的乱采滥挖现象致使河道及两岸千疮百孔，水土流失严重，对两岸生态环境造成极大破坏，改变了河床主流，增加了防洪的任务和难度。全民挖玉确实为和田人带来巨大的经济效益，但与被破坏的环境相比，危害和损失要大得多，更有许多是金钱无法弥补的。

第三，是大众传媒浸染下的少数民族心理发生变化。大众传媒的迅速发展，突破了传统民族社会相对封闭的文化空间，现代社会的、都市的生活方式、理念向传统民族社会传播，使得过去单纯的民族心理在眼花缭乱的信息世界里产生复杂变化。现在维吾尔族的民族服饰只有在重要的节庆活动中才能够一睹真容，很多都市的少数民族年轻人已经穿着现代服饰。而且随着新型城镇化步伐的加快，传统的维吾尔族民居、老城基本拆迁重建，维吾尔人也住上了楼房，用上了自来水，连过去自然形成的“巴扎”也变成了国际化的市场。正如一曲《二道桥子》所唱，“乌鲁木齐什么地方好？什么地方好，朋友你和我走一走，瞧一瞧！乌鲁木齐有个二道桥，来过的人们都说好，……那里有丝路古道的喧闹，那里有新疆姑娘的欢笑，木卡姆的旋律荡漾在大街小巷，……香喷喷烤羊肉啊！一个人吃了两个人都说好，……”二道桥的历史最早可以追溯到清朝，它是当时沙俄在乌鲁木齐划定的“贸易圈”的北端分界线，后发展为具有浓郁民族气息的商贸聚集地，如今由室内民族商业购物展示广场、室内民族美食歌舞广场、露天欢乐广场、80米高的观光塔、观光性清真寺、500米长的步行街组成的新疆国际大巴扎。生活方式、现代理念的变迁使得原有的民居庭院的绿色、铜壶、果树、花帽变得越来越遥远。

最后，是宏观政策对保护维吾尔族生态文化的巨大作用。地方政府在新的形势下对生态环境的重视，有利益于民族文化中生态文化的保护与传承。自治区明确提出“环保优先、生态立区”和“资源开发可持续，生态环境可持续”发展理念。在新疆，土地荒漠化、沙化的现状堪忧，植树造林已成为生态环境建设的重中之重。每年春季，天山南北到处可以看到义务植树造林的火热场面，雅马里克山、红光山、天山大道如今已绿树成荫。新疆的水果一直美名在外，如今特色林果业已成为全区农民增收、农村经济发展和农业结构调整的重要支柱产业。对于干旱缺水的新疆而言，水是绿洲生态效益的保障。伊犁河流域、塔里木河、额尔齐斯河流域等一些主要河流、湖泊的保护和治理工程正在紧张有序进行。

由于历史条件和时代条件的约束，传统的维吾尔族生态文化在理论上必然滞后，在现实中必然存在着局限性。当前走可持续发展之路，建设生态文明，已经成为新疆跨越式发展和长治久安的必然选择。生态文明是全面建成小康社会的重要特征和标志。建设生态文明，离不开人与自然的和谐相处，离不开社会的可持续发展，离不开科学技术手段的支持和法律制度的保障，更离不开文化意识的支撑。科学技术是基础，法律是硬约束，生态文化是软约束，三者有机结合，互为补充，互相制约，并最终落实到科学实践当中。而作为文化持有者的少数民族群众，也从传统文化的传承中找到了自己在一个开放世界中的表达方式，积极投身于生态环境保护这项活动中。

参考文献：

[1] 阿布力孜·玉素甫等著.新疆生态移民研究[M]，北京：中国经济出版社，2009.

[2] 杨启辰、杨华主编，中国穆斯林的礼仪礼俗文化[M].银川：宁夏人民出版社，1999.

[3] 吴仕民主编.中国民族理论新编[M].北京：中央民族大学出版社，2010.

[4] 秦慧彬著.中国伊斯兰教与传统文化[M].北京：中国社会科学出版社，1995.

生态文明与美丽中国

生态文明与美丽中国:科学发展观的新境界

王　扬

王　扬:辽宁省社会主义学院学报执行副总编,教授

改革开放以来,当代中国的经济社会发展,经历了由"以物为本"理念向"以人为本"理念,由传统工业文明发展模式向可持续的科学发展模式的历史性嬗变,其重大标志是科学发展观的提出和践行。建设生态文明和建设美丽中国,进一步为发展的内涵增添了新元素,为发展的品质赋予了新标准,为发展的方式确立了新坐标,体现了科学发展观更为高远的新视野和新境界,承载起实现"中华民族永续发展"和"中华民族伟大复兴"的"中国梦"。

一、科学发展观:当代中国发展的全局视野

发展是在当代中国建设中国特色社会主义、实现中华民族伟大复兴的永恒主题。自20世纪80年代始,伴随着波澜壮阔的改革开放风起云涌、日新月异的发展进程,从"发展是硬道理",到"可持续发展",再到"科学发展观",发展这一主题承载着中华民族伟大复兴的梦想,成为引领当代中国前进的主导话语和核心理念,深入至每一个渴望富裕起来的中国人心中,凝聚着中华儿女共同奋发图强。

改革开放以来,围绕发展主题,中国共产党把发展生产力作为建设中国特色社会主义的根本任务,领导人民排除一切干扰,坚持"以经济建设为中心"不动摇,"一心一意谋发展"。中国共产党成功地利用和发挥后发

优势，实现了前所未有的跨越式发展，大大缩小了与发达国家的经济社会发展差距。由此而极大地推动了中国的历史进步，深刻地改变了中国社会的面貌和中国人民的精神状态，人民生活历史性地由温饱迈入小康，综合国力和国际影响力极大提高，世界政治经济格局因之改变。前所未有的发展成就令国人自豪、世界瞩目。

然而，伴随着中国经济的高速发展，以浓厚的“GDP崇拜”为特征的、“以物为本”的，只注重眼前而忽视长远、只注重经济而忽视民生、只注重人类而忽视自然的传统发展模式的弊端也日渐显现。单纯以GDP为检验标准的“经济增长论”，杀鸡取卵、竭泽而渔式的“短期效应”，高投入低产出、高消耗低效率、片面追求经济指标的“畸形发展”，以及资源匮乏、能源枯竭、环境恶化、生态失衡等问题的日趋严重……如果任其发展下去，必将导致我国经济社会发展陷入不可持续的境地。传统经济发展方式难以为继的严峻现实，促使人们不能不进行深刻地反思。抛弃传统的发展模式，从当代中国发展的全局视野出发，从发展目标、发展动力、发展机制、发展途径层面进行理论创新和实践探索，走出一条符合中国国情实际的新的可持续发展之路的重大课题，历史性地摆在了执政的中国共产党面前。把握发展规律，破解发展难题，呼唤着新的科学理论的指导，科学发展观应运而生。

进入新世纪，以胡锦涛为总书记的党中央认真总结我国改革开放以来的发展实践，吸取国外发展的经验和教训，适应新形势新任务提出的新的时代发展要求，进一步深化和升华了党关于发展的理论认知，提出了科学发展观这一重大战略思想。

科学发展观以发展为第一要义，以“以人为本”为核心，以全面协调可持续为基本要求，以统筹兼顾为根本方法。将“以人为本”作为发展的核心理念和价值向度，将“全面协调可持续与统筹兼顾”作为发展的基本要求和根本方法，体现了“以人为本”和“科学发展”两个维度的紧密结合，体现了中国共产党发展理论科学性与价值性的有机统一，体现了对如何进一步发展当代中国认识的新高度，由此而实现了中国特色社会主义发展理论的一次重大历史性飞跃，为中国特色社会主义现代化建设提供了更加系统科学的指导思想和指导方针。科学发展观的提出，是党的十六大以来我们党具有里程碑意义的理论创新，是马克思主义中国化当代进程中的标志性思想成果。

科学发展观自2003年提出后，历经10年践行，引领我们调整经济结构、转变发展方式，全面协调、可持续发展，取得了有益的经验和明显的成效，经受了历史的检验，提交了合格的答卷。综观科学发展观，其与邓小平理论、“三个代表”重要思想既一脉相承，又契合和适应时代要求不断创新发展，涵盖我国经济建设、政治建设、文化建设、社会建设以及党的建设等各个领域、各个方面，作为执政党和国家指导思想的作用日益显著。

党的十八大适时将其作为新世纪以来中国共产党人理论创新的标志性成果，作为中国特色社会主义理论体系的重要组成部分，与邓小平理论和“三个代表”重要思想一道，赋予其党和国家事业发展的指导思想的高度历史定位，把科学发展观正式确立为我们党必须长期坚持的指导思想；强调科学发展观是中国特色社会主义理论体系的最新成果，是中国共产党集体智慧的结晶，是指导党和国家全部工作的强大思想武器；强调必须把科学发展观贯彻到我国现代化建设的全过程，体现到党的建设的各个方面。由此而实现了党的指导思想的又一次与时俱进和历史性飞跃。[1]科学发展观被确立为党和国家各项工作的指导思想，不仅对于当下而且对于未来中国的发展进步都具有不同寻常的重要而深远的影响和意义。

二、生态文明建设：科学发展观的新境界

科学发展观作为21世纪初我们党最重要的创新理论成果，在对其重要性和重要地位的认识不断升华的同时，作为指导中国特色社会主义建设的指导思想和开放的理论体系，其内容也在发展的实践中与时俱进、适时创新，不断开辟新境界。生态文明理念的提出和生态文明建设战略的制定，正是科学发展观内容的丰富和发展。

通过发展实现人与自然的和谐，是践行科学发展观的内在要求，是当

[1] “胡锦涛在中国共产党第十八次全国代表大会上的报告”，http://news. xinhuanet. com/18cpcnc/2012－11/17/c_113711665. htm. 2012－11－17。

代中国发展力求达到的发展目标。实现这一目标，不仅需要树立一种科学的思维方式，更需要寻找到一种具体并行之有效的实践途径。适时地应运而生的生态文明理念，正是科学的思维方式的重要成果，建设生态文明则正是具体而行之有效的实践途径。

当代世界，绿色、循环、低碳成为新的发展趋向，可持续发展已成为时代潮流和全球共识。我们党敏锐地把握这一发展新趋向，深刻地反思传统工业文明发展模式的不足，充分地吸纳中华传统文化智慧，进一步地从文明进步的新高度深化认识和解决资源环境等问题；立足全局视野，从经济、政治、文化、社会、科技等领域全方位审视和应对当代中国经济社会发展面临的资源、环境方面的严峻挑战，致力于在更高层次上实现人与自然、环境与经济、人与社会的和谐，为增强国家可持续发展能力提供更加科学的理念和方法论指导。[1]

以胡锦涛为总书记的党中央认真总结落实科学发展、转变经济发展方式的实践经验，自觉地进行了创新性的理论探索和发展实践，主要是：党的十六大以来，在继承党于十五大前后提出和实施的“可持续发展”战略思想的同时，在科学发展观指导下，党和国家领导人在有关讲话，政府部门在制定的相关政策措施和颁布的有关文件中，着眼于丰富发展内涵、创新发展观念、拓展发展思路、破解发展难题，相继创新性地提出了走新型工业化发展道路，发展低碳经济、循环经济，建立资源节约型、环境友好型社会，建设创新型国家，建设生态文明等一系列新的发展理念和战略举措；党的十七大报告进一步明确地把“建设生态文明”作为全面建设小康社会奋斗目标的新要求提出，强调要坚持走生产发展、生活富裕、生态良好的文明发展道路，建设资源节约型、环境友好型社会，实现速度和结构质量相统一、经济发展与人口资源环境相协调，使人民在良好生态环境中生产生活，实现经济社会永续发展；[2]将“生态环境保护”列入“促进国民经济又好又快发展”的宏观调控体系，将到2020年建成生态环境良好的国家作为全面建设小康社会的重要目标之一，为实现人与自然和谐、均衡

[1] 周生贤：“推进生态文明 建设美丽中国”，《中国环境报》，2012年12月14日。

[2] “胡锦涛在中国共产党第十七次全国代表大会上的报告”，http://www.china.com.cn/policy/txt/2007－10/24/content_9435992.htm.2007－10－24。

发展指明了路径;党的十七届五中全会明确提出提高生态文明水平,要求大力推动绿色建筑、绿色施工、绿色经济、绿色矿业、绿色消费模式、政府绿色采购;“十二五”规划纲要则与此呼应,将“绿色发展”明确写入并单独成篇。伴随着认识的深化,生态文明的内涵不断丰富,生态文明建设的战略地位不断提升,“生态文明”作为最新的发展理念深入人心并日渐转化为全社会的共识,成为全体中国人民努力追求的价值取向和奋斗目标。

总结党的十七大以来推进生态文明建设的实践,贯穿始终的经验:一是在生态文明的内涵把握上,注重以科学发展观为引领并在实践中不断探索、丰富和完善;二是在生态文明的实现途径上,积极探索环保新道路,坚持在发展中保护、在保护中发展;三是在生态文明的目标指向上,坚持解决影响可持续发展和危害人民群众健康的突出环境问题;四是在生态文明建设的保障体系上,坚持继承发扬与创新改革体制机制;五是在生态文明建设的推动方式上,坚持试点先行、典型引路。[1]

2012 年 11 月,党的十八大召开。十八大报告集此前近十年探索与实践的成果之大成,将生态文明建设提升到了一个更高的战略层面,首次将生态文明建设上升到党的全国代表大会报告的理论高度,独辟专章予以系统阐述;在对十七大前后生态文明建设之路探索予以理论概括和经验总结的同时,提出了今后 5 年大力推进生态文明建设的总体要求;不仅将生态文明建设纳入社会主义现代化建设总体布局,由“四位一体”扩展为经济建设、政治建设、文化建设、社会建设、生态文明建设“五位一体”,而且强调将生态文明建设放在突出地位,融入经济建设、政治建设、文化建设、社会建设各方面和全过程,由此使建设中国特色社会主义的总体布局更加完善;将着力推进绿色发展、循环发展、低碳发展,作为推进生态文明建设的基本途径和方式,作为转变经济发展方式的重点任务和重要内容。

科学发展观是开放的理论体系,其内容必然将伴随着鲜活生动的实践不断丰富完善。十八大报告系统阐述的生态文明建设,就是在科学发

---

[1] 李干杰:“认真贯彻落实党的十八大精神 努力为生态文明建设做出积极贡献”,《中国环境报》,2012 年 11 月 26 日。

展观指导下，以科学的思维方式合理地处理人与自然的关系，更进一步地回答了什么是发展，采用什么理念指导发展，运用何种模式实现发展，以及如何评价发展等事关当代中国发展的重要问题，丰富了科学发展观的基本内涵，赋予科学发展观以更高远的视野和境界。这说明，生态文明建设与科学发展观在本质上是一致的，都是以尊重和维护生态环境为出发点，强调人与自然、人与人、经济与社会的协调发展；都是以可持续发展为依托，以生产发展、生活富裕、生态良好为基本原则，以人的全面发展为最终目标。由此可见，生态文明建设是科学发展观的题中应有之义，是实现当代中国经济社会科学发展的理性选择。

延伸研读党的十八大报告，可以得到如下认识：

生态文明建设的定位，是中国特色社会主义理论体系和中国特色社会主义事业“五位一体”总体布局的重要组成部分；生态文明建设的方针，是“节约优先、保护优先、自然恢复为主”；生态文明建设的任务，是“优化国土空间开发格局”“全面促进资源节约”“加大自然生态系统和环境保护力度”“加强生态文明制度建设”；生态文明建设的目标，是“努力建设美丽中国，实现中华民族永续发展”。[1] 十八大关于生态文明建设的论述和部署，体现了科学发展理念的升华和发展思路的转变，进一步深化了对自然和人类社会和谐发展规律的认识，进一步充实了“以人为本”理念，既丰富和完善了科学发展观理论体系，也将生态文明建设提升到了前所未有的战略高度，是对科学发展观的具体实践和真正落实。

生态文明作为人类文明的一种形式，与农耕文明、工业文明在纵向上承接延续，与物质文明、精神文明、政治文明、社会文明在横向上协同共生。生态文明建设是一个宏大的系统工程，从本质上要求“融入经济建设、政治建设、文化建设、社会建设各方面和全过程”，在“空间格局、产业结构、生产方式、生活方式”的多层次多领域，实现“人口资源环境相均衡、经济社会生态效益相统一”的根本变革，实现人与自然、环境与经济、人与社会的和谐发展。[2]

---

[1] “胡锦涛在中国共产党第十八次全国代表大会上的报告”，http://news.xinhuanet.com/18cpcnc/2012－11/17/c_113711665.htm.2012－11－17。

[2] 周生贤：《推进生态文明 建设美丽中国》，《中国环境报》，2012年12月14日。

建设生态文明，从内涵看，主要包括先进的生态伦理、完善的生态制度、发达的生态经济、良好的生态环境和适度的生态人居。其中，先进的生态伦理观念是前提。全社会都应牢固树立生态意识，顺应和敬畏大自然，以平等态度给生态环境以人文关怀，自觉在尊重自然的前提下利用和保护自然。建设生态文明，完善的生态制度是保障，内在地要求结合制度创新，把环境公平与正义贯穿到经济社会决策和管理的各个方面。建设生态文明，实质是要建设以资源环境承载力为基础、以自然规律为准则、以可持续发展为目标的资源节约型、环境友好型社会。建设生态文明，需要树立以“和谐”为宗旨的生态伦理观念，建立以“协同”为基础的生态制度框架，推进以“循环”为特征的生态经济发展，营造以“适度”为准则的生态生活氛围，构筑以“优先”为前提的生态环境安全体系。发达的生态经济和适度的生态人居是生态文明建设的基础和根本途径，绿色、低碳和循环经济应当在整个经济结构中占有较大比重；人的生活方式、消费模式应该适度而不过度，人与自然应该和谐共处，而不是“人定胜天”破坏自然。良好的生态环境是生态文明建设的内在要求和立足点，生态是生存之基，环境是发展之本，只有创造良好的生态环境，才能促进经济社会的全面协调可持续发展。❶

积极推进中国特色生态文明建设，具有既现实又深远的意义：其一，推进生态文明建设，是“关系人民福祉、关乎民族未来的长远大计”，是我们党坚持以人为本、执政为民，维护最广大人民群众根本利益尤其是环境权益的集中体现；其二，推进生态文明建设，是我们党创造性地回答经济发展与资源环境关系问题所取得的最新理论成果，为在当代中国经济社会发展中统筹人与自然协调发展指明了努力奋斗的方向；❷其三，推进生态文明建设是我们党积极主动顺应时代发展潮流和广大人民群众对于美好生活新期待进行的重大战略部署，进一步丰富了科学发展观和我国现代化建设的内涵，拓展了我国现代化建设的领域和范围；其四，走出一条有中国特色生态文明建设道路，是我们党深刻把握当代世界发展新趋向

❶ 《胡锦涛在中国共产党第十八次全国代表大会上的报告》，http://news.xinhuanet.com/18cpcnc/2012－11/17/c_113711665.htm.2012－11－17。

❷ 周生贤：“推进生态文明 建设美丽中国”，《中国环境报》，2012年12月14日。

做出的战略抉择，标志着当代中国的发展进一步地走上了更加自觉、更加健康的轨道；其五，推进生态文明建设，体现了中国作为国际社会一个重要成员、一个负责任的大国，对全球日益严峻的环境生态问题所做出的庄严承诺和自觉担当。中国政府和人民围绕生态文明建设的所有实践探索和理论创新，都是对推进人类文明进步做出的重大贡献。

三、美丽中国：生态文明托起的“中国梦”

“中国梦”是习近平为总书记的新一届党中央领导集体的政治宣言，回应了人民对国家未来的期盼，凝聚着全国各族人民的共识。如果说，国家层面的中国梦是“中华民族的永续发展”“中华民族的伟大复兴”；那么，人民层面的中国梦就是“期盼有更好的教育、更稳定的工作、更满意的收入、更可靠的社会保障、更高水平的医疗卫生服务、更舒适的居住条件、更优美的环境，期盼着孩子们能成长得更好、工作得更好、生活得更好。”蕴涵着生态文明意义的“美丽中国”，是“中国梦”宏大诗篇的题中应有之义。

“美丽中国”作为全新的理念，体现了我们党以人为本、执政为民理念的新发展，标志着中国共产党对执政理念的认识更加深化、对执政规律的把握更加科学、对执政能力的建设更加重视。建设美丽中国，顺应人民群众追求美好生活的期待，满足人民群众日益增长的绿色需求、生态需求，是中华民族永续发展的客观要求。建设美丽中国，开启了社会主义生态文明新时代，描绘了生态文明建设的美好前景，承续着“富强民主文明和谐中国”“中华民族伟大复兴”的中国梦。

“美丽中国”是时代之美、社会之美、生活之美、环境之美的总和。经济持续健康发展是重要前提，人民幸福安康是追求目标，生态文明是核心竞争力，生态文明建设是强大支撑，社会发展成果人人共享是基本特征，生态环境优美宜居是显著标志。[1] 其中，优美宜居的生态环境，是美丽中国大厦的绿色基石。推进生态文明建设打牢这块基石，有利于拓展发展空间，有利于提升发展质量，有利于增强人民群众的幸福感，有利于增进

[1] 周生贤：“推进生态文明 建设美丽中国”，《中国环境报》，2012年12月14日。

全社会的和谐度，从而实现国家的永续发展，实现民族的伟大复兴，实现人民生活的幸福安康。

“美丽中国”是科学发展的中国。作为刚刚迈入中等收入行列的发展中国家，发展仍然是解决中国一切问题的总钥匙，可持续发展是别无选择的必由之路。在“以人为本、执政为民”的党中央领导下，以科学发展观为指导推进生态文明建设和美丽中国建设，使我们对全面落实节约资源和保护环境的基本国策，在资源可接续、环境能承载的前提下，推动当代中国发展和现代化建设走上以人为本、全面协调可持续的科学发展轨道充满着信心。形象言之，美丽中国应该是既有金山银山，又有绿水青山。只要坚持不懈推动科学发展，坚定不移推进生态文明建设，美丽中国的美好愿景终将会通过中国人民的努力奋斗实现。

“美丽中国”是经济、政治、文化、社会与生态“五位一体”、协调发展的中国。“五位一体”的总布局，经济建设是根本，政治建设是保障，文化建设是灵魂，社会建设是条件，生态文明建设是基础；“五位一体”总布局，着眼于统筹兼顾经济基础与上层建筑、生产力与生产关系、物质文明与精神文明、社会环境与自然环境、人的生产生活需要与人的生存环境需要，是一个相互联系、相互协调、相互促进、相辅相成的有机整体。实现美丽中国、民族复兴、永续发展的宏伟蓝图，必须以科学发展观为指导，做到经济、政治、文化、社会和生态文明五大建设统筹兼顾、全面推进、协调发展。

“美丽中国”是社会和谐的中国。人类生存于自然、发展于自然，与自然存在着密不可分的对立统一的整体关系。人与自然的和谐是社会和谐的前提和基础。建设生态文明，改善环境质量，提升生活品质，拓展生态系统服务功能，提供更多更优的生态产品，最大限度地满足人民群众享有良好生态环境的新期待，可以为构建和谐社会注入新的动力。推进生态文明建设，实现人类社会系统与自然生态系统的协调发展、和谐共处、互惠共存，有利于推动建成和谐社会人人共享的美丽中国。

“美丽中国”是生态文明的中国。美丽中国是生态文明建设的目标指向和检验标准，建设生态文明是实现美丽中国的必由之路。建设生态文明，先进的生态伦理观念是价值取向，发达的生态经济是物质基础，完善的生态文明制度是激励约束机制，可靠的生态安全是必保底线，改善的生态环境质量是根本目的。建设美丽中国与建设生态文明在方向上一致、进程上同步。美丽中国的最根本标志就是生态文明建设取得显著成效。[1]

“美丽中国”是承续源远流长、博大精深的中华传统文化的中国。几千年来,“天人合一”“道法自然”“天人合德”等人与自然关系认识上充满生存智慧的生态观;对大自然要“养之有道,取之有时”“取之有度,用之有节”“不夭其生,不绝其长”等朴素的生态环境保护理念的践行,是中华民族得以生生不息、繁衍不绝,实现资源持续利用和国家永续发展的重要原因。建设生态文明和美丽中国,正是对古圣先贤思想精华的继承和发扬,是将古代思想家们孜孜以求的“天人和谐”的最高理念和境界,通过我们持之以恒的生态文明建设变成现实。

“生态文明、美丽中国、民族复兴、永续发展”的“中国梦”所描绘的中华民族和中国人民美好未来的愿景,正在由科学发展之路一步步走近中国人民的现实生活。

[1] 周生贤:“推进生态文明 建设美丽中国”,《中国环境报》,2012年12月14日。

浅议美丽中国与生态文明建设

张有恒

张有恒:四川省社会主义学院教授

十八大报告提出:“努力建设美丽中国,实现中华民族永续发展。”[1]什么是美丽中国呢?美丽中国最基本的方面是指我国的国土空间要天蓝、地绿、水净。天蓝就是要提高空气质量。我国是一个空气污染严重的国家,世界卫生组织2011年9月26日发布首份全球城市空气污染调查报告,报告依据各国在2003年到2010年内的空气质量数据对全球91个国家1082个城市的空气质量进行了分析。其中,我国31个省会城市和直辖市的PM10值全部超标,我国的平均PM10浓度为98微克/立方米,在调查的91个国家中排在第77位。2013年1月14日,亚洲开发银行和清华大学发布的《迈向环境可持续的未来—中华人民共和国国家环境分析》报告显示,世界上空气污染最严重的10个城市中有7个是我国的,我国500个大型城市达到世界卫生组织空气质量标准的还不到1%。地绿就是要提高我国的植被覆盖率。因为在整体上,我国是一个缺林少绿,生态脆弱的国家,森林覆盖率、人均森林面积、森林积蓄量都远低于世界平均水平。由此导致三分之一的国土存在着不同程度的水土流失,四分之一的国土荒漠化、石漠化和沙漠化严重。水净就是要减轻我国水域的污染程度。我国的江河湖泊90%都受到污染,按照环保部等部委发布的《重点流域水污染防治规划》的要求,到2015年,我国重点流域的水质要由重度污染改善到轻度污染,争取全国重要水功能区水质达标率提高到

---

[1] 《十八大报告辅导读本》,人民出版社2012年版,第39页。

20%以上，到2020年基本建成水资源保护和河湖健康保障体系。通过这些努力使中国成为天蓝、地绿、水净的美丽中国。

天蓝、地绿、水净仅仅是美丽中国的山川自然美，美丽中国除了山川自然美之外，还必须要有文化美、人之美和社会美。这是因为今天的自然已多是人化自然，生态系统在很大程度上已是人化了的生态系统。而人是生态系统中引起自然界和整个生态系统变化的最主要因素，天蓝、地绿、水净的山川自然之美要靠人的社会活动来实现，这是由生态系统的结构和功能决定的。生态系统是生物群落和环境之间构成的综合体，是生物和它们生活的自然环境相互作用的系统。人类是生态系统中生物的一种，人类和人类社会与作为人类社会生活物质条件之一的地理环境的相互作用是生态系统的组成部分。生态系统中的地理环境是人类生存和发展所依赖的各种自然条件的总合，它是人类最基本的社会物质生活条件，在主体客体化和客体主体化的双向社会实践过程中，地理环境在很大程度上已经是人化了的自然。在人化自然的过程中，人类引起生态系统多方面的变化比任何生物的活动对生态平衡的影响都要大得多，在改变生态系统的速度上，人类的活动引起生态系统的变化也比任何一般的纯自然变化更经常、更迅速。在这样的过程中，人类的有些活动有利于生态平衡，而有些活动却不利于生态平衡，甚至破坏生态平衡，导致严重的生态环境问题。在人类的活动引起生态系统变化的两种不同性质的结果中，前者体现出人的美——人遵循自然规律进行社会活动之美。而且，必须是有人遵循生态规律进行社会活动的美才有山川自然美。所以，美丽中国包括人的美——人的社会活动美。

而人是有文化的生物，人的社会活动美源于文化美。因此，美丽中国还应该包括文化美。没有优秀文化作为思想武装，人就没有美的社会行为和遵循规律的社会活动，就没有人和自然的和谐相处，生态系统就会受到破坏，从而也就没有美丽中国可言。人的行为和社会活动美，都是认识、遵循和利用规律的结果，是知识的力量所为，是优秀文化所使然。因此，人之美在本质上是文化美。

其实，由文化美引导人的行为美和社会活动美，再至自然美、生态美的思想，在以儒家文化和道家文化为主要内容的中华文化中就有着丰富的内容。儒家倡导“仁”，其仁是泛爱众，而泛爱众要求对众生都要施以仁慈和爱心，包括不仅对所有的人要仁爱，还要热爱大自然，亲近大自然。儒家主张人是大自然的一部分，人与自然应该是和谐相处和共生的关系。因此，人不应该把自己摆在大自然的对立面，而应该把人融入大自然视为最大的快乐和人生追求的至高境界。在儒家看来，自然界是有生命的整体，它有自身的运行规律，既不为尧存，也不为纣亡。这决定着人类应按自然规律办事，如果违反自然规律，就会遭受“天谴”。在儒家文化中，“天”常指包括四时运行、万物生长在内的自然界，遭受“天谴”就是受到自然界的惩罚。因此，儒家力主“畏天命”“知天命”“制天命”。“天命”就是自然规律，“畏天命”就是倡导人要敬畏自然——实质是敬畏自然规律，对自身的行为要慎思谨行，对自然界不能随心所欲。“知天命”在实质上是要求人们去认识和掌握自然规律，正确认识天人关系，从而顺应自然，达到“不逾矩”的行为境界。“制天命”，在实质上是主张人类在掌握了自然界的运行规律的基础上利用自然为人类造福。儒家“畏天命”“知天命”“制天命”的“天命”观留给我们的文化底蕴是要引导人们在敬畏自然中实现“天人合一”的生态美。以老子哲学为代表的道家文化主张道法自然，道是宇宙万物的本原，万物都是“道”所生：“道生一，一生二，二生三，三生万物。”❶人于自然的重要原则应该是“知常”“知和”“知止”“知足”。“道”本身又是什么呢？“道”在老子哲学中除了被看成万物的本原外，也指自然界的自然而然。自然而然就是我们今天所说的自然界的规律和自然界按自身规律的运行。作为规律，它是世界万物效法的普遍法则：“人法地，地法天，天法道，道法自然。”❷“道”内在地包含于天地万物之中，是天地万物效法的准则。因此，人必须效法天地即自然之道，尊重自然，认识自然，不违背自然规律，按本来的自然状态生存，其结果和存在的状态就是自然而然。宇宙中任何事物的存在和生灭变化都有其自身的“自然”规律，作为万物之一的人，也应顺应万物的“道”之自然而无违背规律的“为”即“无为”。因为这样的“无为”才能使万物滋生，繁衍昌盛，源源不断，用

❶ 《老子·四十二章》，上海古籍出版社，1985 年版。

❷ 《老子·二十五章》

之不尽。人类一旦刻意用违背自然规律的外力去改变自然，就会破坏自然，就会造成“灾及草木，祸及止虫”的灾难性后果和生态危机。据此，道家文化要求人们对待自然要“知常”“知和”“知止”“知足”。“知常”，就是要明了作为万物之根本的“道”。之所以要“知常”，是因为认识了天地万物的根本和运动变化的“规律”才能明智。“知常曰明，不知常，妄作凶。知常容，容乃公。”❶人要以尊重自然规律为最高的行为准则，以崇尚自然、敬畏天地、效法自然作为人生行为的基本皈依，才不会违背规律地狂妄蛮干，才会有对自然万物的包容和公平。“知和”，就是倡导人们要在知常的基础上懂得与自然和谐相处。要做到与自然和谐相处还必须“知止”，因为“知止可以不殆”❷。“知止”，就是要认识、把握天地万物的极限，认识到人的行为应该具有的限度，超过这个限度就会给自身带来危险，由此限制或禁止自己的行为。任何事物都有自己存在的度，自然生态本身就是一个有机系统，作为系统它可以在一定的阀值内振荡而保持平衡，但超过这个阀值，突破了度，生态系统就被破坏，就会给人类带来灾难。因此，人在利用自然时必须限制自己的欲望，在有所为时，也要有所不为，更不能违背规律地强为，这就是“知止”。“知止”在人的行为上表现为“不妄作”，而其前提是人在思想上要“知足”。“知足者不辱，知止不殆，可以长久。”❸“知足者富。”❹人的一切活动都受一定思想、欲望的支配，人类对生态系统的破坏在思想根源上都是源于人不“知常”和“不知足”的欲望。“祸莫大于不知足，咎莫大于欲得，故知足常足矣。”❺知足就要“圣人去甚、去奢、去泰”❻，“甚”即极端，“泰”即过分。知足、明智的人应该去掉奢侈浪费，在对待自然的过程中不要有极端的和过分的行为，即应“道法自然”。

这样的中华文化，在今天仍然是我们建设美丽中国内容中的文化美。它美在揭示了自然之天与人和天地万物的同源性、同律性。“道法自然”

---

❶ 《老子·十六章》
❷ 《老子·三十二章》
❸ 《老子·四十章》
❹ 《老子·三十三章》
❺ 《老子·四十六章》
❻ 《老子·二十九章》

之终极旨意就是遵循自然规律而自然而然。人法天地之道就是人要顺乎自然，爱护自然，“以辅万物之自然而不敢为”。随着人口的急剧增加和工业化进程的加快，人类所需要的来自自然界的资源和能源是十分有限的和不足的。人类如果不知足，不对自己追求物质享受的欲望进行理性地限制，不对从自然界获取资源的手段和方式进行科学地选择，就不可能有人与自然和谐发展的自然美和生态系统美，就不可能有自然界和人类社会的可持续发展。

这样的美丽中国怎么实现呢？唯有通过生态文明建设。这是因为美丽中国的文化美、人之美和社会美，仅是人类顺应自然的“无为而无不为”是远不够的。美丽中国还“需要对我们的直到目前为止的生产方式，以及同这种生产方式一起对我们的现今的整个社会制度实行完全的变革”[1]才能实现，而这种变革就是生态文明建设。因为生态文明是优秀文化，是先进文化。而只有先进文化才能体现人之美，实现社会美和自然美。文化在广义上是指人的一切有目的的社会活动及其结果。在如此内涵的文化中，既包含着符合人的进化和人类社会发展规律的活动及其结果，也包含着不符合人的进化和人类社会发展规律的活动及其结果。以此为标准，前者表现着与动物相区别的人性和社会的进步，而这就是文明。后者表现着与文明相背的野蛮。正是在这个意义上，相对于野蛮的文明是标志人类社会进步及其程度的先进文化。当然，这样的文明本身也是不断发展着的，从而具有相对性。正是据此，有人把文明分为原始文明、农业文明、工业文明和生态文明。也有人相对于不同的社会领域和文明的形态，把文明分为物质文明、精神文明、政治文明和生态文明。还有人依据文明含属于文化，而把文明分为两河文明、黄河文明等。无论侧重于哪一方面的分类标准对文明进行划分，它们都离不开文明共同的根本性特征，那就是符合人自身和自然进化的规律、符合自然界的运行规律和社会进步规律的先进性。因此，作为先进文化的文明是人类社会进步和进步程度的标志，也就是在这一具有根本性质的特征上凸显着文明是人类的先进文化。作为先进文化，生态文明首先是一种科学发展的理念，是一种科

[1] 《马克思恩格斯选集》第2卷，人民出版社1995年版，第385页。

学的发展观。其科学性在于它主张人类要树立遵循生态规律、遵循自然规律，在尊重自然、敬畏自然和保护自然的前提下谋发展、求发展和实现发展，主张减少和消除人类活动对自然界和生态环境的不利影响，优化人与自然的关系，建设有序的生态运行机制和良好的生态环境。作为先进文化，生态文明也是一种生态伦理。它要求在处理人与自然的关系时要打破“人类中心主义”的道德观，人类既要重视人自身发展的物质生活条件和生存权利，同时也应该注重生态系统中其他生物的生存和发展的权利，人类的道德自律不只是在对待人的社会生活中存在，而且应将道德关怀从人类社会延伸到整个生态系统，即尊重自然、爱护自然、保护生态环境。作为先进文化，生态文明还是一种生态价值观。价值是客体对主体需要的满足，人类得以生存的首要前提是生存资料，“人们为了能够创造历史，必须能够生活，但是为了生活，首先就需要吃喝住穿以及其他一些东西”。[1] 人们所需要的生存资料就是“吃喝住穿以及其他一些东西”，人类所需要的任何生存资料最终都是通过劳动从自然界获取的，“劳动加上自然界才是一切财富的源泉，自然界为劳动提供物料，劳动把物料转变为财富。”甚至，就是在科学技术高度发展的工业社会也是如此：“没有自然界，没有感性的外部世界，工人就什么也不能创造。”[2]在任何社会发展阶段，都是自然界和生态系统为人类提供着生存资料的自然源泉，这就是自然界和生态系统对于人类的价值。生态系统不只是具有直接是人类生存的前提条件的价值，生态价值还存在于生态系统所有元素的相互满足彼此需要之中，从这一点上看，构成生态系统的所有元素都是有价值的。因为构成生态系统和维持生态系统平衡的所有要素都是相互需要和相互满足需要的。由于彼此间的相互需要和对需要的满足使得各要素之间互为主体和客体，这决定了生态系统中的每一自然物和生物都是有价值的。正是这种价值的实现过程维持着生态系统的平衡，正是要有这种生态系统的平衡才能够为人类的可持续发展提供基本条件。这就是自然辩证法的生态价值观。生态价值观是人类在认识自然和生态系统上的一大进

[1] 《马克思恩格斯选集》第1卷，人民出版社1995年版，第79页。

[2] 马克思：《1844年经济学哲学手稿》，人民出版社2000年版，第53页。

步，是文明的表现。“人本身是自然界的产物，是在自己所处的环境中并且和这个环境一起发展起来的。”[1]人类本来就是自然界中生物的一部分，当人类与动物相揖别脱离开纯粹的自然物形成人类社会后仍然一刻也脱离不开自然和生态环境。自然和生态环境对于人的价值决定着我们必须树立生态文明的生态价值观。

内涵如此丰富的生态文明应当怎样进行建设呢？十八大报告指出：“面对资源约束趋紧、环境污染严重、生态系统退化的严峻形势，必须树立尊重自然、顺应自然、保护自然的生态文明理念，把生态文明建设放在突出地位，融入经济建设、政治建设、文化建设、社会建设各方面和全过程，努力建设美丽中国，实现中华民族永续发展。”[2]在建设生态文明的内容上，要优化国土空间的开发格局，全面促进资源节约，加大自然生态系统和环境保护力度，加强生态文明制度建设。这样的生态文明建设从何着手呢？根据十八大报告的精神，我国现阶段进行生态文明建设应当从深入贯彻落实科学发展观着手。十八大报告提出：“必须更加自觉地把全面协调可持续作为深入贯彻落实科学发展观的基本要求，全面落实经济建设、政治建设、文化建设、社会建设、生态文明建设五位一体总体布局，促进现代化建设各方面相协调，促进生产关系与生产力、上层建筑与经济基础相协调，不断开拓生产发展、生活富裕、生态良好的文明发展道路。”[3]这是因为科学发展观是坚持以人为本，全面、协调、可持续发展，促进经济社会和人的全面发展的发展观，它正确地回答了为什么发展和我国现阶段应该怎样发展的问题。那就是发展是为了人，发展要以人为本，坚持全面、协调、可持续发展和促进人的全面发展。以人为本是科学发展观的核心，社会是人的社会，发展归根到底是为了人。马克思曾经在他的研究中认为人们为之奋斗的一切都与他们的利益相关，人成其为人绝不会去干毫无意义的事，而是为特定的利益奋斗，这就是人的真实性。生态文明建设亦然，尽管生态文明建设在基本的直接意义上表现为典型的作为自然物的人以及其他生物之间的主体客体化和客体主体化过程，即生物、自然

---

[1] 马克思：《1844 年经济学哲学手稿》，人民出版社 2000 年版，第 131 页。
[2] 《十八大报告辅导读本》，人民出版社 2012 年版，第 39 页。
[3] 《十八大报告辅导读本》，人民出版社 2012 年版，第 9 页。

物之间相互提供和满足需要，但其终极价值是满足人的需要，是为了人而进行。亦即生态文明建设在根本上是为了人，应以人为本。科学发展观要求的全面发展，就是要全面推进经济、政治、文化、社会事业和生态文明建设，实现社会的全面进步。唯物辩证法认为，世界是由千差万别的多样性事物在普遍联系中构成的多彩世界，恩格斯曾经指出："当我们深思熟虑地考察自然界或人类历史或我们自己的精神活动的时候，首先呈现在我们眼前的，是一幅由种种联系和相互作用无穷无尽地交织起来的画面。"[1]联系构成事物，事物的联系决定着事物的发展应当是全面发展。在生态系统中也是如此，人与生态系统的其他要素是相互依存，从而是相互要求和相互满足的关系。这决定着生态文明建设必须坚持科学发展观全面发展的要求，坚持生态系统各要素的全面发展。科学发展观的协调发展是强调构成社会生活的各个领域、各个方面在发展程度和进度上要彼此符合要求。事物的发展都遵循量变质变规律，这就决定着在事物的发展过程中，构成事物统一体的各个方面的变化、发展要彼此协调，包括各个方面之间量的比例要相互适应，各个方面之间量变、质变的程度和进度应相对应。否则，事物的变化发展就会不和谐，甚至成为病态。生态系统的各要素之间更是如此，构成生态系统的生产者、消费者、分解者和非生物环境四大基本部分是相互依存、相互要求、相互满足的关系。而依存、要求和满足在量、质、变化发展的程度和进度上都存在着要相互协调的紧密联系，由此才能保持生态系统的平衡。而生态文明建设的实质就是保持生态系统各要素的协调发展和维持整个生态系统的平衡。科学发展观的可持续发展，意即今人在满足自身需要的发展过程中，不能造成后人满足其需要的发展能力之损害的发展。其核心思想是健康的经济发展应该建立在生态可持续发展能力、社会公正和人民积极参与自身发展决策的基础上。可持续发展要处理的是人和生存环境之间的关系，处理的是上一代人与下一代人之间生存和发展的公平关系。它追求的目标是既要使人类的生存和发展需要得到满足，又要保护生态环境，实现经济发展和人口、资源、环境相协调。贯彻和落实以人为本，全面、协调、可持续发

[1] 《马克思恩格斯选集》第3卷，人民出版社1995年版，第359页。

展的科学发展观，要求走生产发展、生活富裕、生态良好和人与自然和谐的文明发展道路，而这条道路正是典型的生态文明建设的道路。

那又怎样才能保证在生态文明建设中贯彻落实科学发展观呢？根据我国的社会实际，必须推进政治体制改革。十八大报告指出，政治体制改革是我国全面改革的重要组成部分。我国全面改革的重要组成部分也就必然是我国社会全面发展的重要组成部分。社会全面发展的重要组成部分，以及政治上层建筑对社会经济生活的巨大反作用都必然巨大地影响生态文明建设而使科学发展观得到贯彻落实。这不仅是因为生态文明在内涵上包含着政治文明，而且，美丽中国及其实现是自然美、文化美、人之美和社会美等方面全面发展的美。因此，它要求建设美丽中国的生态文明必须具有能够全面实现这些美的功能性内容。这决定了生态文明必须是包含物质文明、精神文明、政治文明和社会文明的全面文明，是遵循自然规律、符合人的进化规律和人类社会发展规律的优秀文化。而立足于我国现阶段的社会实际，要有如此全面内容的生态文明和生态文明建设，其前提条件是各级干部有正确的政绩观。这种政绩观就是以人为本，全面、协调、可持续发展，促进经济社会和人的全面发展的政绩观，即科学发展的政绩观。各级干部怎样才能树立这种正确的政绩观呢？唯有进行政治体制改革。因为这些年来，一些干部的政绩观存在着明显的严重缺陷，表现为把经济增长等同于发展、把GDP增长当作唯一的政绩标准。之所以有如此的政绩观，其根源在于属于我国政治体制范畴的干部体制不健全。在我国现行的干部体制中，干部的产生和升迁，相当一部分不是源自群众。因此，干部不对群众负责，只对决定其官位的上司负责。而对上唯一能够表现自己的就是“数字GDP”和“形象工程”之政绩。为了这样的政绩，他们脱离群众，背离科学发展，毁损生态环境。鉴于此，必须推进以干部体制为主要内容的政治体制改革，按照十八大的要求建立“更加注重健全民主制度、丰富民主形式，保证人民依法实行民主选举、民主决策、民主管理、民主监督”[1]的政治体制，以保障在建设生态文明的过程中贯彻落实科学发展观和建设美丽中国。

---

[1] 《十八大报告辅导读本》，人民出版社2012年版，第26页。

试论生态文明视角下的美丽中国建设

杨懿琳

杨懿琳：山东省社会主义学院教师

党的十八大创造性地提出"五位一体"的总体发展布局，将生态文明建设纳入其中，这是关系人民福祉、关乎民族未来的长远大计。面对资源日益枯竭、环境污染严重、生态系统退化的严峻形势，必须树立尊重自然、顺应自然、保护自然的生态文明理念，把生态文明建设放在突出地位，融入经济建设、政治建设、文化建设、社会建设各方面和全过程，努力建设美丽中国，实现中华民族永续发展。

一、文明视角下美丽中国的内涵

（一）生态文明建设的提出

生态文明是人类文明发展的一个新的阶段，它是以人与自然、人与人、人与社会和谐共生、良性循环、全面发展、持续繁荣为基本宗旨，以建立可持续的生产方式和消费方式为内涵，以引导人们走上持续、和谐的发展道路为着眼点的文化伦理形态。

改革开放初期，以经济建设为中心的物质文明建设和以精神文化建设为内容的精神文明建设，构成了中国特色社会主义事业二位一体的总体布局，表现为党的意识形态一直强调的"物质文明和精神文明两手抓，两手硬，两个文明一起抓，两个文明共同进步"的主张。在邓小平思想指导下，1986 年党的十二届六中全会第一次提出社会主义现代化建设总体布局是以经济建设为中心，坚定不移地推进经济体制改革、坚定不移地推进政治体制改革、坚定不移地加强精神文明建设。三个“坚定不移”表明了以前二位一体的总体布局开始进入三位一体的总体布局。三位一体总体布局的发展战略，从党的十三大一直延续到党的十六大。党的十六大提出：“推动整个社会走上生产发展、生活富裕、生态良好的文明发展道路。”十六届四中全会提出要提高我们党领导构建社会主义和谐社会的能力，党的十六届六中全会提出构建社会主义和谐社会的重大任务，凸显了社会建设的重要性，标志着三位一体的总体布局拓展为四位一体的总体布局。2007 年，党的十七大报告首次提出的“生态文明”建设的执政理念和到 2020 年把我国建设成为“人民富裕程度普遍提高、生活质量明显改善、生态环境良好的国家”的远景规划，标志着中国生态文明建设的发展战略已初步确立并在我国经济、政治、文化、社会建设中开始全面展开。经过五年实践，到党的十八大报告中，专门将生态文明建设列专章进行专题论述，并且提出要“全面落实经济建设、政治建设、文化建设、社会建设、生态文明建设五位一体总体布局”，首次提出建设“美丽中国”，以“实现中华民族永续发展”。

（二）建设美丽中国的内涵

党的十八大报告首次把“美丽中国”作为中国未来生态文明建设的宏伟目标，这充分表明了我们党对中国特色社会主义总体布局深刻的思考和认识的深化，也彰显出我们中华民族对自己子孙后代、对世界人民负责的精神，即“为人民创造良好生产生活环境，为全球生态安全作出贡献”。其内涵是对党的十六大以来，党中央相继提出走新型工业化发展道路，发展低碳经济、循环经济，建立资源节约型、环境友好型社会，建设创新型国家，建设生态文明等新的发展理念和战略举措的继承和发展。

“美丽中国”建设完全符合经济发展阶段的需要，也符合人民群众的长远根本利益。回顾过往，在人类社会剧烈冲突和矛盾对抗的 19 世纪，马克思主义的科学性就体现在指明了人类社会的发展方向，将生态文明建设纳入五位一体总体布局，这是用马克思主义理论指导当代中国建成全面小康社会的又一重大理论创新成果。马克思在为《资本论》第一版写的序言中指出:“社会不是坚实的结晶体,而是一个能够变化并且经常处于变化过程中的有机体。”人类社会是一个由经济、政治、文化等各种要素所构成并相互依存、相互作用的有机整体,由经济建设、政治建设、文化建设、社会建设以及生态文明建设所创造的各种积极成果,推动着物质文明、政治文明、精神文明、社会文明和生态文明的发展,丰富和满足着人们的各项权益。其中,经济建设为社会发展奠定物质基础,政治建设提供制度保障,文化建设提供精神动力和智力支持,社会建设提供良好的社会风气等社会环境,而生态建设为人们提供了生存和发展的基础。离开生态文明建设,人与自然关系就会呈现出紧张状态。因此,在十八大报告中将生态文明提升到现代化建设的“五位一体”总体布局之中。

(三)生态文明视角下建设美丽中国的本质特征

生态文明建设是建设美丽中国的前提条件。十八大报告指出:“建设生态文明,是关系人民福祉、关乎民族未来的长远大计。面对资源约束趋紧、环境污染严重、生态系统退化的严峻形势,必须树立尊重自然、顺应自然、保护自然的生态文明理念,把生态文明建设放在突出地位,融入经济建设、政治建设、文化建设、社会建设各方面和全过程,努力建设美丽中国,实现中华民族永续发展。”十八大报告把打造美丽中国作为生态文明建设的目标,意味着生态文明建设将作为打造美丽中国的前提条件。生态文明的核心要素是高效、和谐和人文发展。未来中国的发展,走生态发展、绿色发展之路才是理性的选择。但对于处于工业化初期的中国来说,巨大的人口基数和经济规模,使我国的经济建设难以避免严重的环境影响。因此,建设美丽中国,真正实现人与自然和谐相处,需要在生态文明建设上走出一条新路,这个挑战是巨大的。只要告别之前遵循的发展模式,以积极的态度推进生态文明建设,我们就一定能够实现建设美丽中国的美好愿景。

生态文明建设是建设美丽中国的战略指导。党的十八大报告中提出,要“着力推进绿色发展、循环发展、低碳发展,形成节约资源和保护环境的空间格局、产业结构、生产方式、生活方式,从源头上扭转生态环境恶化趋势”。报告中的绿色发展、循环发展、低碳发展这“三个发展”是推进生态文明建设的基本途径和方式，体现了我们尊重自然、顺应自然、保护自然的正确理念，这正是为建设美丽中国提供了战略指导。“美丽中国”的建设对中国的经济增长和发展道路提出了前所未有的高要求。在目前我国经济高速发展的时期，节约资源和保护环境可能会给经济增长带来一定程度的影响，但保护生态和促进发展其实并不冲突，当我们协调好了生态环境和经济增长之间的关系时，由此产生的高质量的生态环境必将会在未来给人民群众带来真正的美丽中国，生态文明必将成为社会经济增长的一个切实可靠的有力保障。

生态文明建设能科学解决建设美丽中国的改革难题。党的十八大报告提出了确保到2020年实现全面建成小康社会的宏伟目标，“建成”与“建设”虽只有一字之差，但所反映的是更高的发展标准与社会水平。为此，党的十八大报告明确提出，到2020年实现国内生产总值和城乡居民人均收入比2010年翻一番的具体发展目标。目前我国经济高速发展，与此相对应的是产生了一系列的生态问题。实践证明，发达国家走的“先污染后治理，先破坏后建设”的老路，在我国是走不通的。勉强按照老路子走下去，很可能在没有享受现代化的成果之前，就被沉重的生态环境压垮。因此，建设美丽中国，就要将经济建设与生态环境保护协调起来，以积极的态度推进生态文明建设，科学解决遇到的改革难题，实现生态与经济的双赢。

二、当前建设美丽中国的现状

在过去的一些年，我国生态文明建设虽然取得了较大成绩，政府、企业、社会组织在环境问题上投入了很大的精力，越来越多的企业也开始重视并履行环境责任。但环境总体形势依然十分严峻，能源消耗总量增长过快，主要污染物减排任务十分艰巨，水污染、空气污染、土地荒漠化、生物多样性减少等问题突出，我国的生态文明建设仍任重而道远，需要持续改进。

十一届三中全会以来，我国经济体制由计划经济转向市场经济，从而带动了经济和社会结构的转型，在此过程中，社会和市场经济的主体——

企业的关系发生了深刻的变化，企业的环境与社会责任也发生了相应的变化，企业在发展过程中，考虑更多的是为利益而生。从环境角度来看，自然环境是企业行为的外部受害者，企业是资源浪费和污染来源的主体。一般情况下，因为企业的环保投入在短期内没有回报，而且可能会造成短期内企业利润的下滑，影响企业的竞争力，所以一些企业很少注重污染治理和防治。一些地方政府盲目追求经济增长，忽视了对环境的监管责任，纵容企业环境污染，逃避环境责任。

由上所述，建设美丽中国的现状并不理想，如果不加快推进生态文明建设，不但会削弱国家竞争力，而且影响经济和社会的可持续发展。

三、推进生态文明视角下建设美丽中国的对策建议

（一）以中华传统文化理念强化全社会的生态文明观念

中华文明的基本精神与生态文明的内在要求具有高度的一致性，这使我们有可能率先反思并超越自文艺复兴以来主导人类的“物化文明”，成为生态文明的率先响应者和实践者。

以儒释道为中心的中华文明，蕴含着深刻的天人调谐思想和生态伦理智慧。在它们的共同作用下，中华民族形成了自己独特的文化体系。中国儒家关于生态环境的认识精髓是德性，主张以仁爱之心对待自然，主张“天人合一”，肯定人与自然界的有机联系和有机统一。《中庸》里说：“能尽人之性，则能尽物之性；能尽物之性，则可以赞天地之化育；可以赞天地之化育，则可以与天地参矣。”这是儒家德政的具体主张。中国道家关于生态环境的认识精髓是顺应自然规律，并通过敬畏自然来完善自我。道家强调人以尊重自然为最高准则，要达到“天地与我并生，而万物与我为一”的境界。庄子把物中有我、我中有物、物我合一的一种境界称为“物化”，即主客体的融合。这种追求超越物欲，肯定物我融合的自觉意识，在中国传统文化中占有重要的一席之地。中国佛教关于生态环境的认识精髓是慈爱，认为世间万物皆有生存的权利。《涅盘经》中说：“一切众生悉有佛性，如来常住无有变异。”一切生命既是自身，又包含他物，善待他物

即是善待自身。从善待万物角度出发，佛教把“勿杀生”奉为“五戒”之首，在人与自然的关系上表现出慈悲为怀的生态伦理精神，并通过利他主义实现自身价值。

在此基础上，我们以中国传统文化为切入点，以民族自身的传统文化观念来强化生态文明观念，定会取得事半功倍的效果。

（二）按照自然发展规律建设生态文明

在发展过程中必须尊重自然，按照自然规律来办事，改变生活方式。倡导绿色消费，走可持续发展之路、可持续消费之路。

一方面，通过淘汰落后产能和工艺，推动技术创新，促进绿色企业和绿色产业发展，促进微观经济领域的绿色化。另一方面，通过积极推进产业结构调整，逐步降低资源消耗多、环境污染重的传统经济在国民经济中的比重，提高绿色经济的比重，促进宏观经济领域的绿色化。同时，还要坚持预防为主、综合治理，以解决损害群众健康突出环境问题为重点，强化水、大气、土壤等污染防治。

总之，按照自然规律建设生态文明，才能提高资源承载力和可供给能力，使经济发展和资源、环境相协调，走上资源节约、环境友好的绿色发展之路。

（三）以严格的制度构建人与自然和谐相处的社会

人总是在一定的社会制度中生活和发展的，要像控制人口、保护耕地一样，实行严格的环境资源保护制度。建立健全法规、标准和技术体系，完善有利于生态文明建设的价格、财税、金融、土地等经济政策，加快资源价格改革步伐，健全环境税和生态补偿制度，促进各项政策的有机融合。严肃环境标准、执法纪律、执法手段，建立健全节能目标责任和评价考核制度，将能耗降低和污染减排完成情况纳入经济社会发展综合评价体系。实行行政问责制，引导树立绿色政绩观。通过法律、法规保障制度，形成合力，共同构建人与自然和谐相处的社会。

总之，建设美丽中国，承载着一代又一代中国人对中国未来发展的美好愿景，承续着“青春中国”“可爱中国”“新中国”“富强民主文明中国”“和谐中国”的中国梦。在生态文明视角下建设美丽中国，我们就一定能实现党的十八大提出的“给自然留下更多修复空间，给农业留下更多良田，给子孙后代留下天蓝、地绿、水净的美好家园”的美好愿景。

弘扬生态文化　助推生态文明

呼　应　林　萍

呼　应：吉林省社会主义学院副院长

林　萍：吉林省社会主义学院教研室副主任

党的十八大报告第一次把"大力推进生态文明建设"独立成篇全面阐述，第一次提出经济建设、政治建设、文化建设、社会建设、生态文明建设五位一体的总体布局，这是源于对发展的反思，对发展理念的提升，也是执政的中国共产党对中国特色社会主义理论体系的传承与发展。而生态文化是孕育生态文明的核心和灵魂，因此，推进生态文明建设，必须大力弘扬生态文化，为生态文明建设提供强大精神动力。

一、生态文化的内涵与意义

生态文化植根于中华民族优秀文化的深厚土壤。中国自古就有"阴阳五行""天人合一""道法自然"的哲学理念和生态观念。"阴阳五行"就是对立统一，相反相成；"天人合一"就是天人相应，顺应天时；"道法自然"就是因顺自然，合乎自然。中国也有"儒释道"三教的和谐。这些"和为贵""和而不同"的文化生态对今天的发展仍有启示。

广义的生态文化是指人类在社会历史发展进程中所创造的反映人与自然关系的物质财富和精神财富的总和。它以人与自然相互关系以及由此而形成的文化现象为研究对象，其研究范围包括人类在与自然交往过程中，为适应自然环境，维护生态平衡，改善生态环境，实现自然生态文化价值，满足人类物质文化与精神文化需求而创造的一切活动与成果。狭义的生态文化指人与自然和谐发展，共存共荣的生态意识、价值取向和社会适应。它包括生态哲学、生态伦理、生态美学、价值观念，以及思维方式、生产方式、生活方式、行为方式、文化载体和生态制度。生态文化的本质要求，不仅涉及对天人关系的认知、感悟和“道法自然”的精神境界和发展理念，而且涉及促进人与自然和谐共荣的道德规范、行为规范和社会生态适应等。[1]

生态文化是孕育生态文明的核心和灵魂。生态文明是人类价值观念和思维方式的新发展，是人类文明发展理念、道路和模式的重大进展。生态文明是被以人与自然平等、互利、和谐相处为基本特征的生态文化孕育出来的，即作为生态文化核心的和谐自然观是生态文明的核心理念的前提。生态文明批判地继承了农业文明、工业文明的有益成果，传承生态文化的价值取向，主张绿色生产和适度消费，节约资源，保护环境，大力发展环保产业，发展循环经济，经济增长方式由传统的粗放型增长向集约型增长转变，从而实现生产发展、生活富裕、生态良好的文明发展道路。因此，生态文化是孕育生态文明的核心和灵魂。[2]

加强生态文化建设是建设生态文明的重要前提。一谈到生态文明，社会与公众的着眼点和敏感点，几乎都聚焦在 PM2.5、水污染、植被破坏等方面。实际上，这只是生态文明中生态安全与保护的范畴。生态文明首先是一种理念和文化，作为一种独立的文明形态的生态文明，要靠生态文化的引领和支撑。建设生态文明，既是经济增长方式的转变，更是一场思想观念的深刻变革。从这个意义上讲，加强生态文化建设，在全社会树立起追求人与自然和谐相处的生态价值观，是保证生态文明建设能够顺利推进的重要前提。观念决定行为。当生态文化的观念深入人心、全民具有较高的生态知识和生态素养时，建设生态文明才能成为党员干部和公众的自觉行动。

加强生态文化建设是打造中国经济升级版的必然选择。2013 年 3 月 17 日李克强总理在会见中外记者时首次提出“打造中国经济升级版”

[1] 江泽慧：“构建生态文化体系推进生态文明进程”，《人民日报》，2013 年 1 月 11 日。

[2] 龚建文：“大力建设生态文化”，《江西日报》，2011 年 3 月 7 日。

的全新概念。3月20日，在新一届政府第一次全体会议上，李总理再次强调了这一概念，指出："中国的经济到了今天，不转型我们难以为继。""要把改革的红利、内需的潜力、创新的活力叠加起来，形成新动力，打造中国经济的升级版。"当今世界，文化与经济的结合越来越紧密，二者相互融合渗透，共同促进发展。除了自身能够创造的巨大价值外，文化还不断给经济发展注入新的活力，影响着经济发展的结构与方式，打造中国经济升级版正是这一发展趋势在我国现代化发展进程中的具体体现。打造中国经济升级版，既是经济增长方式的升级，更是思想观念的一场深刻变革。因此，加强生态文化建设，在全社会确立起追求人与自然和谐相处的生态价值观，是中国经济升级得以顺利推进的必然选择。

二、生态文化是助推生态文明建设的强大精神动力

"生态文化是传承中华民族优秀传统文化与生态智慧，融合现代文明成果与时代精神，促进人与自然和谐共存的重要文化载体。"[1]在生态文明建设中，生态文化是助推生态文明建设的强大精神动力。

生态文化是促进天人和谐的调控器。五千年的华夏文明孕育了博大精深的生态文化，构建了中华民族共有的精神家园。通过人与自然交往过程中的生态意识、价值取向和社会适应，生态文化把维护和增强自然生态系统的供给、调节、支持、文化四项服务功能彰显出来，从而实现自然资源和生态环境的生态价值、经济价值、社会价值和文化价值。这说明中华民族比世界上任何一个民族都更加懂得尊重自然、保护自然、顺应自然。在实现中华民族伟大复兴的进程中，将始终伴随着"天人合一""道法自然"等生态文化哲学思想，成为促进天人和谐的调控器。

生态文化是推动绿色发展的助推器。"绿色发展理念和理论来源于三个方面：一是中国古代'天人合一'的智慧，成为现代的天人合一观。二是马克思主义自然辩证法，成为现代的唯物辩证法。三是可持续发展，成为现代工业文明的发展观。三者交融贯通，形成绿色哲学观、自然观、历

---

[1] 江泽慧："构建生态文化体系推进生态文明进程"，《人民日报》，2013年1月11日。

史观和发展观。”[1]绿色发展是开创生态文明的道路，是对以往不恰当的生产生活方式与消费模式的改变，重新创造一种有利于保护环境、节约资源、保持生态平衡的生产生活方式，是科学发展观的本质体现，也是生态文化的时代内涵与创新。可见，绿色发展追求的是人与自然共生、共处、共存、共荣的文化内涵，是中国转变发展方式的重要体现，按照人口资源环境相均衡、经济社会生态效益相统一的原则，“形成节约资源、恢复生态和保护环境的空间格局、产业结构、生产方式、生活方式，从源头上扭转生态环境恶化趋势，为人民创造良好生产生活环境，为全球生态安全作出贡献”。[2]

生态文化是实现中国梦的驱动器。党的十八报告指出：“全面建成小康社会，实现中华民族伟大复兴，必须推动社会主义文化大发展大繁荣，兴起社会主义文化建设新高潮，提高国家文化软实力，发挥文化引领风尚、教育人民、服务社会、推动发展的作用。”众所周知，实现中华民族伟大复兴，就是中国梦。这个伟大梦想的实现，没有生态文化的兴盛，没有生态文化的驱动是难以实现的。因此，必须继承、发展和弘扬生态文化，充分发挥文化引领风尚、教育人民、服务社会、推动发展的作用，以文化人，让生态文明的理念入脑、入心，化作亿万民众自觉建设生态文明的生动实践。

生态文化是建设美丽中国的黏合剂。“文化虽然说是属于精神范畴，但它可以依附于语言和其他文化载体，形成一种社会文化环境，对生活于其中的人们产生同化作用，为他们的价值观、审美观、是非观、善恶观涂上基本相同的‘底色’，也为他们认识、分析、处理问题提供大致相同的基本点，进而化作维系社会、民族生生不息的巨大力量。”[3]生态文化亦是如此。随着生活水平的提高，人们对良好生态环境的需求更加迫切。环境问题已日益成为重要的民生问题。人民希望安居、乐业、增收，也希望天蓝、地绿、水净。一言以蔽之，山美了，水美了，人更得美，这才是美丽中国

---

[1] 胡鞍钢：“中国绿色发展的重要途径”，《中国环境报》，2012 年 5 月 11 日。

[2] 胡锦涛：“坚定不移沿着中国特色社会主义道路前进 为全面建成小康社会而奋斗”，《吉林日报》，2012 年 11 月 18 日。

[3] 顾伯平：“文化的作用”，《光明日报》，2005 年 3 月 2。

的完整内涵。要保证这一目标的实现，必须切实发挥生态文化的黏合剂作用，达到“各美其美，美人之美，美美与共，天下大同”的理想境界。

三、关于加强生态文化建设的几点思考

唤醒生态文化自觉。生态文明作为一种独立的文明形态，要靠生态文化来引领和支撑。没有生态文化的自觉就没有生态行动的自觉。生态文化建设的首要任务就是通过文化启蒙将生态意识和责任意识如春风化雨般地浸润民众的心灵，就是以先进的生态文化理念为指导，一方面引导公众的生产方式、生活方式、价值取向和消费行为的转变，另一方面影响和指导决策行为、管理体制和社会风尚。建设生态文明，政府起主导作用，所以要首先引导执政党的文化自觉和文明自觉。过去一直强调干部群众要有高度的文化自觉、文化自信。建设生态文明也是如此。只有党政干部的生态文化自觉提高，才能唤起和引导全体公民的生态文化自觉。建设生态文明，不同于传统意义上的污染控制和生态恢复，必然涉及生产方式、生活方式、价值观念、社会制度等各方面。由于涉及面广，落实点多，需要各方面的广泛支持和参与。这就要求政府发挥主导作用。近年来，在产业转移的大潮中，一些产业转移的主体企业把目光锁定在西部和农村地区。一些地方还在奉行“GDP至上”，只顾招商引资，不顾环境代价。党政领导干部执政一方，就应该造福一方。如果没有高度的生态文化自觉，发展观、政绩观很容易发生偏差，生态文明建设将只能是停留在纸上的一句漂亮口号。

树立共同的生态价值理念。生态文化的核心应该是一种行为准则、一种价值理念。我们衡量生态文化是否在全社会扎根，就是要看这种行为准则和价值理念是否自觉体现在社会生产生活的方方面面。如在产业发展中，是否认真制定和实施环境保护规划；在城市建设中，是否全面考虑建筑设计、建筑材料对城市生态环境的影响；在产品生产中，是否严格执行绿色环保和质量安全标准；在日常生活中，是否自觉注意环境卫生、善待地球上的所有生命等。对照这一要求，必须承认我们在许多方面还相距甚远，在现实生活中违法排污、违规建筑、乱砍乱伐、乱掘乱挖、乱捕

滥杀等无视生态规律的行为还时有发生，究其深层原因是我们还缺乏深厚的生态文化。因此，进一步加强生态文化建设，使生态文化成为全社会的共同价值理念，需要我们长期不懈地努力。❶

加大对生态文化的宣传力度。思想上的雾霾不除，环境中的雾霾难消。应动员政府、社会、家庭以及各种大众媒体、社会媒体展开全方位多层次多形式的舆论宣传和理论知识普及；把生态教育作为全民教育、终身教育来抓；把增强生态文明意识上升到提高全民素质的战略高度；大力开展和丰富生态艺术创作等办法，陶冶全社会公民具有生态操守，养成生态道德。全社会都要增强生态文化意识、营造良好氛围，每个人从自己做起、从身边事做起，点点滴滴的保护行动就可以汇成蓬蓬勃勃的生态文明建设力量。

大力发展生态文化产业，丰富生态文化产品。生态文化产业是生态文化体系建设的重要支撑，是一项前途光明、市场广阔的朝阳产业。在生态文明建设中，要充分发挥吉林省生态自然资源和生态人文资源的作用，既要做大做强山水文化、君子兰文化等物质文化产业，也要大力发展以长白山文化和历史文化名人为题材的影视、音乐、书画、文学艺术等精神文化产业，还要发展培训、咨询、论坛、传媒、网络等信息文化产业。要鼓励各种投资者投资生态文化产业，提高生态文化产品生产的规模化、专业化和市场化水平。要积极开展对外文化贸易，扩大对外文化传播交流渠道，开展多种形式的对外文化交流，打造长白山文化品牌，推动长白山文化走向世界。今后五年，吉林省将致力于提升生态文明水平，让吉林的天更蓝、山更绿、水更清，建设独具特色、绿色生态、自然和谐、享誉世界的宜居、宜业、宜游的美丽吉林。❷

---

❶ 习近平：《之江新语》，http://www.xj71.com/2013/0307/705563.shtml。

❷ 马喆："吉林提出改善城市空气质量目标5年达到国家二级标准"，《中国环境报》，2013年2月22。

大力构建生态文明　聚力共筑美丽中国

胡爱敏

胡爱敏：济南市社会主义学院科研部副教授

党的十八大全面描绘了我国未来发展的美好蓝图，鲜明提出了建设美丽中国、实现中华民族永续发展的战略任务。这是我们党牢牢把握当今经济社会发展新趋向而做出的重大部署，也是对广大人民群众对幸福美好生活期待的积极回应，充分体现了以人为本的执政追求和建设生态文明的坚定决心。建设美丽中国，事关发展，事关民生；建设美丽中国，是宏伟目标，也是切身实践。

一、建设美丽中国是中国特色社会主义事业实践的需要

十八大报告描绘了人民幸福、国家富强、民族复兴的美好蓝图，并对此进行了全面部署，在全社会引起强烈反响。其中，建设美丽中国这一新鲜词汇，充满了活力与希望，成为全国人民津津乐道的话题，在群众间激发了共鸣。美丽中国即人与自然和谐的美好的中国，也是人与人关系达到和谐完美状态的中国，即：美在科学发展，美在政治清明，美在社会和谐，美在文化繁荣，美在生态优良。

（一）建设美丽中国是历史的必然

党的十八大高屋建瓴，将中国特色社会主义事业的总体布局拓展为包括生态文明建设在内的“五位一体”，把生态文明建设提升到更高的战略层面，并提出了建设美丽中国的战略目标。这是我们党执政兴国理念

的重要升华，是对中国特色社会主义事业整体布局的顶层设计，是中国特色社会主义事业实践的科学完善。

构建社会主义生态文明、建设美丽中国的提出，是马克思主义理论与时俱进的创新成果。2002 年，党的十六大提出科学发展观；2005 年，党的十六届五中全会建议要“建设资源节约型、环境友好型社会”；2006 年，国务院发布《关于落实科学发展观加强环境保护的决定》，明确指出，要把环境保护摆在更加重要的战略位置；2007 年，党的十七大报告首次提出了“建设生态文明”的执政理念；2012 年，生态文明建设进入社会主义建设总布局，我党旗帜鲜明地提出要建设美丽中国。这是党在深入学习贯彻落实科学发展观、深刻认识当今国内外大环境的基础上，做出的一个新的重大战略部署。这个过程表明中国共产党对中国特色社会主义发展道路的科学认识一步步深化，党的执政理念越来越现代化、科学化。

构建社会主义生态文明、建设美丽中国的提出，是对中国传统文化中生态文化思想的继承和发展。中国传统文化中，最注重生态的当属儒家和道家。儒家生态智慧的核心是“天人合一”，强调人与自然界的统一、人与自然的和谐，其中还蕴含有可持续发展的思想。道家思想强调人与自然界之间的和谐共生，要尊重自然，道法自然。这两种对待自然和生态的态度一直流传至今，是我党生态文明思想的来源之一。

在不断总结社会主义建设经验的基础上，党和国家逐步深化对社会主义建设规律的认识，不断创新、发展与丰富社会主义建设事业总体布局。建设美丽中国战略目标的提出，表明党中央对生态文明建设更加重视，对生态发展规律认识更加深刻，这体现了党和国家对正在深入开展的中国特色社会主义建设实践的高度自觉，彰显了对时代负责、对历史负责、对子孙负责的态度和责任感，标志着我国特色社会主义现代化建设事业进入了新阶段。

（二）建设美丽中国是现实的要求

从世界范围看，保护人类生态环境、节约能源资源是国际社会高度关注的问题。工业革命以来，工业文明创造出了巨额的物质财富，但也给人类赖以生存的自然环境带来了空前的破坏，资源枯竭、环境污染、生态破坏等环境问题、生态危机在全球蔓延，人类文明的发展陷入生态困境，遇到了很大的挑战。在此背景之下，人类对于人与自然关系的历史和现实进行不断反思，逐渐认识到，“生态环境问题以及生态危机绝非单纯的人与自然之间的相互冲突，它还涉及人与人、人与社会之间的关系，是人与社会、人与人之间矛盾在自然领域的表现”。❶ 因此，生态文明理念应运而生。生态文明是一种新的文明形态，指“人类遵循人、自然、社会三者和谐发展的基本准则，在自然环境中谋求生存与发展的过程中所形成的自然的和物质的、制度的、精神的成果总和”❷，是人与自然和谐相处、发展与环境双赢、经济社会发展成果人人共享、公众幸福指数不断升高的文明。❸

生态文明的提出，体现了“人类对于未来发展方向的重新审视以及文明发展道路的理性选择”❹，是对社会文明发展的主动创造过程。人类正在从过去以牺牲环境和资源为代价谋求社会发展的模式，逐渐向人与自然和谐发展、经济增长与环境保护协调发展的模式转换。我国提出建设生态文明、构建美丽中国的目标，顺应着人类历史文明发展的大趋势，也融入了世界可持续发展的主流。

就目前国内现实状况而言，中国已经进入全面建设小康社会的关键时期，这也是深化改革开放、加快转变经济发展方式的攻坚时期。生态文明建设是解决当前我国经济社会发展面临的突出矛盾和问题的迫切要求。改革开放30多年来，我国在各方面取得了举世瞩目的成就，经济保持高速增长态势，经济总量已经跃居世界第二位。但是，我国经济的高速增长在较大程度上是以牺牲资源和环境为代价的，粗放型增长方式以及偏重追求效率的生产模式，对资源的消耗已经超出了生态环境的承载能力和自我恢复能力，导致生态环境脆弱、环境污染严重、突发环境事件时

---

❶ 翁志勇：“生态文明建设：问题及对策思考”，载《毛泽东邓小平理论研究》，2011年第11期。

❷ 王奇，王会：“生态文明内涵解析及其对我国生态文明建设的启示——基于文明内涵扩展的视角”，载《鄱阳湖学刊》2012年第1期。

❸ 姜春云：“跨入生态文明新时代”，载《求是》，2008年第21期。

❹ 翁志勇：“生态文明建设：问题及对策思考”，载《毛泽东邓小平理论研究》2011年第11期。

常发生，引起了党和政府的高度重视，提出了科学发展观这一指导思想。近些年来，从中央到地方各级政府和有关部门采取了一系列环境保护和综合治理措施，取得了一定成效。但正如全国生态保护"十二五"规划纲要指出的，"我国生态环境整体恶化的趋势还未得到根本遏制"，生态和环境问题已成为威胁人体健康、公共安全和社会稳定的重要因素之一，也对经济社会的可持续发展敲响了警钟。面对资源约束趋紧、环境污染严重、生态系统退化的严峻形势，党中央响亮发出建设美丽中国、实现中华民族永续发展的号召，并进行科学谋划和顶层设计，是党对于社会主义事业发展现状的清醒认知和准确把握，也是坚持科学发展观的必然要求，表现出党执政能力和水平的新境界，是要把中国建成现代化强国的必然选择。

二、建设美丽中国是全国各族人民的民生期待

习近平总书记强调，"人民对美好生活的向往，就是我们的奋斗目标"[1]。十八大把生态文明建设列入中国特色社会主义建设五位一体的布局，把美丽中国作为重要的目标。这个布局是中国共产党不断发展和丰富执政为民理念的结果，是从人民利益出发、为人民谋幸福的总体设计。

（一）人民群众的生态意识增强

随着社会的发展进步，人民群众的生态意识和环境品质观念越来越强，人民群众对生态环境的要求也越来越高，迫切要求我们加快转变经济发展方式、实现全面协调可持续发展。随着生活水平的逐步提高，越来越多的中国人对于生活品质、生活环境、食品安全、交通状况、文化生活等经济以外的因素更加关注，"生态平衡""绿色环保""绿色食品""循环经济"等概念开始深入人心。建设一个环境优美、宜居宜业、山清水秀、公平正义、生活幸福的美丽中国，是人民群众对于未来的祝愿与期待，共同创造和守护美好家园是全体中国人的共识。

---

[1] 习近平：《人民对美好生活的向往就是我们的奋斗目标》，人民日报，2012－11－16。

（二）环境美好是人民群众的期盼

近年来，随着工业化和城镇化的逐步推进，经济的发展也加大了环境风险，损害群众健康的环境问题较为突出，环境事件频繁发生，引起了广大群众的热切关注。尤其是今年年初以来，全国的许多大中城市深陷“雾霾”围城，折射出我国当前环境污染的严峻程度，引发了人民群众对环境的担忧和对生态环境改善的期盼。同时，农村的环境污染问题也不容乐观，有些地方人们的健康、生产和生活已经受到了严重影响。农村的环境污染源有两个方面，一是农业生产生活过程中农药、化肥、农业废弃物和畜禽粪便、生活垃圾等造成的污染，二是工业污染排放、城市垃圾等造成的污染。加强生态文明建设，建设美丽中国，就是要改善人们工作和生活的自然和社会环境，让人民群众喝到干净的水、呼吸清洁的空气、吃到放心的食物，畅通出行，安全安心地工作和生活，实现人与自然之间的生态和谐，使人民生活更美好。

（三）生态环境问题体现了党的价值取向

全心全意为人民服务，坚持不懈为人民造福是我党的宗旨，任何时候都要维护、实现、发展好群众的根本利益，以群众满意作为最根本标准。中国共产党始终把为人民谋利益作为党的全部活动的出发点和归宿，执政为民、以人为本的理念，决定了党对待当前面临的各种问题的态度和决心。生态环境问题直接关系到国计民生，事关经济社会全面发展。在严峻的生态环境危机面前，环境问题解决的好坏，考验着执政党的执政能力。十八大把生态文明建设作为中国特色社会主义总体布局的重要支柱，对推进生态文明建设作出了全面战略部署。生态文明建设代表了最广大人民群众的根本利益，体现了中国共产党鲜明的价值取向，赢得了广大人民群众的高度认同。

三、凝心聚力推进美丽中国建设的途径

建设美丽中国，既是愿景，也是使命，更是责任。要走出一条经济社

会发展与人口、资源、环境相协调的新路子，在经济社会发展的同时实现生态平衡，通过人与自然的和谐，推动社会的进步。

（一）切实树立全面的美丽中国理念

美丽中国不仅仅是指生态意义上的青山绿水和蓝天白云等自然环境的美，美丽中国的“美丽”内涵应该是广义上的：物质富足，公平正义，社会和谐，文化繁荣，环境优美，心灵美丽等。因此，要把美丽中国的要求贯彻到经济、政治、社会、文化、生态文明建设的过程中，要做到经济持续健康发展、人民民主不断扩大、文化软实力显著增强、人民生活水平全面提高、资源节约型和环境友好型社会建设取得重大进展。十八大构建的“五位一体”总布局是一个有机整体，其中经济建设是根本，政治建设是保证，文化建设是灵魂，社会建设是条件，生态文明建设是基础，每一项都要切切实实抓好。

（二）促进经济发展的绿色转型

在经济发展方面，必须坚持以科学发展观为指导，坚持节约优先、保护优先、自然恢复为主的方针，秉承科学发展和绿色发展的理念，积极调整经济结构，转变经济发展方式、生产方式、消费方式，把经济增长的基点放到依靠科技创新、科技进步上来，构造有利于环境保护和节约资源的产业体系，走新兴工业化的道路，降低经济发展对环境的破坏，实现经济的绿色、循环、低碳发展，实现经济社会又好又快发展。

（三）大力推进生态文明建设

生态文明建设是打造美丽中国的基础条件。党的十八大报告指出，建设生态文明，是关系人民福祉、关乎民族未来的长远大计。生态文明建设与中国特色社会主义事业，与中华民族的命运是紧密相连的。必须树立尊重自然、顺应自然、保护自然的生态文明理念，要坚持节约资源和保护环境的基本国策，切实保护和修复生态，坚持源头治理、综合治理；把生态文明建设放在突出地位，融入经济建设、政治建设、文化建设、社会建设各方面和全过程，形成节约资源和保护环境的空间格局、产业结构、生产方式、生活方式；统筹城乡生态文明，建设美丽城市，也建设美丽乡村。

（四）打造政治社会文明之美

美丽中国，还要体现政治清明之美和社会和谐之美。政治建设着力于营造社会公平正义，尊重利益和需求的多元化、多样化，注重平衡人与人之间、人与社会之间的各种关系，从大局角度出发强化保护生态环境、实现人与自然和谐相处的制度安排和政策法规。社会建设的核心是保障民生，从关心民众疾苦、解决民众生存问题，特别是影响民众生活的现实生态问题入手，解决人与人和谐、人与社会和谐的问题。提高全社会的生态意识、忧患意识、责任意识、生态伦理和道德意识，改变不利于环境保护的传统陋习和不良生活方式，激发公众参与包括生态建设与环境保护事务在内的社会管理的积极性和主动性。只有全民参与、共同努力、齐心协力，才能将美丽中国这一美好的梦想变为现实。

（五）以生态文化塑造美好心灵

美丽中国，还要有繁荣丰富的文化产品、多姿多彩的文化活动来建设高度精神文明、塑造美好心灵，打造以人与自然和谐相处和协调发展为目标的生态文化。要积极推进生态文明建设的理念，提高全民生态文明和美丽素养，在全社会形成生态文明新风尚。在全球化进程中，文化已越来越成为一个国家综合国力的重要组成部分，我国传统文化中的生态思想的精华至今仍然大放光华，科学发展的观念也日益深入人心。可以想象，国人举手投足间透露出的深厚文化底蕴和高度文明素质，表现出的环境保护和生态平衡的思想观念和精神追求，体现出的奋发向上、开拓进取的精神风貌，是美丽中国的文化元素，最能打动人心。

美丽中国离不开生态文明与生态文化建设

赵宪军

赵宪军：甘肃省社会主义学院副教授。

“生产空间集约高效，生活空间宜居适度，生态空间山清水秀，天蓝、地绿、水净美好家园”，这是十八大报告对美丽中国最直观、最形象的描述。但是，美丽中国与现实中国存在着巨大的反差，尽管我国经济总量跃居世界第二，贫困人口不断减少，人民生活更加富裕，可是环境污染严重、生态系统退化形势严峻，已经对我国经济社会可持续发展形成了制约，经济社会快速发展与生态环境保护之间的矛盾日益凸显。所以，生态危机从来也没有像今天这样强烈，生态文明建设也从来没有像今天这样迫切。党的十八大报告指出“建设生态文明，是关系人民福祉、关乎未来的长远大计。……我们一定要更加积极地保护生态，努力走向社会主义生态文明新时代。”美丽中国既是中华民族永续发展的基础，也是中华民族永续发展的目标和结果。生态文明建设的目标就是实现美丽中国。

一、生态文明是人类对人与自然发展规律认识深化的结果

生态文明是人类对自然规律认识不断深化的结果。人类在不断认识和调整人与自然关系过程中，经历了以征服和改造自然理念支配，转变为尊重自然、顺应自然、保护自然、与自然和谐相处的理念。人类与环境的关系始终是矛盾对立的统一体。经济与生态，生存与发展，破坏与保护始终处在人类社会发展博弈当中。一方面，人的自然属性决定了人对生存

环境的选择。人类是自然环境的产物,是自然环境的一部分,“天蓝、地绿、水净”是人类选择生存环境的三个必要条件,有了这三个基本条件,人类才能安居乐业,健康发展。所以,人类在发展过程中必然始终把良好的生存条件放在第一位。另一方面,人的社会属性决定了人类社会发展的需要。人类又不断向自然环境索取各种物质资料,来满足人类社会发展各种需求,而人类对自然资源索取的多少决定于生产力水平。所以,人类对生产力传统的定义就是征服和改造自然,并获得生活和生产资料,促进社会发展的能力;把征服和改造自然过程中所获得的生活和生产资料称之为财富。这个概念也决定了人与自然的关系就是征服和改造自然,更多的侧重于怎样最大限度的、不遗余力的开发自然资源,而忽略了环境保护,很少考虑人与自然的和谐。随着人类生产能力的不断提高,社会不断演进,人类生存发展与自然环境破坏之间的矛盾越来越尖锐,特别是人类进入资本主义工业文明以后,科学技术不断创新和运用,极大地提高了生产能力,在获取更多的生产资料和生活资料的同时也不可避免地增大了对自然环境的破坏力度。马克思曾在《共产党宣言》中做了生动形象的描述:“资产阶级在它的不到一百年的阶级统治中所创造的生产力,比过去一切世代创造的全部生产力还要多,还要大。”[1]据有关资料显示,整个20世纪,人类消耗了约1420亿吨石油、2650亿吨煤、380亿吨铁、7.6亿吨铝、4.8亿吨铜。占世界人口15%的工业发达国家,消耗了世界56%的石油和60%以上的天然气,50%以上的重要矿产资源[2]。科学技术和工业化生产,在给人类带来越来越多的财富的同时,也给人类带来了越来越多的环境污染的烦恼,对自然资源无节制的大规模消耗带来污染物的大量排放,最终造成自然资源迅速枯竭和生态环境日趋恶化,能源危机、环境污染、水资源短缺、全球气候变暖,酸雨增多,土地荒漠化、沙漠化严重,生物物种大量灭绝或濒临灭绝、变异等,已经直接威胁到人类自身生存所需要的“蓝天、绿地、净水”生态家园,人与自然的和谐也面临着有史以来最严峻的挑战。

---

[1] 《共产党宣言》,人民出版社,1970年版,第28页。

[2] 姜春云:“党的生态文明理念和国家可持续发展战略探索”,载《中共中央党校学报》,2010年8月24日。

西方发达国家既是工业文明的先行者，也是全球环境最大破坏者，更是环境污染首当其冲的受害者。上个世纪所发生的环境污染公害事件层出不穷。如比利时马斯河谷烟雾事件、美国洛杉矶光化学烟雾事件、伦敦雾都事件、北美死湖事件、日本“水俣病”事件、巴西库巴唐“死亡谷”事件、西德森林枯死病事件、印度博帕尔公害事件、切尔诺贝利核泄漏事件、莱茵河污染事件等。其中，美国在1952年12月的一次光化学烟雾事件中，洛杉矶市65岁以上的老人死亡400多人。在1955年9月，由于大气污染和高温，短短两天之内，65岁以上的老人死亡达400余人；英国伦敦在1952年发生的雾霾事件，在短短的两个月内死亡人数达上万人之多，而且雾霾治理经历了长达三十多年的时间；日本1953年至1956年间的“水俣病”事件给当地人带来无穷的灾难，因为鱼虾有毒，居民不敢再吃，捕鱼的企业开始倒闭，成千上万的渔民因此失业；英国泰晤士河污染治理花掉将近600亿美元，耗时近一个多世纪；前苏联1986年切尔诺贝利核泄漏事件造成的直接经济损失达150亿美元，放射性污染遍及周围15万平方公里的地区，那里居住着694.5万人。核电站周围30公里范围被划为隔离区，附近的居民13万人被疏散，庄稼被全部掩埋，周围7公里内的树木都逐渐死亡。在日后长达半个世纪的时间里，10公里范围以内将不能耕作、放牧；10年内100公里范围内被禁止生产牛奶。不仅如此，由于放射性烟尘的扩散，整个欧洲也都被笼罩在核污染的阴影中。临近国家检测到超常的放射性尘埃，致使粮食、蔬菜、奶制品的生产都遭受了巨大的损失。核污染给人们带来的精神上、心理上的不安和恐惧更是无法统计，事故后的7年中，有7000名清理人员死亡，其中1/3是自杀。参加医疗救援的工作人员中，有40%的人患了精神疾病或永久性记忆丧失。时至今日，参加救援工作的83.4万人中，已有5.5万人丧生，七万人残疾，30多万人受放射伤害死去[1]。这些都向人类敲响了环境危机的警钟。恩格斯在《自然辩证法》中讲到“我们不要过分陶醉于我们人类对自然的胜利。对于每一次这样的胜利，自然界都对我们进行了报复。”[2]

---

[1] 《20世纪环境警示录》，人民网，http://www.people.com.cn/GB/huanbao/259/6899/。

[2] 《马克思恩格斯选集》第4卷，人民出版社1995年第2版，第383页。

在环境污染惨痛教训面前，人们不得不反思人与自然关系问题，并通过这种反思，加深人对自然规律、生态环境保护认识的深化。人们不禁要问：我们征服和改造自然的目的究竟为了什么？在那种超越理性的市场经济利益追逐中，人类越来越迷失了人类崇尚的幸福和健康的方向，唯利是图、竭泽而渔、不择手段，用人定胜天的理念去征服自然，一旦失去“蓝天、绿地、净水”，人类的一切活动还有意义吗？人类必须冷静思考了，只有当人与自然之间协调、和谐发展，整个人类经济社会才能有可持续发展。所以，生态危机是世界性的问题，生态文明是人类的共识，是人类共同的责任。1972 年在瑞典斯德哥尔摩召开联合国人类环境与发展大会，通过《人类环境宣言》，唤起了各国政府对环境问题的关注。1992 年在巴西里约热内卢召开联合国人类环境与发展大会，这次会议不但提高了对环境问题认识的广度和深度，而且把环境问题与经济、社会发展结合起来，树立了环境与发展相互协调的观点，通过了重要文件之一就是“世界范围内可持续发展行动计划”，这次会议对促进全球环境保护具有里程碑意义。2012 年在巴西里约热内卢召开联合国人类环境与发展大会，提出“绿色经济在可持续发展和消除贫困方面作用”。

二、生态文明是现实生态危机使然

改革开放三十多年来，我国经济飞速发展，人民生活水平、综合国力的大幅度提高，取得了世界瞩目的成绩，经济总量已跃居世界第二位，但是，我们粗放型经济发展模式导致生态环境问题不容乐观。当前，我国环境状况总体恶化的趋势尚未得到根本遏制，环境矛盾凸显，压力继续加大。具体表现为以下五个方面。

2009 年中国环境状况公报资料显示，我国长江、黄河、珠江、松花江、淮河、海河、辽河七大水系没有不受污染的河流。其中，轻度污染的河流占 57.3%，中度污染的河流占 24.3%，重度污染的河流占 18.4%，黄河中度污染，海河重度污染。湖泊中，太湖、巢湖、白洋淀、洪泽湖、西湖等水质都属重度污染。大气污染严重，全国监测的 488 个城市(县)中，出现酸雨的城市就达 258 个，占 52.9%，集中在长江以南，青藏高原以东地区，主要包括浙江、江西、湖南、福建、重庆的大部分地区，长江、珠江三角洲地区，酸雨造成这一地区干旱缺水、土地沙化、农作物减产现象严重。我国成为继欧洲、北美之后世界第三大酸雨重灾区❶。

有关资料显示，目前，全国仍有2.98亿农村居民的饮用水不安全，20%城市居民的饮用水水源地不达标；全国耕种土地面积的10%以上已受重金属污染，直接威胁到粮食和食品安全。华南部分城市约有一半的耕地遭受镉、砷、汞等有毒重金属和石油类有机物污染；长三角有的城市连片的农田受多种重金属污染，致使10%的土壤基本丧失生产力，成为"毒土"。我国农药使用量达130万吨，是世界平均水平的2.5倍。云南农业大学测算，每年大量使用的农药仅有0.1%左右可以作用于目标病虫，99.9%的农药则进入生态系统，造成大量土壤重金属、激素的有机污染。由于农药、化肥和工业导致的土壤污染，我国粮食每年因此减产100亿公斤❷。海河流域受污染地表水渗入补给是地下水污染的重要原因。2010年，该流域废水排放量高达49.73亿吨，未达标的断面比例为60.6%，污染严重河流渠道、过量施用化肥和农药以及不达标的再生水灌溉区等对地下水环境影响显著❸。"湘江北去，橘子洲头。漫江碧透，百舸争流。中流击水，浪遏飞舟"，这是1952年毛主席在他的《沁园春长沙》中描写湘江的诗句，而今的湘江流域集中了湖南省六成人口和七成左右的国内生产总值，亦承载了60%以上的污染，是目前中国重金属污染最为严重的河流。❹

目前，全国水土流失面积达356万平方公里，年均土壤侵蚀量高达45亿吨。2009年全国荒漠化土地总面积达262.4万平方公里。全国约90%的天然草场存在不同程度的退化❺。以甘肃生态环境为例，如地处甘肃境内的祁连山，不仅是甘肃境内的黑河、石羊河、疏勒河三大内陆河流发源地，而且是黄河、青海湖的重要水源补给区。祁连山年均径流量约72.64亿立方米，灌溉着1650余万亩林地和1200余万亩草原，对它的保

❶ 2009年《中国环境状况公报》。

❷ "大地之殇"，载《经济参考报》2012年6月11日。

❸ "华北平原遏阻地下水污染"，载《人民日报》，2013年5月2日。

❹ "中国重金属污染最严重的河流治理之困"，载《南方都市报》2012年11月3日。

❺ 《全国生态保护"十二五"规划》。

护直接关系到青海、甘肃和内蒙古三省区近570万人口的生存和发展。但是由于温室效应，祁连山的冰川局部地区雪线正以每年2米至6.5米的速度上升，有些地区的雪线年均上升达12.5米至22.5米。目前，祁连山融水比20世纪70年代减少大约10亿立方米，据测算，面积在两平方公里左右的冰川将在2050年前基本消失，较大的冰川也只能留存到本世纪50年代。[1]

生物多样性保护等全球环境问题的压力不断加大。我国野生高等植物濒危比例达15％～20％，有233种脊椎动物面临灭绝，约有44％的野生动物呈数量下降趋势。[2]

随着人口总量持续增长，工业化、城市化快速推进，能源消费总量不断上升，污染物产生量将继续增加，经济增长的环境约束日趋强化。有资料显示，1981—2011年，我国国民经济能以年均10％的速度增长，是以能源消费年均5.82％的速度增长作为支撑，特别是石油，对外的依存度从本世纪初的32％上升到目前的57％；煤炭，继2009年净进口之后，2011年进口量达22228万吨，较上年增长20.3％；铁矿石对外依存度56.4％。粗放型的经济增长方式是我国现阶段经济发展的基本特征，由于能源密集型产业技术相对落后，导致一方面高投入、高耗能比重过高，钢铁、有色、化工、建材四大高耗能行业能源消耗占全社会的40％以上；另一方面能源综合利用率过低，造成能源浪费现象严重，大量的含有二氧化硫、氮氧化物和有害重金属的废水、废气、废料排放量超过环境容量，环境问题越来越严重[3]。京津冀、长三角、珠三角曾经是中国经济腾飞的三大“引擎”，近年来，这些经济发达地区的PM2.5污染问题日益突出。2010年，北京、广州等七个细颗粒物监测试点城市年均浓度超出国家二级标准14％～157％。2010年，京津冀、长三角、珠三角等区域，每年出现灰霾的天数在100天以上。[4]

---

1. “甘肃省生态环境保护现状调查”，载《甘肃日报》2010年5月25日。
2. 《全国生态保护“十二五”规划》。
3. 《中国能源政策(2012)白皮书》，人民出版社2012年10月24日。
4. 钟南山：“空气好了，老百姓会觉得政府了不起”，载《中国青年报》2013年3月6日。

三、生态文化建设是生态文明建设的前提条件和基础

如果说人类所创造的工业化、城市化、现代化文明是为了追求幸福，那么为什么这种幸福却总是被环境污染带来的灾难所破坏？如果说西方发达国家工业文明带有鲜明的逐利性和盲目性，从而导致环境危机并为环境危机不得不付出惨痛的代价，并为世人所震惊和警醒，那么，现实中的我们在经济社会发展中，为什么又会自觉不自觉地在市场经济发展中重蹈西方环境污染的覆辙，重复工业化“先发展，后治理”的老路呢？

人类工业文明的缺陷就在于生态文明的缺失，没有生态文明的建设，人类将会最终迷失在对幸福的追求过程之中。而生态文明的缺失正是因为人们的生态文化的缺乏，这是人类在自我发展中藐视自然、忽略自然，造成环境污染，引发生态危机和经济社会不可持续发展的根源。近些年，我国生态环境问题凸显的原因之一正是因为生态文化的缺乏，导致人们生态环境保护意识淡薄，没有形成生态文明的理念，面对环境污染麻木不仁。于是，现实中不惜以牺牲环境为代价，单纯追求经济发展速度的现象屡见不鲜；因环境污染事件引发的经济纠纷、社会群体事件层出不穷，这些成为危及社会稳定的重要因素，严重制约我国经济社会可持续发展。

生态文明是人与自然、人与人、人与社会和谐共生、良性循环、全面发展、持续繁荣为基本宗旨的文化伦理形态，应该是生态意识的文明、生态行为的文明、生态制度的文明的组合，而这些正是生态文化建设的重要内容。人的一切行动首先来源于人的思想观念，思想观念决定人的价值理念。所以，人们的生态自觉来源于生态文化的自觉。生态文化的自觉在于生态文化的培养和全民族生态道德素质的提高，培养生态文化就是要树立正确的生态价值观和价值理念，体现人对自然的价值判断、生态道德的约束力、社会生产方式的生态化价值导向、对健康生活方式和消费方式的价值追求。有了这种生态价值理念，才能使整个社会形成生态价值共识，才能自觉尊重自然、顺应自然，合理开发、利用和保护自然，才能够“增强全民节约意识、环保意识、生态意识，形成合理消费的社会风尚，营造爱

护生态环境的良好风气”。❶

生态文化的价值理念就是在科学合理开发、利用自然资源的同时保护好生态环境。党的十八大报告指出“建设中国特色社会主义，总依据是社会主义初级阶段，总布局是五位一体，总任务是实现社会主义现代化和中华民族的伟大复兴”❷。所以，加快发展仍然是我国经济社会发展第一要务，发展是硬道理的关键在于科学发展，既要发展经济，又要保护环境，才能全面建成小康社会，才能实现社会主义现代化和中华民族的伟大复兴。而要实现这个总任务，就必须有五位一体的总体布局，生态文明建设是中国特色社会主义文明建设的重要组成部分。这就要求政府、个人、企业和其他社会组织必须具有生态文化的价值理念。只有这样，才能在发展的战略、策略、方针、决策的制定和实施，在制度、管理、创新方面，切实体现发展与保护关系的协调性、合理性和科学性；才能从转变经济发展方式，着力推进绿色发展、循环发展、低碳发展、节约资源能源的高度，认识生态文明的重要性；才能“把生态文明建设放在突出地位，融入经济建设、政治建设、文化建设、社会建设各方面和全过程”。❸

保护环境是法律、经济、技术和行政管理等手段综合运用的结果，但生态环境保护法制化，依法保护生态环境最为重要。法制是现代社会文明的标志之一，也是观念转变的有效方式，人类的社会行为很大程度上都是制度安排的结果。恩格斯说过：“人们会重新感觉到，而且也认识到自身和自然界的一致，而那种把精神和物质、人类和自然、灵魂和肉体对立起来的荒谬的、反自然的观点，也就更不可能存在了。但是要实行这种调节，单是依靠认识是不够的。这还需要对我们现有的生产方式，以及和这种生产方式连在一起的我们今天的整个社会制度实行完全的变革”❹。所以，“要把资源消耗、环境损害、生态效益纳入经济社会发展的评价体系，建立体现生态文明要求的目标体系、考核办法、奖惩机制”，并上升到法律层面加以明晰，这样才有利于整个社会对生态环境保护的重视。

---

❶ 党的十八大报告。

❷ 党的十八大报告。

❸ 党的十八大报告。

❹ 潘岳：“论社会主义生态文明”，载《绿叶》2006 年第 10 期。

传承和谐生态理念 努力建设美丽中国

张慧艳　万利民

张慧艳:哈尔滨市社会主义学院院长

万利民:哈尔滨市社会主义学院教授、科研处处长

党的十八大提出了要“树立尊重自然、顺应自然、保护自然的生态文明理念,努力建设美丽中国,实现中华民族永续发展”的生态文明建设总体要求。生态文明是人类社会文明的高级状态,把生态文明建设融入经济建设、政治建设、文化建设、社会建设各方面和全过程,充分体现了“美丽中国”的和谐之美。

一、和谐生态理念:中国传统文化的精髓

五千年来辉煌灿烂的中华文化,为人类文明进步做出了杰出的贡献,在我国历史悠久、内容丰厚的传统文化中,一直包含有古代先民与哲人关于人与周围自然环境,也可称之为生态环境关系的认识及论述,可以说,在中国传统文化中,有关人与自然应和谐相处的理念一直是中国几千年传统文化的精髓。

中华文化荟萃了数千年的儒、释、道、诸子百家文化,“天人合一”论是中国哲学观的核心,它首先肯定人与自然的高度统一,形成了系统的生态伦理思想体系。

中国儒家提出“天人合一”,其本质是肯定人与自然界的统一。所谓“天地变化,圣人效之”,人事必须顺应天意,要将天之法则转化为人之准则,顺应天理,方能国泰民安,万物和谐。正如《中庸》里所说:“能尽人之性,则

能尽物之性；能尽物之性，则可以赞天地之化育；可以赞天地之化育，则可以与天地参矣。”[1]

中国道家提出“道法自然”。所谓“道法自然”，指的是“道”按照自然法则独立运行，而宇宙万物皆有超越人主观意志的运行规律。老子认为，自然法则不可违，人道必须顺应天道，人只能是“辅万物之自然而不敢为”。诚所谓“顺天者昌，逆天者亡。”这与现代环境友好意识相通，与现代生态伦理学相合。

中国佛家提出“佛性”为万物之本原。宇宙万物的千差万别，都是“佛性”的不同表现形式，其本质仍是佛性的统一。而佛性的统一，就意味着众生平等，万物皆有生存的权利。

可见，中国的儒、释、道三家，都十分强调人与自然和谐一体的思想。他们认为，人与天地万物同为一气所生，互相依存，具有同根性、整体性和平等性。从深层内核看，生态问题是个涉及人与自然关系的哲学问题。“天人合一”一直是中国传统文化的理想境界。在先哲们看来，天与人，天道与人道，天理与人性是相类相通的，因而可以达到天人和谐的境界。

如此看来，中国传统文化中固有的生态和谐理念，为实现生态文明提供了坚实的哲学基础与思想源泉，也为我们今天调整人与自然的关系带来启发。人与自然的关系问题，时至今日，仍然是必须认真对待的问题。人类在进行经济建设，创造物质文明的同时，如果不注意生态平衡，必然受到自然的惩罚。改造自然是必要的，而破坏自然则必食苦果。就此而言，中国传统的天人和谐的生态理念，确实具有重要的理论参考价值。

二、生态文明：传统文化的创新

中国传统天人和谐生态理念，是处理好人与自然关系的重要价值标尺和理论资源，而提倡和建设生态文明，正是对传统天人和谐生态理念的一种传承和发展。有西方学者指出，在历史转折的关头，传统可以成为创新的源泉。历史证明，一个国家在经济快速发展、社会有序转型时期，一定伴随着

---

[1] 《中庸》

文化的重生。中国传统文化的智慧中包含着丰富的生态伦理观念，将成为我们建设生态文明的再生资源。

中国传统文化中的天人和谐思想和生态伦理智慧，为实现生态文明提供了坚实的哲学基础和思想源泉，生态文明正是基于中国传统文化的丰厚营养而探寻出的一条新的文明发展之路。

今天，我们讲生态文明，讲天人和谐，不是要求人类全面放弃自己的科学文化知识，放弃自己的生产力，回到以前的社会经济状态，而是要按照自然的本来面目，按照各种生态规律来认识自然、探究自然、保护自然、利用自然，坚持积极的天人和谐，坚持发展的天人和谐，坚持在天人和谐基础上的发展。

生态文明的提出要求我们改变以往对自然界的片面的、错误的认识，特别是要重估自然资源的价值。自然资源可以理解为自然界中具有一定的时间空间格局、对人类生存和生活直接间接地产生影响的所有自然因素的总和。自然资源包括一切具有现实价值和潜在价值的自然因素，不以是否已经被人类所认识、是否被人类开发利用为前提。

自然资源对于人类的生存与发展、满足人类多方面的需求，有着极其重要的功用价值，除了具有显而易见的经济价值外，其功能和用途的多样性还决定了其具有生态价值和社会价值。首先应该说自然生态为人类提供最基本的生活与生存需要的“维生价值”；其次是自然资源作为人类利用自然、改造自然的对象物，为人类提供“经济价值”；三是自然资源为人类提供“经济”作用的同时，还提供“生态价值”。虽不能直接在市场上进行交换，体现的是潜在价值、间接使用价值，如森林所提供的防护、救灾、净化、涵养水源头等生态价值；四是自然为人类满足精神及文化上的享受而提供“精神价值”，体现的是存在价值或文化价值，如自然景观、珍稀物种、自然遗产等所体现的精神性价值；五是自然为满足人类探索未知而提供了“科学研究价值”等。

三、生态文明：构建美丽中国的坚实保障

党的十八大报告提出，把生态文明建设放在突出地位，融入经济建设、

政治建设、文化建设、社会建设各方面和全过程，努力建设美丽中国，实现中华民族永续发展。这一论述，深刻而准确地抓住了建设美丽中国当前急需解决的问题，充分体现出生态文明在建设美丽中国过程中的基础和保障作用。

美丽中国需以生态文明铸就体魄之美。美丽中国要有健康的体魄。山清水秀但贫穷落后不是美丽中国，强大富裕而环境污染同样不是美丽中国。建设美丽中国，就要大力推进生态文明建设，把环境保护作为转方式调结构的重要助推器，加快转变经济发展方式，彻底扭转传统粗放型发展方式，实现经济发展与环境保护相协调。

美丽中国需以生态文明孕育形象之美。美丽中国要有秀丽的形象。坐着宝马喝污水，即便兜里的钱再多，房子盖得再漂亮，与美丽中国终归是背道而驰。建设美丽中国，就要大力推进生态文明建设，通过建设资源节约型、环境友好型社会，让人们过上既有“稻米流脂粟米白，公私仓廪俱丰实”，又有“绿树村边合，青山郭外斜”的生活。

美丽中国需以生态文明凝练气质之美。美丽中国要有优秀的气质。社会的气质取决于制度建设和道德涵养。内在的气质之美，是凝聚和升华外在之美的保障和灵魂。建设美丽中国，就要大力推进生态文明建设，加强生态文明制度建设，深化生态文明道德培养，以制度维护环境公平，以道德规范环境秩序。

美丽中国需以生态文明催生行为之美。美丽中国要有文明的行为。一个国家和民族的美丽，既体现在他的整体形象上，也反映在每一个公民的行为中。建设美丽中国，就要大力推进生态文明建设，宣传环境文化，创新开展生态文明意识和行为教育，让每一个公民都按照生态文明的要求，积极践行绿色、低碳的消费模式和生活方式，积极参与环境保护和生态文明建设。

文化自信与美丽中国

王东勤

王东勤：北京市社会主义学院副教授

十八大报告提出，把生态文明建设放在突出地位，融入经济建设、政治建设、文化建设、社会建设各方面和全过程，努力建设美丽中国，实现中华民族永续发展。这是我们首次提出建设“美丽中国”，并首次把这一概念写入了党代会报告。这是对人民群众生态诉求日益增长的积极回应，也彰显了执政党治国理政的新理念。联想中华文化的百年沉浮与建设美丽中国的美丽愿景，深感文化自信不仅是中华民族传统文化复兴的基础，更是建设美丽中国的关键。因此，建设美丽中国，有必要在厘清中华文化的来龙去脉的基础上，增强对中华文化的自信。

一、中华文化的百年沉浮

中国传统文化，指的是以中华文化为源头、中国境内各民族共同创造的、长期历史发展所积淀的文化。传统文化是对文化的传承而言的，它强调的是文化的本源和沿着这个本源传承下来的全部文化遗产，它不局限于古代，而是迄今为止中华民族经过筛选、淘汰，不断丰富又不断增长的人文精神的总和。

以传统文化为立国之基的中国在世界上存在了长达五千年，人类最早的四大文明古国中只有它没有中断，传统文化主体仍保留至今，它是中华民族几千年文明的结晶，主要由儒、释、道三教构成，儒家讲求天时地利人和，提倡自己创造；佛家讲人的一切烦恼、痛苦都是人自身造成的，要除去贪嗔痴;道家认为,要遵循天地万物的自然本性,不以个人的意愿去改造,强调自然无为。三者都提倡人要反省自求、提升自我。关于中国文化的特征,一般可以归为三条:第一,天人合一,顺天应物;第二,家族伦理本位;第三,贵和尚中。

作为一个文明古国,中华民族形成了灿烂的民族文化,但从明清以来,传统的一言堂逐渐衰落。19 世纪末,中国不仅遭受西方船坚炮利的侵略,而且同样遭受其文化上的侵蚀与破坏,特别是精神文化方面。受其影响,清末以后开始的洋务运动、维新运动提倡"中学为体、西学为用",民国初年则进一步提出"全盘西化",以西方的"现代化"代替中国"旧文化"。新中国成立以后的一些政治运动,也都是在"破旧立新"的口号下,把"传统文化"和"现代化"对立起来,把中国的传统文化视同现代化的障碍。中华人民共和国成立以后,出现了一个文化建设的大好时机,但是由于"左"的思潮和当时的国际大形势,使文明没有抓住这一时机。乃至"文化大革命",则达到要把传统的"旧东西"统统扫清的程度,极大地超级了传统文化中优良成分,同时也张扬了传统文化中恶的因素,严重削弱了民族文化通过学习、借鉴、包容其他文化而改造、完善、发展和创新自己的能力。

改革开放后,国门打开,一些人眼花缭乱,没有进行比较、分析和鉴别,就囫囵吞枣地接纳了一拥而入的各种西方文化,使得我国原本单一的社会价值观走向了多元化的时代。当前多元化的价值观存在三个方面的问题:一是,社会价值中"追名逐利"的世俗化和功利化趋向日趋明显;二是,多元的价值观之间彼此对立或者矛盾十分突出,多元却不和谐;三是,像社会公平正义、责任与义务、平等、诚信等社会基本的问题被边缘化。这些问题的存在表明,当前社会在一些基本的问题上的底线与准则已经很不明确,是非、美丑、善恶的标准已经严重模糊,作为文化的核心,价值观的混乱显现出了中华文化的危机。

二、中华文化的根本精神支撑着美丽中国的建设

"美丽中国"不仅仅在于它的物质意义,更在于它的精神意义。不仅要物质丰富,更要让每个社会成员之间互相认同和接纳,身心愉快。中国

传统文化源远流长、博大精深，在安邦治国、品德修养、成就事业等方面，给我们留下了大量可资借鉴的宝贵精神遗产。如天下为公、报效祖国，刚健有为、自强不息，厚德载物、有容乃大，勤劳勇敢、艰苦奋斗，崇德重义、修身为本，天人合一、道法自然等，构成了中国传统文化鲜明的民族特色和精神风格。这些基本精神对建设美丽中国具有重要的现实意义。美丽中国新政治理念的提出，完全可以与世界可持续发展理念、中国传统文化相互借鉴。他们之间的融合，将促成中国特色社会主义生态文明，促成中华民族的伟大复兴，促成全世界可持续发展的新潮流。

建设美丽中国应当提倡追求和谐，崇尚和美。在中国思想文化发展史上，和谐问题很早就受到众多先哲的关注，成为中国传统文化的核心和要义。比如，儒家提出“礼之用，和为贵”“天时不如地利，地利不如人和”“己所不欲，勿施于人”以及“老吾老以及人之老，幼吾幼以及人之幼”，道家讲“知和曰常”，墨家提倡“非攻”“兼爱”，法家主张制定和实施法律以维护社会稳定等。这些思想虽然带有历史的烙印，但都在一定程度上反映了人民群众对美好生活的追求，体现了中华民族热爱和平、追求和谐的精神。当前，我国正处在改革发展的关键时期，面临着许多矛盾和问题。解决这些矛盾和问题，固然要发挥今天人们的聪明才智，但也可以从传统文化中寻找智慧。传统文化可以为解决各种矛盾和问题提供有益的启示，其中有关社会和谐的思想是我们建设美丽中国的重要思想文化资源。

建设美丽中国应当鼓励见利思义，推己及人。市场经济的发展，有利于增强人们的自立意识、竞争意识、效率意识、民主法制意识以及开拓创新精神。但市场本身也存在着负面效应和消极因素，容易出现拜金主义、享乐主义、见利忘义、损人利己、不讲信用、欺骗欺诈等现象，这些都是社会和谐的腐蚀剂和社会矛盾的催化剂。如何既充分发挥市场机制的积极作用，同时又有效防止市场的负面效应，是一个需要深入研究的重要课题。中国传统文化强调以人为本、天人合一，强调精忠报国、舍生取义，强调自强不息、艰苦创业，强调见利思义、推己及人，强调与人为善、诚信待人。这些中华民族的传统美德，具有增强民族凝聚力、振奋民族精神、整合社会力量、协调利益矛盾的重要作用，在建设美丽中国的今天仍然值得继承和弘扬。

建设美丽中国就是兼容并蓄，有容乃大。中国传统文化深深扎根于中华大地，对历代政治、经济、军事、教育以及社会生活产生了广泛而深刻的影响。中国传统文化作为中华民族在悠久的历史长河中创造出来的文明成果，不仅保存在生产工具、生活用品、文物古迹、典章制度中，而且渗透到我们的民族心理和民族性格中。作为中国传统文化主体的儒家文化，在中国绵延相传两千余年，甚至影响到世界其他国家和地区，一个重要原因就是它具有强大的兼容性、柔韧度和渗透力。儒家文化对中华文化的其他形态如诗词、戏曲、小说、音乐、绘画、建筑、民俗甚至日常语言的渗透和影响无处不在。一些道德规范、名言警句，在群众中脍炙人口、深入人心。这是我们发挥传统文化积极作用的良好群众基础。当前，面对世界范围内各种文化的相互激荡，面对市场经济的双重效应，面对建设美丽中国的战略任务，只要我们引导得力、措施得当、运用得法，优秀传统文化对人们修身立德、积极进取，扬善抑恶、提高素养，增强民族认同感和自豪感，将会产生积极的作用。

三、建立对中华文化的自信

文化自信就是要建立对文化的自信心。我们经过 30 年的改革开放，中国的自信心应该说大幅度提高了，但文化自信这个问题还没有完全解决。如何对待传统文化，在很长一段时间内，曾经不成问题。但是，中华文化百年来屡经磨难、步履维艰，走上近代社会后，在中西文明大碰撞中，我们开始对自己民族的传统文化进行反思，并在很大程度上调整了以前对传统文化的看法。但是，这种反思，一直是在十分艰难的过程中前进。

中华文化的世界影响正在逐步扩大，在世界多国建立的孔子学院逐年增多，世界汉语热如火如荼，以中国功夫、中国题材、中国元素为核心的中国文化现象正在世界范围内逐步形成，中国的国际形象越来越得到世界人民的认可与欣赏。但冷静地分析，我们的文化与发达国家相比还有明显的差距：在生产领域，核心技术仍然是西方发达国家提供的；在文化产业领域，核心文化思想和文化价值仍然是西方的，文化产业的风向标依然是由西方主导；在国际关系与国际交往中，主要话语权仍然掌握在西方发达国家手中；在日常生活与休闲领域，西方人的生活方式与思维方式领导世界新潮流，许多中国人存在着明显的崇洋媚外心理。这种复杂文化自信与文化不自信交织的心理，构成了当代不少中国人纠结的文化心态。若要从这种复杂纠结的文化心态中建构起充分的文化自信心，需要在找到症结的基础上用科学的方法对症下药。

一是要培养高度文化自信的深厚底气，深刻认识中华文化的源远流长和博大精深。我国是世界四大文明古国之一，在五千多年文明发展历程中，各族人民紧密团结、自强不息，共同创造了源远流长、博大精深的中华文化，留下了浩如烟海的文化典籍，贡献了众多人类的发明创造。古代中国在天文历法、数学、农学、医学和人文科学等许多领域，都曾领先世界。进入近代，中华文化的发展虽然缓慢了，但其独特性仍为世界所称道，在世界上仍具有重要影响力。英国哲学家罗素在谈到中国传统文化时就认为："中国至高无上的伦理品质中的一些东西，现代世界极为需要"。同时，中华文化具有开放性、包容性的鲜明特征。这一鲜明特征使中华文化在世界文化多元竞争发展格局中能够博采众长而生生不息。可以说，源远流长、博大精深的中华文化凝聚着中华民族自强不息的精神追求和历久弥新的精神财富，只要我们做到古为今用、推陈出新，就能使中华文化成为发展社会主义先进文化的深厚基础，成为建设中华民族共有精神家园的重要支撑。

二是要培养高度文化自信的现实基础，要深刻认识我们党在文化建设上取得的巨大成就。中国共产党是一个具有高度文化自觉的马克思主义政党，在革命、建设、改革各个历史时期，我们党都高度重视用文化引领前进方向、凝聚奋斗力量。改革开放以来特别是党的十六大以来，文化建设在党和国家全局工作中始终具有重要战略地位，文化建设不断取得新成就。对此，党的十八大报告中提出扎实推进社会主义文化强国建设。十八大报告强调，建设社会主义文化强国，关键是增强全民族文化创造活力。要深化文化体制改革，解放和发展文化生产力，发扬学术民主、艺术民主，为人民提供广阔文化舞台，让一切文化创造源泉充分涌流，开创全民族文化创造活力持续迸发、社会文化生活更加丰富多彩、人民基本文化权益得到更好保障、人民思想道德素质和科学文化素质全面提高、中华文化国际影响力不断增强的新局面。我们党领导全国各族人民走出了中国特色社会主义文化发展道路。只要我们坚持中国特色社会主义文化发展道路，紧紧抓住当前我国文化大发展大繁荣所具备的各方面有利条件，就一定能建成社会主义文化强国。

三是要包容兼蓄、和谐为本。吸纳是一种革新，革新意味着进步。从中华文化与文明的进程历史可见，从汉时白马驮经东来，到两晋南北朝第一次民族大融合，再到唐宋时高丽大食文化进入中原，以及明郑和下西洋引入的境外文化等，无不是在自身主流文化不断发展的同时，容纳中和、吸收消化世界各国、各民族的不同文化，然后形成中华民族自己的文化特质。十八大文化方面的任务是，建设文化强国。兴起建设新高潮，提高国家软实力，其中之一就是扩大文化领域对外开放，积极吸收借鉴国外优秀文化成果。借鉴吸收优秀外来文化，要有把优秀外来文化同中国的文化结合起来，融入中国文化的元素，打上中国文化的烙印的自信；也要有把优秀外来文化同中国的现实需要结合起来，解决中国实际问题的自信；更要有把优秀外来文化同中国人的接受习惯结合起来，创造适合中国人思维方式与审美情趣的表现形式，为中国人喜闻乐见的自信。同时，推动文化“走出去”也是很重要的。

经过30多年的改革开放，我国的经济实力大增，随着社会的快步发展，实现中国梦，构建美丽中国，需要的是我们每个人共同的参与。建设美丽中国，对内表现为对中华民族的自信、自觉、自强，要提升人民的思想道德素质和科学文化素质，增强中华民族的凝聚力和创造力，为中国经济发展和社会和谐提供强大的文化支撑。对外表现为加强中华文化吸引力和影响力，全面提高美丽中国在世界的地位，用更为开放的姿态增进与世界的交流融合。

环保公众参与的政治社会学诠释

任春晓

任春晓：中共宁波市委党校教授

政治与社会是互动关联、不可分割的，任何政治体系的形成都有其社会历史根源，任何政治治理的方式都会产生一定的社会效应和反馈，任何政治决策、方针、措施都建立于社会基础之上并有着社会的影响和内涵，任何政治体制的改革都必然会引起社会心态的变化、社会利益的调整、社会结构的变动。反之亦然，当某种社会现象、社会事件反复出现并产生逆向作用时，总会要求政府出台相应的政治制度加以规范；当某些社会力量、社会团体异军突起、迅猛增长时，总会引起政府的思考并及时加以应对；当某类社会思潮、社会意识形态凯歌行进、风生水起时，总会引起国家政治法律的关注并加以引导。当孟德斯鸠从亚里士多德的地理环境理论中提炼出独特的思维素材，系统地描绘和分析了政治现象与社会环境、自然条件之间的关系，提出生长在不同地区、国家的人们的精神气质、内心情感、性格修养之所以不同的重要原因在于气候的差异，国家制度和法律应关照相互间存在的相关性时，就成为较早系统地用社会学的观点研究政治体系和政治行为、分析政治现象的启蒙思想家，成为近代政治社会学的开创者。

安德鲁·海伍德列出政治学的基本概念有：政府与治理、权威、市民社会、共识、政策政治、权力、法律、秩序、国家等，核心价值有：自由、民主、平等、回应、自治、正义、人权、共同体、财产权、责任、权利等[1]；而这些既

---

[1] Andrew Heywood：Key Concepts in Politics，Published by Palgrave Macmillan，2000.

是政治学考察的内容，实质上也是社会学考察的内容。与以上列举的关乎国家、社会命运前途的宏大叙事不同，环境保护的公众参与似乎只是其中微不足道的部分或环节，但它在全球生态危机的特殊时期凸显出来，与这些政治学、社会学的基本要素密切交合，大有占据当代政治、社会活动的制高点、影响政治权力分配及社会政策走向的趋势，让人不敢小觑。本文从四个方面对我国环保公众参与进行政治社会学诠释。

一、民主政治里的环保公众参与——社会治理的一个突破口

当代社会与传统社会最大的区别，是以前讲“统治”(government)现在讲“治理”(governance)。一字之差，但在政治社会学上的涵义却大不相同：“统治”意味着凭借权势、权力来掌控、支配国家或地区，是建立在外在强力基础上的、运用强制性手段迫使对方遵守既定规范、规则、法律或屈从于自己的意志，在阶级社会中，统治是以普遍的政治压迫和剥夺为前提的，最直接的后果是“哪里有剥削哪里就有反抗”，公众只有服从或反抗、生存或灭亡两种行为方式和两种前途可以选择，表现出社会的“狼性”；“治理”是管理、修正、改善，它是建立在合法性基础上的政府权威的体现，是建立在公正性基础上的社会秩序的维持，它不是单向度的自上而下的控制，而倚重于通过公众的参与和互动、民主和协商来解决存在的问题。格里·斯托克指出了“治理”的五个特点：第一，治理出自政府又不限于政府，其他社会公共机构或行为者的管理只要得到公众认可，也可以行使相关职能；第二，在为社会和经济问题寻求解决方案的治理过程中，其界线和责任是存在模糊性的，现代的“小政府”越来越多地把原先独自承担的庞杂事务转交给“大社会”，即各种私人部门和公民自愿性团体；第三，参与共同治理的社会公共机构之间存在着权力依赖性，为达到目的，在涉及集体行为时各个机构之间有必要交换信息和资源；第四，治理意味着行为者网络的自主自治；第五，政府可以使用新的工具和技术手段来控制和指引治理，而不是动不动就发号施令以显示权威。这五个点是互补的，尽管每一点都涉及到某种困难，可能消解或削弱其功能，比如，因为治理主体的多元性有时可能会踢皮球、推卸责任，因为责任趋于模糊，有时

可能易于逃避责任或寻找替罪羊，因为治理需要权力，有时可能过于使用强力导致问题恶化等。格里·斯托克认为："治理所求的终归是创造条件以保证社会秩序和集体行动。因此，治理的产出和统治并无任何不同之处。如果有什么差异，那也只在于过程。"[1]为了克服治理的失效，有不少学者提出了"善治"(good governance)概念作为补充，"善治"的本质特征是政府与公民对公共事务实施合作管理，使公共利益最大化、社会管理民主化。

改革开放以来，伴随经济发展的是环境危机的多样化、复合化和全面化，发达国家在上百年间逐步产生、点滴积累的环境问题，我国却在几十年间大量出现、集中爆发。我国环境保护公众参与无论作为政策还是实践都是民主政治发展的结果，它的兴起有三大社会历史背景：第一，政企分开，企业独立主体形成。文革结束后，我国经济体制改革经历了从计划经济到1984年建立"在公有制基础上的有计划的商品经济"再到1992年建立"社会主义市场经济"，所有制形式由单一的集体和国家所有，分化为以公有制为主体的多元所有制形式并存的过程。企业成为拥有自主经营权、自负盈亏的独立法人，非公企业大量涌现使社会利益分化，经营潜在的风险和企业间竞争加剧势必滋生出企业的自我保护意识和利益保护机制，企业在罚款不高时顶风排污、为逃避处罚暗中排污、千方百计转移污染成本等行为都与之密切相关；第二，政社分开，各类社会组织涌现。根据民政部统计，截至2012年10月底，在民政部门登记注册的社会组织数量已超过47万家，这些社会组织在环境保护、文化卫生、教育科技、社会管理、慈善公益等方面发挥了重要作用，成为党和政府联系人民群众的桥梁和纽带，2011年我国首次通过公共财政安排2亿元专项资金支持社会组织参与社会服务[2]，其中就有环境保护民间团体。党的十八大报告要求"加快形成政社分开、权责明确、依法自治的现代社会组织体制"，各地通过购买服务、转移职能、税收优惠等方式，为社会组织发展创造良好环境；第三，权利分开，治理理念方式改变。建国后以党的"一元化领导"为

[1] 格里·斯托克："作为理论的治理：五个论点"，载《国际社会科学杂志(中文版)》1999年第1期。

[2] 孙春宁："加快推进我国现代社会组织体制建立"，载《中国社会组织》2013年第1期。

核心、中央高度集权的“议行合一”的政治体制，即由国家全面控制、垄断一切自然资源和社会资源的“总体性社会”或“全能主义”国家在某种程度上消解，国家治理的理念和方式、社会治理的状况和格局得以转变，政府决策的民主化和科学化在公民的政治参与、政治公开化、公民自治、政府的廉洁与效率等方面发挥了重要的作用。国家权力向社会的回归是还政于民的过程，是政治国家与公民社会良好合作的结果。国家权力设定了边界以后，公民的话语表达、自我组织、自我管理的空间无形中释放和扩大了，而非公企业及公民社会的发展壮大反过来必定促进改革的进一步深化和民主政治的进一步完善。

贾西津列举出了中国公民社会的空间形成的主要路径有：政府直接让渡出部分公共管理职能交给社会，使得一些自上而下的非营利组织产生；政府让渡出的市场空间发展到一定阶段，蕴育出一些自下而上的非营利组织或者草根组织；政府顺应市场的发展趋势，引导社会自治模式的形成。[1] 不管哪条路径，政府都占据着主导地位，牢牢掌控着收放的主动权。目前，我国政治体制改革进入深水区，一方面要转变政府职能，优化政府内部权力配置；另一方面要简政放权，下决心把国务院各部门 1700 多项行政审批事项再削减 1/3 以上。简政放权、减少行政审批环节，从表面上看是政府权力的削减，实质是权力回归社会和人民，是打造廉洁政府、反腐倡廉的关键。我们经历了从经济体制转向政治体制，从表层部分进入深层全面的过程，其特征是“国家”逐渐退出“市场”和“社会”，使国家－市场－社会既三足鼎立又三体融合，国家从“一统”变成“一端”。环保公众参与在这个大背景中提出和兴起，带着全球环保时代的中国地域特色，正在摸着石头过河，与村民自治、政府权力周期轮替等相呼应，以主张环境权为核心的环保公众参与正在成为中国民主政治发展的又一个突破口。

二、制度构架内的环保公众参与——人权的扩展与保障

联合国教科文组织前法律顾问卡雷尔·瓦萨克(Karal Vasak)根据

[1] 贾西津：“中国公民社会发育的三条路径”，载《中国行政管理》2003 年第 3 期。

对近代史的考察，提出了“三代人权”理论：第一代人权具有代表性的两个宪法性文件是1776年美国的《独立宣言》和1789年法国的《人权宣言》，争取的是公民权利和政治权利，如人身自由、言论自由、结社自由等；第二代人权是俄国十月革命之后，争取的是以平等为核心的公民经济、社会和文化的特殊性权利，如生存权、劳动权、社会保障权、受教育权、妇女儿童权利保护等；第三代人权是二战后，以社会连带权利为核心的发展权，主要体现在发展、和平、环境、人类的共同遗产等领域。其中的环境权是一项新型人权，包括国家环境权、法人环境权和公民环境权三个部分，是个体权利和集体权利、个体性和整体性、自决权和发展权的统一。[1] 第三代人权基于人类对自然和社会双重的拥有、当今与未来双重的发展，需要个人、公民团体、国家和国际社会共同努力，有广泛的参与性。从个体权利到集体权利到团体权利，从自由到平等到发展，是一种人权的趋势，也是各国宪法和国际法中基本权利的价值走向。

西方环境权的思想受到“环境公共财产理论”和“环境管理公共信托理论”的启示。这两个理论认为，水、空气、土地、湖泊等是人类生存必须具备的生活、生产要素，理应成为世界公民的“公共财产”，任何国家、任何人都不能随意对其占有、支配和损害；环境公有财产要由公民作为信托人、政府作为受托人，依照相关法律和规则进行管理，国家只是接受共有人的委托行使环境管理权而已，不能滥用委托权。公众的环境权要由公众参与来加以保护，这成为西方环保公众参与理论的前提和基础。当然，中国的国土资源是国有，中国的环境管理不是委托管理，那么中国公民的环境权应如何体现如何实现，是个需要研究的课题。

1962年，美国学者雷切尔·卡逊（Rachel Carson）出版《寂静的春天》，呼吁人们关注合成化学杀虫制剂的滥用造成的环境污染，肇始了现代环境运动。最早将公众参与引入环境管理领域的是美国，以后被写入国际宪章和各国法规中，在国际上达成共识。1972年联合国第一次人类环境会议通过《人类环境宣言》，首次提出“环境权”，指出“人类有权在一种能够过尊严的和福利的生活环境中，享有自由、平等和充足的生活条件

[1] 沈宗灵、黄枬森：《西方人权学说》（下），四川人民出版社1993年版，第250～282页。

的基本权利，并且负有保护和改善这一代和将来的世世代代的环境的庄严责任”，建立了人权与环境之间的联系。1990年后通过的国际环境文件，如《里约热内卢宣言》《气候变化框架公约》《21世纪议程》《生物多样性公约》等开始强调公众在环境事务方面的知情权、参与权和获得补救的权利。1998年欧洲经济委员会通过《在环境问题上获得信息、公众参与决策和诉诸法律的奥胡斯公约》规定：每个缔约方都应保障公众在环境问题上获得信息、参与决策和诉诸法律的权利，明确了政府要收集、散发和公开的环境信息内容，公众参与环境保护活动的计划、方案和政策，以及公民环境知情权的行政救济和司法救济方式等。这是迄今为止最完善地保护公民环境权的国际公约，大大提高了缔约国的环境事务民主公开水平以及环境决策的透明度，使这些国家公众的环境参与走向法治化、秩序化。

一般认为，环境权主要包括环境资源利用权、环境状况知情权、环境侵害请求权等，它是道义权利和应有权利之法定化，是集体权利和个体权利之交融化，是公民权利和环境义务的统一化，是一种新型法权。我国虽然还没有一部法律提及“环境权”一词，但可以从现有法律中推定出环境权的内容。如《宪法》第26条规定：“国家保护和改善生活环境和生态环境，防止污染和其他公害”；《民法通则》第98条规定：“公民享有生命健康权”；《环境保护法》第1条规定：“保护和改善生活环境和生态环境，防止污染和其他公害，保护人体健康”等。环境权的保障与公众环境意识的觉醒和环保活动的参与密不可分，“公众对环境保护的具体参与是环境权的真正体现：它不仅使个人行使他所享有的权利，还使他在这方面承担了应承担的义务。而且，公众因此不再是消极的权利享有者，而要分担管理整个集体利益的责任。”❶“环境保护领域是中国较早确立公众参与观念、较早通过立法确认公众参与原则，也是目前公众参与法制保障最为完备的部门。”❷目前，我国环保公众参与的主要形式有：参与环境影响评价、参与行政立法听证、参与环境行政许可听证、参与环境公益诉讼等。2005

❶ 亚历山大·基斯：《国际环境法》，北京：法律出版社2000年版，第21页。

❷ 竺效：“中国公众参与环境保护的法律保障及案例分析”，载《环境经济》2011年第12期。

年11月16日沈阳市人民政府发布的《沈阳市公众参与保护办法》是我国第一个公众参与环境保护的专门地方立法。2006年环保总局发布的《环境影响评价公众参与暂行办法》是中国环保领域的第一部公众参与的规范性文件。2007年环保总局发布的《环境信息公开办法》、2009年国务院制定的《规划环境影响评价条例》、2010年环保部下发《关于培育引导环保社会组织有序发展的指导意见》等相关法律制度、部门规章予以进一步的明确和落实。

除了国际环境法律影响和自身法律构建的因素外，我国特别强调环保公众参与还有一个重要的原因是：进入新世纪后，为了达到环境治理的目的，我们在全国范围内刮起了多次“环保风暴”，但这种环境治理实质是自上而下的权力型思维模式的体现：中央统一制定环保政策，由地方政府执行；中央统一拟定行动方案，由地方政府共同响应，试图由此步调一致达到无坚不摧。可是偏偏出现了由于中央与地方的信息不对称等因素的客观存在而治理效率低，由于地方政府GDP考核压力过大、有地方保护主义而中央意志到地方后快速扭曲衰减，由于无良企业在环保问题上手法翻新造假而“上有政策，下有对策”，由于治理系统性不强头疼医头脚疼医脚使各个环节缺乏衔接，导致“我国环保10年花4万亿无大改观”，有些地方或领域还越整治越严重。“从‘区域限批’到‘流域限批’，可以说在既有法律法规范围内已经把行政手段用到了极限。在这种情况下，环保新政策、新制度的催生应该说是必然的。”❶环保公众参与成为政府环保行政手段用到了极限后使用的新方法，也是公民自身环境权维护的最后防线。

三、社会主体上的环保公众参与——广泛性与特殊性的合离

环保公众参与显而易见是民主政治向环保领域的扩伸。任何活动的参与都有一个主体，不同的学派有不同的民主参与主张，卢梭、穆勒、马勃

---

❶ 郄建荣：“国家环保总局呼吁社会公众参与环保新政”，载《法制日报》2007年10月8日。

等主张最大限度地扩大普通公民直接参与制订政策的机会，认为可以将更多决策权下放给地方共同体，让公民以投票来决定政策；戴维·米勒、韦农·波格丹诺在谈到政治参与时，认为政治参与是“参与制订、通过或贯彻公共政策的行动。这一宽泛的定义适用于从事这类行动的任何人，无论是当选的政治家、政府官员或是普通公民，只要他是在政治制度内以任何方式参加政策的形成过程”[1]；熊彼特等则主张较为有限的和间断的公众参与，认为当选的职业政治家与普通公民应有一种政治分工。可见，公众的政治参与存在着公民主体还是政治家主体、全程参与还是间歇参与的争论。

在环保公众参与中，《奥胡斯公约》对“公众”有一个明确的定义，即“指一个或多个自然人或法人以及按照国家立法或实践兼指这种自然人或法人的协会组织或团体”，既可以是个体也可以是群体，既可以是自然人也可以法人，是参与环境事务和环保活动的任何人。而在我国，却往往理解为“政府为之服务的主体群众”[2]，更多的是普通老百姓，这实际上是把一些重要的个人和组织排除在外了。其实，环保内容的丰富性使所有社会成员都涉及其中。以美国为例，战后美国环保运动主要由三股力量组成：科学家或知识分子最先认识到人类不良行为对环境带来的后果，起到启蒙作用；中产阶级为主的公众支持、底层民众对环境不公平的反抗，起到推动作用；美国政府在舆论压力和守土有责的双重作用下，加大了环保立法和执法力度，起到主导作用。随着环境保护活动从早期的主要反对工业污染和不合理占有、使用自然资源，到参与环境政策制定和环境影响评估，再到把环保行动推进到如节水节电、垃圾分类、减少废物排放等日常生活的各个方面，环保公众参与的领域越来越广泛，环保的主体也越来越扩大。应该说，环境保护人人有责任，环保参与人人有义务。

如果说前一个“公众”规定的是“参与”主体的话，《奥胡斯公约》还提到“所涉公众”，“指正在受或可能受环境决策影响或在环境决策中有自己

---

[1] 戴维·米勒、韦农·波格丹诺：《布莱克维尔政治学百科全书》，中国政治法大学出版社1992年版，第563页。

[2] 潘岳：“环境保护与公众参与——在科学发展观世界环境名人报告会上的演讲”，环保部网站 http://www.zhb.gov.cn/gkml/hbb/qt/200910/t20091030_180620.htm。

利益的公众;为本定义的目的,倡导环境保护并符合本国法律之下任何相关要求的非政府组织应视为有自己的利益”。那么这个“公众”更多地突出了不同公众背后隐藏的利益关系,是“利益”主体。从利益角度分析,环境参与公众或许应分为四大群体:政府、企业、所涉公众、公众。政府工作的双重性主要集中于环境保护与经济发展的矛盾性,有些地方政府在推动地方经济发展过程中,没有树立正确的发展观和政绩观,往往以牺牲环境为代价,有时充当了污染企业的保护伞,但由于环境保护也是政府的重要职责,政府会在两者间作艰难的平衡;企业就其是否向外排污或排污的程度可分为重度污染企业、轻度污染企业和无污染企业,对污染企业的监管和污染企业的行为倾向,成为环保是否成功的关键;所涉公众在环境权、个体利益受到侵害时,会产生强烈的维权意愿和行动,在中国特殊的社会背景和文化传统下,他们利益的保护程度、维权的活动深度和社会影响度成正比。环保主体具有广泛性,但每个主体的利益却具有特殊性,导致参与方式及程度上的差异性,而政府、企业、所涉公众、公众四者的理性交往与良性互动,是环保事件圆满解决的前提条件。

在环境危机和灾害面前难有幸免者,这决定了每个人都是环保的参与主体;从生活角度看,人人都是环境资源的消耗者、都是生活垃圾的制造者,也决定了每个人都是环保的参与主体。在研究环保公众参与行为时,我们通常会发现它首先具有工具性,即人们是否参与某项环保活动主要取决于对预期收益及成本的估判、对自己能否实现目标的力量的评价,取决于能否促进或捍卫参与者的利益;其次具有发展性,即通过参与会提高参与者的环保认知、社会责任感,处理好私人利益和公共利益的关系,有助于吸引更多人关心公共事务、增进公共利益,大量开发出公众中蕴藏的社会所需要的能量和创造性,焕发社会活力。

四、实践效果中的环保公众参与——功能与价值预期

从国际经验看,在环境保护等公共事务上,市场调节总体导向失灵,处于转型期的政府对庞杂、繁复社会事务的管理显得力不从心,良性的公众参与成了政府力量的补充。我国的环保公众参与经过一段时间的运

行，在实践中取得了较大的成效，主要表现在：

（1）促进环境信息公开化。环境信息公开是一种全新的环境管理手段，它承认公众的环境知情权和批评权，借用公众舆论和公众监督，对环境污染破坏的制造者和环境秩序管理者施加压力，督促其履行职责、规范行为。一般说，环境信息有两类：政府环境信息即环保部门在履行环境保护职责中制作或者获取的，以一定形式记录、保存的信息；企业环境信息即企业以一定形式记录、保存的，与企业经营活动产生的环境影响和企业环境行为有关的信息。自 2008 年 5 月 1 日《环境信息公开办法（试行）》施行以来，政府环境信息公开迈出了可喜的一步，许多政府通过网站、报刊、广播、电视等形式，定期公布环境保护法律、法规、标准和其他规范性文件，突发环境事件预报、发生和处置情况，排污费征收及环保行政事业性收费的项目、标准和程序，每年公布环境质量状况，每月公布大江大河水质状况，发达城市每天公布空气质量指数（AQI）、可实时查询 PM2.5 等。尽管仍然处于初级水平，大半城市还远未达到及格线，但总体水平在提升。相比较下，最薄弱的是企业环境信息公开，存在的主要问题是：多数城市对企业日常监管记录和对污染企业的处罚信息的公开数量有限且不完整，企业污染物排放公开制度至今尚未确立，依申请公开的信息不能满足公众维护环境权益的需要。企业本身也不主动、不愿意充分公开环境信息，担心招来不必要的麻烦。环境信息公开涉及公众的知情权、生存权和发展权，信息不对称下的公众参与有时反而会走向歧途。我们在进一步推动政府信息公开的同时，还要使企业树立正确的观念，即企业可以通过保护环境或者宣传保护环境做得好的信息，吸引消费者来购买它的产品和服务，公开企业信息也是树立企业形象、获得社会认同感的一种途径。

（2）取得环境政策合法化。合法性是一个政治学概念，从字面上理解是“符合法律”、遵守规则，涉及政治系统的公平、公正，意味着某种政治秩序和社会价值被认可。环境政策的合法性受三方面的制约：就主体而言，这个政策是否获得尽可能多的公民或者至少是利益相关者的普遍认同与支持，要避免从个私立场出发，为了狭隘的个人或集团目的行使权力；就内容而言，它的价值诉求和目标指向是否符合科学发展、可持续发展的要求，是否体现了环境公平和正义原则；就过程而言，政策信息的筛选、议程的设定、政策的反馈与协调、它的运作是否违背法律程序和法定步骤，是否能有效贯彻实施。环保公众参与可以建立一个“合法的政治秩序”，否则民众就没有服从的义务。环保公众参与是参与式民主的组成部分，桑利、皮尔斯等认为公众参与是增进人民在决策程序中权利的重要手段，弗里德曼认为公众参与是增进公众理解规划程序的重要战略。安斯坦认为：“公众参与是一种公民权力的运用，是一种权力的再分配，它使目前在政治、经济中无法掌握权力的民众，其意见在未来能有计划地被加以考虑。”[1]环保政策的制定过程，实质上是各个利益集团之间的智力、权力、影响力的博弈过程，来自各个层面的公众诉求和愿望，都应充分得以表达并成为重要考量因素。一个新政策出台，不会自动达到预期的效果或公众期望的目标，公众必须对政府执行政策的力度、政策规制对象遵守政策的程度、政策系统整体运行的透明度进行监督，成为环保新政策的坚定支持者和有力推动者。

(3)保障环境决策科学化。我党历来都十分重视、一贯要求公众参与决策，“从群众中来到群众中去”是这一思想的朴素表达。党的十六大报告要求“各级决策机关都要完善重大决策的规则和程序，建立社情民意反映制度，建立与群众利益密切相关的重大事项社会公示制度和社会听证制度，完善专家咨询制度，实行决策的论证制和责任制，防止决策的随意性。”十八大要求“坚持科学决策、民主决策、依法决策，健全决策机制和程序，建立决策问责和纠错制度。凡是涉及群众切身利益的决策都要充分听取群众意见，凡是损害群众利益的做法都要坚决防止和纠正”。公众参与环保政策制定，一方面是因为政策制定者的人数相对较少，学识和阅历有限，体制内的专家可能无法获得制定政策所需要的全部信息，甚至得不到正确的信息。库伊曼(J. Kooiman)说：“不论是公共部门还是私人部门，没有一个个体行动者能够拥有解决综合、动态、多样化问题所需要的全部知识与信息；也没有一个个体行动者有足够的知识和能力去应用所

[1] 王名扬：《美国行政法》，中国法制出版社1995年版，第858页。

有有效的工具。"[1]尽可能多的公众参与就是保证政策相对全面和科学的前提；另一方面科学决策必须了解决策实施对象的感受，厦门的PX项目、什邡的钼铜矿项目、被当作"民心工程"的广州番禺区生活垃圾焚烧发电厂项目，因遭遇公众的"不领情"而流产，都是因为决策者不了解公众的思想动向，决策在行政系统内部封闭运行，屏蔽和隔绝了公众的利益表达和参与，所以主动识别公众类型分类引导、充分估计公众在职业、教育、社会角色等方面的差异带来的意见倾向性，采用不同的沟通技术显得很有必要。传统的环境决策是应急反应式的，是政府发现问题后商讨对策，总是滞后于问题发展进程，现在许多国家的环境决策已从专注于末端治理的导向转到针对环境问题根源的治理。提前预见风险和隐患，也是科学决策的应有之意。

(4)推动公众参与组织化。到2008年10月，我国环保民间组织上升到了3539家，38.9%在民政部门，4.4%在工商部门登记注册，许多是学校、机关事业单位内部的组织或二级社团；与政府的关系是非常合作的占41%，合作的占23.6%，中性的占32.1%，对抗或有时对抗的占3.3%；环保民间组织主要集中在北京、天津、上海、重庆及东部沿海地区和湖南、湖北、四川、云南等生态资源丰富省份。[2] 不断壮大的中国环保民间组织作为环境保护的重要力量主要起了几方面的社会作用：第一，从环境宣传教育做起，为社会公众认可接纳，在社会中立稳脚跟；第二，运用专业知识和组织力量，通过调解、监督、诉讼或提供资金援助等方式，维护污染受害者正当的环境权，在一定范围内维护了环境正义、弱化了环境污染引发的社会矛盾；第三，通过实地勘察、调查研究、走访问卷、理论研讨等多种形式，及时发现存在的问题，及时向各级政府及相关部门反映民众的意见和建议，为政府决策提供咨询参考和智力支持；第四，携手逐渐涌现的富有社会责任感的企业和具有公益道德心的企业家，共同开展环保公益活动，促进企业自觉自律，从源头上减少污染的发生；第五，通过项目合作、参加国

---

[1] Jan. Kooiman. *Governance and Governability: Using Complexity, Dynamics and Diversity*. In J. Kooiman edited: *Modern Governance*. London: SAGE Publications, 1993: 252.

[2] 中华环保联合会：中国环保民间组织发展状况报告(2008年)单行本第3页，百度文库 http://wenku.baidu.com/view/dad061313968011ca30091e1.html。

际会议等加强与国际环保组织的交流，受到国际社会的广泛关注，用民间声音向世界传递了中国政府在环境问题上对人民负责、对世界负责的积极态度。但社会上对环保民间组织也有一些批评，认为这些组织的活动多半是搞“公众教育”，而这个活动的对象是“无法评估的目标群体”，还背负着“把环保责任推给公众”的质疑。

在许多情况下，仅仅为环保而环保的公众参与会囿于某个具体环境问题的解决而缺乏持续性，会囿于所涉群体关注范围的有限而缺乏普遍性。当今环保公众参与常常与其他社会力量和目标结合在一起形成一股强大的潮流，如西方的绿党提出“生态优先”、基层民主、非暴力、环境公平正义、反对核能等政治主张，获得了广泛的社会支持，有些国家环保组织会影响到总统选举、议会议席，也影响人们的消费方式和行为方式；1980年代的台湾反对核能运动与反对国民党独裁统治的民主化运动结盟，导致台独势力抬头、民进党上台和国民党政治权威下降，影响到整个台湾地区的稳定和经济发展。公众参与会释放出正负两种相反的能量，公众的参与行为有些是可控的、平和的，有些是失控的、混乱的，在主张和争取环境权时，有些地方有些时候会出现“轻暴力”倾向，包括静坐请愿、集会抗议、示威游行，有时会伴着打砸抢烧，危及社会治安和群众的生命财产，走向愿望的反面。我们在传递正能量的同时，要防止无序参与可能带来的负效应，更要防止不同势力插手环境问题带来的社会风险。

“敬畏生命”与当代中国生态文明建设[1]

邹欣星

邹欣星：中共西安市委党校教师

对人类生存境遇的关注是人类发展史中的一个永恒主题，在任何一个历史阶段都不能漠视。工业文明经过两个多世纪的狂飙突进已经发展到了极致，它把人类置于两难境地：一方面，运用现代科学技术的神奇力量从自然界攫取了丰富的物质财富，造就了高度的经济繁荣，让一部分人享受到高消费和极度奢华的生活，高奏征服自然胜利的凯歌；另一方面，人类以征服者的姿态肆无忌惮地破坏大自然的生态，带来了日益严峻的全球性生态危机。自新世纪伊始，国内外各种生态思潮、绿色运动勃然兴起，人们对于自我生存的境遇给予了普遍的关注，对以往工业文明社会中科学至上的发展观进行了深刻反思，重新赋予发展以新的内涵，科学发展观成为社会发展的核心理念。可持续发展、和谐生态日渐成为人类社会发展的核心话语，走向生态文明也成为人类文明演进的一个崭新阶段。而“生态文明体现的正是科学发展观的重要文化内涵，没有生态文明，一切文明就没有享受的前提。”[2]透彻认识和正确阐释敬畏生命的伦理思想，对当代环境问题的解决、生态文明的建构都具有重要指导作用，与此同时，其所包含的人道主义思想对和谐人际关系乃至和谐社会的建构也发挥着不可低估的影响力。

---

❶ 注：本文系国家社会科学基金项目“社会主义生态文明建设的发展逻辑研究”（项目编号：12BKS044）、浙江省规划课题“浙江生态文明建设的公众参与机制”（项目编号：11YD13YBM）部分成果。

❷ 《建设生态文明 促进人与自然和谐相处》，光明日报，2007年10月22日。

一、“敬畏生命”的概念分析

“敬畏”表示的是在面对一种巨大而神秘的力量时所产生的敬畏或谦卑意识，对这一词语的理解通常并无太多歧义，而对生命的理解从不同视角出发则有着不同的看法。亚里士多德倾向于用生物的潜能来解说生命，他认为：生命乃是指那种自身摄取营养、有生灭变化的能力。而恩格斯则从生命的存在方式出发指出：“生命是蛋白体的存在方式，这种存在方式本质上就在于这些蛋白体的化学成分的不断的自我更新。”[1]在生命伦理学视阈中邱仁宗教授曾如此定义：“生命主要指人类生命，但有时也涉及动物生命和植物生命以至生态。”[2]不难看出，人们对生命的理解一般包括人的生命与一切非人的生命，新陈代谢是生命最基本的特征。从生态伦理学的角度来看，“敬畏生命”是指人们应该从人与自然的关系以及自然是多种生命价值相互联系的统一这一角度出发，否定以工具性价值区分自然存在中的各种生命等级，对自然社会中存在的一切生命，包括人类生命与一切非人的生命都必须保持一种敬畏的态度。因此，本文中的“敬畏生命”主要指的是人类对于自身生命的敬重和畏惧。事实上，人们对死亡的畏惧往往通过对生命的敬重表达出来，敬生畏死是人类最基本的认知和生存情态。所以“敬畏生命”实际上包含着两层意思：一是敬重生命，二是畏惧死亡。

作为一种道德观念，敬畏生命有着深厚的历史文化渊源。最早可以追溯到原始社会采集经济时代的图腾崇拜时期，当时的原始初民受科技发展水平和思维水平的限制，社会生产力水平低，科学不发达，对生命奥秘知之甚少，生命对于人类而言充满了极大的神秘性，这种神秘性派生出人们对生命的敬畏感，主要体现为原始社会早期的各种图腾崇拜、自然崇拜、神灵崇拜、生殖器崇拜。中国传统语境中关于敬畏生命的思想也主要包括道家、儒家和佛教三个组成部分，中国本土的道家和儒家都以天人合

---

[1] 《马克思恩格斯选集》(第 3 卷)，人民出版社 1995 年版，第 422 页。

[2] 邱仁宗：“生命伦理学：一门新学科”，载《求是》2004 年，第 3 期。

一的自然观为主要基调，而导出对自然和生命的敬畏。这主要是因为东方农业文明的实践经验和生存方式所决定，中华民族的文化是以巫觋为特征的文化，附丽于龟甲卜筮的各种礼仪活动成为中华民族各种艺术的滥觞；观象问数，五行八卦，因物而化的各种推演，培养了中国原始民族带有某些神秘色彩的近于相互唯物的变易观念。人与自然和谐共生，对人与自然同源性，生命本质统一性的认可，是中国传统文化独特生态智慧价值的体现。将自然之道与文明之仁合而为一的整体自然观也避免了人与自然二元对立的认知鸿沟，这种天人合一的古代整体论的哲学，在中国古代三大思想流派，特别是儒、道两家中都有充分的表达与论证。

因此，从中国传统文化的主流意识认可来看是隐含了敬畏生命的理念的，但这一思想始终没有明确表述为“敬畏生命”并加以论证，首次明确提出这一理念并进行阐述的是一位法国哲学家阿尔贝特·史怀泽，他认为：“善是保持生命、促进生命，使可发展的生命实现其最高的价值。恶则是毁灭生命、伤害生命，压制生命的发展。这是必然的、普遍的、绝对的伦理原则。”[1]当然，他是从尊重一切人与非人生命的维护人类发展的维度提出了敬畏生命，其意义不止于我们所指层面的单纯的敬生畏死，但他同样认为善是保持生命、促进生命，恶则是毁灭生命、伤害生命，故此这一核心理念同样也适合我们所指的敬畏生命，即尊重生命的存在。

二、“敬畏生命”的理论架构

(一)“敬畏生命”的逻辑起点：生命现象间的整体性

“敬畏生命”作为一种生态理念，其逻辑起点是生命现象间的整体性。自然中的生命存在都与人类社会存在有着密切联系，人类生命的存在离不开自然生命的存在。人不是一种孤立的存在，其存在的前提是自然界其他生命的存在，以及整个自然环境中各种生命存在的和谐共生。如果人类懂得尊重自己的生命意志、敬畏自身生命的存在，就应当同样懂得理

[1] [法]阿尔贝特：《敬畏生命》，史怀泽，上海社会科学出版社 1992 年版，第 9 页。

性地尊重其他生命也有这种努力维持生命存在意志的本能，同样需要敬畏其他生命物的存在。因为从根本上而言人类对其他生命存在的关怀，也是一种对自我生命存在的关怀。如果从自然生存的根本法则来看，保持生命、促进生命应该是“善”的；毁灭生命、压制生命就是“恶”的。如此意味着“敬畏生命”就应该给予所有的自然存在物以善意，这种善意归根结底应该是一种帮助，帮助任何生物保持和促进自我生命的存在。对自然存在物而言，“敬畏生命”就是要给予其善意和帮助，保持和促进其生长；那么对人类而言，“敬畏生命”就是要在任何方面努力实现生命的最高价值，并促进人类自身的完善和社会的合理发展。由此看来，“敬畏生命”中包含着一种要使人类社会有利于一切生命实现其最高价值的意蕴内涵，而其间隐含的更深层次的意义就是一种人道主义精神。故此，从生态伦理学的视角而言，“敬畏生命”的理念将社会伦理关系从人扩展到了自然，使人不仅与人，也与一切存在于自然范围之内的生物发生联系。人类通过这种对自然存在和命运的关注，能与宇宙建立一种精神关系，并因此能体验到一种更加充实的生活，人类生命也能以更好的方式生存。

（二）“敬畏生命”的内在张力：生命意志的自我分裂

“敬畏生命”理念的内在张力是生命意志的自我分裂。大自然中生命意志的存在并不是完整的，整个自然界就是生命意志自我分裂的残酷战场，生命通常是通过毁灭其他生命才能得以持续。包括人在内的所有生命等级，对生命有着一种本能的自我保护意识，习惯于以利已主义的方式生存于世界之中。所以在大自然中生命的持续和存在总是以其他生命的痛苦和死亡为代价才能得以实现，对所有生命而言弱肉强食的自然法则是一种残酷的循环。人类是自然界中最高等级的生命存在，他可以利用自己的智慧轻易地改变其他生命的生存状态。而自然中的其他生命存在不可能意识到这种竞争的残酷性，只有作为生命最高形式存在的人能够摆脱这种其余生物苦陷其中的残酷竞争，体会到生命存在于相互联结之中休戚与共的关系，懂得尊重其他生命的意志，敬畏生命的存在。正因为如此，拥有如此强大力量的人类就应当担负起维持社会生态系统的整体性和平衡性的责任，所以“有思想的人体验到必须像敬畏自己的生命意志一样敬畏所有生命意志。”[1]在并非必须的情况下，不应该随意摧毁其他生命的存在。

（三）“敬畏生命”的道德目的：道德人格的内在完善

当前社会不仅存在个体矛盾、冲突等互相毁灭的事实，甚至还存在战争这种大规模毁灭生命存在的冲突模式。人类与自然界其他生命存在物之间也存在着各种对立冲突和矛盾。利己主义价值观的横行，意味着人们对生命的敬畏感缺失，放任人类社会受利己主义价值观的驱使，其结果必然是使人类自身和自然界的生命都遭受到摧残和毁灭。比如，由于大量捕杀动物而导致的生物灭绝；由于掠夺式的砍伐森林导致的水土流失；由于滥施化肥、农药导致的食物危害；由于核威胁、军备竞赛对人类安全感的削弱；以及由于物质和技术的飞速发展使人类精神自由的丧失等。“敬畏生命”的最终目的是期望通过人类对于自身生命和自然生命的尊重来约束人类行为，以此重新调整人与自然、人与社会和人与人之间的关系，促进社会的和谐发展。因为“只有敬畏生命及对世界和人生的深刻肯定，做一个伦理的人，才是真正的人道。”[2]只有通过争取人道的努力，真正合乎理性、合目的性的道德力量才会在人类社会的追求和信念中起到积极的促进作用。“敬畏生命”所强调的这种“善”应该是一切有利于生命实现其最高价值的人道主义精神，能够提醒人们不片面追求只为摆脱物质困境的努力和奋斗，应该更多地把个人的内在自由和社会现实生活状况的发展统一起来，追求一种物质和精神都得到充分实现的爱和奉献的社会。这一理念以其所蕴含的生命平等和人道主义精神重建人与人、人与自然界及其他生命之间的和谐、友好、互助的新秩序，并且期望通过人类对生命的敬畏和奉献行为，使自我成为一个具有行动伦理、内心生活丰富的人，从而提升“人”之为“人”的道德品格。

[1] [法]阿尔贝特：《敬畏生命》，史怀泽，上海社会科学出版社 1992 年版，第 9 页。

[2] [法]阿尔贝特：《敬畏生命》，史怀泽，陈泽环译，上海社会科学出版社 1992 年版，第 36 页。

三、“敬畏生命”的当代生态伦理价值

工业革命掀开了人类文明新的一页，资本主义在不到一百年的时间里所创造的物质财富超过了以往历史创造财富的总和，人们满心欢喜向大自然攫取大量的物质财富，看起来大自然所提供的能源似乎用之不尽、取之不竭。然而正如马克思所说：“在我们这个时代，每一种事物好像都包含有自己的反面。……技术的胜利，似乎是以道德的败坏为代价换来的。随着人类愈益控制自然，个人却似乎愈益成为别人的奴隶或自身的卑劣行为的奴隶。甚至科学的纯洁光辉仿佛也只能在愚昧无知的黑暗背景上闪耀。我们的一切发现和进步，似乎结果是使物质力量成为有智慧的生命，而人的生命则化为愚钝的物质力量。”[1]物质文明发展过于超过精神文明的进步，物质财富的大量积累使人与人之间的利益关系更加复杂多变，在社会生活中需要伦理道德协调的利益冲突更加频繁，社会矛盾的激化、人与自然关系的恶化最终使得人类社会发展陷入空前危机。正因为如此，人类社会发展才开始从工业文明转向生态文明，这一新的发展范式包括：人与自然协调的自然生态文明、人与人协调的社会生态文明、人类各种文化要素协调的精神生态文明，以及这三者在相互作用中的整体协调。人与自然的和谐是实现生态文明的基点，人与自然的和谐是一种历史发展的必然，“敬畏生命”的伦理理想不仅有利于建立一种和谐共生的自然观，更有利于形成一种可持续发展观，这将为人与自然的和谐发展提供理论支点。

首先，“敬畏生命”伦理思想有利于建立和谐共生的自然观。

根据夏征农《大辞海》的定义，所谓自然观是指人们对自然界的总的看法，包括对自然界的本原、演化规律、结构以及人与自然的关系等方面的认识，是世界观不可分割的有机组成部分。在工业社会，人们对自然的认识是以主客二分为基础建立起来的，这种隐含着人与自然二元对立的自然观，割裂了人类社会与自然社会多种生命存在之间彼此关联、统一的

[1] 《马克思恩格斯选集》(第1卷)，人民出版社1995年版，第775页。

整体性，也是当下环境问题产生的首要原因。在二元对立的自然观主宰下，人们对自然生命进行价值区分，而其据以判断的标准是人的主观感受，以人的主观感受为价值尺度和区分标准可能会导致这样的结果：人们把有些看似毫无价值的生命排除在道德责任范畴之外，认为伤害和毁灭它没有什么关系，而事实上人们并不能真正预知这一生命存在对于自然环境的意义，有时候这些生命的伤害和毁灭可能会带来某种不可预料的灾难性后果。而“敬畏生命”否定这种以工具性价值区分生命等级的价值观，认为生命没有等级之分，否认高级和低级的、富有价值和缺少价值的生命之间的区分。它所隐含的这种生命平等的价值观念，有利于形成一种人类与万物和谐共生的自然观，和谐共生的整体自然观有助于深化对人与自然辩证统一关系的认识，为人类解决环境问题可以提供一定的哲学指导。

每一种文明、每一个时代都会有自己的思维方式和伦理价值观念，“敬畏生命”并不意味着要回到人与自然混沌不分的蒙昧状态。人类从自我与自然混沌不分的状态下分化出来，将自身视为与自然对立的主体，把自然视为人类改造、征服的对象，从而使人与自然成为认识与实践中对立两极的主客二分的思维模式，在当时的历史情境下是具有高度合理性的。因为，这一思维方式确立人的主体地位，也确立了人类社会的最终发展目的，将人从自然中对立出来，促进了当时人类社会的发展。虽然人类发展的最终目的是为了自身的完善，但这种发展同样不可能脱离自然而存在，所以主客二分的这种思维模式也是有其局限性的，过分强调人与自然的对立，仅仅把自然界当作人类社会发展的工具，必然导致对自然环境的破坏，带来巨大的生态环境问题。“主客二分是哲学思维深化的必要前提，只是作出区分之后关键的问题就是如何合理地理解主客体之间的辩证关系，就自然而言，正确的问题就是如何合理地理解人与自然的血肉相连的关系。”[1]诚如恩格斯提醒人们的那样：“我们必须时刻记住：我们统治自然界，决不像征服者统治异民族一样，决不像站在自然界以外的人一样，

[1] 卢风：“放下征服者之剑——关于自然与人类关系的哲学反思”，载《自然辩证法研究》1994 年第 6 期。

相反的，我们同我们的肉、血和头脑一起都是属于自然界，存在于自然界之中；我们对整个自然界的支配，仅仅是因为我们胜于其他一切动物，能够认识和正确运用自然规律而已。”[1]如果能以“敬畏生命”中包含的否定以工具性价值区分生命等级的平等观为基础，建立一种与万物和谐共存的自然观，尊重自然，尊重生命，不再只看到自然界的经济价值和对人的工具性价值，承认自然多种价值的统一，也许对环境的保护就不会再流于空谈，生态文明建设也不再举步维艰。

其次，“敬畏生命”的伦理思想有利于形成一种可持续发展观。

人总是生存在一定的社会关系里，以这样或那样的方式相互联系着，而在这种彼此相互联系的复杂关系中存在着各式各样的矛盾冲突，不仅有个人与个人的矛盾、个人与社会的矛盾，还有人类与自然的矛盾。伦理道德的存在正是为了协调人类社会中存在的各种利益和矛盾关系。在人类社会早期，人们将整个人类作为一个整体面对自然并被迫与之进行生存斗争，在这种社会生活实践中产生的伦理思维遵循的是整体生存原则，也是以整体利益为准则来进行个人利益的分配与规范个体的行为，因此而确立的价值标准是群体主义，个人利益从属于群体利益。在科学技术取得较大发展以后，个体在一定程度上可脱离整体而存在，个体生存渐渐成为人们追求的生活原则，并在一定程度上转化为人们对个体利益追求合理性的认可，人类整体生存原则隐入社会发展的深层之中。这种个体利益追求的最大化导致了激烈社会竞争的存在，与此相对应的是社会伦理道德也开始比较重视现世物质生活，渐渐局限于人与社会的二维静态思维视角中，慢慢漠视自然价值，将自然作为个体利益追求最大化的掠夺对象，由此而产生各种环境问题威胁整个人类的生存。若按这一价值观念的不断演进，最终人类的生存与发展将越来越无法持续。“敬畏生命”的伦理思想承认自然具有独立的内在价值，但并不把这种内在价值仅归于自然本身，而是将其提升为一种人与自然和谐统一的整体价值观，这样，由于人类和自然是一个和谐统一的整体，那么，不仅是人类还有自然都应该得到道德关怀。因此，正如史怀泽所说的那样：“有思想的人体验

[1] 《马克思恩格斯全集》(第20卷)，人民出版社1971年版，第519页。

到必须像敬畏自己的生命意志一样敬畏所有生命意志。他在自己的生命中体验到其他生命。"[1]这种整体自然观和人道主义精神，可以消除人类社会发展中竭泽而渔的倾向，在优先考虑当代人合理利益的基础上兼顾后代人的利益，把人类整体生存摆在社会发展的首要位置，使利益的分配能够兼顾个人发展与社会发展两者的平衡，实现人类的可持续发展，达到人与自然之间的协调和谐以及人类代际间的平等，一种可持续发展观也能真正得以实现。

人们早已熟知海德格尔的一句名言："诗意地栖居。"然而，何谓诗意地栖居？山珍海味的佳肴，瞬即千里的交通，四季如春的小自然，诚然，今天人们物质的丰盈程度同昔日已不可同日而语，可是我们却失去了澄清的湖泊、清新的空气。若在空间维度没有保证生命存在的健康状态，在时间维度上不曾拥有舒适充实的生活，何谈诗意地栖居？有关人类对生态环境的破坏，我们所见所闻已经太多，虽然自理论到实践人们为保护环境所付出的代价和努力同样也不少，然而，迄今为止，环境问题虽然不曾变得更差亦不曾变得更好。如若使生命流逝的每一天都承载着某种意义，使栖居于绿色星球中的理性生命不至于沦为动物性的生存而达到理想的境界，生态和谐也许是通向理想目标的最佳路径，敬畏生命则是这种生态和谐精神的外在体现，尊重自然给予我们的一切，敬畏大自然中的每一个生命，人类的发展之路才会走得更远更好，"敬畏生命"不止是一种生存理念，更是一种道德实践。

---

[1] ［法］阿尔贝特：《敬畏生命》，史怀泽，上海社会科学出版社 1992 年版，第 9 页。

“中华传统文化与生态文明”论坛综述

“中华传统文化与生态文明”文化论坛会议综述

朱世海

朱世海：中央社会主义学院中华文化教研部台港澳及海外统战教研室主任、副教授

由中央社会主义学院主办、辽宁省社会主义学院承办的第九次全国中华文化学院工作会议暨“中华传统文化与生态文明建设”论坛，于 2013 年 6 月 2 日—5 日在辽宁沈阳召开。会议共收到论文 40 多篇，与会学者就生态文化的内涵及意义、中国传统文化与生态文明建设、宗教文化与生态文明、民族传统文化的保护和传承与生态文明建设、建设美丽中国等问题进行了深入的探讨和交流。

一、生态文化的内涵与意义

就生态文化的内涵，有学者指出，广义的生态文化指人类在社会历史发展进程中所创造的反映人与自然关系的物质财富和精神财富的总和。它以人与自然相互关系以及由此而形成的文化现象为研究对象，其研究范围包括人类在与自然交往过程中，为适应自然环境，维护生态平衡，改善生态环境，实现自然生态文化价值，满足人类物质文化与精神文化需求的一切活动与成果。狭义的生态文化指人与自然和谐发展，共存共荣的生态意识、价值取向和社会适应。它包括生态哲学、生态伦理、生态美学、价值观念，以及思维方式、生产方式、生活方式、行为方式、文化载体和生态制度。生态文化的本质要求，不仅涉及对天人关系的认知、感悟和“道

法自然”的精神境界和发展理念，而且涉及促进人与自然和谐共荣的道德规范、行为规范和社会生态适应等。

有学者指出，文化是民族的血脉，是人民的精神家园。对于一个民族来说，文化传统一旦形成，便成为这个民族共同体的认同依据，维持血脉和精神家园，久远而深刻地影响着这个民族的凝聚力、创造力、生命力。建设生态文明就要倡导生态文化，其核心任务是，需要通过各种途径和方法，潜移默化地转变人们的观念，影响人们的精神思想，提高全民的生态文化素养，推进生态文明建设。

有学者指出，生态文化的价值理念就是在科学合理开发、利用自然资源的同时保护好生态环境。加快发展仍然是我国经济社会发展第一要务，发展是硬道理的关键在于科学发展，既要发展经济，又要保护环境，才能全面建成小康社会，才能实现社会主义现代化和中华民族的伟大复兴。而要实现这个总任务，就必须有五位一体的总体布局，生态文明建设是中国特色社会主义文明建设的重要组成部分。这就要求政府、个人、企业和其他社会组织必须具有生态文化的价值理念，只有这样，才能在发展的战略、策略、方针、决策的制定和实施，在制度、管理、创新方面，切实体现发展与保护关系的协调性、合理性和科学性，才能从转变经济发展方式，着力推进绿色发展、循环发展、低碳发展、节约资源能源的高度，认识生态文明的重要性。

关于如何加强生态文化建设，有学者指出，要唤醒生态文化自觉、树立共同的生态价值理念、加大对生态文化的宣传力度、丰富生态文化产品。

二、中国传统文化与生态文明建设

有学者指出，儒家生态伦理思想包括：“天人合一”的生态地位观、“仁德爱物”的爱护生态观、“取物有时”的尊重生态规律观、“用之不尽”的生态可持续发展观，以及“圣王之制”的生态制度观。

有学者提出，墨子生态伦理的天志、非命观，要求人们做事必须“顺天应人”，这是正确处理人与自然关系的理论源泉；墨子生态伦理的节用观，要求我们要勤俭节约，这是当今社会实现可持续发展的基本要求；墨子生态伦理的非攻观，要求我们要正确处理好国与国之间的矛盾，发展好生产所需的人力财力，这是我们建设人类生态文明的重要保障。随着当前经济社会发展，面对资源约束趋紧、环境污染严重、生态系统退化的严峻形势，重新研究和认识墨子的生态伦理思想，是我们借鉴人类优秀的文化遗产，解决当今的生态危机的有益思路。

有学者认为，从自然生态脱化而来的政治生态，涉及政治制度、礼仪规范、政治行为、从政者形象、政治道德等。古哲人串起一切政治因素的红线，确实是其政治生态观之体现，即：是其自然生态观向政治方面运用而转化的政治生态观。虽然这种转化因为其素朴而不无生硬之处，但是，对现今的生态文明建设、政治文明建设，须遵循客观规律，须正视政治生态，须取信和普惠全社会等方面，更是不无启迪之处。事实上，古人的生态政治观与和谐社会理论的内涵逻辑与外延伸展是相通的。它将生态问题与政治问题结合起来考虑，力求政治、社会与自然的有机统一，尊重自然、遵循自然规律，强调人与自然、社会的参与性、共有性。生态文明视阈中的和谐社会是人与自然、人与社会以及人与人之间和谐相处、良性互动与协调发展的实现以生态文化占主导地位的理想社会形式。

有学者认为，生态文明理念所涉及的人与自然和谐相处的思想与我国传统文化的道家生态和谐观具有相通之处。道家的生态和谐观是立足于“道”而展开的。以老子和庄子为代表的道家把“道”作为观察、了解万物，以及处理人与自然关系的起点和归宿。“道”既是绝对而独立的万物本原，又是万物生成发展的内生动力，因此，世间万物外源于“道”且内存有“道”，成为不可分割的统一体，这是道家生态和谐观的基础。在这基础上形成了“物无贵贱”而万物平等的生态和谐观，并由此逻辑地延伸出“道法自然”而“无为”的另一层生态和谐观。顺“道”而“无为”又进一步推出不“妄作”“知足”等生态和谐观。这些观念不同程度地与“尊重自然、顺应自然、保护自然”的生态文明理念相契合。

有学者指出，道家道教的整体观和“道法自然”的思维方式，与现代西方生态伦理思潮中的深层生态学、自然价值论等有很大的一致性和相通性。但是我们也应看到，现代生态伦理学是在西方主客二分的思维方式指导下，人类无限制地利用和剥削自然、最终遭受自然环境带来的灾难性恶果的情况下做出的一种反思和矫正。现代西方生态伦理学无法真正摆脱主客二分的思维模式，也就无法真正得出人在自然中的真切感受，更无法真正领悟天人相融的精神体验；当然，在环境保护的实践中也就不能真正内化于心，从而真正建构起环保的内省意识和自觉行动。在这一方面，道家道教重视直觉体悟的"道法自然"的整体观也许恰好能弥补西方哲学思维的偏颇。

有学者指出，老子在处理人类面临的各种危机时，从天之道的角度出发，摒弃了传统的人类中心主义态度，强烈抨击了人类可以随意支配自然的想法和做法，自觉提出了保护环境、珍爱生命的历史任务，预言了人类社会回归自然的未来走向。这是一种站在保护人类和自然双重利益的立场，从人类和自然的整体利益和长远利益出发，为保留一个有利于人类可持续发展的自然基础而反对和约束破坏生态环境的生态观，老子不仅要考虑到人的因素，还要兼顾天文、地理、环境、文化等诸多因素，形成了中国最早的生态理论的雏形。老子的视野，不局限于人类生存的那个局部范围，而是整个地球生物圈，甚至放大到浩瀚无垠的寰宇空间。老子认为人类不仅要从人类自身的利益和价值出发，而且应从所有生命物种的利益和价值出发，保护环境，关爱生命。这种从人类一种物种的利益和价值转移到千百万物种的利益和价值的生态生存理论，比起仅仅考虑是否符合有利于各国自我发展的规律，是否符合人类社会发展方向的进程，是否有利于保护人类赖以生存的环境的狭义生态理论，其视野更宏大，其意蕴更深邃。也就是说，老子生态文明观是一种基于生态自然系统客观规律和事实上的架构，而不是人类自由意识在自然界中的简单体现或模拟。老子提出的"人法地，地法天，天法道，道法自然"方法论，不仅是中国哲学的思想精髓，也是中国生态理论的基石。它不仅揭示人类认识世界改造世界的基本行动法则，而且昭示了人类文明未来走向。

有学者认为，中国传统文化中的和谐生态观脱胎于农业文明，不可避免地带有某些局限性，但只要我们辩证看待，在生态文明的视野下挖掘其思想精髓，就可以使其在生态文明建设的过程中发挥出独特的价值。我们既要学习利用西方的科学技术，又要继承和发扬中国传统文化中的和谐生态观，取两者之长，才能在实现经济又好又快发展的同时兼顾生态环境的保护，只有这样，我们的社会才会更加繁荣，文明才能更加灿烂。

有学者认为，儒道互补的“天人合一”思想包涵着丰富的生态伦理思想，对于当今环境污染日益严重、自然资源日趋耗尽，生态危机日显突出的人类来说，是至关重要的；对人类协调人与自然的关系，形成维护生态平衡、尊重自然、顺应自然的观念起着重要作用。在当前，天人合一思想的合理内核，为构建社会主义生态文明可提供以下有益启示：一是人的生存与发展离不开自然界，人应爱护自然。二是人类在自然面前应有所畏惧，在改造自然的生产实践活动中必须遵循自然规律，否则就会遭到自然界的惩罚。

此外，还有学者就“关学”中生态伦理观念进行专门探讨。北宋中期，张载讲学关中，其学术思想被称为“关学”，与周敦颐的“濂学”、二程的“洛学”、朱熹的“闽学”称为宋代的四大学派，颇负盛名。关中地区自唐代后衰落，至宋代早已不是中国的政治经济中心，但张载开创的“关学”传统坚守儒家精神，道德实践上“学古力行，笃志好礼”，深刻影响了关中后学的精神风貌和关中地区的民风民俗，对于我们今天的生态文明与精神文明建设都有启迪意义。

三、宗教文化与生态文明

有学者认为，宗教以超越人类本位的立场、追求精神解脱的价值取向和独特的视角，阐发了人与自然的伦理关系，确立了人对自然的道德责任和行为准则，为人类处理与自然的关系提供了另一类型的理念，这对缓解人与自然的紧张关系，增进人与自然的和谐具有一定的启示意义。所以，我们应该发掘宗教文化的生态伦理思想，使之为环保做出应有的贡献。落实到实践层面主要从两个方面来做：一方面加强对宗教教职人员的引导和培训；另一方面支持和鼓励宗教界人士和信教群众投身环保实践。

有学者指出，佛教文化中的众生平等的生态价值观、修行向善以脱六道轮回的人生观、珍惜自然的节俭观、慈悲为怀的伦理价值观、万物一体的统一哲学观等生态伦理思想，对生态文明建设有重要的启示。

有学者认为，生态文明哲学基础所对应的实践目标是改变工业文明对自然灾难性地征服和破坏，提高自然环境资源的使用效率，协调好人与自然的关系，实现人与自然协调可持续发展。这与道家崇尚自然、道法自然、效天法地、天人合一等思想不谋而合。因此，道家思想及其主要观点对指导生态文明建设意义重大。其中，道法自然，确立以自然法则为主导的生态观；道常无为，减少强为乱为对自然界的干预和破坏；无为而治，减少对社会事务的干预，提高资源环境使用效率。

有学者指出，佛教文化中的三大生态伦理思想对当今生态文明建设的三大启示：其一，“众生平等、无情有性”的生态爱护思想有助于我们在生态文明建设中实现思维方式的根本性转变；其二，佛教中关于“业报论，不杀生”的生态实践思想有助于我们在生态文明建设中树立新的珍爱生命的生态道德观；其三，佛教中的“诸法无我，破执断贪”生态节约思想有助于我们为在生态文明建设中实现爱护资源及立法。

有学者提出，以“护生止杀”“人间净土”为特征的佛教生态伦理观留给我们当今的启示主要有以下三点：其一，众生平等，尊重生物的多样性；其二，节约资源，注重健康生活方式；其三，树立生态意识，保护好人类生存环境。

有学者指出，佛教的生态伦理思想包括“万物同一体”的佛教生态整体论、众生皆有佛性的佛教生态平等观，戒、定、慧的佛教生态净化观。因此，爱护自然是佛教整体论的必然要求，保护生物的多样性是众生平等的应有之义，戒定慧是爱护生态的有效方式。

有学者认为，随着全球范围现代化进程的不断深入，人类已经越来越趋向形成一个命运共同体，我们应对大自然和人类社会担负起共同的责任，从基督教义中的“敬畏上帝”“平等博爱”扩展到处理人类与大自然的关系上。这些教义为现代社会自然环境的不断恶化提供了一定的道德约束。在全世界生态环境日益恶化的情况下，基督教积极入世，介入对生态的关注，并引起我们的重视，这反映了传统宗教文化仍有巨大的社会影响力。借助这种契机，宗教现代化紧紧依托经济、社会、国家现代化进程，与时俱进，重新审视自己的传统，释经解典，为宗教自身也注入了新的活力。

四、民族传统文化的保护和传承与生态文明建设

有学者指出，要保护民族传统文化，首先要加强对民族传统文化生态保护的研究，弄清楚有关民族传统文化和有关文化现象传承特点、演变规律，为制定民族传统文化生态和文化资源保护的对策和方法打下坚实的基础。其次，要将民族传统生态与本地区的自然生物生态相结合予以保护。民族传统文化并非是孤立的存在，要与相应的地域自然生态结合才能显示出其价值。如《文化部关于实施西部大开发战略，加强西部文化建设的意见》中强调，“在搞好西部再造山川秀美工程的同时，要重视西部文化生态环境建设，做到自然生态环境和文化生态环境并举。”最后，要在动态交流中实现民族传统文化的保护和传承。本民族传统文化与外来文化交流接触中，应具有较强的包容性，使本民族文化获得充足的养料，为其生存和发展提供源源不断的资源和动力。

有学者认为，云南少数民族的传统生态观对当代生态文明建设具有借鉴价值。云南少数民族传统生态观有历史价值。云南少数民族在长期的生产生活实践中形成和发展了利用、保护自然的生态观，这种生态观形成以后又反过来对各民族的生产生活产生了重要的影响。它具有凝聚民族心理、协调人际关系、传承民族文化、维持生态平衡等价值。云南少数民族传统生态观是各民族在漫长的对自然的适应和改造过程中形成并发展起来的，其间蕴涵着丰富的生态智慧，彰显着理性的光辉，可以为我们建设“美丽云南”提供更多更有益的借鉴。具体而言，云南少数民族传统生态观可以丰富现代生态伦理的内涵、提升各民族的生态道德意识、完善当前生态保护的法制体系、促进绿色生产生活方式的养成、维持少数民族地区的生态平衡。

有学者指出，维吾尔族作为新疆 13 个世居民族之一，在长期的生产生活实践中，形成了本民族特有的朴素的生态文化，这是维吾尔族人与自然和谐相处，关系融洽，信仰系统与行为规范的集合体。它的基本宗旨就是使“人与自然能够和谐相处，和谐发展”。维吾尔人的生态文化有效地规范和约束了人们在适应自然、改造自然过程中对生态的态度和行为，克

服了一些生态问题和环境问题，从而更好地实现了所在地区各个历史时期的生态平衡。由于历史条件和时代条件的约束，传统的维吾尔族生态文化在理论上必然滞后，在现实中必然存在着局限性。当前，走可持续发展之路，建设生态文明，已经成为新疆跨越式发展和长治久安的必然选择。生态文明是全面建成小康社会的重要特征和标志。建设生态文明，离不开人与自然的和谐相处，离不开社会的可持续发展，离不开科学技术手段的支持和法律制度的保障，更离不开文化意识的支撑。科学技术是基础，法律是硬约束，生态文化是软约束，三者有机结合，互为补充，互相制约，并最终落实到科学实践当中。而作为文化持有者的少数民族群众，也从传统文化的传承中找到了自己在一个开放世界中的表达方式，积极投身于生态环境保护这项活动中。

五、建设美丽中国

有学者指出，建设美丽中国，既是愿景，也是使命，更是责任。要走出一条经济社会发展与人口、资源、环境相协调的新路子，在经济社会发展的同时实现生态平衡，通过人与自然的和谐推动社会的进步。切实树立全面的美丽中国理念、促进经济发展的绿色转型、大力推进生态文明建设、以生态文化塑造美好心灵。

有学者分析说建设美丽中国面临多重制约，认为建设美丽中国面临的制约包括：传统经济发展模式，两极分化的结构现状，以及“亡羊补牢”式的人口控制等因素。“美丽中国”实现途径：由传统粗放型发展模式转向集约型发展模式，加大自然生态的维持与再生；推进合理化社会结构的形成，加大社会文化生态建设与发展；加强人文文化的建设，有效推进社会主义生态文明建设。

有学者认为，要实现“美丽中国”我们必须做到：树立和谐的价值观、生态观、发展观、世界观。

有学者指出，美丽中国需以生态文明铸就体魄之美，以生态文明孕育形象之美，以生态文明凝练气质之美，以生态文明催生行为之美。

有学者指出，美丽中国及其实现是自然美、文化美、人之美和社会美全面发展的美，它要求建设美丽中国的生态文明必须具有能够全面实现这些美的功能性内容。这决定了生态文明必须是包含物质文明、精神文明、政治文明和社会文明的全面文明，是遵循自然规律、符合人的进化规律和人类社会发展规律的优秀文化。而在我国现阶段，要有如此全面内容的生态文明和生态文明建设，其前提条件是各级干部有正确的政绩观。这是由上层建筑对经济基础，从而对生产力发展的巨大反作用决定的。而各级干部正确的政绩观就是以人为本，全面、协调、可持续发展，促进经济社会和人的全面发展的政绩观，即科学发展的政绩观。它是由全面的观点、实践标准的观点和群众观点看待政绩而形成的政绩观，全面的观点、实践标准的观点和群众观点保证着它的正确性。

此外，还有学者从世界文明兴衰的角度来对生态文明建设进行了专门探讨，提出纵观世界文明的兴衰，给我们最重要的启示是，文明的兴衰就是人类的兴衰，因为文明是人类创造的；文明的兴衰就是世界的兴衰，因为世界的意义和价值就在于有了人类。文明衰落和消亡的原因在于人类没有处理好人与自然、人与社会、人与人、人与自身的关系，而这四大关系就是生态文明建设的全部内容。从这个意义上说，世界文明的兴衰标志着生态文明建设的成败。中华文明延续5000年不曾中断，不是历史的偶然和世界的例外，而是中华民族在长期历史和实践中正确地处理人与自然、人与社会、人与人、人与自身的关系，并把这种实践升华为理论，凝聚为精神价值理念，并深刻地影响着人们的思维方式和行为方式，成为指导人们实践的原则和规则。因此，它不仅给今天的生态文明建设提供借鉴，而且应该成为生态文明建设的重要内容。

后　记

后 记

由中华文化学院主办、辽宁中华文化学院承办的“中华传统文化与生态文明建设”论坛，于2013年6月2日—5日在辽宁沈阳召开。会议共收到论文50多篇，论文探讨了生态文化的内涵及意义、中国传统文化与生态文明建设、宗教文化与生态文明、民族传统文化的保护和传承与生态文明建设、建设美丽中国等问题，具有一定的学术价值和实践意义。现将论文汇集成册，奉献给大家。论文论及的内容涉及的范围较广，我们从中国传统文化与生态文明、儒家文化与生态文明、道家文化与生态文明、宗教文化与生态文明、生态文明与美丽中国等方面对论文进行大致的归类。

参加文稿收集汇总的有：应奇益、毛宏昆。参加本书初稿审读、编辑的有：李道湘、于铭松、朱世海、刘芳彬、李勇刚、崔雯。李道湘、于铭松对定稿进行编辑和统稿，文稿最后由黄易宇定稿。感谢为本书出版提供大力支持的领导，感谢知识产权出版社赵军同志为本书的辛勤劳动。

编　者

2013年9月